숲해설 15년 발자취

숲해설은 왜 스페셜인가

엮은이 : 장이기.(사)한국숲해설가협회

 프로방스

머리글

숲해설이라는 말이 우리들에게 친숙하게 사용되어진 시기는 아마도 자연휴양림에서 숲해설 활동이 활발하게 진행된 2000년도 이후 일 것이다.

그 이전에는 숲해설이라는 용어는 우리에게 생소한 말이었다. 일반인들이 숲해설이 어떠한 것인지 아는 사람이 별로 없었다.

산림청에서 조성한 자연휴양림에서 숲해설 활동에 대한 안내를 하려고하면 휴양림 방문객들은 숲해설을 스페셜로 잘못 알아 듣고는 종종 되묻곤 했었다.

이렇듯 낯설고 생소했던 숲해설이나 숲해설가에 대한 인식이 오늘날에는 숲을 안내하고 자연보호의 실천에 앞장서고 선도하는 산림교육의 전문가로 인식되고 있다.

이렇게 되기까지는 법령이나 제도가 정비되기 훨씬 이전부터 현장에서 묵묵히 숲해설 활동을 몸소 실천한 해설가들의 노력이 있었기에 가능한 일 이었을 것이다.

생소하게만 여겨졌던 숲해설활동이 시작된지 어언 15년이란 세월이 지났다. 이제 지나온 시간을 돌아보고, 발자취를 정리하고 기록해 둘 필요성을 갖게 되었다.

숲해설의 역사는 한국 숲해설가협회의 연혁이라고 해도 좋을 만큼 관련이 깊다.

자연환경 안내자 교육, 협회설립, 숲해설가 양성교육, 숲해설활동, 교육프로그램, 년도별 교육실행 횟수등을 숲해설가협회에서 발간한 소식지 "숲이 사람에게 사람이 숲에게" 창간호부터 최근호까지를 정리하였다.

숲해설 활동을 하는 장소와 인원은 늘어나고 다양해진 활동이 전국적으로 확산된데 비해서 숲해설가들에 대한 대우는 상대적으로 지극히 열악해져 있는 모습이다.

자신이 하는 일에 대한 자부심과 자긍심으로 충만했던 초기의 활동에 비하여, 존재 가치조차 주목받지 못하는 초라한 모습으로 변모한 느낌이다.

숲해설가들의 활동이나 위상은 해설가 스스로가 만들어 가는 것이다. 자신의 모습을 다시한번 돌아보고 어떻게 활동하는 것이 전문성과 긍지를 가질 수 있는 방법인가를 고민하고 새로운 돌파구를 모색해야 할 것이다.

초기에 활동했던 숲해설가 중에는 이미 고인이 된 분도 계시고 대부분 현장에서 사라졌다. 현장에서 사라지고 없지만 그 분들이 활동한 흔적들은 하나의 사실(事實)로서 정리되고 기록될 필요가 있을 것이다.

전 자연환경안내자 협회장 김병덕님, 숲해설가협회 초대회장 이희교님을 비롯한 직원과 회원 여러분의 헌신적인 노력과 열정이 없었다면 오늘날의 숲해설, 숲해설가는 아마도 존재하지 않았을 것이다.

국민대 전영우 교수님의 제안으로 시작되고 전폭적인 지지와 후원으로 숲해설가협회가 유지될 수 있었음도 꼭 밝혀두고 싶습니다.

숲해설 발자취 전체를 모두 정리하고 기록했다고는 할 수 없을지라도 사실(事實)을 정리하고 기록한 소중한 자료집이 될 수 있었으면 좋겠다는 바람을 가져 봅니다.

2014. 9. 25
산음리 산촌마을에서
(사)한국 숲해설가협회
대표 집필 장 이 기

목차

3부 숲에서 온 편지 **89**

Ⅰ. 숲해설가 출현 배경

1. 자연 환경안내자

2. 숲 해설가

Ⅰ. 숲해설가 출현 배경

1. 자연 환경 안내자(1998.8.1 ~ 2000.1.31)

(1) 탄생의 연혁

세계적 경제 불황의 파도 앞에서 무엇을 어떻게 해야 할지를 심각하게 고민하고 있을 무렵, 대학교 사회교육원에서 실업극복의 차원으로 개설한 교육 프로그램을 접했을때 한가닥 희망의 끈을 발견할 수가 있었다.

어쩌면 내가 좋아하는 분야이기도 하지만 또한 막연하게나마 잘 할수도 있겠다는 생각이 들었다.

시골에서 어린시절과 중학교를 다녔고, 교육학을 전공한 나의 감성에 잘 어울릴수 있겠다는 생각을 함께 가졌다.

나름대로의 기대감과 벅찬 꿈을 간직한 채 교육과정에 등록을 하고 참여하게 되었다. 그런데 기대와는 달리 강의 초기에는 실망감과 우려의 마음이 더 크게 다가왔다. 전혀 새롭고 생소한 부분의 일을 만들고 새로 개척해야만 가능한 분야였다.

실망스럽긴 했으나 강의에 참여한 교수는 현실을 사실대로 우리에게 정확하게 말해 주었다. 그 당시의 상황을 전영우 교수는 그의 저서 숲과 녹색문화(2002. 수문출판사), 자연환경 안내자 부분에서 아래와 같이 기술하고 있다.

국민대학교 사회교육원에서는 언론에서도 희귀한 직종이라고 일컫는 자연환경안내자 양성교육을 지난 5월부터 시작했다. 노동부는 여러 대학과 기관에서 신청한 다양한 실업자 재취업 교육훈련 과정중에 자연환경안내자 양성 교육 프로그램도 승인했다.

교육 훈련을 신청하면서도 걱정이 적잖았다. I.M.F 경제위기로 산림행정과 임업연구분야도 구조조정을 하는 마당에 교육을 마친 이들을 수용할 수 있는 현실적 여건이 밝지 않았기 때문이었다. 그래서 강의 첫 시간에는 강의 보다는 막연한 기대나 장미빛 미래에 대한 허상을 갖지 않게 하기 위해서 우리의 임업(산림)현실과 산림안내인을 채용하기 위한 법적 제도적인 어떤 장치도 우리나라에는 없음을 강조했다. 오히려 교육생 여러분들이 앞으로 이러한 분야를 개척해 나가야 된다는 사실을 있는 그대로 역설했다.

그러나 이러한 걱정은 쓸데없는 기우였다. 모두 37명을 대상으로 시작한 이 교육과정에 재취업한 소수의 몇 사람을 제외하고는 거의 모든 교육생들이 하루도 빠짐없이 열심히 교육훈련에 참여하였기 때문이다.

자연환경안내자 양성교육에는 모두 12주 동안 240시간이 배정되었다. 교과목은 기초분야와 실전분야를 나누어 각각 8과목씩 모두 16과목을 개설했다. 기초과목으로 산림과 문화, 산림과 임업, 산림과 환경생태, 산림과 식물, 산림생산과 이용, 산림과 토양, 산림과 야생조수, 산림과 기상을 개설했으며, 실전과목으로 임업체험, 산림휴양의 이론과 실제, 네이처 게임의 이론과 실제, 자연해설 기법, 자연관찰의 이론과 실제, 야외활동 지도방법, 자연공원의 경관 해석의 이론과 실제, 응급처치 등이 개설되었다.

교육 11주째 맞아 교육 효과와 강의 내용에 대한 설문조사를 실시한 결과 오직 한 사람만이 자연환경안내자 교육훈련 과정을 이수하게 된 것을 후회한다고 했고 나머지 모든 사람은 비록 불확실한 미래일망정 잘 선택했다는 답을 주었다. 뿐만 아니라 오히려 더 다양한 교과목과 실제적인 현장 실습을 할 수 있는 심화과정을 개설해 달라고 요구했다.

개설한 교과목 중에는 전혀 생소한 부분이 많았다. 산림과 문화 과목에서 처음으로 숲문화라는 용어를 접하게 되었고 생태맹 극복이라는 새로운 용어도 알게 되었다. 또한, 강의실에서 이루어지는 딱딱한 이론 교육을 떠나서 현장에서 진행되는 실습 과목은 힘들긴 했으나 보람 있는 시간들이었다.

특히, 양주군 기산호에서 있었던 숲가꾸기 체험은 전혀 새롭고 신선한 경험이었다.

온 몸이 땀에 범벅이 되고, 가시 덩굴에 찔리고 스쳐도 내가 자른 가지하나, 제거한 덩굴 한 줌이 어린나무가 크게 자라는데 도움을 줄 수 있다는 것에 기쁨과 희열을 느꼈다. 난지도 쓰레기 매립장을 방문하여 침출수 방출현장을 목격하고 수질오염의 심각성과 수자원 보호에 대한 경각심을 갖게 된 점 등은 또 다른 중요한 경험이었다.

하루 4시간의 교육일정을 마치고 학교구내 식당에서 점심을 먹은후, 학교 뒷산 개울가에 모여 앉아서 발을 개울물에다 담그고 여러 가지 이야기를 나누던 일도 보람된 시간이었다.

교육을 수료한 후 무엇을 할 수 있을 것인가? 또한, 우리가 어떠한 일을 해야 하는가 등등의 여러 가지 고민과 생각들을 이야기하고 토론하는 그러한 장소가 뒷산 개울가 였다.

공통적으로 나온 이야기 중에 교육을 무의미한 것으로 끝내지 말고 무엇인가를 해보자는 쪽으로 의견이 모아지게 되었다.

무엇을 어떻게 해야 하는지는 구체적으로 정할 수는 없었으나 모임이나 단체를 결성해서 무엇인가를 할 수 있는 일을 찾아보자고 하던 차에 전영우 교수의 협의체 결성에 대한 제안과 조언은 우리에게는 한 가닥 빛과 같았다. 교육기간 중에 틈틈이 있었던 논의를 바탕으로 임의 단체인 자연환경안내자 협회를 교육수료일 다음 날짜에 결성하게 되었다.

자연환경안내자 과정 수료자 중에서 동의한 사람을 기본 회원으로 하고 회칙등을 마련하여 자연환경안내자 협회를 탄생시켰다.

자연환경안내자 협회보 창간호(1998.8.3)에 의하면, 공식모임의 장소, 일정, 모임의 내용 등이 상세하게 소개되고 있다.

그중에서 특이한 내용으로 전영우 교수로부터 문필봉 안내에 대한 요청 전화이다.

60여명의 참가인원에 대한 안내 요청 전화였다. 안내자 4~6명이 현장을 사전답사한 후 명단을 통보하고 안내를 해 달라는 요청의 건이다. 교육을 수료한 후 드디어 일의 요청이 생긴 것이다. 한편으로 잘 할 수 있을까 하는 다소의 두려움은 있었으나 설레임과 희망을 갖게 되었다.

자연환경 안내자 협회가 결성되긴 했어도 일정한 공간을 확보하기 전에 모임을 가졌던 장소는 국민대 공대 휴게실이었다. 교육을 주관한 곳이 국민대 사회교육원이고 협회 회원 모두가 알고 있는 장소이기도 했고 쉽게 만날 수 있는 공간이었기 때문이다.

자연환경안내자협회보

산 · 계곡 · 사람 함께 싱싱한 지구

협회보 제 1 호   1998년 8월 3일   광고,홍보분과위 편집

= = 발 간 = =

자연안내자협회 회보를 발간하게 되었습니다. 원래 광고홍보분과위 중,장기사업 통과 내용 중 하나였으나 시기상으로 적절한 필요성이 대두되어 서둘러 발간합니다. 좋은 뜻 공유 될 수 있도록 회원 모두의 적극적인 참여를 당부 드립니다.

머 릿 소 식

　0. 발간에 즈음한 회원의 투고 및 동정을 제2호부터 실을 예정입니다.
　1. 협회 발전을 위한 제1차 임원모임이 김 병덕 회장댁에서 있었습니다.
　2. 전영우 교수께서 생명의 숲 가꾸기로부터의 문필봉 안내에 대한 전화를 주었습니다.
　3. 협회의 전체모임을 98년 8월 13일에서 12일로 변경합니다.
　4. 협회 로고, 마크, 명함, 적절한 네이밍에 대한 공모를 받습니다.
　5. 스타디 그룹 만듭니다.
　6. 실업극복 사업제안을 받습니다.

(내용에서 상세하게 전합니다.)

협회 마크에 대한 광고, 홍보분과위의 공모 제안 샘플입니다.

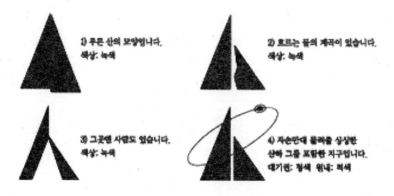

14

회원 및 협회의 발전을 위하여 분야별 스타디 그룹을 만들어 서 각자의 관심분야별로 전문화 하자는 내용과 함께 수목, 야생조류, 물속생물, 곤충, 자연과 문화 등의 5개 분야로 구분하였다.

문필봉 자연휴양림을 탐방하여 코스를 답사하고 북한산 국립공원 소귀천 탐방코스를 조사하는 활동을 활발하게 진행한후 8월13일에 "걸스카우트 연맹"을 대상으로 소귀천 탐방 안내를 한대웅외 10명의 해설가들이 참여하여 진행했다.

또한 청계산, 남한산성, 남산, 기산호 등의 탐방코스를 활발하게 답사하였으며 8월 29일에는 남산과 광릉숲 탐방 안내를 진행했다.

1998년 10월 10일에는 그동안 소망했던 협회 사무실 개소식이 오후 5시에 월례회겸 임시총회로 진행되었다. 양재역 부근의 조그마한 학원 귀퉁이에 있는 짜투리 공간이었다.

사무실에 놓여있는 집기로는 책상하나 의자2개, 책상위에 놓여있는 전화기 1대, 복사기 1대, 컴퓨터 1대, 책 몇 권이 전부였다. 보잘 것 없고 자잘하게만 보였던 이 공간을 시작으로 오늘날 이 땅의 숲 해설가 협회가 설립되고, 이산 저산 이 숲 저 숲에서 숲 해설 활동을 하는 해설가가 탄생하리라고는 그 누구도 감히 상상조차 하지 못했을 것이다.

주머니는 텅텅 비어 있어도 자연과 숲에 대한 순수한 열정과 넘치는 애정으로 시작한 일이었기에 새로운 일에 대한 대단한 자부심과 긍지를 각자 갖고 있었다. 자연환경 안내자 협회의 탄생은 그래서 더욱 새롭고 위대하고 특별한 것이라고 감히 말 할 수 있을 것이다.

안내 활동으로 소개된 주요 내용들을 요약해 보면 다음과 같다.

1. 문필봉 탐방 안내(1998. 10. 17)
   대상 : 경실련 관계자 20명
2. 청계산 (1998. 10. 17)
   대상 : 의왕시 거주 주부 및 아이 40명
3. 태화산 (1998. 10. 18)
   대상 : 생명의 숲, 임업 체험 참가자 25명
4. 고양 Y.W.C.A 생태 교실 진행
   날짜 : 매주 월요일
   대상 : 초등학교 1,2 학년생

월례회 겸 송년모임을 1998년 12월 12일 오후 5시에 포스코옆 순천식당에서 회원 21명이 참석하여 성대하게 마무리 했다.

※ 문필봉의 유래

산음 자연휴양림을 조성할 당시, 마을에서 산봉우리를 올려다 본 모습이 문방사우(文房四友)의 하나인 붓의 모습을 닮았다하여 불려졌던 이름이 문필봉이라는 지명이었으나, 지금은 거의 쓰여지고 있지 않는 지명이다.

동네이름(양평군 단월면 산음리)을 본따서 산음 자연휴양림으로 명명된 후 휴양림 팀장이 산의 꼭대기에 표지석을 세우고 천사봉으로 이름 지은후, 찾는 이들로 부터 천사봉으로 불리어지고 더 많이 알려지게 되었다.

그러나, 지도상에 나타난 정식이름(지명)은 폭산(해발 992m)으로 기록되어 있다. 즉, 산음 자연휴양림 조성당시 초기에 문필봉 휴양림으로 불리어졌으나 공식적인 휴양림의 명칭은 아니었다.

휴양림 산책로에 있는 안내표시

○ 협회 사무실 이전

양재동에서 시작한 협회사무실을 종로구 재동(92번지 4층)으로 이전하였다. 1999년 2월 21일 아직도 추운바람이 매섭게 얼굴을 스치는 겨울 날씨에도 불구하고 지하철 3호선 안국역(2번 출구) 앞에 있는 붉은색 벽돌 건물 4층이다.

빌딩건물 주인의 관리실로 사용하는 공간을 반으로 칸막이를 한 곳이었다. 건물주가 항상 사무실에 나와서 근무하는 곳은 아니지만 사무실에 가려면 건물주의 사무실 공간을 지나서 드나들어야 했다. 양재동 사무실에 비하면 커다란 공간이었으며 네모 반듯한 곳이었다.

○ 소식지 이름을 공모하여 "숲에서 만난 사람들"로 결정되었습니다.

협회 소식지는 창간호(1998.8.3)부터 특별한 이름없이 10호까지는 그냥 소식지로 매월 초 발행하였으나 11호(1999.6.4)부터는 "숲에서 만난 사람들"로 예쁘고 멋지게 제작되었습니다.

○ 산림청에서 실시하는 숲해설가 자원봉사자로 회원 13명이 활동하게 되었습니다.

가리왕산 휴양림에 4명, 산음 휴양림에 9명이 숲해설을 할 예정이며, 1999년 6월 26일(토) 10:00부터 청량리 부근에 있는 임업연구원(현 산림과학원) 대회의실에서 숲해설가 위촉장 수여 및 활동 설명회가 있었습니다.

이에 관한 내용으로는 자연휴양림 20년史(2009. 자연휴양림 관리소)에서는 아래와 같이 기술하고 있다.

1995년부터 '숲해설'을 자연휴양림에 도입하기 위한 사전 작업으로 산림청에서 숲해설 연찬회를 수차례 개최하여 직무 교육을 시행하였으며, 1996년부터는 '숲해설'을 자연휴양림의 이용 프로그램으로 도입하기 위한 노력을 시도하여, '숲과 문화연구회'로 하여금 산음자연휴양림에 숲해설 코스를 개설하도록 하였으며 시험적인 운영을 거쳐 1997년부터 주요 자연휴양림에 '숲해설코스'를 설치·운영하도록 하여, 자연휴양림의 이용활동에 일대 전환을 가져 왔다. 1999년 산림청 자연휴양림 연찬회 자료에 의하면, 주요 일간지 및 인터넷을 통한 숲해설가 공개 모집에 224명이 신청하였는데, 휴양림별로 6명 내외로 총 119명을 선정하여 활동하도록 하였다.

○ 국립수목원 탐방안내센터 설치·운영

자연환경안내자 협회에서는 7월말경 국립수목원에서 탐방안내센터를 시범적으로 운영하였습니다. 그 결과 8월부터는 실제적으로 탐방안내센터를 개설하여 운영하고 있습니다.

월요일부터 금요일까지 운영하고 있으니 회원들의 많은 관심과 격려 바란다는 내용과 함께 소개하고 있다.

○ 자연환경안내자 협회의 소식지 "숲에서 만난 사람들"은 16호(1999.11.17)로 마무리되고 사단법인 숲해설가협회 설립으로 새로운 소식지 "숲이 사람에게 사람이 숲에게"로 탄생하게 되었다.

숲에서 만난 사람들

◐ 펴낸곳.자연환경안내자협회 ◐ 펴낸날.1999년 6월 4일 ◐ 열한번째

늘 그리운 그대

이제 봄이 다 지나고 있나이다.

쪽동백이며 때죽나무는 하마 지려 하고, 아까시 꽃들은 환하게 향기를 뿜어대며 어서 산으로 들로 와서 나의 향기를 맡으라고, 바람에게 자신을 내맡기고 있더이다. 베풂으로써 얻어지는 평범한 뜻을 나무들은 몸소 실천하고 있더이다. 숲에서는 지금 새로운 세기, 21세기를 맞이하려고 서로의 짝을 찾아 분주하게 움직입니다. 여기저기 핀 꽃들이 벌에게, 바람에게 향기와 꿀을 나누어주며 튼실한 씨앗을 준비하고 있더이다.

우리는 이 봄을 보내며 무엇을 잉태 중인가 생각해 봅니다. 협회에서는 지금 나름대로 여러 일들을 준비 중입니다. 회원 여러분, 가끔 전화를 걸어서 안부를 한 번쯤 묻는 것도 괜찮은 일 같습니다.

'여행은 함께 하고 세상은 情으로 살으라'는 옛날에 본 만화의 한 컷 대사가 떠오르는 요즈음입니다. 인정이 가득 넘치는 협회를 위해 우리는 지금 이 봄에 입덧이 심합니다. 그래도 건강하게 잘 지내고 있답니다. 자주 소식 드리지 못해 참으로 미안한 마음 금할 길이 없습니다.

언제나 건강하소서………

"자연 체험활동 이끌며 그 소중함 일깨워주죠"

🎩 이런 모임

자연환경안내자협회

『나무 하나, 풀 하나의 이름과 유래, 그리고 그것들에 깃든 사연 하나 하나를 알게 될 때 비로소 숲의 제 모습과 소중함을 발견할 수 있습니다』

가을이면 더 많은 사람들이 산을 찾고 숲으로 간다. 하지만 그곳에 있는 나무나 꽃의 이름이 무엇인지 아는 사람은 드물다. 만약 숲에 사는 동식물을 설명해주는 사람이 동행한다면 훨씬 유익한 탐방이 될 것이다.

자연환경안내자협회는 바로 그런 일을 하는 사람들의 모임이다. 숲탐방을 이끌고 각종 조사작업을 하면서 사람들이 자연을 체험할 수 있도록 하는 것이 이들의 일이다. 안내자협회의 탄생은 IMF사태가 계기가 됐다. 98년 5~7월 국민대 사회교육원이 실직자 재취업 교육의 일환으로 자연환경안내자과정을 개설했는데 그때 강의를 들은 30여명이 안내자협회를 만들었다. 이희교(李熙敎)회장은 『강의를 듣고 환경의 중요성을 깨달은

98년 재취업교육과정서 탄생

광릉수목원 숲탐방 안내등

'자연체험' 테마로 각종 프로 마련

데다 자연안내자가 보람도 있고 사업으로도 전망이 밝을 것으로 판단했다』고 말했다.

이들의 일 중 가장 중요한 것은 역시 숲탐방 안내. 매주 월~금요일 광릉수목원에서 방문객들 대상으로 온갖 종류의 나무에 대해 설명하는 한편 초등학생에게는 나무와 야생화의 생태를 일러주는 그린스쿨 활동을 하고 있다. 매주 토·일요일 강원 정선군 가리왕산 자연휴양림과 경기 양평군 산음자연휴양림에서도 숲 안내를 한다. 경기 가평군 백둔리와 북한산 구기계곡 및 소귀천, 경기 용인·광주군 태화산 등에서도 탐방안내를 했다. 양평군 수입천에서는 다슬기와 민물고기잡이 등을 통해 자연체험 활동을 이끌었다. 일부 학교의 요청으로 관악산 등의 소풍길에 동행하기도 했다. 유료지만 교육효과가 높아 일반 모임에서도 신청이 점차 늘고 있다. 숲탐방 안내에는 그곳의 생물을 알아보는 것 외에도 시각 청각 등 오감을 통한 자연체감, 자연을 대상으로 한 그림그리기, 삼림욕, 시낭송, 자연을 괴롭히는 것 알아보기 등의 프로그램이 마련돼 있다. 이들은 제대로 된 탐방안내를 위해 틈나는대로 산에 들어가 나무와 꽃을 익히면서 공부를 한다.

이회장은 『국토의 70%가 산지인데도 그동안 우리는 숲에 대해 너무 몰랐다』며 『우리 활동이 국민들로 하여금 자연의 소중함을 깨닫게 하는데 도움이 됐으면 좋겠다』고 말했다.

/박광희기자 khpark@hk.co.kr

지난해 10월 경기 양평군 유명산에서 자연안내자협회 회원이 탐방객들에게 식물분포에 대해 설명하고 있다.

한국일보 1999년 10월 6일자 기사

(2) 자연환경안내자 교육과정

국민대 사회교육원에서 개설한 자연환경안내자 과정은 우리나라에서 최초로 개설한 산림안내인 양성교육 프로그램이었다.

1998년도에 개설한 자연환경안내자 양성을 위한 강의록에 수록된 내용을 중심으로 교육과정의 구성과 특성을 전영우 교수의 저서 "숲체험 프로그램" - 이론과 실제 - (1999. 전영우 외 수문출판사)에 소개된 내용을 인용하여 정리해 보면 다음과 같다.

1) 교육과정의 구성

산림안내인을 양성하기 위한 교과목은 기초분야와 실전분야를 나누어 각각 8과목씩 모두 16과목을 선정했다. 기초과목으로 숲과 문화, 숲과 임업, 숲과 환경생태, 숲과 식물, 산림생산과 이용, 숲과 토양, 숲과 야생 조수, 숲과 기상이 선정되었으며, 실전 과목으로 임업체험, 산림휴양의 이론과 실제, 네이쳐 게임의 이론과 실제, 자연해설 기법, 자연관찰의 이론과 실제, 야외활동 지도방법, 자연공원의 경관 해석의 이론과 실제, 응급처치 등이다.

과정별 강의 시간 수는 초급과정 240시간, 고급과정(심화과정) 240시간으로 책정하였지만 고급과정은 개설하지 못했다. 노동부의 예산지원은 초급과정을 이수한 교육생들이 고급과정을 다시 수강할 수 없는 규정을 두었기 때문이다. 이러한 점을 보완하기 위해서 차후 자연환경 안내자 과정을 개설할 경우에는 초급과정과 고급과정을 합친 480시간(16주× 5일 × 6시간)의 복합과정을 개설하는 것이 적절하리라 판단된다. 각 과목별 개략적인 강의 내용은 다음 표와 같다.

〈표1〉 기초과목에 대한 교육시간 및 교육내용

세부교과과정	교육시간	교육내용	비고
산림과 문화	15	산림의 의미와 기능. 숲의 역사. 우리 문화의 숲. 숲과 민속, 숲과 환경문제. 숲과 예술, 숲과 신화와 예술. 숲과 현대 문명	
산림과 환경생태	15	인간 생활과 환경문제. 환경생태개설. 생태계 구성요인. 생태계의 발달. 환경오염과 산림 생태계 관리. 녹색시대의 역설. 환경윤리	남산. 난지도. 북한산 현지조사
산림과 식물	15	식물과 인간생활. 식물과 환경. 식물식별의 기초. 야외조사. 식물기관. 난지도 현지조사. 식물생태계 조사지침	난지도 현지조사
산림과 야생조수	15	산림과 야생조수 서식처 관계. 포유류 분류. 야생조류 분류. 서식밀도. 야생조수 생태. 야생조수 보호와 관리	
산림과 기상	15	산림지역의 기상특성. 산림기상과 산악기상. 산림기상과 기후. 대기오염. 산림기상학적 요소. 산림의 생기후	
산림과 토양	15	산림토양. 토양의 구성과 단면. 토양의 생성과 발달. 토양물리성. 토양수. 토양의 화학성. 토양 생물. 토양과 산림입지. 산림토양 조사	북한산 현지조사
산림과 임업	15	산림과 인간생활. 한국과 외국의 산림자원. 산림의 조성. 산림가꾸기. 산림측정과 임업경영. 산림 생산. 목재산업의 현황	
산림 생산과 이용	15	산림의 이용과 개발 현황. 산림생산 기반시설. 임도의 계획과 설계. 나무베기와 다듬기. 임업 부산물 생산현황. 산림개발의 문제와 대책. 산림의 다목적 이용	임업연구원. 중부임업 시험장 현장견학

〈표2〉 실전과목에 대한 교육시간 및 교육 내용

세부교과과정	교육시간	교육내용	비고
자연해설기법	15	자연해설의 역사와 이념. 자연해설의 정의 및 내용 자연해설의 종류. 자연해설과 시설. 자연해설의 대상. 자연해설 프로그램의 기획. 자연해설 기법	광릉수목원 현장 실습
자연관찰의 이론과 실제	15	자연관찰의 기초이론. 자연관찰을 위한 준비작업. 자연관찰의 지도방법. 자연관찰 프로그램의 사례	북한산 소귀천 계곡. 양평군 수입천. 대부도. 청계산등 실습
야외활동 지도 방법	15	레크리에이션의 기초이론. 야외활동의 지도방법. 조직캠프의 지도와 운영. 야외활동 지도의 실제	북한산 소귀천 계곡. 양평군 수입천. 대부도. 청계산등 실습
네이쳐게임의 이론과 실제	15	네이쳐게임의 유래와 특성. 네이쳐게임의 목적과 특징. 네이쳐게임의 원리. 네이쳐게임을 위한 준비작업. 네이쳐게임의 실제. 네이쳐게임의 응용	광릉수목원 현장실습
구급처치의 실제	15	구급처치의 원리. 구급처치의 기초이론. 구급처치의 실제. 야외에서의 안전관리의 실제. 안전사고의 예방대책	서울 적십자사에서 현장실습 지도
자연공원 경관 해석의 이론과 실제	15	자연공원이란. 경관계획. 경관의 파악. 경관분석의 기초지식. 수변경관. 자연공원의 경관특성. 자연공원 경관해석. 서울인근산림 및 자연공원에 대한 경관해석 실습	광릉수목원 현장실습
삼림휴양의 이론과 실제	15	현대인의 생활과 건강. 노동과 여가와 휴양. 산림휴양의 특성과 경향. 숲의 매력. 숲의 의학적 효능. 삼림욕의 역사와 배경. 피톤치드와 테르펜. 자연휴양림	중미산 자연휴양림. 광릉수목원 실습
임업체험	15	임업체험의 기초이론. 초중등학생을 위한 임업체험의 지도 방법과 실제. 일반인을 위한 임업체험 지도방법과 실제. 올바른 임업체험의 지도방법과 응용	양주군 기산호 생명의 숲 가꾸기 체험행사

이밖에도 체험 프로그램이나 체험 코스에 필요한 다양한 정보를 수립, 정리, 보급하는데 필요한 적절한 정보처리 교육도 필요한 내용의 일부로 포함시킬 수 있을 것이다.

2) 교육과정의 특성

개설된 16과목 중 산림, 임업, 숲과 관련된 교과목의 수가 10여 과목에 이르는 것처럼 자연환경안내자 양성을 위한 교과과정은 숲과 관련된 교과목 중심으로 이루어졌다. 교과목이 숲과 관련된 교과목으로 편중되어 편성된 가장 근복적인 이유는 국토 면적의 65퍼센트에 달하는 산림이 우리의 자연환경을 대표할 수 있다는 상식 때문이다. 우리의 자연을 대표하는 숲을 안내할 수 있는 안내자는 강, 호수, 갯벌, 바다, 초원 등과 같은 여타의 자연환경도 부수적으로 소정의 보충교육만 받으면 이들 자연환경을 안내하는데 어려움이 없을 것이다.

한편 고급과정을 위해서 준비된 프로그램은 다음 표와 같다.

〈 표3 〉

세부교과과정	교육시간	교육내용	비고
숲체험코스 및 프로그램 개발	45	자연휴양림 및 국립공원을 대상으로 적절한 코스를 선정하여 개발하고 그 코스에 합당한 숲체험(교육) 프로그램을 개발하는 교육	자연휴양림 및 국립공원
숲체험안내 실습	45	일반시민을 대상으로 개발된 숲체험 코스와 프로그램을 실연하여 숲체험을 안내하는 교육	국립공원 및 자연휴양림
안내 기법 교육	45	심리학. 말하기 훈련. 집단 행동학 등에 대한 교육을 실시하여 안내능력 배양을 위한 교육	강의 및 현장 실습
만들기 실습 교육	45	목공예. 숯만들기. 염색등 실제로 숲 현장에서 실시할 수 있는 만들기와 구체적 실습을 위한 교육	자연휴양림. 임업연수원 실습
산림 및 환경관련 법령 및 제도	15	산림법과 환경관계 법령을 교육하여 숲 및 자연환경에 대한 이해를 증진시키기 위한 교육	산림청 및 현장실습
외국의 산림 안내 인 제도와 역할	30	외국의 산림안내인 제도와 역할 미국과 일본에서 시행중인 산림안내인 제도를 숙지시켜 우리 고유의 산림안내 프로그램의 필요성과 기능을 교육	현지견학 및 강의

3) 교육과정의 미흡한 점과 보완해야 할 점

교육과정의 성과를 파악하기 위해서 교육 11째 주에 교육생을 대상으로 설문조사를 실시하였다. 교육생들이 현장 실습이나 실전경험을 많이 쌓지 않았기 때문에 실제로 안내를 할 수 있다는 자신감을 충분히 갖지 못하고 있다. 이러한 자신감의 결여는 실직이라는 개인적 상황과 더불어 240여 시간에 걸친 교육과정의 많은 부분이 강의실에서 이론 중심으로 실시되었고 현장에서의 실습기회나 실제로 숲안내를 현지에서 실연하는 시간이 상대적으로 충분하지 않았기 때문으로 판단된다.

충분한 현장 실습과 실연 체험은 현장에서 자연을 안내할 안내인들에게는 특히 중요하다.

그 이유는 강의실에서 습득했던 여러 가지 이론적 지식을 현장에서 활용할 수 있는 방법을 익힐 수 있기 때문이다. 교육생 각자가 강의실에서 배운 이론을 현장에서 직접 활용하여 안내할 수 있는 응용력을 키워주고 충분히 발휘할 수 있도록 지도할 수 없었던 점이 이번 교육의 가장 큰 약점이라고 할 수 있다.

반면에 교육생들은 이번 교육의 가장 큰 장점을 강의와 실습을 담당했던 교강사들의 열의라고 답변했다. 개설된 모든 과목이 교육생 모두에게 만족스러운 상태는 아니었을지라도 사회 일각에서 제기한 재취업 교육의 부실한 내용이나 무책임한 운영은 아니었음을 대변해 주고 있다. 강의와 실습을 담당했던 교강사들이 우리 사회가 현재 겪고 있는 실업문제 해결에 강한 연대의식을 느껴 강의와 실습에 임했기 때문이라 생각된다.

앞으로 계속하여 자연환경안내자 양성 과정이 개설된다면, 처음 세웠던 고급과정의 교육계획처럼 교육생 각자가 몇 개의 팀을 구성하여 팀별로 선호하는 자연휴양림, 산림욕장, 국립공원에서 독특한 자연(숲)안내 코스를 개발하고, 그에 맞는 프로그램을 선정하여 직접 현장에서 탐방객을 대상으로 실연을 해 보는 과정이 절대적으로 필요할 것이다.

그 밖에 교육생들이 역설하였듯이, 만들기 교육, 말하기 훈련, 곤충학, 국립공원, 야외캠핑, 대기와 수질, 산림법, 환경관계법령, 지표식물, 초본류, 약초학, 외국의 사례 등등에도 적정한 시간 배정이 필요할 것이다.

또한 이론 과목의 상대적 중요성과 그에 적합한 시간 조정도 적절하게 할 필요가 있을 것이다.

이들을 종합하면, 우리 사회에 자연(숲)안내자 제도를 정착시키기 위해서 안내자 양성 교육이 반드시 필요하며, 교육 내용은 현장실습과 실연 위주로 더욱 보강해야 하며, 자연환경안내자를 전문직종으로 정착시키기 위해서는 법적 제도적 장치를 마련하는 일이 우선적으로 필요하다고 정리할 수 있다.

2. 숲 해설가

숲해설가의 출현(2000.2.1 ~ 현재)

- 배경 : 자연환경안내자 교육 수료자를 중심으로 활동하던 임의 단체인 자연환경안내자
  협회가, 사단 법인체로 출범하면서 숲해설가란 이름이 공식적으로 등장하기 시작
  했다.

- 사단법인 설립 일정
  - 2000. 2. 1   사단법인 발기인 총회
  - 2000. 2. 7   산림청 법인 관련 서류 제출
  - 2000. 2. 16   숲해설가 협회 총회
  - 2000. 4. 21   사단법인 설립인가
  - 2000. 6. 11   협회 창립 기념 행사
  　　　　　　　　(산음 자연 휴양림)

(1) 출현의 배경

숲해설가의 출현 배경에 대해서는 전영우 교수의 저서 숲과 시민사회(전영우. 2002. 수문 출판사)에서 기술된 내용을 인용하여 정리하면,

숲(산림)해설가는, 관광안내인이 유명한 관광지나 문화 유적지를 안내하듯이 숲이 포용하고 있는 자연환경을 일반 시민에게 쉽게 알려 주기 위해 풍부한 현장 경험과 지식을 갖춘 안내인을 말한다. 숲(산림)해설가의 주된 안내 대상지는 숲인 반면 자연 안내인은 강,호수,초원,바다와 같은 모든 자연환경을 안내할 수 있는 전문인을 뜻한다. 그래서 엄밀한 의미에서 자연안내자와 숲안내자의 역할과 영역에는 차이점이 있을 수밖에 없다. 한편 국내에서는 숲을 위시한 자연자원을 일반 시민에게 효율적으로 안내할 수 있는 숲(산림)해설가에 대한 법적 제도나 사회적 장치는 없는 실정이다.

산림을 문화자원과 교육자원으로 훌륭하게 활용하고 있는 다른 나라에서는 오래 전부터 자연환경안내자들이 자연(산림)과 인간을 이어주는 연결고리 역할을 수행하여 오고 있다. 미국의 경우, 1920년대에 이미 자연환경교육 프로그램을 전문적으로 맡아서 안내하는 산림 해설자(Forest Interpreter)가 생겨났으며(김상윤 등, 1998), 일본의 경우, 1992년에 자연환경 안내자를 양성하는 산림인스트럭터 제도가 농림수산성의 자격인정 제도로 정착되었다.

우리 나라의 경우, 국민대학교 사회교육원에서 자연(산림)안내자 양성 프로그램을 개설하기 전까지는 자연(산림)안내자에 대한 교육 프로그램이나 자격 인정 제도가 없었음은 물론이고 자연안내자 또는 산림안내자라는 직종조차 존재하지 않았다. 그러나 자연(산림)안내자라는 공식적인 직종은 존재하지 않더라도 자연 생태를 안내하는 일은 지난 몇 해 사이에 사회단체를 중심으로 꾸준히 진행되어 왔다. 특히 환경단체들은 시민들에게 환경문제의 심각성을

보다 절실하게 인식시키기 위해 숲, 갯벌, 강, 산 등에서 다양한 자연체험교육을 실시해 왔다. 그러나 체계적인 교육을 받은 안내자나 적절한 프로그램이 없기 때문에 다양한 산림교육이나 자연환경교육을 적절하게 실시하지 못하고 있었다.

한편 국민대학교 사회교육원의 자연환경안내자 양성교육 수료생을 중심으로 1998년 8월 1일 자연환경안내자 협회가 결성되었다.

자연환경안내자 협회는 2000년 2월부터 숲해설가 협회로 발전적으로 재결성되어 독립사무실을 개소하고, 숲을 중심으로 다양한 안내 활동과 숲 해설가 양성교육을 현재 활발하게 펼치고 있다.

(2) 숲해설가 양성의 필요성

복합자원인 숲의 기능과 특성을 우리 국민에게 효과적으로 이해시키기 위한 첫 걸음은 산림의 가치와 중요성을 알기 쉽게 교육시킬 수 있는 전문교육을 받은 안내인을 양성하고 적절한 교육 프로그램을 개발하는 일이다. 숲(산림)해설가를 양성하기 위한 산림(문화)교육은 산림이나 임업 전문인을 양성하기 위해 대학에서 실시중인 전문 고등교육과는 다르다(전영우 탁광일. 1998)

일반인을 대상으로 실시하는 산림(문화)교육은 숲에 대한 지식과 정보를 습득하여 자연환경과 관련한 제반 문제 해결 능력 및 의사 결정 능력을 배양하고 자연과 문명의 공존에 필요한 새로운 의식과 가치관을 함양하는 교육이라고 정의할 수 있다. 또한 산림문화 교육은 산림의 다양한 기능을 해설하며, 산업주의 물질문명이 숲에 어떻게 관계되어 있는가를 알기 쉽게 전하기 위한 교육 수단이라고 할 수 있다(전영우 탁광일. 1998)

(3) 숲해설가 양성의 전제조건

숲해설가를 양성하기 위한 전제조건은 법적 제도적 장치를 마련하는 것이다. 우리나라에는 숲(산림)해설가에 대한 제도적 장치가 없다(산림청, 1998). 산림을 위시한 자연을 찾고자 하는 시민에게 숲의 소중함을 보다 적절하게 안내하기 위해서는 숲해설가를 양성하고 양성된 숲해설가를 활용할 수 있는 제도적인 장치가 필요하다.

즉 대학 및 사회단체(예: 숲해설 협회 또는 환경관련단체 등)에서 교육받은 숲(산림)해설가나 또는 임업연수원에서 현직 및 퇴직 산림 공무원을 숲해설가로 활용하기 위해서는 우선 법적 제도적 장치가 구비되어야 한다. 법적 제도적 장치에는 숲해설가의 자격을 인증하는 검증 기관과 자격증 제도 등을 들 수 있다. 또한 적정한 자격을 갖춘 숲해설가를 활용할 수 있는 방안도 검토되어야 한다.

- 숲해설가 양성을 위한 법적 제도적 장치

숲해설가 제도를 도입하기 위해서는 다른 나라에서 시행하고 있는 자연 해설자, 산림인 스트럭터 제도처럼 우리도 자격 인증을 위한 여러 가지 법적 제도적 장치가 필요하다. 특히 국가의 자격 인증이나 또는 국가가 위임한 민간단체의 자격인증 제도는 숲해설가를 적절하게 활용하기 위해서 필수적인 장치이다. 숲해설가 양성을 위한 제도적 장치의 첫걸음은 숲해설가 자격 인증제도를 도입하기 위한 조례 또는 규정을 제정하는 일이다.

　법적 제도적 장치를 규정하는 조례(규정)의 제정을 관창하는 부처는 농림부나 산림청을 고려할 수 있다. 법적 제도적 장치를 규정하는 조례나 규정이 준비되면 숲해설가를 양성하기 위한 교육기관, 숲해설가의 자격을 인증하는 인증자격시험에 대한 여러 가지 제도와 구체적인 방안도 모색할 수 있다. 즉 숲해설가의 활동을 관장하는 기관은 산림청 또는 임업연구원 임업연수부와 같은 국가 기관에서 직접 관장하거나 국가에서 숲해설가의 자격 인증 제도, 양성제도 등을 숲안내자협회(가칭) 같은 일반사회단체에 위임하는 방안을 생각할 수 있다. 법적 제도적 장치나 양성교육기관의 지정, 자격에 관한 여러 가지 방안을 예를 들면서 제시하고 필요성을 강조하고 있다.

(4) 요약

　숲을 바라보는 국민의 시각은 계속하여 변한다. 치산녹화기에 인식하던 숲과 산업화로 악화된 환경 속에서 살아가는 오늘날 우리 국민이 인식하는 숲은 다를 수 밖에 없다. 많은 국민들은 숲을 경제자원으로만 인식하기보다는 환경자원이나 문화교육자원처럼 복합자원으로 인식하기 시작했다.

　숲해설가 제도가 필요한 이유도 여기에 있다. 숲에서 무엇인가를 얻고자 기대하는 우리 국민에게 보다 적절한 방법으로 숲의 가치와 중요성을 알리기 위해서는 전문적인 기술과 능력을 갖춘 인력이 필요하다. 오늘의 시대 상황은 이런 직종의 인력을 원하고 있다.

　숲해설가를 양성하기 위해서는 적절한 제도적 장치와 교육 프로그램이 필요하다. 숲해설가는 숲에 대한 국민적 관심과 후원을 이끌어낼 수 있는 하나의 대안이며, 그리하여 얻을 수 있는 국민적 참여는 종국에는 산림발전의 원동력이 될 수 있을 것이다.

　뿐만 아니라 숲해설가를 양성하여 활용하는 일 자체도 새로운 고용 영역을 창출하는 것이다. 현직 산림공무원이나 퇴직 산림공무원에게도 자긍심을 심어 주고, 사회에 기여할 수 있는 새로운 영역을 창출하는 것은 산림분야가 활성화 될 수 있는 좋은 계기가 되리라 기대한다. 숲에 대한 국민의 인식이 변하는 것처럼 숲을 관리하는 주체들도 변해야 한다. 전향적인 사고가 필요한 시점이다.

　- 옳은 숲 해설 활동을 위하여

　당시의 휴양림에서 펼쳐지고 있는 숲해설의 사례를 아래와 같이 소개하고 있다.

　휴양림에서 펼쳐지고 있는 숲 해설활동의 효과는 수도권 인근의 자연휴양림에서 찾을 수 있다. 산음자연휴양림 산림문화휴양관 앞에는 매주 일요일 오전이 되면 30여 명의 휴양객이 모인다. 숲 해설을 듣기 위해서 자발적으로 모인 휴양객들이다. 숲 해설가가 있어도 해설활동을 요청하는 사람이 없는 다른 휴양림의 형편을 고려할 때, 이런 사실은 새롭다. 그러나 십수개월 째 매주 숲 해설 활동을 해오고 있는 산음자연휴양림에서는 신기할 것도 없고 새로울 것도 없다. 산음휴양림의 고정 프로그램으로 일상화되었으니까 말이다.

　산음자연휴양림의 숲 해설활동은 전국의 휴양림 중에서 가장 왕성한 곳으로 사람들 입에 회자되고 있다. 수도권 인근에 위치한 지리적인 이점도 있지만 이렇게 성공적으로 숲 해설활동이 정착된 이유는 오히려 다른 데서 찾을 수 있다. 그것은 숲 해설가의 역할을 일찍부터 인식한 북부지방산림관리청의 행정적 지원, 해당 휴양림 팀장의 헌신적 노력, 숲 해설가 협회의 적극적 참여, 그리고 짜임새 있게 만들어진 숲 체험 코스와 해설서 덕분이라고 할 수 있다. 이런 모든 요인들이 통합되어 하나의 화음으로 표출되는 것이 바로 산음자연휴양림의 숲 해설활동이다.

숲해설가 협회의 적극적인 참여 활동으로 산음휴양림의 해설이 활성화 된 것에 대한 숲해설가들의 특별한 활동을 소개하고 싶다.

산림청으로부터 숲해설가로 위촉을 받고서 휴양림에 활동을 하러 처음 갔을때 누구 한사람 반겨주는 사람도 없었고 해설가를 바라보는 시각도 냉랭했다.

관리책임자 조차도 별다른 관심을 보이지 않았다. 해설가 복장이라고 지급한 초록색 조끼를 걸치고 문화 휴양관 앞에서 대기하고 있었으나 누구 한사람 관심을 주지 않았다.

오히려 초록색 조끼에다 카우보이모자를 쓴 숲해설가를 이상한 눈초리로 흘낏흘낏 훑어보는 정도였다.

이에 우리는 앉아서 기다리지 않고 찾아 나서기로 하고 방문객들의 숙소를 찾아서 안내 전단을 나누어 주었다. 숲해설에 관한 안내 전단지를 프린트하여 단독산막을 해설시작 30분전부터 순회하며 숲해설에 관한 내용을 안내하기를 6개월 정도 경과 후, 고정적인 인원이 우리를 기다리게 되고 해설 활동이 활성화되게 되었다. 앉아서 기다리지 않고 스스로 찾아서 나선 적극적인 홍보 활동이 효과를 거둔 결과라고 생각된다. 이후 산음자연휴양림은 숲해설 활동이 최초로 정착된 곳으로 다른 휴양림의 본보기가 되었다.

중미산자연휴양림의 숲 해설 사례도 우리들이 한번쯤 진지하게 새겨들을 필요가 있다.

중미산휴양림은 주변 휴양림과 비교할 때 상대적으로 시설이 좋지 않다. 좋지 않은 것이 아니라 빈약하기 짝이 없다는 표현이 더 정확하다. 산림문화휴양관은 물론이고 갖가지 편의시설이 구비된 통나무집도 없다. 그러나 휴양객들은 일요일만 되면 숲해설을 듣기 위해 중미산휴양림으로 모여든다. 숲해설의 단골손님은 중미산 초입에 자리 잡은 한화콘도의 회원들이다. 처음에는 몇몇 투숙객들이 개별적으로 숲 해설 활동에 참여했지만 요즘은 입소문이 번져서 오히려 콘도에서 교통편을 무료로 제공하여 투숙객에게 숲 해설가의 안내를 받도록 권유하기에 이르렀다. 그래서 중미산휴양림의 숲 해설 활동은 한화콘도만의 차별화 사업의 일환이 되었다. 휴양림도 살고, 콘도도 살 수 있는 원-윈 게임의 좋은 사례다.

비교적 저렴한 편의시설을 이용하기 위해서, 그리고 여름 휴가철을 지낼 목적 때문에 자연휴양림을 특정 계절에만 찾는 일부 이용자들보다는 더 많은 사람들이 평소에도 휴양림을 찾을 수 있도록 우리들이 적극적으로 원용해야 할 사례가 여기에 있다. 바로 각 휴양림별로 차별화 된 전문 숲 해설활동이 그것이다.

많은 사람들을 사원스럽게 숲으로 끌여들이는 숲 해설활동이 왜 전국의 모든 휴양림에서 이루어 지지 않고 오직 북부지방산림관리청 산하의 휴양림에서만 활발하게 진행되는 것일까? 그 솔직한 답은 숲 해설을 담당할 전문 숲 해설가들이 북부청 산하의 휴양림에만 포진하고 있는 반면에 다른 휴양림에는 별로 많지 않다는 데서 찾을 수 있다. 산림청에서 위촉하는 숲 해설가들은 소수를 제외하고는 대부분 숲 해설 경험이 없는 분들이다. 지난 10여 년간의 경험에 비추어볼 때, 임업에 대한 지식 또는 생물학에 대한 지식만으로는 결코 옳은 숲 해설을 할 수 없다. 숲 해설 기법, 야생동식물, 생태학적 소양을 쌓는 전문적인 과정을 이수해야 만이 할 수 있는 일이 바로 숲 해설 활동이다. 산림이나 임업에 대해서 조금 알거나 경험이 있다고 해서 누구나 숲 해설을 할 수 있다고 생각하면 오산이다.

그러나 아쉽게도 숲 해설활동에 대한 산림청(또는 지방관리청)의 업무는 숲해설가 모집공고와 위촉장 수여로서 끝이다. 위촉한 해설가에게 전문성이나 창의성을 제고시키기 위한 어떤 교육프로그램도 자체적으로 없다. 그러니 형식적일 수 밖에 없다. 산림청은 올해로서 3회째 숲 해설가를 위촉했다. 숲 해설 활동에 필요한 적절한 정책(법적 제도적 자격 인증제도, 양성방법, 재교육 프로그램 개설, 적절한 처우 등)을 수립할 때다.

숲속 문화체험 행사 내용에 대한 설문조사에서 참가자들의 70%가 숲해설이 가장 좋았다라고 응답했다. 올바른 숲해설 활동이 왜 필요한지를 알 수 있게 하는 대목이다 라고 힘주어 강조하고 있다.

- 숲해설가의 출현 배경에 대해서

자연휴양림 20년史(2009. 자연휴양림 관리소)에서는 자연휴양 관련 사회단체의 창립과 활동 부분을 소개하면서 아래와 같이 기술하고 있다.

자연과 산림에 대한 사회적 환경적 관심과 더불어 시민들은 개인적인 관심의 차원을 떠나서 좀 더 조직적이고 효과적인 활동을 모색하게 되었다. 산림에 대한 문화적 휴양적 연구와 숲해설과 교육 등에 대해서는 1992년에 창립된 숲과 문화연구회가 가장 선구적 역할을 해왔다. 1994년에 개최한 〈숲과 휴양〉이라는 학술토론회는 이 분야의 연구와 활동을 진작시킨 큰 계기를 마련하였으며, 1998년에 이어진 〈숲과 자연교육〉 학술토론회 또한 자연환경교육과 숲해설 분야를 총정리하고 재출발하는 역할을 해왔다.

1997년 연말부터 불어닥친 IMF 사태는 수많은 사람들을 실직자로 만들어 구직의 어려움을 겪게 하였다. 산림은 이들을 위한 보금자리 역할을 하였는데 정부가 대대적으로 펼친 숲가꾸기 사업이 원동력이 되었다. 특히 당시 산림청, 시민단체 등이 공동으로 협의하여 1998년 3월에 발족한 생명의 숲 국민운동은 숲가꾸기 운동으로 활동을 시작하였고 이후 국가 사회적 관심과 참여로 조직의 안정과 함께 활동의 폭을 넓히게 되면서 자연환경교육과 숲해설 안내 등을 시작하였다. 한편, IMF 사태로 노동부는 실직자의 구직을 돕기 위한 재교육을 지원하기 시작하였는데 1998년 1학기에 국민대학교 사회교육원이 이 프로그램에 지원하여 국내에서 처음으로 자연환경안내자 교육을 실시하게 되었다. 교육 프로그램은 국민대 산림자원학과 교수와 숲과 문화연구회 운영위원들의 지원으로 짜여지고 집중 교육이 이뤄졌다. 이 교육을 받고 졸업한 교육생들이 1998년 가을에 자연환경안내자 협회를 결성하고 활동을 시작하였다. 이 협회가 모태가 되어 2000년 2월에 숲해설가 협회가 창립되었다. 자연환경안내자 협회 시절부터 자연환경과 숲해설에 대한 활동을 시작하고 자연환경안내자를 양성하는 교육을 실시해 왔다. 순수한 숲해설가 조직으로서는 국내에서 가장 규모가 큰 단체이며 활동의 영역도 넓다.

요약하여 정리하자면, 숲해설에 관한 한 숲과 문화 연구회가 선구적 역할을 담당했었고, 국민대 사회교육원(평생교육원 전신)에서 개설한 자연환경안내자 교육훈련 프로그램이 숲해설가 양성의 디딤돌 역할을 수행했으며, 숲해설가 협회에서 진행한 해설가 양성 교육 프로그램이 숲해설 교육의 기초를 다졌다고 말할 수 있을 것이다.

활동초기의 숲해설가모습

숲이 사람에게
사람이 숲에게

2000. 6. 창간호

사단법인 숲해설가협회

'숲,

숲 해설,

숲 해설가'

창간호에 게재된 특집의 내용은 숲해설가협회의 창립기념 심포지움에서 발표할 내용을 일부 전재하고 숲해설가협회의 방향과 전망을 생각해 보는 원고로 꾸며 보았습니다. 숲해설에 대한 기본적인 인식과 현황 그리고 앞으로의 과제를 짚어보는 계기로 삼고자 합니다.

1. 숲해설이란? / 신원섭
2. 우리나라 숲해설의 현황 / 박경
3. 숲 해설가 협회 자리매김 어떻게 할 것인가 / 김재현

1. 숲해설이란 / 신원섭

1.1 자연 해설의 역사와 기원

일찍이 Pobert Frost는 "시란 흥미로 시작해서 지혜로 끝난다"라고 말한 바 있습니다. 저는 이 말을 숲 해설에 대입시켜 " 숲 해설이란 사람들에게 흥미와 호기심을 유발시키고 지식과 정보를 제공하여 그들이 지혜로운 행동을 할 수 있게 하는 것"이라고 정의하고 싶습니다.

우리는 흔히 근대적인 숲 또는 환경 해설의 기원을 Enos Mills로 이야기 합니다.
1889년부터 그가 죽은 해인 1922년까지 Mills는 미국 로키산에서 수많은 사람들에게 숲과 자연의 중요성을 알리는 일을 해왔고, 환경 교육 학교를 설립했으며, 수없이 많은 강연과 저술 활동을 해서 '자연 한경 해설의 아버지'란 영광스런 칭호를 받고 있습니다.

Enos Mills는 해설을 단순히 '사람들을 숲으로 안내하는 것과 정보를 제공하는 것'으로 보지 않았습니다. 그는 해설을 '정보를 주는 것보다는 영감을 주는 것'으로 생각했습니다. 그래서 그는 해설가를 "자연의 신비로 안내하는 자연가(naturalist)"라고 표현했던 것입니다.

Freeman Tilden (1883-1980) 역시 자연 해설 분야에서 큰 족적을 남긴 사람입니다. 신문기자, 극작가, 논픽션 작가 등으로 활동하던 Tilden 에게 미국 국립 공원청은 국립공원을 여행하고, 그에 대한 글을 써 달라고 부탁합니다. 그는 수년간 국립공원을 방문하고, 직원들과 방문객들을 관찰하고 대화를 통하여 자연 해설의 기틀을 마련했습니다. 1957년에 발간한 그의 저서 "우리 유산의 해설 (Interpreting Our Heritage)"는 해설 분야의 고전으로서 지급까지도 널리 읽혀지고 있습니다. 이 책에서 Tilden은 아래와 같은 그 유명한 "Tilden의 해설 6 원칙"을 제시했습니다.

- Tilden의 해설 6 원칙

(1) 방문객이 보는 것과 상관이 없거나 방문객의 개인적 경험 혹은 특성과 관련이 없는 해설은 의미가 없다.
(2) 해설은 정보에 바탕을 두지만 정보 자체는 해설이 아니다.
(3) 해설은 여러 지식과 기술이 포함된 예술이다.
(4) 해설의 가장 큰 목적은 가르치는 것이 아니라 자극을 주는 것이다.
(5) 해설은 부분보다는 전체, 어떤 단계보다는 전체적인 것을 제시하여야 한다.
(6) 어린이를 대상으로 하는 해설은 근본적으로 다른 방법을 따라야 한다.

1.2 자연 해설의 목적과 필요성

위에서 잠간 언급했듯이 해설은 단순한 지식의 전달보다는 해설을 통한 궁극적 목적을 달성할 수 있도록 하여야 한다고 봅니다. 따라서 숲 해설의 목표를 몇 가지로 구분해 보면 다음과 같이 나눌 수 있을 것입니다.

1) 관리 기관의 목적 달성을 위하여 해설이 필요하다.

해설은 방문객을 직접 대하여 교육할 수 있는 아주 적극적인 기회입니다. 우리 숲에 관련된 예를 들어보자면, 숲에서 시행되고 있는 여러 가지 작업들은 일반인의 오해를 많이 받습니다. 가지치기나 솎아베기 같은 일들은 자연을 파괴하고 환경에 반하는 행위로 오해를 받기 쉽습니다. 해설은 이와 같은 오해를 해소시킬 수 있습니다.

2) 방문객들에게 올바른 이용을 하게 한다.

해설은 방문객들에게 파괴 행위, 쓰레기 버리기, 또는 무심히 할 수 있는 훼손 행위등을 방지하게 합니다. 해설을 통하여 방문객은 올바른 감상과 다른 사람을 배려하는 행동을 하게 되고 크게는 방문지를 후원하는 원군이 될 수 있습니다.

3) 해설은 방문객을 위한 서비스입니다.

가장 중요한 해설의 목적이 바로 방문객 자신을 위한 것입니다. 해설은 방문객이 자연과 세상을 보는 눈을 달라지게 합니다. 해설을 통해 얻은 지식과 감동은 전에 무심히 지나치던 나무 한그루 풀 한 포기도 의미를 갖고 보게 만듭니다. 궁극적으로 인생의 가치를 바꾸게 됩니다.

2. 숲해설가의 사명

위에서 언급한 해설의 목적과 필요성은 결국 숲 해설가란 어떤 사명을 갖는 사람인가를 짐작하게 합니다. 미국의 Cem Basman은 해설가의 사명을 초등학교 교사의 그것과 견주어 말한 적이 있습니다. 우리가 바라는 초등학교 교사는 어린이의 가슴에 희망을 불어넣는 존경받고, 신임 받으며, 인생에서 가장 중요한 임무를 가진 분입니다.

어린이들에게 지식도 주어야 하지만, 어린 영혼을 맑고 순수하게 가질 수 있도록 하는 예술가가 되어야 합니다. 이런 면에서 Baseman은 해설가를 교사와 예술가라고 칭하고 있습니다. 해설가는 방문자의 영혼과 가슴에 불을 지펴주어야 하고, 숲을 마음에 심어주어야 합니다.

3. 숲해설가 협회가 나가야 할 길

숲 해설가는 다양한 지식과 이를 효과적으로 전달할 수 있는 기술, 그리고 열정을 가져야만 합니다. 그런 측면에서 본다면 숲 해설가는 professional입니다. Professionalism은 힘을 뜻합니다. 그러나 그 힘은 그만한 자격이 있을 때 생기는 법입니다. 따라서 숲 해설가 협회는 회원들의 전문성을 높일 수 있도록 항상 깨어 있어야 합니다. 이를 위한 수단으로는 부단히 새로운 정보를 회원들에게 제공하고, 교육 프로그램을 마련하는 길입니다.

우리는 변화와 경쟁의 시대를 살고 있습니다. 안주는 정체가 아니라 후퇴일 수 밖에 없는 시대입니다. 따라서 협회는 항상 다음과 같은 질문을 스스로에게 던져야 합니다.

- 협회는 회원들의 기술이나 지식, 전문성 그리고 윤리성 재고에 도움을 주는가?
- 협회는 회원의 권익을 위해 노력하며, 숲 해설에 관련된 제도적인 개선을 위해 끊임없이 노력하고 있는가?
- 숲 해설가 협회의 활동과 각종의 프로그램은 숲에 대한 사회의 인식을 바꾸고 있으며, 전문가의 양성 기관인 관련 대학들의 변화를 유도할 수 있는가?
- 산림청이나 국립공원 관리 공단 등 숲 해설과 관련 있는 기관들은 정말 숲 해설가 협회를 필요로 하는가?

우리나라의 숲 해설은 역사가 일천하고 그 환경이 매우 미약합니다. 그러나 다행인 것은 이것이 중요하다는 사실을 모두 인식하고 있다는 것입니다. 따라서 숲 해설가 협회의 창립은 시기 적절하고, 앞으로의 역할은 대단히 중요합니다. 숲 해설가 협회의 역할은 지구적 행동과 믿음에 영향을 주는 효율적인 도구가 될 것입니다. 오늘 숲 해설가 협회의 창립은 숲 해설이 가질 미래의 특권과 영향력의 권문입니다. 그런 위상을 찾기 위해서 협회는 창조적인 사업을 효과적으로 수행해 나가야 합니다. 이미 협회는 이런 사업을 구상하고 있겠지만 몇 가지 예를 들면 다음과 같습니다.

- 전문성 있는 숲 해설가의 양성을 위한 교육 및 워크샵의 개최
- 숲 해설자 자격 제도의 확립
- 숲 해설과 관련된 연구 및 이를 위한 학술지 발간
- 회원 및 일반에게 최신의 다양한 정보를 제공할 수 있는 시스템의 개발
- 숲 해설과 관련된 저술 사업
- 숲 해설 관련 직업의 창출

약력
캐나다 토론토 대학교에서 공부하고 임학박사로 현재 충북대 교수이다. 임학회 이사, 충북생명의 숲 운영 위원장으로 활동하며 우리협회 부회장을 맡고 있다.

2. 우리나라 숲 해설의 현황 / 박경

- 국립공원내 환경교육시설 조성 및 프로그램을 중심으로

1. 소개

세계는 환경 위기의 궁극적인 해결책은 환경교육을 통한 인류의 인식 전환을 피하여야 한다는 것에 공감하고 있다. 그래서 환경교육의 철학과 방법론 등에 대한 다각적인 연구와 실천이 이루어지고 있다.

우리나라의 도시민들은 도시내에서 자연을 접할 기회가 줄어들게 됨에 따라 도시에서 받는 스트레스 해소를 위해 자연환경조건이 풍부한 국립공원 및 중산간지대로 일시에 집중됨에 따라 이들 지역의 풍부한 생물자원이 급속히 파괴되어 자연보전정책의 세계화가 이루어지지 못하고 있는 현실이다.

현재 우리나라에서는 환경교육이 학교 교육의 정규과목으로 채택된 이후 환경교육이 실시되고 있으나 프로그램의 단순성, 환경교육시설 특히, 자연속에서의 시설이 거의 존재하지 않은 결과 교육적 효과가 미흡한 상태에 있다.

따라서, 자연에서 직접 체험을 통해 이루어지는 환경교육을 위한 다양한 시설의 설치와 운영이 요구되는 시점에 있다.

이러한 관점에서 우리나라 자연생태계보존의 핵심공간이라 할 수 있는 국립공원의 자원을 활용한 체계적인 환경교육은 매우 중요한 의미를 가진다고 할 수 있다.

국립공원에서 환경교육을 위한 시설 및 운영의 핵심은 비지터센터 혹은 information center라고 불리는 정보제공과 교육·관리의 거점이 되는 시설과 자연을 직접 접하는 자연관찰로와 이와 같은 시설의 운영프로그램인 자연관찰회 등을 통한 자연해설(인터프리테이션)이라 할 수 있다.

2. 비지터센터와 자연관찰로

내장산 탐방안내소는 계획적인 설계에 의해 설치된 최초의 탐방안내소로 1998년 7월 개관하였는바, 5개의 전시관, 영상실 등으로 구성되어 탐방안내 문화를 한 차원 높인 것으로 평가되고 있다.

자연관찰로(Nature trail)는 "자연의 학습"을 주제로 한 자연교육시설의 일종이다. 자연관찰로는 1950년대 미국에서 처음으로 만들어진 것으로서 특히 국립공원을 중심으로 보급된 교육시설임. 특히, 오더본협회(Audubon Society)에 의해 초등학생들의 야외지도가 행해지면서 발전되기 시작한 것이다.

구분	사업량	사업비 (백만원)	사업내용		
			수목원조성	묘포장조성	자연관찰로
계	23개소	1,588			
'94	1개소	36	내장산		
'95	1개소	44	내장산		
'96	3개소	151	속리산,내장산	지리산	
'97	3개소	167	내장산	변산반도	치악산
'98	8개소	510			변산반도, 소백산, 설악산, 월악산, 가야산, 지리산, 다도해 해상, 북한산
'99	8개소	650			소백산, 설악산, 월악산, 가야산, 지리산, 다도해 해상, 북한산, 변산반도
'00	8개소				소백산(남), 월악산, 지리산(남), 지리산, 변산반도, 계룡산, 오대산, 월출산

현재 15개소의 자연학습탐방로 조성이 완료되었거나 추진 중에 있으며, '99년에는 북한산에서 국립공원협회를 활용하여 자연해설프로그램을 시범 운영하였으며, 각 코스에 대한 리플렛을 제작하였다.

3. 자연해설(인터프리테이션) 프로그램의 운영

탐방객 연령별, 공원특성별 자연해설프로그램 개발사업의 일환으로 계룡산, 내장산, 지리산, 월악산, 다도해, 설악산 등 6개 사무소를 대상으로 자연해설프로그램 교재(리플렛)를 제작하고 있다.

직원과 자원봉사 활동가가 참고할 수 있는 참여자 모집, 교보재 선택·제작·확보, 해설자 수칙, 평가 방법 등 일련의 사안에 대하여 사례 중심의 지침서를 2000년 6월말까지 제작 완료할 계획이다.

운영매뉴얼은 포켓용 사이즈로 제작되어 전직원이 현장에서 쉽게 학습하고 활용할 수 있는 형태로 제작하고자 한다.

많은 직원이 자연해설가로서의 기본적인 자질을 갖추고도 제대로 활용되지 못하는 현실을 감안, 자연해설능력을 적극적으로 배양하고자 1년에 2회 이상의 워크샵 등을 개최 교육에 많은 노력을 기울이고 있는 중이다.

다도해 해상 국립공원 정도리의 몽돌해안에는 방풍림의 기능을 하는 숲 속에 총 연장 1km의 자연학습탐방로가 조성되어 있으며, 자갈 해변과 상록수림의 식물생태를 탐방할 수 있는 시설로 1998년 이후 완도군내 대부분 초·중·고생들은 1회 이상 자연학습을 경험한 상태이다.

즉, 자연해설 활동은 자연과 인간과의 가교가 되는 활동이고 자연을 보호하는 마음을 키우고 친자연적인 라이프스타일로의 전환을 촉진시키는 등 장래에 인간이 자연과 함께 계속 살아갈 수 있게 하기 위해서 필요 불가결한 활동이라고 말할 수 있다.

4. 활동프로그램의 현상과 과제

이용자의 연령과 경험, 관심의 정도 등에 따른 프로그램의 개발·제공과 이용자가 스스로의 경험과 기술, 관심의 정도 등에 맞추어 자유롭게 선택하는 선택적 메뉴를 제공할 필요가 있다.

예를 들면 다음과 같은 이용자의 유형을 나누어 행하고 이것에 따른 프로그램을 제공할 수 있을 것이다.

1) 숙박이용자를 대상으로 한 프로그램

숙박시설은 그 주변환경과 일체가 되어 효과적으로 자연해설활동을 행하는 것이 가능한 장소이고 적절한 프로그램을 제공하는 것에 의해 큰 효과를 높일 수 있는 것으로 기대할 수 있다.

예를 들면, 밤의 자연관찰과 별자리 관찰, 이른 아침의 조류 관찰 등의 프로그램은 숙박하고 있을 때 가능한 것이고 비일상의 체험을 즐기는 것으로서 효과가 기대될 수 있는 것이다.

2) 장기 지속형 프로그램

현재 행하고 있는 프로그램은 그 대부분이 몇 시간에서 하루 정도의 단기간에 행하는 일과성의 것이 많기 때문에 장기적인 자연의 변화 등을 이해하는 것은 어려움이 있다.

따라서, 장기적·지속적으로 행하는 프로그램은 생산과정과 수확의 즐거움, 환경변화 등을 체험할 수 있어 보다 깊게 자연을 이해하는 것이 가능하기 때문에 참가자의 만족과 교육효과가 크므로 프로그램개발의 필요성은 높은 편이다.

3) 야생체험형 프로그램

현대 어린이들, 특히 도시에서 생활하는 어린이들은 자칫하면 자연의 변화에 대한 적응력이 부족하고 빈약한 체질이 될 수 있다고 말할 수 있고, 야생체험의 필요성이 지적되고 있다.

따라서, 야생의 상태가 많이 남아 있는 곳에서의 식량조달, 화기사용 등의 체험이 가능한 프로그램의 도입은 자연에 대한 경외감과 신비감을 불러일으킬 수 있는 것이라 할 수 있을 것이다.

4) 야생동식물 관찰 프로그램

비지터센터나 자연관찰로 주변을 중심으로 쉽게 행할 수 있는 프로그램으로서 자연해설원의 확보만 가능하다면 도입하기가 용이한 것이다.

약력

서울대 지리학과를 졸업하고 캔사스 대학에서 박사학위를 받았다. 현재 서울대, 고려대 등에서 강의를 하고 국립공원관리공단 정책연구팀 책임연구원으로 활동하고 있다.

3. 숲 해설가 협회 자리 매김 어떻게 할 것인가 / 김재현

    최근 "숲해설가"라고 하는 산림업의 신종 직업이 생겨나 세간의 관심을 끌고 있다. 그러나 지금 단계에서 비추어진 피상적인 모습만 보면 숲해설가라고 하는 직업이 많은 사람들의 관심을 끌고 있다. 그러나 지금 단계에서 비추어진 피상적인 모습만 보면 숲해설가라고 하는 직업이 많은 사람들의 관심을 토대로 뿌리를 내리고 정착할 수 있을 것인가에 대한 기대와 우려를 함께 할 수 밖에 없다.

    이것은 숲해설가들의 활동 방향성을 규정하는 숲해설가협회가 시민사회운동단체인지 회원들의 권익을 보호하는 이익단체인지 그 성격이 아직도 명확하지 않은 것에서부터 시작된다. 물론 이쪽 아니면 저쪽이라는 흑백논리도 위험천만이라고 생각한다. 그렇지만 일반적으로 생각할 때 "협회"라는 단어가 가지는 이미지는 후자에 가깝다. 그러나 숲해설가협회의 주요사업 내용을 보면 실제로 숲을 알리는 운동에 가까운 내용들로 가득 채워져 있다. 이와 같은 현상은 숲해설가협회의 출발점이 "자연환경안내인협회"에 있다는 점에도 원인이 있는 것으로 보여진다.

    얼마 전 다나카소지라는 일본사람이 쓴 "나는 숲의 안내인(私は森の安内人)"이라는 책을 읽으면서 많은 생각하게 되었다. 먼저 이해를 돕기 위해 다나카씨를 간단하게 소개하고자 한다. 일본대학 임학과를 졸업하고 가업이면서 본인의 꿈이었던 산림 경영을 위해 뛰어든 사람으로 동경도 내에서 360ha의 산림을 소유하고 있다. 이 사람은 산림 관리의 장벌기(長伐期)사업으로의 전환, 산촌의 노동력 부족등 일본의 산림자원관리와 임업이 직면하고 과제를 풀어나가기 위해 설해 피해목을 가지고 자신이 직접 건축한 3동의 통나무집과 자신의 숲을 이용하여 휴양 및 숲 가꾸기 자원봉사활동을 포함한 다양한 프로그램을 도시민에게 제공하여 교류와 새로운 소득을 얻고 있다. 연간 2,000명이 넘는 도시사람들이 통나무집을 찾고 다양한 숲 체험 프로그램을 경험한다고 한다.

    나는 이 책을 읽으면 자꾸 머리 속을 맴도는 것이 두 가지 있었다. 하나는 일본 전체적인 것뿐만 아니라 자신이 처한 산림문제에 대한 인식이 이렇게 체계적이고 정확할 수 있을까라는 점이었으며, 그 수준은 산림정책에 대해 연구하는 한 사람의 연구자로서 부끄러움이 앞설 정도이었다. 다른 하나는 이 책의 제목을 왜 "나는 숲 안내인"이라 했는가에 대한 궁금증이었다.

    궁금증을 나름대로 풀어 보려고 했으나 명쾌한 답을 찾지는 못했다. 그러나 한가지 확실한 것은 우리 나라에서 생각하는 숲 안내인의 의미와는 많은 차이가 있다는 점이다. 즉, 우리가 일반적으로 말하는 임업인의 관점에서 숲 안내인의 모습을 생각하고 있는 것이다. 가장 숲을 잘 이해하고 이를 설명할 수 있는 사람은 숲과 더불어서 살아가는 사람일 것이다. 궁극적으로는 숲해설가협회도 숲을 터전으로 살아가는 사람들의 모임이 되어야 한다는 것을 암시한다고 생각한다. 저자는 일본에서 1991년부터 시행되고 있는 산림인스트럭터 제도에 대해서도 다소 비판적 수용을 하고 있으며, 그 이유로 수험제도의 형식적인 측면을 들고 있는 것을 보더라도 주장하는 의도가 조금은 짐작이 간다.

    일본의 실정은 우리 나라의 실정과는 차이가 있다는 것도 인정하지 않을 수 없기 때문에 그 방향성을 일본에 빗대어 잡아갈 수는 없다. 단지 내가 주장하고 하고 싶은 것은 적어도 궁극적인 목표는 있어야 한다는 것이다.

    그러면 우리의 실정에 알 맞는 접근방법은 무엇인가를 고민하지 않으면 안될 것이다. 먼저 우리의 실정을 개략적으로 이야기하면 우선 우리에게는 사경제적 측면의 임업은 거의 존재하지 않는다. 즉 산림관리의 주체가 형성되지 못했다. 그리고 국민들의 산림에 대한 인식이 높아지고 있다고는 하지만 그렇게 높은 수준은 아니다. 또한 정부의 산림에 대한 재정지원도 많다고는 할 수 없다. 더구나 산림자원도 대부분이 30년생 이하의 어린 나무들로 구성되어 있어 숲 가꾸기가 절실하게 요구되는 실정이다.

이렇듯 기존에 산림업에 종사하는 사람들의 층이 매우 열악하고 국민들의 숲에 대한 인식이 부족한 상황에서 우선적으로 접근해야될 사항은 자체적인 역량을 키워나가는 것과 저변의 확대를 모색해야 된다고 생각한다.

자체적인 역량을 키워나가는데 있어 한가지 절대 간과해서는 안될 사항은 자신의 주관과 입장이 전달되어서는 안 된다는 것이다. 주지하는바와 같이 숲이라고 하는 것은 생태적으로나 경제적으로 다양한 기능과 혜택을 주고 있으며, 이것들이 조화를 이룰 수 있을 때 가장 적합하다고 말한다. 그러나 간단하게 조화라고 말할 수 있을지는 모르나 그 조화점의 설정은 산림의 여러 가지 여건에 따라 변화할 수 있다. 따라서 다양한 형태의 많은 경험의 축적이 있어야 만이 나무 해설가가 아니라 진정한 숲 해설가가 될 수 있으리라 생각된다. 현재 산림업에 종사하는 곳을 대상으로 연수프로그램을 만들어 자체 역량을 키워나가는 것도 시도해봄직하다.

또한 앞에서 말한 현실적 상황을 고려한다면 숲해설가협회는 국민들의 숲에 대한 인식전환을 도모하면서 저변을 확대하는 것이 현재의 시점에서는 가장 중점사업이 되어야 할 것이다. 즉 당분간은 이익단체로서 성격보다는 시민사회단체로서 성격을 가지고 사업을 추진해나가야 한다고 생각한다. 그렇지만 가슴속에는 항상 언젠가 산림업에 종사하는 주인의 한사람이 될 것이라는 자리 매김을 해 놓아야 할 것이다.

앞에서 언급한 바와 같이 여러 가지 여건상 숲해설가협회가 추구해야할 방향성은 제한적이지 않을 수 없다. 따라서 다시 한번 강조하지만 체계적이면서도 전략적인 접근 방식을 택하지 않으면 모호한 단체가 될 수도 있다. 앞으로 논의와 중지를 모으는 노력이 필요하리라 생각된다.

약력

서울대 산림자학과를 졸업하고 일본 쭈쿠바 대학에서 공부하였다. 농학박사로 현재 건국대교수로 지구산림연구회 총무간사로, 우리협회의 운영위원으로도 활동하고 있다.

Ⅱ. 숲해설가 교육과정.

1. 숲 아카데미

2. 숲해설가 전문과정

3. 숲 학교

1. 숲해설가 협회의 창립, 연혁, 개황

숲해설 교육의 기초를 다져온 숲해설가 협회에서 시행한 교육 및 활동을 중심으로 숲해설가 교육 과정이나 활동 내용을 정리하고자 한다.

숲해설가협회의 활동에 대해서는, 자연휴양림 20년사(史)(2009. 자연휴양림 관리소)에서 소개된 내용을 중심으로 기술하였으며, 공식적으로 소개되는 내용 외에 개별 휴양림에서 자체적으로 실시한 산림체험 활동도 추가로 소개하고 정리하고자 한다.

1998년 국민대학교 사회교육원에서 '자연환경안내자' 과정을 이수한 교육생들이 설립한 '자연환경안내자 협회'를 모태로 2000년 2월 설립되었다. 국민들에게 숲의 가치와 중요성을 알리고 숲과 자연생태에 관한 소양과 지식을 제공하여 자연 친화적인 가치관과 생활양식을 함양하도록 하며, 지속 가능한 숲의 보존과 이용을 위한 활동을 통해 국민 생활의 질적 향상을 도모하고자 한다. 또한 숲해설가의 양성교육과 재교육을 실시하여 그 능력과 자질을 높이며 숲해설가 상호간의 정보 교류와 친교 등에 그 목적을 두고 있다.

2. 주요 활동

자연생태와 문화에 대한 올바른 인식을 심어주고 바람직한 숲체험이 이루어 질 수 있도록 안내하는 활동을 한다. 분야별 활동의 내용은 다음과 같다.

1) 교육 사업
- 숲해설가 양성 교육
- 아동, 청소년 시민 대상 숲 해설 교육

2) 연구 및 조사 사업
- 숲해설 프로그램 및 교재 개발 및 보급
- 숲해설 관련 정책의 개발과 재도개선 활동
- 숲해설 관련 제반 연구와 조사

3) 출판 사업
- 숲해설 관련 자료. 서적 및 정기간행물의 발간과 보급

4) 연대 사업
- 관련 단체 및 기관과의 협력과 연대
- 지속가능한 환경보전을 위한 실천 활동

5) 기타
기타 협회의 목적을 이루는데 필요한 사업과 활동으로서 다음과 같은 사업을 한다.

- 숲 학교 운영(어린이, 가족, 저소득 청소년, 장애인 숲 학교 등)
- 교육 프로그램 진행(숲 아카데미, 숲 해설가 양성교육, 심화교육)
- 숲 및 생태 해설 및 자연 환경 운동 관련 자원봉사활동
- 기타 협회의 목적을 이루는데 필요한 사업과 활동

3. 휴양 및 산림환경교육 현황

(1) 숲아카데미

숲과 자연에 대한 이해를 높이고, 향후 숲해설가로 활동하기 위한 전문적인 소양과 지식을 함양함에 목적을 두고 있다. 본 과정을 이수한 교육생들은 숲해설가 협회 회원으로 활동할 수 있는 기회가 제공된다.

(2) 전문가 과정 소개

숲해설 전문가 과정은 숲아카데미 과정을 이수한 교육생을 대상으로 숲해설가로 활동하고자 하는 지원자를 대상으로 이루어지는 전문 과정이다. 숲생태계 전반 및 현장교육 방법 등에 대해 6개월에 걸쳐 진행된다. 또한 본 과정은 산림청 시행 숲해설가 교육인증 과정에 따라 시행된다.

(3) 숲 학교

숲은 사람에게 마음의 평안과 안식을 주는 편안한 집이며, 생명의 소중함과 더불어 살아가는 지혜를 가르치는 살아있는 학교이다. 또한 뭇 생명을 숨쉬게 하고, 싹 틔우며 자라고 열매 맺게 하는 어머니이다. '숲학교'는 우리가 무심결에 지나쳤던 대지와 바람, 나무와 꽃, 이름없는 풀벌레를 통해 숲을 다시 만나고 소통하며, 품에 안는 과정이다. 가족, 단체, 기업, 개인 등 다양한 요구에 맞추어 숲해설가 선생님의 진행으로 활동이 이루어진다.

1) 일일 숲학교

일일 2시간을 기본 활동으로 참가 의뢰자의 요구에 따라 다양한 형태의 맞춤 프로그램을 통해 숲을 만나고 체험하는 활동이다.

2) 체류형 숲학교

휴양림 및 야영장 등 야외 공간에서 숙박을 하며 체험하는 활동으로 1박 2일, 2박 3일 등 다양한 형태로 진행된다.

4. 관련 프로그램 소개

(1) 숲아카데미

숲아카데미 과정은 숲해설가 입문 및 교양과정으로 본 협회 자문 위원과 전문가들의 이론과 현장 강의를 통해 숲 생태계 일반에 대한 이해와 관심을 높이는 과정이다.
- 연 2회 개강 매회 30명 정원

- 교육 내용
  - 개강 및 수료식 : 4시간
  - 산림 환경 교육론(4강) : 8시간
  - 산림과 생태계(14강) : 37시간
  - 산림과 인간·환경윤리(3강) : 6시간
- 교육 커리큘럼 : 〈표1〉 참조
- 신청자격 : 일반 시민 누구나 가능
- 신청방법 : 협회 홈페이지를 통해 공지, 선착순 마감

〈표1〉 숲아카데미 교육 커리큘럼

회차	과목	학습내용
1	개강식	교육생 소개 및 오리엔테이션
2	산림정책의 이해	우리나라 산림정책 방향과 이해
3	숲과 문화	녹색문화의 전개와 확산 방향
4	숲과 인간	숲과 인간 모든 것은 하나
5	숲해설과 환경윤리	환경 철학의 필요성과 사회적 의미
6	숲과 역사문화	숲에 관한 역사적 의미와 사실
7	숲해설의 이해	숲해설의 철학적 배경 및 변천 과정
8		숲해설이론(역사/의미/정의/원리/특성)의 이해
9	숲생태계의 이해	생태계의 기본원리, 구성요소 및 상호 연관성
10	식물의 이해	식물분류 및 기초개념
11		계절별 초본의 서식환경
12		초본 현장 교육
13		목본의 특성 및 지역특성에 의한 목본 개체
14		목본 현장 교육
15	하천/내륙습지 이해	하천의 물리적, 지리적 특성 및 유형, 생태계 역할
		관련 문화 및 지역하천 현황 이해
16		습지 및 하천 식물의 서식유형
17	곤충의 이해	곤충의 생태적 지위, 특성, 분류 원리 / 방법 고찰
18	야생동물의 이해	자연 서식 야생동물의 생태적 지위 및 서식환경, 관찰방법

회차	과목	학습내용
19	하천 이해	하천생태 현장
20	조류의 이해	조류의 생태적 지위, 특성, 분류 원리 / 방법 고찰
21		주요 장소별 조류의 서식 특성 고찰 및 현장 실습
22	곤충의 이해	주요 장소별 곤충의 서식 특성 고찰 및 현장 실습
23	야생동물의 이해	주요 장소별 야생동물의 서식 특성 고찰 및 현장 실습
24	수료식	숲해설가의 사회적 과제(토론) 및 수료식

(2) 전문가 과정 소개

- 연 2회 개강
- 교육 내용
  - 개강 및 수료식 4시간
  - 산림환경교육론 및 산림 생태계 / 9강 20시간
  - 산림과 인간·환경윤리 및 인간발달과 교육심리 / 5강 10시간
  - 커뮤니케이션 이론 및 교수학습방법 / 7강 16시간
  - 안전교육 및 응급처치(적십자위탁) / 7시간 15시간
  - 교육프로그램 및 숲해설 실제 / 18강 40시간
  - 워크숍 및 시연 평가 / 5강 12시간
  - 현장 트레이닝 7회 이상
  - 현장 시연 및 토론 / 1일 6시간
- 교육 커리큘럼 : 〈표2〉 참조

〈표2〉 전문가 과정 교육 커리큘럼

회차	과목	학습내용
1	협회 소개	교육내용 O/T 및 자기소개
2	산림정책의 이해	우리나라 산림 현황
3	숲과 문화	숲이 주는 문화적 의미
4	숲해설 실제1	현장에서 이루어지는 숲해설가 활동 방법
5	숲과인간	숲과 인간과의 관계
6	숲해설과 환경윤리	숲해설, 교육적측면에서 환경윤리적 접근의 의미와 중요성
7	숲과 역사문화	숲(소나무)을 활용한 우리 문화(고건축)
8	숲해설의 이해	숲해설을 효율적으로 하기 위한 전략 및 유형별 이해 (소양 / 철학 / 방법론)
9	숲생태계의 이해	숲의 생활사 (숲의 상호작용에 의한 숲의 변화)
10		현장에서 바라보는 숲의 변천 과정

회차	과목	학습내용
11	식물의 이해	도감사용법 분류 방법
12		소지도감의 이해
13	숲해설 프로그램 기획 및 운영 방법	숲을 이용한 환경교육 프로그램 개발
14		숲해설 프로그램의 유형별 특성 및 종류
15		숲해설에 대한 맥락과 사례
16	교육인증프로그램 숲을 보는 돋보기 (제공기관 : 국립산림과학원)	아래위의 나뭇잎 모양이 달라요, 숲이 변하고 있어요
17		무엇을 먹고살까요? 숲은 상호작용 속에서 유지됩니다.
18		서식지에는 무엇이 필요할까요? 사람이 만든 숲, 자연이 만든 숲
19		숲도 가꿔야 하나요? 건강한 숲을 만들어요
20		프로그램 평가
21	교육인증프로그램 식물자원·인간의 관계 제공기관 : 국립수목원	식물자원의 가치는 식물의 대한 이해로부터 시작된다 나무는 어떻게 생겼을까?
22		나무는 어떻게 살아갈까? 나무는 어떻게 변해갈까?
23	인증제 필수항목 안전교육 및 안전 관리 15시간	숲에서 필요한 안전교육
24		응급처치 및 안전교육
25		응급처치 및 안전교육
26	숲해설 지도론	자기유형 및 지도력 인식
27	자기표현 및 관계 형성 훈련	
28	교육인증프로그램 곤충과 인간과의 관계 제공기관 : 국립수목원	곤충에 대한 이해 곤충이란 무엇일까? 곤충은 어디에서 기원되었을까?
29 / 30		곤충자원의 중요성과 보전을 위한 인간의 영향과 노력에 대해 알아보자 곤충의 인간과의 관계는? 환경변화에 따른 곤충의 보호와 활동은? 곤충자원의 다양성과 가치를 높이기 위한 숲의 역할은?
31		곤충 식별을 위한 기본적인 형태는? 곤충의 생태를 이해하기 위한 생활형은 무엇일까? 프로그램 평가
32	워크숍1 (방학식)	트레이닝 보고서 작성 요령 및 이해
33	현장 트레이닝	현장에서 이루어지는 숲해설을 체험후 보고서 제출 7회이상, 보고서 제출시 수료 인정
34	개학식	트레이닝 보고서 제출
35 / 36	교육인증프로그램 식물자원, 인간의 관계 제공기관 : 국립수목원	식물자원의 가치와 보전을 위한 인간과 외부 영향에 대해 이해 나무에 영향을 미치는 요인은 어떤 것이 있을까? 나무와 인간은 어떤 밀접한 관계가 있을까? 오랜 세월 인간과 함께 살아온 광릉 숲의 가치는?

회차	과목	학습내용
		프로그램 평가
37	숲해설에 필요한 문화	세밀화 기법 익혀보기
38	숲해설 실제2	숲해설활동에 적용가능한 자연물 만들기
39	워크숍2	숲해설 기획 방법 및 시연 계획성 작성
40	천문환경해설 이해	역사문화 속의 천문환경요소와 인간 삶과의 연관성 이해
41		천문환경의 주요 구성 요소 및 원리 이해, 관측방법고찰
42	숲해설에 필요한 문화적 접근	자연에 소리를 내는 오카리나 배워보기
43		오카리나 실습
44	워크숍3	숲해설 프로그램 개발 및 기획 실습
45	숲해설 실제3	숲해설의 모둠별 활동방법
46	커뮤니케이션 이론	대상과의 의사소통을 위한 스피치 기법 (대화/소통)
47	숲해설 지도론	생태적 관점에서 인간발달과정의 이해
48	워크숍4	최종시안 검토
49	시연 및 평가	숲해설 시연 및 평가
50	수료식	숲해설가의 사회적 과제 (토론) 교육과정 평가 및 수료식

(3) 숲 학교

1) 일일 숲학교

▷ 자연과 함께하는 숲체험
- 내용 : 1. 주변숲을 돌아보며 숲생태계 알아보기　2. 숲해설을 통한 어린이 감성교육
- 활동 : 1. 나의 나무 찾기　2. 나뭇잎 딱지치기　3. 동물술래잡기 등

▷ 뛰면서 즐기는 숲체험
- 내용: 자연놀이를 통한 아이들에 공동체 놀이
- 활동: 1. 먹이사슬 따라잡기　2. 산신령 놀이　3. 동물술래잡기 등

▷ 표현하며 만드는 숲체험
- 내용: 자연물을 이용한 아이들의 만들기 체험
- 활동: 1. 나무목걸이 만들기　2. 손수건에 나뭇잎 표현하기　3. 사진액자만들기 등

2) 체류형 숲학교

▷ 2박 3일

〈표3〉 체류형 숲학교 2박 3일 프로그램

시간	첫째날	둘째날	셋째날
~07:00		일어나요	일어나요
07:00~08:00	9시 출발	자연과 호흡하기	자연과 호흡하기
08:00~09:00		아침식사	도감 만들기
09:00~09:30	서울 -> 산음 출발	숲속여행	
09:30~10:30			숲 학교 정리
10:30~11:00			
11:00~11:30			
11:30~12:00	도착, 방 배정		점심식사
12:00~13:00	점심식사	점심식사	
13:00~13:30			
13:30~14:00	모둠시간	하천탐사 (감식)	
14:00~14:30	반갑습니다.		
14:30~15:00			
15:00~15:30	보물찾기		
15:30~16:00			
16:00~16:30			
16:30~17:00	간식 및 휴식		
17:00~17:30	자연놀이	저녁식사	그리운 집으로...
17:30~18:00			
18:00~18:30	저녁식사	자연놀이	
18:30~19:00		요리활동	
19:00~19:30	자연물로 만들기	요리활동	
19:30~20:00			
20:00~20:30			
20:30~21:00		숲속 장터	
21:00~21:30	정리		
21:30~22:00		정리	
22:00~22:30	꿈나라로...		
22:30~		꿈나라로...	

▷ 1박 2일

〈표4〉 체류형 숲학교 1박 2일 프로그램

시간	첫재 날	둘째 날
~07:00	9시 출발	일어나요
07:00~08:00		자연과 호흡하기
08:00~09:00		아침식사
09:00~09:30	서울 -〉 산음	숲 속 여행
09:30~10:30		
10:30~11:00		
11:00~11:30		나무 목걸이 만들기
11:30~12:00	모둠 및 방 배정	
12:00~13:00	점심 식사	점심식사
13:00~13:30	휴식	숲학교 정리
13:30~14:00	만나서 반가워	그리운 집으로...
14:00~15:00	숲 속 음악회	
15:00~15:30	간식	
15:30~16:30	티셔츠로 자연물 찍기	
16:30~17:00		
17:00~18:00	저녁식사	
18:00~19:00	자연놀이	
19:00~20:00	요리자랑	
20:00~20:30		
20:30~21:00	다함께 맛자랑	
21:00~	정리 및 꿈나라로...	

▷ 1박 2일 (기업 및 전체 프로그램-성인)

〈표5〉 체류형 숲학교 1박 2일(기업 및 전체 프로그램-성인)프로그램

시간	프로그램		내용
1일차			
10:00	집합		
11:00	이동		일정소개/자기소개/모듬안내
12:00	숙소배정		속소배정 및 짐정리
13:30	중식		중식 및 휴식
13:30 ~ 17:00	오감을 깨우는 숲속여행	만남(50min)	- 모듬별 야생화 카드 맞추기(50min)
		발견(60min)	- 뱀의 눈으로 본 숲(20min) - 내 나무 찾기(20min)
		이해(60min)	- 자연조형물 만들기(40min) - 자연조형물 전시 및 설명/ 기념촬영(20min)
		관계(40min)	- 나무의 시 쓰기(40min)
19:00	석식		석식
20:00	숲속 음악회		- 숲속에 듣는 음악 감상
20:30	야간 산행		- 자연의 빛만 의지해 숲속의 밤길 걷기 - 위험지역 안내자 배치 및 렌턴 표시
22:00	별자리 관측		- 여름 밤하늘을 밝히고 있는 별자리 관측 - 소망 빌기
22:30	정리 및 취침		
2일차			
07:30	기상 및 세면		
08:30	아침 명상 및 산책		- 숲에서의 명상과 요가 - 가벼운 아침 산책
09:00	조식		
12:00	자연 미술계	천연염색	- 긴 천을 삼등분하여 상하로 치자, 홍화로 각 각 염색하고 가운데는 나뭇잎 물들이기
		나무 목걸이 만들기	- 나무 슬라이스를 이용한 목걸이 만들기
13:00	중식		
15:30	이동		- 이동 및 해산

5. 산음 자연휴양림 그린스쿨 운영사례

산음 휴양림에서 근무하는 숲해설가들이 자체적으로 프로그램을 기획하고 진행을 담당하였으며, 대상학교의 모집, 선정도 직접 실행한 사례로 소개하고자 한다.
순수하게 누구의 힘도 빌리지 않고 숲해설가에 의해서 진행된 대표적 사례였다.

(1) 2004년 청소년 그린스쿨 운영보고서

1) 청소년 그린스쿨 운영 목적
숲을 가꾸고 보호할 미래의 주인공인 청소년들에게 그린스쿨을 통하여 숲에 대한 중요성과 공익적 기능 등에 대해 인식하게 하고 숲에 대한 홍보 및 교육수단으로 활용함으로서 다양한 산림문화 체험의 수요를 충족시키는 공간으로 제공코자 함.

◇ 프로그램 개요
　　당일 프로그램으로 오전은 숲체험 활동, 오후에는 선택 프로그램 활동
　　　- 운영 시간 : 10:00 ～ 15:30
　　　- 오전 : 숲 체험로(1.5km)를 중심으로 숲 체험 프로그램 진행
　　　- 오후 : 참가 단체나 학교의 선택 프로그램 운영
　　　　　　● 자연물을 소재로 한 숲속 자연놀이
　　　　　　● 풀/ 나무를 이용한 공작활동
　　　　　　● 숲 탐방 심화프로그램
　　　- 운영 강사 : 사단법인 숲해설가협회의 숲해설가중 산음자연휴양림에서 숲해설 경험
　　　　이 많은 숲해설가

◇ 세부 프로그램

프로그램명	세 부 내 용	비 고
숲체험 프로그램	● 숲체험로의 다양한 동·식물을 중심으로 생태 교육 ● 주별 제작된 교재를 활용하여 프로그램 진행	주교재 준비
공작교실	● 풀과 나무를 이용하여 다양한 공작교실 운영 - 나무곤충 만들기, 나무 목걸이 만들기, 　미니솟대 만들기, 나무 동물 만들기, 　손수건 염색하기, 그린카드 만들기	재료 사전 준비
자연놀이	● 주변에 있는 자연물을 소재로 한 놀이 학습 - 예) 내 짝은 어디에, 나는 무슨 동물일까요? 등	

3) 추진 실적

그린스쿨 계획 목표인 총 20회 1,600명을 달성한 20회, 1,719명이 그린스쿨에 참가함.

교육일자	교육인원	교 육 내 용			비고
		교육 주제	세부 내용	강사	
10월 18일	75명	가을꽃	가을에 피는 꽃들은 누구일까?	변정석외 9명 (숲해설가 협회 소속) -산음 자연 휴양림 숲체험 프로그램 유경험자	청운초
10월 21일	69명				청운초
10월 25일	66명	가을 열매	가을의 열매와 씨앗		단월초
10월 28일	96명				신남초
11월 1일	105명	단풍	나무와 풀들이 단풍이 드는 이유		옥천초
11월 4일	86명				오남초
11월 5일	111명				옥천초
11월 11일	48명	겨울준비	(1) 토양속에서의 모습		내대초
11월 18일	65명				남한산초
11월 29일	119명		(2) 토양표면부분의 모습		오남초
12월 1일	123명		(3) 지상부에서의 모습		횡성초
12월 2일	38명				도심초
12월 3일	117명				오남초
12월 6일	85명	겨울나기	야생동물		오남초
12월 9일	79명				오남초
12월 10일	124명				오남초
12월 13일	78명		철새		오남초
12월 16일	81명				강상초
12월 17일	121명				오남초
12월 20일	33명				도심초
합 계	1,719명	주교재 총 8회 발생		120명	20개교

56

4) 운영 평가

① 사업성과
- 청소년들에게 숲과 친해질 수 있는 계기와 숲을 사랑하는 마음을 갖게 함.
- 산음자연휴양림을 숲 체험현장 학습의 공간으로 제공함으로써 자연휴양림에 대한 인식 제고
- 기존에 북부지방산림청과 숲해설가협회에서 운영하는 산림학교와 숲해설 프로그램과 더불어 그린스쿨을 통한 숲 체험 프로그램의 다양화
- 그린스쿨을 통하여 산림의 중요성 및 홍보 극대화
- 국민들에게 다양한 숲 체험 프로그램의 공간으로 인식케 함.
- 낙엽이 떨어진 겨울에도 다양한 숲 체험 프로그램을 운영할 수 있다는 인식을 제고함.

② 장려 사항
- 그린스쿨에 학생 뿐아니라 학부모가 함께 참여하여 숲 체험 활동을 함.
  ⇒ 남한산초, 오남초, 도심초, 강상초

③ 어려운점
- 그린스쿨 운영 시기가 각 학교의 학사 일정이 마무리되는 시점에 진행을 하여 참가학교 모집에 어려움이 너무 많았음.
- 그린스쿨 일정의 휴양림의 날씨가 추워 내실 있는 프로그램 운영이 쉽지 않음.
  - 참가자들이 추워함.
- 시일이 급박하여 충분하게 준비 및 계획할 여유가 없어 프로그램 준비에 벅찬 일정이었음.
- 소외 계층인 장애우 학교의 참여가 불가능하였음.
- 촉박한 일정에 의해 많은 학교의 참여의 기회가 불가능하였음.
  - 학사 계획 및 일정 마감으로 학교 참여의 폭이 적어 일부 학교에 많은 혜택이 부여됨.

5) 향후 개선점
- 그린스쿨의 운영 계획 시기를 앞당겨 시행하여야 함.
  - 각 학교 학사 일정에 그린스쿨이 포함될 수 있도록 4월에 기획하여 5월부터 11월까지 운영할 수 있도록 하는 것이 좋을 것 같음.
  - 봄부터 겨울까지의 다양한 체험 활동을 할 수 있는 일정이 포함되어야 함.
- 소외된 계층의 참여를 가능케 하여야 함.
  - 장애우나 결손자녀에 있는 기관에게 혜택을 부여하여 참여 계층의 다양화가 필요함.
- 프로그램을 운영하는 강사에 대한 강사비 보완책 필요함.
  - 프로그램을 진행하는 강사들이 사전에 충분한 준비를 통하여 프로그램을 운영하고 있으며 서울이나 기타 수도권에서 교육 현장까지의 이동 및 제반 비용이 상당부분 차지하므로 강사비에 대한 검토를 하여야 할 것으로 사료됨.
- 인근 지역 및 수도권 지역의 교육청과 사전에 유기적인 협조로 그린스쿨 참여학교의 폭을 넓혀야 함.

2004년 그린스쿨 참가학교 현황

일 자	학 교 명	학 년	참가 인원	인원 누계
10월 18일(월)	양평 청운초등학교	4, 5, 6학년	75명	75명
21일(목)	양평 청운초등학교	1, 2, 3학년	69명	144명
25일(월)	양평 단월초등학교	유치원, 1학년	66명	210명
28일(목)	춘천 신남초등학교	2학년	96명	306명
11월 1일(월)	양평 옥천초등학교	1,3학년	105명	411명
4일(목)	남양주 오남초등학교	2학년	86명	497명
5일(금)	양평 옥천초등학교	4,5학년	111명	608명
11일(목)	철원 내대초등학교		48명	656명
18일(목)	하남 남한산초등학교	1, 2, 6학년	65명	721명
29일(월)	남양주 오남초등학교	6학년	119명	840명
12월 1일(수)	횡성 횡성초등학교	5학년	123명	963명
2일(목)	남양주 도심초등학교	과학반	38명	1,001명
3일(금)	남양주 오남초등학교	6학년	117명	1,118명
6일(월)	남양주 오남초등학교	5학년	85명	1,203명
9일(목)	남양주 오남초등학교	6학년	79명	1,282명
10일(금)	남양주 오남초등학교	4학년	124명	1,406명
13일(월)	남양주 오남초등학교	6학년	78명	1,484명
16일(목)	양평 강상초등학교	4, 5, 6학년	81명	1,565명
17일(금)	남양주 오남초등학교	4학년	121명	1,686명
20일(월)	남양주 도심초등학교		33명	1,719명
합 계	20개교			1,719명

(2) 2005년 청소년 그린스쿨 사업 실적 보고서

1) 사업 추진 결과
① 사업 개요
가. 사업 목적
- 현재 시행하고 있는 주5일 수업 확대에 맞춰 청소년들에게 절대 부족한 현장 체험 학습의 공간으로 제공함으로써 산림의 소중함과 숲가꾸기의 중요성을 알리는 산림 홍보의 장으로 활용함.
- 수도권 주변에 인접하는 휴양림중에서 가장 활성화되고 있는 숲 체험 공간을 지속적이고 체계적인 교육 프로그램을 통해 전문적이고 상설적인 산림학교 시스템 도입의 계기로 활용.
- 최근 많은 산불로 수중한 산림이 훼손되는 사례가 빈번한 바 다양한 숲체험 프로그램을 통하여 숲에 대한 소중함과 숲이 우리에게 제공하는 공익적 기능 등에 대해서 느끼게 하여 스스로 숲을 보호하고 지키는 마음을 가지게 함.

나. 사업 내용
- 사 업 명 : 청소년 그린스쿨 운영지원사업
- 시행기관 : 국립자연휴양림관리소 산음자연휴양림관리사무소
- 사업기간 : 2005년 4월 13일(수) ~ 11월 30일(수)
- 사업기간 : 경기도 양평군 단월면 산음리 산음자연휴양림
- 시행방법 : 2005 청소년 그린스쿨 운영지원사업을 받은 산음자연휴양림은 국립자연휴양림 관리소에서 자금을 내려 받아 사업 전개함.
  - 행정 및 예산 집행은 산음자연휴양림에서 시행
  - 모집 및 프로그램 기획 및 진행은 산음휴양림 소속의 숲해설가들이 운영함.

② 사업 실적
가. 추진 실적
- 그린스쿨 계획목표인 총14회 1,120명을 계획하였으며, 시행은 총13회 983명이 그린스쿨에 참여하였음.

교육일자	교육인원	교육내용	강사	비고
7월 18일	33명	향기식물은 무엇일까요? / 나무곤충 만들기	변정석외 2명	창인학교
9월 22일	93명	버섯에 대하여	변정석외 5명	청담고
9월 28일	100명	가을꽃 탐사 / 자연놀이 / 나무 목걸이 만들기	이은경외 5명	도심초
10월 5일	84명	숲속의 주인공은 / 자연놀이	이은경외 5명	신남초
10월 12일	98명	가을의 열매와 씨앗 / 나무 곤충 만들기	이재승외 5명	신남초
10월 19일	61명	가을의 열매와 씨앗 / 나무 동물 만들기	장이기외 5명	신남초
10월 27일	54명	숲속의 겨울나기 준비 모습	문영미외 2명	단월초
11월 2일	71명	겨울나기 - 땅속의 모습 / 나무 곤충 만들기	변정석외 5명	도심초
11월 3일	70명	겨울나기 - 표면의 모습 나무 목걸이 만들기	류동년외 5명	도심초
11월 4일	64명	겨울나기 - 지상부의 모습 나무 곤충 만들기	이재승외 5명	도심초
12월 21일	87명	숲속의 겨울 모습 / 자연 놀이	이은경외 5명	미원초
12월 22일	86명	숲속의 겨울 모습	장이기외 5명	다문초
12월 23일	82명	겨울 숲 - 나무의 겨울 눈	문영미외 5명	춘천 농공고
합 계	983명		72명	12개교

나. 세부 추진 실력

세부사업명	사업기간	사업장소	단위	사 업 량			증△감 사유	완료 여부
				계획	실행	증감		
계								
2005년 청소년 그린스쿨	2005.4.16 ~12.30	산음 자연휴양림	회	14	13	1	참가 신청 감소	완료

2) 사업성과 및 문제점

① 사업실시 성과 분석(사업효과)

- 청소년들에게 휴양림이 단순하게 산을 오르거나 놀러오는 공간에서 현장 체험 학습의 공간으로 인식 전환 계기 마련
- 청소년들에게 숲과 인간이 별개가 아니라 하나의 구성원이라는 것을 깨닫게 함
- 그동안 산음자연휴양림이 녹색재단과 숲해설가협회, 자체적인 숲체험 프로그램 운영과 더불어 산림생태교육의 메카로 자리매김
- 청소년 그린스쿨 운영을 계기로 산림의 중요성과 숲 생태교육의 필요성 인식
- 풀과 잎이 있는 계절뿐 아니라 년 중 체험학습과 숲을 느껴볼 수 있는 공간으로 확보함으로써 지속적이고 체계적인 산림학교의 운영을 기대
- 국민들에게 휴양림이 놀러가는 공간이 아니라 숲을 오감을 통하여 느껴보고 체험을 하여보는 공간으로 인식케 함

② 사업 추진상 문제점

- 청소년 그린스쿨 사업 진행 초기에 수도권 지역에는 홍보 활동을 펼치지 않고 양평지역 관내와 인근 강원지역, 충청권 등 소외된 지역을 우선 배려하는 차원에서 기회를 부여하였으나, 이들지역의 관심 부족으로 참가를 희망하는 학교가 거의 없었음.
- 추후 경기권 지역 교육청과 공문을 발송하였으나 이미 학교의 일정이 잡혀있어 참가가 어렵다고 하여 작년 참가한 학교에 참가 의뢰를 하여 참가를 유도함.
- 날씨가 추워지면서 참가에 대해 소극적인 의사를 보여, 인맥을 통해 참가를 유도하였지만 참가 횟수를 채우지를 못하였음.

③ 건의 사항(개선방안)

- 버스비 지원이 차량 1대당 임차료의 50%만 지원이 가능하다보니 그린스쿨이 운영되는 인근 지역의 학교에서 아이들에게 비용 징수가 용이치 않아 참가를 하고 싶어도 난색을 표하는 경우가 있음.
- 그린스쿨이 운영되는 인근시골 지역(관내)의 학생들이 참여를 할수있도록 버스비를 전액 지원하여 주었으면 함.
- 그린스쿨에 참여하는 강사에 대한 강사비 상향 조정 바람.
- 그린스쿨을 지도하는 강사의 전문강사와 보조강사의 구분이 애매모호하고 강사 전체가 똑같이 프로그램을 진행하고 있어 지급에 어려움이 있으며, 강사가 자가에서 현장까지의 이동거리가 멀어 이동수단의 유류비에 거의 소모를 다하고 있어 비용의 상향 조정이 불가피함.

2005년 청소년 그린스쿨 참가학교 현황

일 자	학 교 명	참가 인원	인원 누계
7월 18일(월)	양평 창인학교(장애우)	33명	33명
9월 22일(목)	서울 청담고등학교	93명	126명
9월 28일(수)	남양주 도심초등학교	100명	226명
10월 5일(수)	춘천 신남초등학교	84명	310명
10월 12일(수)	춘천 신남초등학교	98명	408명
10월 19일(수)	춘천 신남초등학교	61명	469명
10월 27일(목)	양평 단월초등학교	54명	523명
11월 2일(수)	남양주 도심초등학교	71명	594명
11월 3일(목)	남양주 도심초등학교	70명	664명
11월 4일(금)	남양주 도심초등학교	64명	728명
12월 21일(수)	가평 미원초등학교	87명	815명
12월 22일(목)	용문 다문초등학교	86명	901명
12월 23일(금)	춘천 농업공고등학교	82명	983명
합 계	13개교		983명

(3) 그린스쿨 프로그램 내용

◇ 프로그램 개요

그린스쿨 수업 프로그램은 당일 프로그램으로 운영하였으며, 학교 사정에 따라 오전체험 프로그램만 운영한 학교가 일부 있었음.
 - 프로그램 운영시간 : 10:00 ~ 15:30
 - 오전 : 숲체험 코스에서 주제에 따른 체험 프로그램
 - 오후 : 학교에서 선택한 프로그램 운영
   • 나무 곤충 만들기
   • 그린카드 만들기
   • 나무 동물 만들기
   • 자연 놀이
   • 핸드폰, 열쇠고리 만들기
 - 운영 강사 : 산음자연휴양림의 숲해설가와 타휴양림의 숲해설가를 초청하여 프로그램을 진행함.

◇ 세부 프로그램

프로그램명	세 부 내 용	비 고
숲체험 프로그램	. 숲체험로의 다양한 동·식물을 중심으로 생태 교육 . 주제에 따른 프로그램 진행	기본 교재

선택 프로그램	. 풀과 나무를 이용하여 다양한 공작교실 운영
	 - 나무곤충 만들기, 나무 목걸이 만들기,
	  미니솟대 만들기, 나무 동물 만들기,
	  손수건 염색하기, 그린카드 만들기
		선택 프로그램에 맞게 준비물 준비

	자연놀이 . 주변에 있는 자연물을 소재로 한 놀이 학습 - 예) 내 짝은 어디에, 나는 무슨 동물일까요? 등	

6. 숲해설가 양성교육 현황

  법령이나 제도적인 정비 이전부터 숲해설가 양성교육을 실시한 (사)숲해설가협회의 연차별 교육내용을 중심으로 정리하고자 한다.
  숲해설가 협회에서 실시한 양성교육 프로그램이 산림청 인증교육 프로그램의 모델이 되었다고 해도 좋을 것이다.

2000년도 숲해설가 양성 교육

  1. 명 칭 : 겨울학습모임
     기 간 : 2000. 1. 17 ~ 4. 7
  - 자연환경안내자 협회에서 교육을 시작하여 (사)숲해설가 협회에서 교육이 종료됨.
     협회에서 시작한 해설가 양성교육의 첫 기수이다.
     자료집으로 구성된 책자를 구할수 없었고 추정컨대 프린트로 대신한 것으로 생각됨.

  2. 제1기(期) 숲해설가 양성교육
     기 간 : 2000. 9. 5 ~ 12. 2
     수료식 : 12월 2일 오후에 현장 실습을 진행하고
              12월 3일 오전에 수료식을 진행.

1-1 겨울 학습 모임 일정 및 내용

  1. 일정 : 2000년 1월 17일 ~ 2000년 4월 7일
            매주 월, 금 오후 7시 ~ 9시
  2. 장소 : 걸스카웃 연맹 9층, 10층 강의실
  3. 교육과목 및 강사진 : (별첨자료-1)
  4. 평가내용
     〈겨울 학습모임의 결과〉
     • 총 23강좌, 3개월 진행
     • 전체 출석률 / 88%선(529:65)

〈설문결과〉
- 만족도 / 대부분 만족항목으로 평가
- 학습수준 / 약간 전문적이었다는 평가
- 정기 교육강좌로 편성할 경우 / 대부분 권유할만하다는 평가
                                    / 적극권유가 단 1명뿐
- 강좌기간에는 3개월로 대부분 족하다함
- 강좌 요일은 대부분 화,목이 좋다고 함
- 강의료는 20만원선이 적당하다고 생각함

〈향후계획〉
- 교육참가자로 구성된 느티나무회 구성
        회장 : 임정현
        총무 : 박순희
        홍보 : 권은희

1-2 자연환경 안내자 그룹스터디 학습과목

◇ 숲에 관한 총론적 이해
  1. 생태 철학과 환경 윤리
     에콜로지란 무엇인가/생태주의의 흐름/21세기 환경윤리
  2. 숲이란 무엇인가
     숲의 정의/숲의 구조와 생태/숲의 종류/숲의 가치/숲의 현황
  3. 숲과 문화
     숲문화의 의의/숲과 종교문화/숲 예술/나무문화
  4. 산림 토양과 생태계
     토양의 구조와 에코시스템(생문관과 암석권)/산림 생태계와 분해계/물질순환과 토양
     생물
  5. 산림과 기상
     날씨의 기초지식/산림기상과 기온/산성비에 관하여/기상재해와 사눕ㄹ
  6. 산과 풍수지리
     풍수지리의 기토지식/산의 전통적 이해/숲과 전통사상

◇ 숲에 관한 각론적 이해

  7. 식물개론
     식물의 기초지식/조사방법론과 분류법
  8. 목본류

침엽수와 활엽수/나무에 대해 알고 싶은 것들/나무와 설화
9. 초본류
꽃으로 본 한국문화/풀문화/약초이야기
10. 한국의 특산식물과 귀화식물
흔히 보는 귀화식물과 유래/한국탁산 식물과 천연기념물
11. 버섯
버섯이란/버섯의 문화사/식용버섯 구분법/야생버섯 채집과 지도
12. 숲의 동물생태계
동물생태계의 기초지식/야생동물의 역할과 행동/한국의 야생동물
13. 숲과 곤충
곤충의 특징/곤충의 종류와 생태/쉽게 관찰되는 곤충

14 숲과새
조류생태의 기초지식/엇새와 철새/숲에서 쉽게 곤찰되는 세/탐조법
15. 계곡생태와 민물고기
계곡생태의 기초지식/어류생태의 기초지식/꼭 알아야 될 민물고기

◇ 숲 해설의 실제
16. 숲해설가와 활동기법
자연해설의 역사와 이념/화술과 해설 방법론
17. 자연관찰의 이론과 실제
자연관찰의 의의/자연관찰의 준비와 실행/야외활동의 지도방법/사례
18. 네이쳐 게임과 숲체험
네이쳐 게임/임업체험/ 산림프로그램/사례연구
19. 국립공원의 현황과 이용
국립공원이란/경관 해석봅/공원해설의 실제
20. 삼림욕의 메카니즘과 건강
삼림욕이란/삼림욕의 방버과 효과/자연휴양림 활용과 레크레이션
21. 별자리 관찰가 해석
천문확의 기초지식/알기쉬운 별자리 관찰법/별자리와 신화
22. 숲 이벤트의 발상과 조직
숲 이벤트의 발상/조직/ 캠프의 지도와 운영
23. 야회활동에서의 응급구호
지혈방법/호흡법/의실불명 구호법/중독처치법
24. 야회활동 보험의 기초지식
보험기초지식/야외활동에서의 보험종류/보험가입상의 제문제

◇ 현장 학습

숲탐방 현장체험

25. 홍릉수목원 26. 광릉수목원 27. 남산 28. 북한산 국립공원

29. 산음 자연휴양림 30. 총 평가회

※ 상기 학습과목 및 내용은 자연환경안내자로서의 활동에 필요하다고 판단하여 구성하였습니다. 그룹 스터디에 참가하는 분들과 논의하여 수정 보완할 수 있으며, 지도 강사 섭외 및 학습 진행 과정상에서 변경될 수도 있습니다.

제1차 숲해설가 교육프로그램 (2000)

○교육기간: 9월5일(화)~12월2일(일) 저녁7시~9시(이론강좌12＋현장강좌13 ＝ 총25강좌)

    ＊ 토요일 현장강좌는 오후2시~5시(현장은 서울 근교)

○교육장소: 한국기독교연합회관 902호(1호선 종로5가 전철역 1·2번 출구)

○문   의: 숲해설가협회 Tel: 747-6518, E-mail: foresto@chollian.net

○입금계좌: 국민은행 293-21-0239-382 이희교(등록마감일 8월31일)

○교육일정표

단원	과목	일자	학습내용		강사
I.숲해설을 위한 일반	1. 숲과 문화	9월 5(화)	＊6시30분 입교식 및 오리엔테이션 숲의 역사, 우리 문화와 숲, 숲의 가치와 현대문명	이론	전영우
	2. 산림자원	7(목)	현황, 숲조성과 가꾸기 산림이용과 개발, 공익성, 삼림욕	이론	〃
	3. 숲해설이란	19(화)	숲해설의 역사와 숲해설 기법 등	이론	박봉우
	4. 산림이란	21(목)	숲의 구조와 생태계	이론	남효창
		23(토)	산림피해가 숲에 미치는 영향 등	현장	〃
II.식물	1. 목본	26(화)	목본류의 숲해설	이론	이유미
		30(토)	〃	국립수목원	〃
	2. 초본	10월 5(목)	초본류의 숲해설	이론	박병권
		7(토)	〃	남산	〃
III.하천 (계곡)	1. 하천생태계	10(화)	하천 생태계 기초	이론	심상옥
	2. 식물	14(토)	하천구조, 주변식물	북한산 우이동	〃
	3. 동물	15(일)	수서생물과 물고기	조종천 현리 상류	박정호
IV.야생동물	1. 야생동물	17(화)	야생동물의 이해	이론	원창만
	2. 곤충	21(토)	숲에서의 곤충 해설	현장	박해철
	3. 조류	28(토)	숲에서의 조류 해설	현장	김진한
	4. 포유류	11월11(토)＊	숲에서의 포유류 해설	국립수목원	원창만
V.숲해설 실전	1. 숲해설 이론과 실제	10월31(화)＊	숲에서의 숲해설 방법	이론	류창희
		11월 4(토)＊	숲해설 실제	현장	〃
			〈특강〉	-	-
	2. 야외체험활동	7(화)＊	야외체험활동	이론	서윤호
		14(화)	야외체험활동 실제	현장	〃
	3. 네이쳐게임	18(토)	네이쳐게임 사례	이론	심상옥
		21(화)	네이쳐게임 실습	북한산 정릉	〃
		25(토)			
VI.현장실습		28(화) ＊12월1~2일	프로그램 계획하기 현장실습(1박 2일) ＊평가회 및 수료식	이론 산음휴양림 (현장 2)	협회

2001년도 숲해설가 양성 교육

1. 제2期 숲해설가 양성 교육
   기 간 : 2001. 4. 10 ～ 6. 30
   수료식 : 7월 1일
            산음자연휴양림
            수료증 받은 교육생 23명

2. 제3期 숲해설가 양성 교육
   기 간 : 2001. 9. 4 ～ 11. 18
   수료식 : 산음휴양림 청소년 수련관
            11월 17일 ～ 18일 (1박 2일)

제2차 숲해설가 교육프로그램 (2001)

단원	과목	강사	학습내용	일자	장소
I. 숲해설 일반	1. 숲과 문화 2. 한국 임정사 3. 숲해설이란 4. 산림이란 5. 환경윤리	전영우(국민대 교수) 이희교(협회 회장) 김상윤(경희대 강사) 남효창(환경련 환경 교육센타 부소장) 한면회(환경정의시민연 대)	*6시30분 (개강) 숲과 문화 우리 숲의 역사 숲해설의 역사 및 의의 숲의 구조와 숲속 생태계, 숲의 가치 생태철학과 환경윤리	4월10(화) 12(목) 17(화) 19(목) 24(화)	이론 " " " "
II. 숲속 식물	1. 식물분류 2. 목본류 3. 초본류	박광우(국립수목원) 이유미(국립수목원) " 박병권(경희대 강사) "	식물분류학 개요 기초적인 목본류의 구분 " 관찰 기초적인 초본류의 구분 " 관찰	4월26(목) 5월 8(화) 12(토) 15(화) 19(토)	이론 " 북한산 이론 남산
III. 물속 생물	1. 계곡 생태계 2. 습지 생태계	박정호(강원대 강사) " 박광우(국립수목원)	계곡의 구조, 계곡 생물의 생태 수서생물과 어류 관찰 습지의 생물과 식물	5월22(화) 26(토) 27(일)	이론 조종천 국립수목 원
IV. 야생 동물	1. 야생동물 이란 2. 곤충 3. 조류	원창만 (국립환경연구원) 박해철 (농업과학기술원) " 김진한 (국립환경연구원) "	야생동물의 분류 및 우리 나라 야생동물의 현황 곤충의 구분 및 생태 곤충 관찰 조류의 구분 및 생태 조류 관찰	5월29(화) 31(목) 6월 2(토) 5(화) 16(토)	이론 " 청계산 이론 홍릉수목 원
V. 숲해설 실제	1. 숲해설 방법 2. 자연놀이 실습 3. 프로그램 실습	류창회(자연생태연구소 '마당' 소장) " 심상옥 (한눈박이 생태 기획) 남효창(환경련 환경 교육센타 부소장) "	숲에서의 숲해설하는 방 법 숲해설 실제 여러 가지 자연놀이 현장 실습 프로그램 계획하기, 실내 프로그램 준비 등 현장에서 프로그램 실습	6월 7(목) 9(토) 17(일) 19(화) 23(토)	이론 청계산 북한산 이론 홍릉수목 원
VI. 실습	현장실습	협 회	실습 및 평가회 (*수료식, 1박2일)	6/30~7/ 1(토~일)	자연휴양 림

제3차 숲해설가 교육프로그램 (2001)

단원	과목	강사	학습내용	일자	장소
I. 숲해설 개론	1. 숲과 문화	전영우(국민대 교수)	*6시30분(개강) 문명발달과 문화발전에 있어서의 숲의 역할	9월 4일(화)	강의실
	2. 숲해설이란	김상윤(경희대 강사)	숲해설의 역사 및 의의	9월 6일(목)	강의실
	3. 산림생태	임주훈(임업연구원)	숲의 구조와 숲속 생태계, 숲의 가치	9월11일(화)	강의실
II. 식물	1. 식물분류기초	박광우(국립수목원)	식물분류개요, 도감사용방법	9월13일(목)	강의실
	2. 목본-이론	이유미(국립수목원)	목본식물의 구분과 특징	9월18일(화)	강의실
	3. 목본-관찰	"	목본식물의 구분과 특징 관찰	9월22일(토)	국립수목원
	3. 초본-이론	박병권(경희대 강사)	초본식물의 구분과 특징	9월25일(화)	강의실
	4. 초본-관찰	"	초본식물의 구분과 특징 관찰	10월6일~7일(토,일1박)	자연휴양림
III. 야생 동물	1. 곤충-이론	박해철(농업과학기술원)	곤충의 구분 및 생태	9월27일(목)	강의실
	2. 곤충-관찰	"	곤충의 구분 및 생태 관찰	10월6일~7일(토,일1박)	자연휴양림
	3. 조류-이론	김진한(국립환경연구원)	조류의 구분 및 생태	10월6일~7일(토,일1박)	자연휴양림
	4. 조류-관찰		조류의 구분 및 생태 관찰	10월6일~7일(토,일1박)	자연휴양림
	5.야생동물이란	원창만(국립환경연구원)	야생동물의 숲, 우리나라 야생동물	10월11일(목)	강의실
IV. 계곡 생태	1.계곡생태이론	박정호(강원대 강사)	계곡생물의 생태	10월16일(화)	강의실
	2.계곡생태관찰	"	수서생물과 어류 관찰	10월21일(일)	조종천 또는 기타
V. 숲해설 실제	1. 현장실습 프로그램	협회	현장실습 프로그램 기획	10월6일~7일(토,일1박)	자연휴양림
	2. 숲해설의 방법	남효장(환경련 환경교육센터 부소장)	숲해설 내용, 방법, 프로그램 기획	10월23일(화)	강의실
	3. 숲해설의 실제	"	숲해설 실제, 프로그램 사전	10월27일(토)	홍릉수목원
	4.야외체험활동	류창회(자연생태연구소 '마당' 소장)	숲체험의 종류, 내용, 방법	10월30일(화)	강의실
	5.야외체험활동의 실제	"	숲체험 실제	11월 3일(토)	청계산
	6. 자연놀이	심상옥(한눈박이 생태기획)	자연놀이	11월10일(토)	북한산(정릉)
VI. 기타	1. 숲의 이용	김석권(임업연구원)	숲가꾸기 임도 등의 필요성	11월 6일(화)	강의실
	2. 환경 윤리	한면희(환경정의시민연대)	생태철학과 환경윤리	11월 8일(목)	강의실
	3. 특강	협회		11월13일(화)	강의실
VII. 평가	현장실습(2강좌)		실습 및 평가회(수료식)	11월17일~18(토, 일)	자연휴양림

2002년도 숲해설가 양성 교육

1. 제4期 숲해설가 양성 교육
   기 간 : 2002. 4. 2 ~ 6. 23
   수료식 : 6월 22일 ~ 23일 (1박 2일)
   　　　　산음자연휴양림 숲속 수련관

2. 대학생 숲해설가 교육
   기 간 : 2002. 6. 25 ~ 7. 29
   수료식 : 7월 28일 ~ 29일 (1박 2일)
   장 소 : 산음자연휴양림 숲속 수련관
   (재)한국환경 민간단체 진흥회가 민간단체 환경보전사업지원의 일환으로 실시한 "2002' 년도 민간단체 지원사업"의 지원대상단체로 선정됨에 따라 한달여에 걸쳐 대학생 숲해설가 양성교육 실시

3. 제5期 숲해설가 양성 교육
   기 간 : 2002. 9. 3 ~ 11. 24
   수료식 : 11월 23일 ~ 24일 (1박 2일)
   장 소 : 산음자연휴양림 숲속 수련관

제4차 숲해설가 교육프로그램 (2002)

단원	회수	과목	일자	학습내용	강사	장소
I. 숲해설 개론	1	1.숲과 문화	4.2(화)	숲과 역사/우리문화와 숲	이천용(임업연구원)	강의실
	2	2.녹색 심리학	4.4(목)	숲이주는 심리적,정서적 영향	신원섭(충북대 교수)	"
	3	3.숲해설이란	4.9(화)	숲해설의 역사 및 의의	김상윤(경희대 강사)	"
	4	4.산림생태	4.11(목)	숲의 구조와 숲속 생태계/숲의가치	신수철(임업연구원)	"
II. 식물	5	1.식물 분류 기초	4.16(화)	숲의분류 개요, 도감사용방법	박광우(국립수목원)	"
	6	2.목본류 - 이론	4.23(화)	목본 식물의 특징과 구분	이유미(국립수목원)	"
	7	3.목본류 - 관찰	4.27(토)	목본 식물의 특징과 구분 현장 학습		국립수목원
	8	4.초본류 - 이론	4.30(화)	초본 식물의 특징과 구분	박병권(경희대 강사)	강의실
	9	5.초본류 - 관찰	5. 4(토)	초본 식물의 특징과 구분 현장학습		현장학습
III. 계곡 생태	10	1.계곡 생태 - 이론	5. 7(화)	계곡 생물의 생태	박정호(강원대 강사)	"
	14	2.계곡 생태 - 관찰	5.12(일)	수서 생물과 민물고기 관찰		산음청소년 수련관
IV. 야생 동물	11	1.조류 - 이론	5.11(토)	조류의 구분 및 생태	김진한 (국립환경연구원)	산음청소년 수련관
	13	2.조류 - 관찰	5.12(일)	조류의 구분 및 생태 관찰		
	15	3.곤충 - 이론	5.14(화)	곤충의 구분 및 생태	박해철 (농업과학기술원)	강의실
	16	4.곤충 - 관찰	5.18(토)	곤충의 구분 및 생태 관찰		미정
	17	5.야생동물	5.21(화)	야생동물과 숲/우리나라의 야생동물	원창만 (국립환경연구원)	강의실
V. 숲해설 실제	12	1.현장실습 프로그램	5.11(토)	현장실습/ 프로그램기획	협회	산음청소년 수련관
	18	2.숲해설의 방법	5.28(화)	숲해설내용,방법,프로그램기획	남효창 (숲연구소 소장)	강의실
	19	3.숲해설의 실제	6. 1(토)	숲해설의 실제/프로그램 시연		홍릉수목원
	20	4.야외체험활동	6. 4(화)	숲체험의 종류,내용,방법	류창회 (자연생태 연구소 마당)	강의실
	21	5.야외체험활동의 실제	6. 6(목)	숲체험 실제		청계산
	23	6.자연놀이	6.15(토)	숲에서의 자연놀이	김지석 (생태보전시민모임)	북한산(?)
VI. 교양	22	1.숲의 활용	6.11(화)	숲가꾸기의 중요성/임도의 필요성	김석권(임업연구원)	강의실
	24	2.환경윤리	6.18(화)	생태철학과 환경윤리	한면희 (환경정의시민연대)	"
	25	3.특강	6.20(목)			"
VII. 평가	26/27	1.현장 실습	6.22~23토, 일1박	현장 실습 및 평가회(수료식)	협회	산음청소년 수련관

2003년도 숲해설가 양성 교육

1. 1차 숲아카데미 과정 (2개월)
   기 간 : 2003. 3. 26 ~ 5. 21
   장 소 : 용산도서관 시청각실 (20강좌)

2. 2차 숲아카데미
   기 간 : 2003. 5. 26 ~ 7. 23
   장 소 : 유네스코 한국위원회 회의실

3. 3차 숲아카데미
   기 간 : 2003. 7. 28 ~ 9. 29
   수료식 : 노동사목회관 (30명 수료)

4. 제6期 숲해설가 양성교육 (33강좌)
   기 간 : 2003. 8. 5 ~ 11. 9 (3개월)
   시연 및 수료식 : 2003. 11. 8 ~ 11. 9
           장 소 : 진접 임업 연수부
           수료생 : 35명

5. 4차 숲아카데미
   기 간 : 2003. 10. 1 ~ 11. 26
   수료식 : 유네스코 한국위원회 회의실 (28명 수료)

2004년도 숲해설가 양성 교육

1. 1차 숲아카데미 (상반기)
   기 간 : 2004. 3. 23 ~ 5. 20 (2개월 과정)
   장 소 : (사)여성사회교육원 청산교육장
   수료식 : 5월 20일(목) 19:00시
   수료인원 : 29명

2. 제7期 숲해설가 전문가 과정
   기 간 : 2004. 6. 8 ~ 9. 5
   장 소 : 한국교회 백주년 기념관 제3연수실
   수료식 : 산음자연휴양림 숲속수련관
           9월 5일(일) 11:00시

3. 2차 숲아카데미 (하반기)
   기 간 : 2004. 9. 16 ~ 11. 11
   장 소 : (사)여성사회교육원 청산교육장

숲아카데미 일정표 (2004)

번호	과목	학습내용	시간	강사	일자	장소
1	숲과문화1(이론)	역사,문화,예술과 숲	2	전영우	3.23(화)	강의실
2	숲과문화2(이론)	″	2	전영우	3.25(목)	강의실
3	생태윤리(이론)	생태철학과 생명윤리	2	한면회	3.30(화)	강의실
5	숲생태학(이론)	숲의 구조와 생태계	3	차윤정	4. 6(화)	강의실
6	숲생태학(현장)	″	2	차윤정	4.10(토)	청계산(2:00경)
7	자연나눔 (sharing nature)	자연체험활동	3	장상욱	4.11(일)	시민의숲(9:30경)
8	식물의이해(이론)	식물생태개괄	2	최한수	4.13(화)	강의실
9	목본(현장)	목본식물의 이해	3	최한수	4.17(토)	국립수목원
10	초본(현장)	초본식물의 이해	3	박병권	4.18(일)	청계산
11	토양생태(이론)	토양생태계의 이해	3	조홍범	4.20(화)	강의실
12	자연체험과 인간발달(이론)	자연체험과 인간 성장 발달과의 관계	2	이재영	4.22(목)	강의실
13	계곡생태(현장)	계곡생물의 생태	2	박정호	4.24(토)	조종천(10:00경)
14	야생조류(이론)	야생조류의 생태 및 구분	2	이기섭	4.27(화)	강의실
15	야생조류(현장)	″	3	이기섭	5. 1(토)	산음숲속수련관
16	숲체험활동(현장)	숲체험 활동	3	숲해설가	5. 2(일)	″
17	인간과자연(토론)	인간과 자연을 보는 시각	1	협회	5. 2(일)	″
18	곤충(이론)	곤충의 생태 및 구분	2	박해철	5. 4(화)	강의실
19	곤충(현장)	″	3	박해철	5. 8(토)	산음휴양림
20	숲해설이란(이론)	숲해설의 역사 및 의의	2	대표	5.18(화)	강의실
21	발표 및 수료식		2	협회	5.20(목)	강의실

2004년 숲해설가 전문가 과정 일정

번호	과목	학습내용	시간	강사	일자	장소
1	해설가 자세	자연해설을 어떻게 할 것인가?	2	주진순	6. 8(화)	강의실
2	공원문화	공원문화와 서울시 공원정책방향	2	이춘회	6.10(목)	강의실
3	환경교육1	숲해설가를 위한 환경교육 교수학습 방법론	2	이재영	6.15(화)	강의실
4	환경교육2	숲을 활용한 환경교육 프로그램 개발1	2	이재영	6.17(목)	강의실
5	환경철학	녹색 문명론	2	한면회	6.22(화)	강의실
6	환경교육3	숲을 활용한 환경교육 프로그램 개발2	2	이재영	6.24(목)	강의실
7	숲해설 워크샵1	숲해설 기획 방법	2	변정석	6.29(화)	강의실
8	숲해설 워크샵2	숲해설 프로그램 개발 및 기획 실습	2	변정석	7. 1(목)	강의실
9	숲생태학1	임목의 생육환경, 종자파종에서 식재,숲가꾸기	2	최한수	7. 6(화)	강의실
10	숲생태학2	숲의 구조, 산림의 천이, 산화, 풍해	2	최한수	7. 8(목)	강의실
11	숲생태학3	식물분류의 방법, 식생조사	2	최한수	7.13(화)	강의실
12	초본류1	초본 식물의 특징과 구분	2	박병권	7.15(목)	강의실
13	목본류1	목본 식물과 특징의 구분	2	박병권	7.20(화)	강의실
14	초본류2	현장실습	2	박병권	7.24(토)	현장(1박2일)
15	목본류2	현장실습	2	박병권	7.24(토)	현장(1박2일)
16	모니터링	식생조사법 - 현장실습	2	박병권	7.25(일)	현장(1박2일)
17	곤충1	곤충의 구분 및 생태	2	박해철	7.29(목)	강의실
18	곤충2	현장학습	3	박해철	8. 1(일)	현장
19	자연놀이1	숲해설가와 함께하는 자연놀이,추적놀이	2	숲해설가	8. 7(토)	산음(1박2일)
20	자연놀이2	자연물을 이용한 만들기 놀이	2	숲해설가	8. 7(토)	산음(1박2일)
21	야생동물1	삼림구조와 야생동물의 서식현황	2	한상훈	8. 8(일)	산음(1박2일)
22	야생동물2	현장실습	2	한상훈	8. 8(일)	산음(1박2일)
23	계곡생태1	계곡 생물의 생태	2	박정호	8.12(목)	강의실
24	숲해설 워크샵3	숲해설가와 함께 현장실습	3	변정석	8.14(토)	현장
25	계곡생태2	현장실습	3	박정호	8.15(일)	현장
26	토양미생물	토양생태계와 토양미생물 전반, 토양생태계를 고려한 숲해설	2	박 현	8.17(화)	강의실
27	조류1	조류의 구분 및 생태	2	이기섭	8.19(목)	강의실
28	조류2,3	하루동안 오전, 오후 탐조활동(산새, 물새)	3	이기섭	8.22(일)	현장
29	응급처치	숲해설시 필요한 응급처치 기초	2	이성옥	8.24(화)	강의실
30	균류1	숲속에서 버섯의 역할	2	이지열	8.26(목)	강의실
31	균류2	현장실습	3	이지열	8.28(토)	현장
32	숲해설 워크샵4	최종시연기획안 중간 검토	2	변정석	8.31(화)	강의실
33	현장실습	현장실습 및 평가회(시연 및 수료식)	.	협 회	9.4~5 (토,일)	산음(1박2일)

전문가 과정 프로그램 (2004)

▣ 프로그램 전체 구성과 강사진

※ 화요일, 목요일 교육은 이론이며, 토요일, 일요일 수업은 현장 교육입니다.
    ☞ 이론교육은 한국교회백주년 기념관 4층 (제3연수실)에서 진행됩니다.
    ☞ 현장교육 장소는 1주전 이론교육 시간에 별도로 공지할 예정입니다.

과목	회수	구성	강사
해설가 자세	1회	이론 1회	주진순
공원 문화	1회	이론 1회	이춘희
환경교육	3회	이론 3회	이재영
환경철학	1회	이론 3회	한면희
숲해설 워크샵	4회	이론 3회, 현장 1회	변정석
숲생태학	3회	이론 3회	최한수
식물분류	4회	이론 2회, 현장 2회	박병권
모니터링	1회	현장 1회	박병권
곤충	2회	이론 1회, 현장 1회	박해철
자연놀이	2회	현장 2회	숲해설가협회 자연놀이팀
야생동물	2회	이론 1회, 현장 1회	한상훈
계곡생태	2회	이론 1회, 현장 1회	박정호
토양미생물	1회	이론 1회	박 현
조류	3회	이론 1회, 현장 2회	이기섭
응급처치	1회	이론 1회	이성옥
균류	2회	이론 1회, 현장 2회	이지열
합계	33회	이론 23회, 현장 13회	

2005년도 숲해설가 양성 교육

1. 제8期 숲해설 통합 전문가 과정
   기 간 : 2005. 3. 17 ~ 6. 12
   인원 및 내용 : 47명 / 총 35강좌

2. 1차 숲아카데미
   기 간 : 2005. 6. 27 ~ 9. 24
   인원 및 내용 : 31명 / 총 24강좌
   수료 인원 : 30명

3. 2차 숲아카데미
   기 간 : 2005. 10. 13 ~ 12. 3
   인원 및 내용 : 31명 / 총 24강좌

※ 2005년도 8월 4일 법률 제7676호로 "산림문화휴양에 관한 법"이 제정되어
   숲해설가에 대한 사항이 법률 용어로 공식적으로 사용되게 되었다.

目 次(숲아카데미)
- 숲해설을 위한 기초지식 습득 및 생태윤리 인지(2005년)-

일 정 표 (2005년)

단원	회차	과 목	학 습 내 용	강사	일자
I. 인간과 숲	1		협회 소개 및 오리엔테이션	협 회	6.27(월)
	2	숲과 문화	자연과 인간의 화합공간	전영우	6.28(화)
II. 숲생태계 I	3	숲생태계의 역할과 기능	숲의 구조 및 숲생태계의 가치	신준환	7.01(금)
	4	환경생태 개관	생태계 구성요인 및 생태계 발달과정	이도원	7.05(화)
III. 숲생태계 II (생물 각론)	5	식물분류의 기초	식물의 분류 및 도감사용 방법	박광우	7.06(수)
	6	목본류 현장	목본식물의 특징과 구분	박광우	7.10(일)
	7	목본류 이론	목본식물의 관찰과 이해	박병권	7.12(화)
	8	초본류 이론	초본류 특징과 구분	박병권	7.14(목)
	9	초본류 현장	초본류 동정과 방법	박병권	7.16(토)
	10	곤충 생태 이론	해설가를 위한 곤충의 이해	박해철	8.23(화)
	11	수서 생태 이론	수서 생태의 이해	박정호	8.25(목)
	12	곤충 생태 현장	곤충 생태 관찰 및 이해	박해철	8.27(토)
	13	조류 생태 이론	조류의 특징과 구분	이기섭	8.27(토)
	14	조류 생태 현장	조류생태 관찰 및 이해	이기섭	8.28(일)
	15	수서 생태 현장	수서생태 관찰 및 이해	박정호	8.28(일)
	16	숲의 균류 이해	균류의 역할과 기능	김경숙	8.30(화)
	17	야생동물과 숲	산림구조와 야생동물의 서식 현황	한상훈	9.01(목)
	18	숲의 균류 현장	균류의 관찰 및 이해	김경숙	9.03(토)
	19	산림지역의 기상및기후 특성	산림지역의 기상 및 기후 특성	신준환	9.06(화)
	20	토양생태계 개관	토양생태계의 이해	조홍범	9.08(목)
IV. 숲체험 활동 및 생태윤리	21	자연놀이	Sharing Nature - 자연체험활동	장상욱	9.10(토)
	22	환경철학	환경철학의 필요성과 전체개관	한면희	9.13(화)
	23	인간과 자연	인간과 자연 그리고 숲해설에 대한 토론	협 회	9.14(수)
	24	특강	숲해설가를 위한 본초학 내용	김호철	9.22(목)
	25	숲체험 활동	숲체험 활동	류창희	9.24(토)
V. 수료식	26	수료식	수료식	협 회	9.24(토)

2006년도 숲해설가 양성 교육

1. 1차 숲아카데미
   기 간 : 2006. 5. 1 ~ 7. 19

2. 2차 숲아카데미
   기 간 : 2006. 9. 15 ~

2007년도 숲해설가 양성 교육

1. 1차 숲아카데미 기초과정
   기 간 : 2007. 4. 10 ~ 6. 14

2. 제9期 숲해설 전문가 과정
   기 간 : 2007. 3. 28 ~ 10. 21

3. 2차 숲아카데미 기초과정
   기 간 : 2007. 9. 11 ~ 11. 15

※ 산림문화 휴양에 관한 법의 개정으로 기존 산림문화휴양에 관한 법조항에는 산림치유지도사에 관한 사항을 존치하고 교육기관지정이나 산림치유지도사 운용에 관한 사항만을 남겨두었으며,

산림교육 활성화에 관한 법을제정하면서 산림교육전문가로 유아숲지도사, 숲해설가, 숲길안내인으로 구분하였다.

산림청에서는 프로그램 인증교육기관을 지정하고 지정된 교육기관에서 교육을 수료한 자를 숲해설가로 하고 개인에 대한 자격증을 수여하는 것으로 법이 제정되었다.

2008년도 숲해설가 양성 교육

1. 1차 숲아카데미
   기 간 : 2008. 4. 8 ~ 6. 26
   수료생 : 30명

2. 제10期 숲해설 전문가 양성 과정
   기 간 : 2008. 3. 24 ~ 10. 19
   수료생 : 25명

※ 산림문화 휴양에 관한 법의 개정으로 산림청에서는 인증교육기관을 지정하고 지정된 교육기관에서 교육을 수료한 자를 숲해설가로 하고 개인자격증을 수여하는 것으로 법이 제정되었다.

법의 제정과정에서 가장 중요한 오류중의 하나가 숲해설가 협회에서 자체적으로 교육을 받고 활동 중인 숲해설가에 대한 경과 규정이 없다는 것이다.
법제정 이전 교육 자체를 완전 배제하고 법 제정이후부터 인증된 교육기관에서의 교육만을 인정하는 커다란 오류를 범했다.

2009년도 숲해설가 양성 교육

1. 제11期 숲해설 전문가 과정
   기 간 : 2009. 3. 18 ~ 6. 27

2. 제12期 숲해설 전문가 과정
   기 간 : 2009. 4. 2 ~ 8. 14

3. 제13期 숲해설 전문가 과정
   기 간 : 2009. 8. 17 ~ 12. 9

2010년도 숲해설가 양성 교육

1. 제14期 숲해설가 양성 교육
   기 간 : 2010. 3. 2 ~ 8. 31
   강 좌 : 총 77강 / 186시간
   장 소 : 동국대학교 사회교육원
   수료자 : 34명

2. 제15期 숲해설가 양성 교육
   기 간 : 2010. 7. 5 ~ 12. 14
   강 좌 : 총 77강 / 190시간
   장 소 : 동국대학교 사회교육원
   수료자 : 34명

※ 년간 상반기와 하반기로 나누어 전문가 과정을 개설하여 년차적으로 진행되어
   오고 있으며, 2014년 상반기 현재 22期 40명의 교육생이 수강중에 있다.

2011년도 숲해설가 양성 교육

1. 제16期 숲해설가 양성 교육
   기 간 : 2011. 3.8`7.19
 . 수료자 : 39명

2. 제17期 숲해설가 양성 교육
   기 간 : 2011. 7.4~12.7
   강 좌 : 76강 / 186시간
   수료자 : 40명

2012년도 숲해설가 양성 교육

1. 제18期 숲해설가 양성 교육
   기 간 : 2012. 3. 6 ~ 7. 3
   시 간 : 179시간
   수료자 : 39명

2. 제19期 숲해설가 양성 교육
   기 간 : 2012. 7. 31 ~ 12. 4
   시 간 : 175시간
   수료자 : 40명

2013년도 숲해설가 양성 교육

1. 제20期 숲해설가 양성 교육
   기 간 : 2013. 3. 5 ~ 7. 9
   시 간 : 160시간
   수료자 : 40명

2. 제21期 숲해설가 양성 교육
   기 간 : 2013. 7. 16 ~ 12. 3
   시 간 : 160시간
   수료자 : 41명

※ 2014년 상반기 현재, 년2회의 전문가 과정(자격증 수여) 교육 및 2회의 숲아
   카데미 교육과정(예비과정)이 정착화 되어 실시되고 있다.

2014년 1차 교육 일정표

회차	월	일	구분	과목	학습내용	강사	구별	시간
1	3	4일(화)	개강식	개강식	오리엔테이션	협 회	강의	2
2		6일(목)	산림교육론	산림교육론	환경윤리 및 철학	한면희	강의	2
3		11일(화)	산림교육론	산림과 인간	산림과 인간의 역사	김종성	강의	2
4		13일(목)	산림교육론	산림과 인간	산림문화. 산림휴양	김종성	강의	2
5~6		15일(토)	산림교육론	산림개론	산림경영.이용.조성 산림경관 및 미학	조계중	강의	2
			산림교육론	숲해설 개론	산림경영.이해 및 원칙 숲해설의 적용과정	조계중	강의	3
7		18일(화)	선택과정	특강	숲해설가의 역할 및 방향	한기전	강의	2
8		20일(목)	산림교육론	산림교육론	산림교육의 이해 사회환경교육론	한면희	강의	2
9~10		22일(토)	커뮤니케이션	인간관계학	발달심리	남상준	이론	5
					인간관계유형			
11		25일(화)	선택과정	지구환경	기후변화	이유진	강의	2
12		27일(목)	선택과정	지구환경	에너지	이유진	강의	2
13		29일(토)	안전교육 및 안전관리	응급처치	응급처치 및 심폐소생술	적십자사	강의 실습	6
14		30일(일)	안전교육 및 안전관리	응급처치	응급처치 및 심폐소생술	적십자사	실습	6
15	4	1일(화)	산림교육론	산림개론	산림환경개론	송정희	강의	2
16		3일(목)	산림생태계	산림생태학	산림생태계의 특징	이경준	강의	3
17		8일(화)	산림생태계	산림생태학	산림생태계의 구조	이경준	강의	3
18		10일(목)	커뮤니케이션	커뮤니케이션기법	커뮤니케이션의 이해	이차연	강의	3
19~20		12일(토)	선택과정	생태공예	생태미술	정재근	실습	5
21~22		13일(일)	선택과정	자연놀이	생태놀이	황경택	실습	6
23		15일(화)	선택과정	파충류.양서류	파충류.양서류의 특징	이상철	강의	3
24		17일(목)	커뮤니케이션	커뮤니케이션기법	대상별 의사소통기법	이차연	실습	3
25~29		19일(토) 연수	산림생태계	야생동물의 이해	야생조수생태학 (포유류)	정상욱	강의	2
			산림생태계	야생동물의 이해	야생조수생태학 (포유류)	정상욱	실습	3
			교육프로그램개발	교육프로그램 운영 실습	식물자원과인간과의관계	박병권	강의	3
		20일(일) 연수	교육프로그램개발	교육프로그램 운영 실습	식물자원과인간과의관계	박병권	실습	6
30		22일(화)	커뮤니케이션	숲해설 기법	숲해설 기법 이해	송정희	강의	3
31		24일(목)	산림생태계	식물의 이해	수목분류학	진정일	강의	2

회차	월	일	구분	과목	학습내용	강사	구별	시간
32~33		26일(토)	산림생태계	식물의 이해	수목분류학	진정일	실습	4
34		29일(화)	안전교육 및 안전관리	야외활동지도	야외활동 특성의 이해 위험요소 모니터링	이지호	강의 실습	3
35	5	8일(목)	산림생태계	곤충의 이해	곤충의 생태학	정부희	강의	2
36~37		10일(토)	산림생태계	곤충의 이해	곤충의 생태학	정부희	실습	4
38		15일(목)	산림생태계	야생동물의 이해	야생조수생태학 (조류)	이기섭	강의	2
39~40		17일(토)	산림생태계	야생동물의 이해	야생조수생태학 (조류)	이기섭	실습	3
			커뮤니케이션	숲해설 기법	숲해설 매체 활용법	송정희	실습	3
41		20일(화)	선택과정	생태공예	생태공예	이재근	실습	3
42		22일(목)	산림생태계	식물의 이해5	식물의 특성 (초본)	박병권	강의	2
43~44		24일(토)	산림생태계	식물의 이해	식물의특성및관찰실습1	박병권	실습	4
45		27일(화)	교육프로그램개발	교육프로그램 운영실습	산림교육교재연구	정재근	강의	3
46~47		31일(토)	산림생태계	산림토양학	산림토양의 구조와환경	박 현	강의	2
							실습	3
48		3일(화)	선택과정	대상별 교육프로그램	유아숲 생태교육	장인영	강의	2
49		12일(목)	선택과정	수서생태계	하천생태계.수서곤충	박정호	강의	2
50~57	6	14일(토) 연수	산림생태계	식물의 이해	식물의 특성 (초본)	박병권	강의	2
			산림생태계	식물의 이해	식물의특성및관찰실습2	박병권	실습	4
			선택과정	수서생태계	수서곤충 및 어류	박정호	강의	2
		15일(일) 연수	선택과정	수서생태계	수서곤충 및 어류	박정호	실습	3
			커뮤니케이션	숲해설 기법	숲해설방법의이해및적용	김윤수	실습	3
58		19일(목)	교육프로그램개발	숲해설 프로그램개발	프로그램개발과정의 이해	김윤수	강의	3
59~60		21일(토)	교육프로그램개발	숲해설 프로그램개발	주제해설 프로그램개발	김윤수	실습	5
61		24일(화)	프로그램운영실습	프로그램운영실습	시연공지 및 시연기획서 작성	협 회	강의	2
62		26일(목)	프로그램운영실습	프로그램운영실습	이론시험 시연기획서 발표및토의	협 회	실습	2
63	7	1일(화)	프로그램운영실습	프로그램운영실습	시연기획서 발표및토의	협 회	실습	2
64		5일(토)	시연	시연	현장시연	협 회	현장	5
65		8일(화)	수료	수료	수료식	협 회	-	2
16강 162시간								

III. 숲에서 온 편지
1. 교육, 기획

1. 숲해설가의 손으로 고급 산림문화 콘텐츠를!

| 유영초 |

「니들이 게 맛을 알어?」라는 카피로 게 맛이 아니라 게장 맛도 모르고 살아가는 소시민들의 일상성에 대한 회의를 도발적으로 자극함으로써 게걸스런 소비충동을 불러일으키려 했던 광고가 있었다.

물론 이 광고의 햄버거에 심오한 게 맛의 경지가 있을 리는 만무하지만, 적어도 일상성의 허무를 도발적으로 표현함으로써 서민들의 허기를 파고드는 유행어가 되었던 바 있다.

이 일상의 허무에 지친 사람들이 찾는 곳이 산과 바다일 것이다. 그런데 바다의 경우는 보통 여름 한철의 피서지로 인식되고 있을 뿐 겨울 바다의 매력을 아는 사람들 이외에는 잘 찾기 어려울 뿐만 아니라 시설도 별로 없다.

그러나 산의 경우는 다르다. 국가의 휴양정책 차원에서 삶을 재충전하는 공간으로 지원되고 숲에서 자연휴양림이 있어 사시사철 활용이 가능하고, 국민들의 휴양 욕구의 증대에 따라 이제는 휴양을 국가 정책적 차원에서 사고할 정도로 인식되고 있는 것이다. 그 결과 산림청에 「산림문화과」라는 별도의 부서를 두어 휴양문화를 관장하게 할 만큼 중시하게 된 것이다.

우리나라 국토의 65% 정도를 차지하고 있는 산은 급속한 경제 발전의 결과에 따른 건축문화와 연료 재원의 변화, 국가의 산림녹화정책 등으로 과거 전란과 식민지 수탈로 황폐해진 숲들이 다시 비교적 울창하게 들어서게 되었다. 그리고 경제의 성장과 사회의 조직화, 도시화의 진전과 함께 숲에 대한 사람들의 생각은 과거처럼 땔감과 목재를 생산하는 곳이라기보다는 삶을 재충전하고 스트레스를 해소할 수 있는 휴양 공간으로 더 높은 가치를 부여받고 있다.

특히 사회가 점점 고도로 조직화 되어가고 도시화 되어감에 따른 단조로운 일상성의 반복, 콘크리트 인공 구조물과 그 속에서 영위하는 삶의 피폐와 허무를 숲이라는 녹색 공간에서 달래고자 하는 욕구가 늘어나고 있다.

이러한 숲에서의 휴양 수요가 증가함에 따라 국가 정책적 차원에서 지난 1980년대 후반부터 대관령휴양림을 시작으로 삼림욕장 등 다양한 휴양 시설을 조성하기 시작하였고 지금은 전국적으로 90여 개에 달하는 자연휴양림을 갖추고 있다.

「휴양」이나 「휴양림」이란 단어가 이 시대를 살아가는 사람들이 즐겨찾는 키워드가 된 것은 90년대 후반부터이다. 이것은 주 5일 근무나 근로복지 등을 통해, 한편으로는 삶의 질을 높여 나가는 과정이라고 볼 수도 있겠지만, 다른 한편으로는 지금의 사회적 관계나 노동강도, 스트레스로는 지속가능한 삶을 지탱하기 어렵다는 측면을 반증하고 있는 것이기도 한다.

지난 해 산림청에서는 주 5일 근무제의 본격화 등에 대비해서 「산림휴양종합대책」을 마련하고 연차적으로 추진한다고 밝힌 바 있다. 보도에 따르면, 앞으로의 휴양 수요를 충족시키기 위해 이 사업에 모두 6천여 억원을 투자하는 등, 현대 90여 개인 휴양림을 2012년에는 200개로 두 배 이상 늘릴 계획으로 되어 있고 당장 올해부터 전국적으로 13개의 자연휴양림 조성사업이 시작된다고 한다.

여기서 주목되는 것은 국민의 다양한 수요에 부응하기 위해 현재의 숙박과 숲 체험 위주로 되어 있는 자연휴양림을 지역 여건에 따라 전문화 한다는 내용이다. 전문화의 내용 중에는 오락성 관광사업들과 연계하여 승마 전문 휴양림이라든가, 클레이 사격장이라든가, 저수지와 댐에 수상 레포츠 시설을 들여 휴양림과 연계시킨다는 구상을 지닌 것도 있다. 여러 가지 구상에도 불구하고 이 전문화의 내용 중에는 휴양 속에서의 산림 문화 핵심이라고 할 수 있는 산림환경교육의 양과 질을 확대하기 위한 인적, 물적 인프라를 구축하려는 계획이 눈에 띄지 않는다는 점이다.

중요한 것은 왜 사람들은 성수기와 주말 평균 예약 경쟁률 30대 1을 뚫고 자연휴양림의 숲을 찾는가, 사람들이 숲에서 얻는 휴양의 요체는 무엇인가를 생각해야 할 것이다.

휴양이란 심신(心身)의 리크리에이션(recreation)을 통해 「사람 가꾸기」를 하는 것이다. 그러므로 숲속에서 MTB나 승마·레포츠를 연계하고 삼림욕장을 통해서 일정 정도 가능한 몸(身)의 리크리에이션도 중요한 요소이지만, 마음(心)의 리크리에이션이 휴양의 더욱 핵심적인 요체라는 사실을 간과해서는 안된다는 점이다. 왜 신심(身心)이라고 하지 않고 심신(心身)이라고 하는지도 생각해볼 일이다.

한때 생명의 숲 가꾸기 운동 본부를 중심으로 이루어졌던 「숲 가꾸기」 공공근로의 핵심은 숲을 간벌하고 가지치기 등을 함으로써 숲의 목재 등으로서의 경제적 가치를 높이는 데 있었다. 한편 이렇게 가꾸어온 숲과 나무들은 단지 몇십 년생 목재로써의 경제적 가치뿐만 아니라, 그 나무가 서 있는 몇십 년 동안 사람들에게 맑은 공기와 바람, 풍경을 건넴으로써 「사람 가꾸기」를 해오는 것도 부인할 수 없는 사실이다.

자연휴양림과 숲이 경제적 가치 창출의 돌파구라는 인식에서 출발한다면 오락성 시설들과의 연계를 중심으로 지역 여건에 맞춰 다원화 함으로써 경제적인 부가가치를 높여나갈 수도 있을 것이다. 그러나 자연휴양림이 삶의 질을 개선하는 진정한 의미의 리크리에이션의 공간이 되려면 오락과 스포츠만으로는 부족하다. 잠만 자는 곳이라면, TV와 뽕짝과 고스톱이 연장되는 공간이라면, 숲 속의 관광지이자 콘도 이상의 의미가 무엇일 것인가? 돈의 노예가 될 수 밖에 없는 사회 시스템 속에서 오는 정신적인 허기에 숲이 전하는 삶의 지혜를 담아 가는 마음의 리크리에이션 기능이 필요한 것이다.

이 마음의 리크리에이션은 고도의 수양이며 교육이다. 시스템이 복잡해지고 고도화 될수록 그 박탈감을 해소하지 않으면 삶을 지탱하기 어려워지고, 이것은 오늘날 평생교육이란 이름으로 자기 수양과 재교육이 자기 삶의 질을 개선해나가기 위한 중요한 핵심요소가 되고 있는 이유가 되는 것이다.

숲 해설은 숲 속에서 휴양과 함께 이루어지는 높은 수준의 교육이다. 숲이 전하는 지식과 정보와 지혜를 전하는 생생한 교육인 것이다. 따라서 숲해설가들은 숲 탐방객들이 휴양의 요체라고 할 수 있는 심신의 리크리에이션을 돕는 안내자이며 교육자이다. 그럼에도 불구하고 「스페셜가」가 뭐냐는 질문이 있을 만큼 대중들에게서는 숲 해설에 대한 인식도 부족하고, 한편 일부 전문가들로부터는 숲해설가들의 비전문성에 대한 편견이 있는 것도 사실이다.

그러나 휴양림에 관한 인터넷상의 동호회나 까페만도 수십 개이고 회원수가 2,000명이 넘는 휴양림 까페도 있을 만큼 수요의 양이 높아지고 있고, 이처럼 비대해지는 수요의 양만큼 수요의 질도 당연히 높아지리라고 전망된다. 따라서 중요한 것은 앞으로의 휴양의 질은 다만 숲속의 콘도 숙박 수준을 원하지 않는다는 점이다.

그런데 산림청에서의 「산림휴양종합대책」 속에서 지금의 두 배로 늘린다고 하는 자연휴양림 공급 계획과 정책 속에서는 이러한 수요의 질에 대비하는 산림환경교육의 정책이나 비전, 그리고 양질의 휴양서비스를 위한 산림문화 소프트웨어의 다각적 모색은 아직은 부족해 보인다.

숲해설가란 다만 자연생태적 지식만으로는 부족하며, 다만 나이가 많다고 할 수 있는 교육이 아닌 심신의 리크리에이션을 위한 진정한 숲탐방의 조력자이며 교육자여야 할 것이다. 따라서 숲 해설은 숲관련 자연과학적 지식만으로도 이루어질 수 없으며, 또한 이것이 바탕이 되어 있지 않은 인문적이고 신비주의적인 해석만으로도 안 되며, 현역 은퇴자들이나 유한 주부들의 「소일거리」 정도로 인식되어서는 더욱 안 되는 전문적인 영역인 것이다.

따라서 숲해설가들은 스스로의 자긍심을 가지고 부단히 노력해야 할 것이지만, 한편으로 앞으로의 다음 세대들을 위한 산림환경교육의 질과 양을 결정하는 중요한 역할을 해야 한다는 점에서 작금의 산림문화에 관한 정책과 비전에 명확한 목소리를 내고 대안을 제시할 수 있어야 할 것이다.

국가나 유관 기관들, 특히 숲의 주무 관청인 산림청에서 산림문화의 전도사이자 산림환경교육육자들로서의 양질의 숲해설가들이 배출되고 그들이 높은 수준의 산림문화 콘텐츠의 서비스를 제공할 수 있도록 하는 물적, 인적 인프라를 구축하기 위한 노력을 지지하고 이끌어내는 것이 과제 중의 하나이다.

그러기 위해서 우선적으로 대두되고 있는 것 중에 하나가 휴양림 집중 탐방을 통한 연구학습이다. 다만, 「휴양림 이용 제고 방안을 위한 무슨무슨 연구」 식의 논문만으로는 숲해설의 장기 비전의 허기를 채워주기는 부족하다. 우리는 과학적 분석을 중심으로 한 그런 연구 자료를 통한 학습도 필요할 것이지만, 직접적인 탐방을 통해 현재 제공되고 있는 휴양림에 관한 단순한 지리정보적인 팩트 이상으로, 또 학자들의 연구정보가 수용하지 못하는 대중적인 고급 정보로서의 해설 정보를 구축해나갈 필요가 있다.

지금 현재 산림청 등 산림환경교육 유관 홈페이지나 숲해설가협회의 홈페이지 등에서도 숲해설과 휴양정보 등에는 단순 지리정보와 초등학교 소풍 후기 수준의 탐방 소감이나 기행문 밖에는 찾아볼 수가 없는 것이 현재의 우리의 산림문화와 산림환경교육의 양적 질적 인프라의 수준을 말해주고 있다.

숲해설가는 산림공무원 등과 같이 정책 전문가나 관련 학문을 전공한 이론 전문가로서 「공급자의 입장」에 있는 것도 아니고, 그렇다고 이런 내용에 완전한 이해가 없는 일반 국민과 같이 전적으로 「수요자의 입장」에 있는 것도 아닌 중간자의 입장에 서 있기 때문에 수요자의 입장에서, 공급자의 입장에서 현재의 산림환경교육을 위한 휴양림 등의 인프라에 대한 종합적이고 비판적 안목을 가질 수가 있다.

따라서 우리는 현재 구축되어 있는 전국의 자연휴양림을 집중 탐방하고 연구 학습하는 과정에서 산림문화의 하드웨어를 집중 논의함으로써 앞으로의 휴양 서비스와 산림환경교육의 정책 비전, 숲해설의 전망 등을 건설적이며 비판적으로 산림문화 소프트웨어를 모색해보고자 한다. 앞으로 휴양림 집중 탐방의 구체적인 방법과 내용, 그리고 결과는 회보에 특집 게재할 것이며, 협회 홈페이지의 산림문화 콘텐츠 확보 차원에서 게재될 수 있을 것이다. 회원 여러분들의 성원과 협조를 바란다.

필자 소개 : 유영초
숲해설가 '소나무회'. 2002년 국립수목원 방문센터 숲해설 활동.
2003. (봄) 15호

2. 세계의 숲해설

| 조계중 |

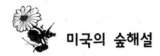 미국의 숲해설

I. 자연환경 해설의 역사

자연해설은 선사시대 인류가 자연과 더불어 살면서 자연을 이용하기 시작할 때부터 비롯되었다고 할 수 있는데, 근대의 자연해설은 19세기말경 미국의 대자연을 거닐었던 대표적인 자연주의자들(Naturalists)인 뮤어(John Muir), 마쉬(George Marsh), 그리고 밀즈(Enos Mills)로부터 시작되었다고 할 수 있다.

근대적인 자연(숲 또는 환경)해설의 범주에서 최초로 '해설'이라는 말을 사용한 사람은 존 뮤어(John Muir)로 1871년 요세미티 계곡에서 생활하며 일하면서 "나는 홍수와 폭풍, 그리고 눈사태의 언어를 배우고 바위에 대해서 해설하겠다. 나는 내가 할 수 있다면, 세상의 심장 가까이 가서 야생 정원과 빙하하고도 친숙해질 것이다."라고 표현했다.

뮤어보다 1세대 늦게 태어난 밀즈(1870-1922)는 1888년부터 록키 산맥에서 사망할 때까지 수많은 방문객들에게 자연의 중요성을 알리는 일을 천직으로 알고 일했다. 밀즈는 처음에는 상업적 투기 목적으로 자연 안내를 시작했다. 밀즈는 자연안내란, "지질학적 특성, 전체 식물, 동물, 그리고 자연사를 해설하는 사람이다."라고 했다. 자연(숲)해설을 단순히 '사람들을 숲으로 안내하는 것과 정보를 제공하는 것'으로 보지 않고 '정보를 주는 것보다 영감을 주는 것'으로 간주했으며, 해설가를 '자연의 신비 세계로 방문객들을 안내하는 자연가(Naturalist)라고 표현했다.

밀즈는 해설가를 "해설가는 다른 사람으로 하여금 자연의 신비함에 접근할 수 있도록 안내할 수 있는 자연주의자여야 하지만 걸어다니는 백과사전일 필요는 없다. 해설자는 분리된 각각의 정보나 특색 없는 정보가 아닌 큰 원리들을 취급함으로써 흥미를 불러 일으켜 주는 사람이다."하고 정의를 내렸다.

미국은 1916년에 국립공원청을 설치하면서 방문객의 경험을 충족시켜주고 자연환경도 보호하고 관리하기 위해 해설 프로그램을 공원 업무의 하나로 도입하였다.

1917년에는 록키마운틴 국립공원에서 훈련받고 자격을 획득한 최초의 여성들이 지역 호텔에 의해 자연해설가로 고용되었다.

1919년에 미국의 국립공원협회는 국립공원과 국가기념물의 경관 또는 천연 동식물상 등을 책이나 영상을 통해 국민 일반에게 전달하는 일을 주요 업무로 다루었다.

1920년에는 요세미티(Yosemitte) 국립공원에서 하이킹과 자연 관련 영화 상영 등 무료 자연 안내 프로그램 서비스를 시작했고, 옐로우스톤(Yellowstone) 국립공원에서는 자연해설가의 안내로 현장 탐방과 주제별 강연 등 미국 국립 공원에서 가장 먼저 공식적인 자연해설

프로그램들을 제공하기 시작하였다.

1930년대에는 역사와 문화 분야까지 자연 해설의 범위가 확대되었다.

1953년에 미국은 국립공원 관리청의 재편성 계획안(案)으로써 해설의 활동을 강화할 목적으로 새로운 부서 즉, 역사 분야와 자연사 그리고 정보와 박물관의 일을 지시하며 협력하도록 하는 감독관을 갖춘 해설의 부서가 워싱턴 사무소에서 신설되었으며, 또한 5개의 지방 사무소에는 자연주의자나 역사가와 생물학자 그리고 고고학자를 포함하는 해설 감독기관이 신설되었다.

1957년에 프리만 틸든(Freeman Tilden. 1883-1980)이 오늘날까지 세계의 모든 해설가들에게 가장 널리 읽히며 해설이론의 중요한 길잡이가 되고 있는 해설학에서 성경이라 일컫는 고전, '우리 유산의 해설'(Interpreting Our Heritage)을 펴내 해설의 예술에 대한 원리와 규범이 되는 표준을 상세히 설명하면서부터 해설의 체계가 잡혔다.

그는 그 책에서 해설의 원리를 예를 들어가며 체계적으로 분야별로 정립했으며, 우리는 해설을 왜 하는가에 대한 답변을 제시해 주고, 해설자가 해설할 때 지녀야 할 철학과 태도를 제시함으로써 해설의 목적과 훌륭한 해설을 위한 원칙을 세웠다.

환경해설은 1970년대 초 기계화 문명의 발달로 환경문제가 크게 발생하는 이유 중 하나는 사람들이 환경에 대한 이해 부족과 문제의 심각성을 인식하지 못한 채, 환경문제가 어떻게 생겨나며 나중에 일어날 결과가 어떨 것인가에 대해서 잘 모르며, 특히 자연환경 변화에 의한 환경문제의 경우 아주 서서히 진행되고 그것이 문제가 되었을 때는 이미 해결할 수 없는 상황에 이르게 되며 환경문제가 크게 부각되기 시작하자 해설분야에서도 "환경해설"이라는 용어가 나타나게 되었다.

환경해설은 1972년 맥하파(Mahaffy)가 "환경해설가"는 상대적으로 새로운 직업상의 직함으로 지난 수십 년간 사용되어 온 '공원 자연주의자' 또는 '자연과학 해설가'에 대한 대체 용어로, 특히 환경해설은 "다양한 정부의 행정력이 미치는 범위의 레크레이션 지역과 공원지역의 방문객 교육을 위해 새로 생겨난 특별한 직업이다."라고 발표하면서 처음 등장한다.

레이번(Reybum. 1974)은 환경해설의 정의를, "환경해설은 문명화된 사람이 생태계에서 자신의 역할을 배울 수 있도록 하는 일종의 교육이다."라고 했으며, 햄(1992)은 "환경해설은 자연과학 또는 관련 분야의 기술적인 언어를 과학자가 아닌 일반 사람들이 쉽게 이해할 수 있는 언어와 개념으로 번역하는 일이다."라고 정의 내렸다.

이처럼 세월의 흐름에 따라 현재는 대부분의 국립공원과 국립산림지역 등 보호구역에서 "자연해설"이라는 용어가 "환경해설"로 전이되어 사용되고 있으며 많은 전문가들이 PLT, Project WET, Project WILD, Nature Watch 등 수 많은 참고 교재를 제작하고 있다.

II. 환경 해설의 목적과 목표

틸든의 다섯 번째 원리는 해설의 기본 목표에 대해 언급하고 있다. 이에 따르면, 해설의 기본 목표는 상세한 부분이 아무리 흥미 있다고 해도 부분보다 전체를 표현해야 한다는 것이다. '총체'가 아니라 '전체'에 주목할 것이다. '총체'는 무한대로 그 범위를 정할 수 없어서 필요하지 않고 전체는 해설 대상이 되는 주요 주제 모두를 말한다. 청자와 독자들이 함께 보낼 수 있는 시간은 너무나 짧다. 한 친구가 "여행객에게는 시간과 돈, 그리고 몰두할 수 있는 능력과 같은 세 가지 제한이 있다"고 말한 적이 있다. 부분보다 전체를 접하는 것이 더 중요하게 될 때 진실로 그렇다.

수년간 미국의 국립공원들과 한국에서의 해설 경험을 한 저자는 현장에서의 자연해설이 강의실에서의 교육보다 참으로 중요하고 또한 어렵다고 느꼈다. 저자의 경험에 의한 자연해설은 먼저, 참가자들에게 현장에서의 많은 체험을 경험할 수 있도록 준비해야 한다. 아는 바와 같이, 주어진 같은 시간 안에 같은 내용을 같은 단체의 사람들에게 전달한다고 했을 때 실내보다 현장에서의 교육효과는 무려 7배나 크다고 한다. 참가자가 해설가로부터 피상적이고 고정된 사실들이 반복된다고 느끼는 순간 현장교육은 실효성이 떨어지고 만다.

둘째, 참가자는 해설가의 광범위한 지식의 정도나 깊이를 평가하기 위해 자연을 찾지 않는다. 이는, 해설가가 알고 있는 지식을 얼마나 많이 해설 프로그램 참가자들에게 전달하느냐에 관한 문제가 아니라, 중요한 것은 해설가가 얼마나 참가자들과 마음을 나눌 수 있는지에 초점을 맞추어야 한다는 것과 얼마나 참가자들과 진실하게 자연에 대해 이야기를 나눌 수 있는가 하는 것이다.

셋째, 해설가는 참가자들보다 먼저 대상이 되는 자연해설 현장을 보고 느껴서 그 느낌을 참가자들에게 전달해주는 중계자일 뿐이다. 해설가는 자연 속에서 참가자들에게 감동을 줄 수 있는 어떤 사실들을 발견해서 자신의 언어로 포장하여 전달하는 전달자에 불과하다. 즉, 전반적인 자연의 이해를 통해 하나하나 느끼고 그 느낌을 참가자들 스스로가 가슴속에 담고 되돌아가게 하는 역할이다. 자연을 어떻게 바라볼 것인가에 대해 다양한 시각에서의 접근이 필요하다. 훌륭한 해설가는 자연의 일부분만이 아니라 전반적인 것을 전달하려고 노력해야 한다.

넷째, 해설가는 사전에 자연해설 현장에 대해 충분히 파악해야하며 그 자연이 지니고 있는 다양한 주체를 선정하고 속성을 정리한 후 해설 활동에 필요한 다양한 프로그램을 준비해야 한다. 프로그램을 미리 준비한 해설가는 어떤 대상이 참가하더라도 자신감을 가지며 참가자들에게 많은 감동을 주어 그들의 마음을 동요시키기 때문에 진부한 느낌을 주지 않는다. 같은 장소에서 반복되는 해설 활동을 한다 하더라도 사전준비 없는 해설은 단순한 지식 전달일 뿐이며 순간적으로는 참가자들을 만족시킬지 모르지만 깊은 감동을 주기는 어렵기 때문이다.

다섯째, 해설가가 어떤 특정한 사물의 특정한 내용에 몰입하는 것은 지양해야 한다. 해설가가 자신 있는 분야에만 적극적이고 자신 없는 분야는 대충 지나가는 스타일의 해설은 불완전한 해설이라 할 수 있다. 같은 나무나 사물을 반복적으로 설명하는 것에 대해 참가자들이 진부한 느낌을 받는다는 것 또한 불완전한 해설이라 할 수 있기 때문에, 해설가는 스스로에게 새로운 방법의 표현 기술을 습득하는 적극성이 요구되고 참가자들의 질문에 진실되게 대답할 수 있는 자연스러움이 필요하다.

참가자의 인원이 무엇보다 중요한 영향을 미친다고 할 수 있다. 대상이 누구이며 연령에 따라서도 차이는 있지만, 약 10명에서 15명 정도가 매우 적당한 수라는 것을 경험에서 얻었다. 참가자가 많을 경우에도 다양한 방법이 있겠지만 여러 그룹으로 나누어 진행을 하는 것이 한꺼번에 해설을 하는 것보다 효과적이다.

자연환경해설의 목적은 자연해설 현장, 담당 행정기관, 방문객과의 연계성 등을 고려하여 다음과 같이 설정할 수 있다.

먼저, 자연환경해설 현장과의 연계성은 해설장소에서 자연환경을 소중히 생각하도록 해설함으로써 참가자들이 자연환경을 소중히 여길 수 있도록 하고 적절한 탐방 활동이 이루어질 수 있도록 한다.

둘째, 참가자들이 해설 프로그램을 통해서 보다 더 자연자원의 관리와 보전 활동에 참가할 수 있도록 장려하고 담당 주무 행정기관의 홍보활동(PR)도 겸한다.

셋째, 참가자들이 해설 프로그램을 통해서 자연환경에 대한 생태적 감수성 및 환경 감수성을 자극하고 계발함으로써 자연환경에 대한 새로운 시각을 부여한다. 또한, 주위의 자연환경과 문화와 역사적 지원에 대한 관심과 이해를 도모하고 여가와 휴양활동의 쉼터를 제공하도록 한다.

훌륭한 해설을 위해서 필요한 기본적인 방법들이 있다.

1) 해설가는 복장이나 언어 사용 그리고 태도도 해설의 일부분으로 생각하고 유니폼이 있다면 항상 유니폼을 착용하여야 한다.

2) 해설가는 가능하면 미리 해설 장소를 답사하여 그 장소의 특색을 파악하고, 해설 당일은 최소한 10분 정도 먼저 해설 장소에 가서 참가자들을 기다리도록 한다.

3) 해설가는 참가자를 환영하고, 자신을 소개하고 참가자들에게 시계 방향으로 소개를 시킨다. 참가자들의 소개가 끝나면, 오늘 해설에 소요될 시간과 코스에 대한 소개를 한다.

4) 해설가는 해당 장소의 특색, 즉 동식물, 문화, 역사자원 등 전반적인 것들을 설명한다.

5) 해설가는 해설을 하는 도중 가능한 한 참가자들을 모든 감각기관을 활용하여 능동적으로 직접적인 체험을 할 수 있도록 요구한다.

6) 해설가는 참가자들로 하여금 스스로 특별하고, 흥미있고, 만족감을 불러일으킬 수 있는 것을 찾아내어 참가자 자신에게 가장 가치 있는 것에 대하여 배울 수 있도록 유도한다.

7) 해설가는 참가자들에게 질문을 유도하고 질문에 성심성의껏 대답해 준다. 질문은 참가자들이 자연환경 속에 내재되어 있는 의미를 이끌어 내도록 도와주는 데 효과적으로 사용할 수 있다.

8) 해설가는 해설 지점과 지점 사이를 이동할 때 예상하지 않은 흥미 있는 대상이 나타났다면 그 현상에 대해 설명할 수 있는 유연성이 필요하다. 예를 들면, 어떤 내용을 해설하고 있을 때 곤충을 잡아채는 비둘기를 볼 수 있다면 즉시 해설을 중지하고 그 비둘기의 행동을 보도록 하고 그 상황을 해설한다.

9) 해설가는 야외에서 해설하고 있다는 생각을 항상 염두에 두고 참가자들의 주의를 끌기 위해 평상시보다 큰 목소리에 변화 있는 음조를 사용할 수 있어야 한다.

10) 해설가는 가능하면 다양한 보조장비를 활용하여 참가자들에게 직접 그 장비를 사용해 보도록 한다.

11) 해설가는 가능하면 참가자들의 연령과 지식의 정도를 파악하여 전문용어나 외래어의 사용을 피해야 한다.

12) 해설가는 가능하면 자신의 해설활동이 자원을 훼손하지 않도록 하고 참가자들이 자원을 훼손하지 않도록 해야 한다.

13) 해설가는 야외에서 불의의 사고에 대비해야한다. 독충이나, 땅벌, 뱀 등에 의한 위해가 발생할 있기 때문에 항상 조심하여야 하고, 특히 어린이들은 지정된 노선을 멋대로 벗어나지 않도록 주의 한다.

14) 해설가는 응급처치 방법을 숙지해야 한다. 불의의 사고로 응급사고가 발생할 경우 그 상황에 대비할 수 있어야 한다.

Ⅲ. 환경해설과 환경교육의 개념 차이

많은 해설가들이 환경해설을 환경교육 또는 야외 환경교육으로 이해하고 정확히 인식하지 못하여 자신들을 환경교육을 하는 환경교육자라고 생각하고 있다. 여기서는 환경교육과 환경해설의 정확한 이해를 돕기 위한 설명으로 먼저 환경교육에 대해 조금 살펴보자.

환경교육은 1950년에서 1960년대에 거쳐 서부 유럽과 미국 등 선진공업국을 중심으로 환경보전운동을 위한 단체와 기구가 급속히 증가하면서 활동도 많아지면서 자연스럽게 환경보전 인식과 참여를 위한 환경교육에 대한 관심이 고조된 결과, 1970년대 들어와서 구체적인 조처로 나타나게 된다.

1970년 미국에서는 환경보호청(EPA:Environmental Protection Agency)이 설립되고 미국 환경교육법이 제정되었는데, 이 법은 시행상의 문제로 일시 유보되었다가 다시 시작되고 있다. 국제적으로는 국제자연보전연맹(IUCN)이 UNESCO 지원으로 '학교교육 과정에서의 환경교육에 관한 국제 실무회의'를 개최하여, 환경교육에 관한 많은 관심을 보였다.

1972년에는 국제차원의 첫 환경회의인 '인간환경(Human Environment)에 관한 UN회의'가 스웨덴의 스톡홀름에서 개최되어, '인간 환경선언'(Declaration on Human Environment)과 '인간환경에 관한 행동 강령'을 채택했으며 매년 6월5일을 '세계 환경의 날'로 정했다.

이 회의의 결의에 따라 국제연합에 환경전문기관인 '국제연합 환경계획'(United Nations Environmental Programme: UNEP)을 설립하여 사무국을 케냐의 수도인 나이로비에 두었다. 이 기구는 이후 세계 환경교육 추진에 주요 역할을 수행한 결과 1975년 UNESCO와 UNEP에 의해 '국제 환경교육 프로그램'(International Environmental Education Program: IEEP)이 설립되었으며, 이 프로그램에 의해서 환경에 관한 국제적인 다양한 연구활동이 전개되고 있다.

1975년에는 구 유고슬라비아 수도 베오그라드에서 '국제 환경교육회의'가 개최되어 환경교육의 경향과 시점을 검토하고 기본지침을 명확히 하였다.

1977년에는 UNESCO-UNEP 주관으로 '환경교육에 관한 정부간 회의'(Intermational Conference on Environmental Education)가 구소련 조지아(George)의 트빌리시(Tbilisi)에서 개최되었다. 이 회의에서 각국은 환경교육을 환경문제 해결책의 일환으로 인구

문제, 식량문제, 에너지 및 자원문제, 남북문제, 핵과 군비의 축소문제와 같이 인류의 당면과 제로서 강력히 추진할 것을 합의하였으며, 환경교육의 개념과 영역 그리고 역할을 분명히 하고 국가 수준과 국제 수준을 적용할 수 있는 지침을 제시하였다.

참고로 우리나라는 1995년 제6차 교육과정(1992년 고시)에서 중학교의 선택교과 중에 '환경'과가 시행되었고, 고등학교에서도 교양선택과로서 '환경과학'이 신설되었다(1996).

환경교육과 자연해설의 정확한 이해를 돕기 위한 학자들의 주장을 살펴보자.

니콜스(Nichols, 1982)는 야외 환경교육의 특성을 야외 공간에서 행해지고 직접적인 체험을 통하여 원물 자체(original subject)를 접하게 되고, 복합적인 감각(multiple senses)을 이용하고, 본능적인 동기를 유발하여, 생태계의 상관성 고려 등의 여섯 개의 기본적인 범주로 정리할 수 있다고 했다.

이에 멀린스(Mullins, 1984)는 자연해설은 야외 환경교육으로도 이해될 수 있으나, 현재 야외 환경교육에 대한 범위와 한계가 명확하지 못하다고 두 개념에 대해 언급하면서 학교라는 울타리 밖에서 일어나는 교육적인 활동은 해설이라고 했다.

정규교육과
비정규 교육,
그리고 형식을 차리지 않은 교육

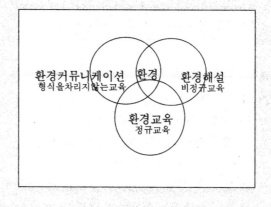

사람이 일생을 통해서 배워 나가는 과정에는 아주 많은 방법이 있겠지만 자연과 환경에 관련지어 배우는 방법으로는 크게 정규 교육 비정규 교육 그리고 형식을 차리지 않는 교육의 3가지 방법으로 나눌 수 있다.

전통적인 교육 방법에 의한 정규교육은 학교 교실에서 이루어지고, 비정규교육과 형식을 차리지 않는 교육 같은 다른 다양한 배움의 형태가 각기 다른 환경에서 이루어지고 있다.

환경교육은 자연환경해설이나 형식을 차리지 않는, 즉 더욱 다양한 커뮤니케이션 과정을 가진 의사소통의 대중매체를 통해서 전달된 정보를 통한 교육방법과는 다소 다르다.

자연환경 해설은 종종 환경교육과 다른 원칙들로부터 얻는 다양한 이론적인 견해에 대해 관심을 가지고 비정규 교육임에도 불구하고 환경교육으로 보는 견해가 있는데 이에 대해 학자들은 어떻게 구별하는지 살펴보자. 자연과 환경에 관련지어 습득하는 교육의 넓은 영역을 정규교육, 비정규교육 그리고 형식을 차리지 않는 교육으로 나눌 수 있는데, 정규교육은 환경교육이고 비정규교육은 자연환경해설 그리고 형식을 차리지 않는 교육은 각종 매체를 통해서 자유로운 상태에서 스스로 배우는 자기 교육으로 나누어 진다.

. 출처 : Mocker & Spear, 1982

에드워드(Edwards, 1976)는 환경해설은 정보와 안내, 교육, 선전, 그리고 영감적 서비스 등이 적절하게 조합된 것으로, 해설을 통하여 이용객들에게 자연환경에 대한 새로운 이해와 통찰력, 그리고 새로운 환경에 대한 기대와 관심을 불러일으킬 수 있도록 해 주어야 한다고 했다.

주밴빌(Juvenvile, 1978)은 방문자에게 방문한 장소를 해설해 주는 기술이면서 환경의 상호 관련된 중요성을 인식시킴으로써 환경보전에 대한 당위성을 일깨워주며, 그것을 실천할 수 있도록 도와주는 기술이라고 했다.

리스크(Risk, 1984)는 환경해설은 기술적이며 복잡한 환경의 언어를 청중이나 참가자의 입장에서 감각 또는 인식, 이해, 감상, 개발 그리고 자연환경에 대한 책임감이 생기도록 아무런 의미의 상실 없이 정확하게 비기계적이고 덜 딱딱한 언어로 바꾸는 것이라고 했다.

디싱어(Disinger, 1990)는 환경해설은 최근에 활발하게 논의되고 있는 환경교육과 지속 가능한 개발(Sustainable Development)과의 상관관계를 고려하면서 생활양식의 변화를 내포한 자원의 이용과 통제의 원리를 적절히 설명할 수 있어야하면 환경해설이 제 역할을 수행하기 위해서는 자연과학과 사회과학의 연결을 통한 간학문적(interdisciplinary) 교육과정의 수립이 이루어져야 한다고 주장하기도 했다

자연환경해설은 '가르침' 보다는 '자극'

해설의 분야가 국립공원에서건 숲에서건 또는 다른 장소에서건 간에 활동 내용은 가르침보다는 이른바 자극을 주는 것이다.

자연해설의 목표는 방문객의 관심사와 지식의 수평선을 넓혀나가는 방향으로 자극하는 것이며, 눈앞에 놓여진 단순한 사실에 대한 진술이외에 그 자연 속에 존재하는 더 커다란 진실을 이해하도록 도와주는 것이다.

국립공원이나 기념관, 역사적 유적이나 유물관, 공공 레크레이션 지역에 있는 자연학습관은 자연과 인간이 만든 작품을 경험할 수 있는 장소이기 때문에 해설을 행하는 이상적인 장소이다.

미국의 자연주의자였던 홀(Hall)은 1928년 '모든 공원 관리들에게'라는 연설을 했다.

일찍이 많은 해설가들이 나중에 잘못 이해했던 것 -해설학의 목표나 기능은 단순한 가르침이 아니라 자극을 주는 것이다- 을 바로 잡았기 때문에 여기에 인용한다.

대부분 공원에서 교육적 활동을 함으로써 방문객들에게 해설가 스스로가 발견하는 광범위하고도 일반적인 공원에 대한 생각을 제공하며, 외부로부터 얻은 사실을 성향에 따라서 총괄적인 이야기를 일반적으로 자세하게 보충할 수 있도록 해준다. 방문객은 해설가의 도움으로 공원에서 사물을 파악할 수도 있지만 먼저 방문객 스스로 발견하도록 반드시 자극받을 것임에 틀림없으며, 방문객에게 이런 현상을 더욱 철저히 이해하도록 돕는 수단임을 언제나 기억해야만 된다.

어떤 해설가들은 가능한 한 많은 사실을 방문객들에게 알려 주려고 마주치는 거의 모든 나무와 꽃 그리고 새들을 파악하려고 애쓰는 것이 그들의 의무라고 믿는다. 반면 다른 해설가

들은 "마음이 자연과 동화되도록 노력하는 것이 자연을 잘 아는 것보다 더 중요하다"는 것을 좌우명으로 삼고 있다.

그리고 그들은 방문객이 비록 여려 가지 사실을 파악하지 못했다 해도 방문객이 보았던 것을 잘 음미하고 이해라는것이 더 중요하다고 느낀다.

국립공원은 공원의 아름다움과 경이로움, 자연을 존경하는 마음,그리고 감상하려고 공원을 방문할 따 방문이 허용되는 범위에서여가 선용이라는 이상(理想)을 토대로 생겨났다

미국 국립공원 초대 청장이었으며 미국 국립공원보호협회를 창설했던 스태판 마써(Mather, 1917-1929)씨의 마음속에는 뚜렷한 정책이 있었던 것 같다.

이 정책을 보충하려고 그가 취한 처음 몇 가지 조치들 중의 하나로써, 캘리포니아주 세크라멘토의 고쓰(Goethe)씨 부부에게 요세미티 공원에 와서 자연환경에 대해 해설해 주도록 설득했다.

아무튼 이런 초기의 활동에 따라 미국 내무부 특별 비서부에서는 위원을 지정해서 국립공원에 관한 교육의 가능성에 대해 락펠러 추모기금에서 지원하여 철저한 연구를 했다. 이 위원회는 현장에 뛰어들어 실제적으로 '공원에 대한 교육적이고도 영감적인 측면을 촉진' 시키려는 내용이 풍부한 기본 보고서를 작성했었다.

얼마 후 다른 연구원들이 이 연구 그룹에 합세했고 국립공원에 교육자문위원회를 설치했으며, 더 많은 분야의 연구가 공원이나 기념관과유적지들에서 행해졌다. 최종 보고서에는 '책임감과 역사와 지구과학 그리고 생명과학 분야의 교육과 연구에 대한 기회를 지적했으면 그에 다른 프로그램을 만들었다.

1953년 미국은 국립공원 관리청의 재편성 계획안(案)으로써 해설의 활동을 강화할 목적으로 새로운 부서 즉, 역사 분야와 자연사 그리고 정보와 박물관의 일을 지시하며 협력하도록 하는 감독관을 갖춘 해설 부서를 워싱턴 사무소에 신설했으며, 또한 5개의 지방 사무소에는 자연주의자나 역사가와 생물학자 그리고 고고학자를 포함하는 해설 감독기관을 신설했다.

국립공원 체계의 해설 프로그램을 더 논리적으로 잘 이해할 수 있도록 지속적인 활동에 대한 간단한 배경을 토대로, 그 분야에서 일했던 초기 자연해설가들의 생각이나 감정들에 대해 잠시 되돌아보자.

자연적으로 이러한 교육자들은 경치 좋은 자연공원들과 과학기념관들에서 행해지는 교육적인 기회에 주로 관심을 가졌다. 몇 년 후 많은 특징을 가진 역사적이며 선사적인 기념관들이 해설 프로그램에 다양하게 첨가되어 증설되었다. 기념관들은 미국 역사의 일부분을 나타낸다.

만일 해설에도 철학이 있고 기본적 원칙의 바탕 위에서 적절한 해설을 세울 수 잇다는 가정이 옳다면 전시되어 있거나 설명되어진 예시의 차이가 없을 것이다. 해설은 언제 어디서나 해설이다. 해설 자체는 연구도 가르침도 아니다.

미국 국립공원청 행정부 책자에서 이 상황에 적합하고 간략하며 심오한 말을 찾았는데 "해설을 통해 이해하고, 이해를 통해 감상하고 감상을 통해 보호한다"고 말했던 것이다. 그 사람에게 감사를 드리고 싶다.

우리는 많은 해설가들에게 우리가 소유하고 있는 모든 것을 하나님에게 감사하여 부르는

찬송가처럼 아주 빈번하게 해설 내용을 암송하도록 하고 있다. 왜냐하면 가장 실제적인 의미에서 그것은 종교적인 영혼의 촉구와 자연적이거나 인공적인 보물을 우리가 보호해야만 하는 가장 훌륭한 목표의 산물임에 틀림없는 것이기 때문이다.

보물을 이해라는 사람이라면 의도적으로 훼손하지 않을 것이다. 방문객이 진심으로 이해한다면 그것은 어느 정도 자신의 일부임을 알기 때문이다.

에머슨은 "나는 나의 아름다운 어머니 즉, 자연에게 돌을 던지는 것과 나의 포근한 보금자리가 더렵혀지기를 원하지 않는다"라고 말했다. 위대한 철학자와 해설가의 생각을 감히 수정하려는 사람은 용감한 사람임에 틀림없다. 에머슨은 인간의 완벽함에 아주 만족했기에 인간과 자연은 즉 하나이다. 만일 여러분이 아름다운 어떤 것을 파괴하면 여러분 자신도 파괴된다. 진정한 해설은 인간의 양심 속까지 파고 들어갈 수 있는 것이다.

진실은 사실을 단순히 암기하거나 사물의 이름을 알려주거나 방문객에게 보여주는 것 이외에 사물의 영혼을 노출함으로써 가능하고 설교나 강의나 가르침을 통해서가 아니라 자극에 의해서만 가능하다.

Ⅳ. 미국의 자연환경해설 정책과 현실

첫째, 효과적인 보호구역이나 국립공원의 자원관리를 위해서는 가장 중요한 것이 바로 공원의 자원에 영향을 끼치는 이용자 관리라는 인식이 정립되어 있다. 예를 들어, 이용자 관리를 위해 미국 국립공원청은 전문화된 관리자들을 선발하고 그 전문화된 관리자들이 각자가 근무하고 있는 국립공원에서 그 공원의 특성에 맞는 이용자 활동프로그램 개발 등을 위해 노력한다.

미국 국립공원청이 세우는 목표는 대부분이 장기간을 목표로 국립공원의 관리를 위해 전문인력을 양성한다는 원대하고 장기적인 계획하에 전문 분야별로 직원을 채용한다.

직원 채용은 필요에 따라 각 공원별로 수시 모집하며 영구직(pemanent job)인 경우든 계절적(seasonal job)이든 한 가지 분야에만 몰두할 수 있도록 구체화 되어 있다. 예를 들면, 이용자 관리를 위해 각 공원마다 해설과가 있다. 해설과 직원들은 이용객을 상대로 공원의 "자연환경"에 대해 해설하고 공원에서 이용객들이 다양한 환경을 체험할 수 있도록 도와주는 역할을 수행한다. 이용객에게 단순한 정보만 제공하는 것이 아니라 국립공원의 역사와 자연, 지형 조건을 통해 살아있는 자연환경에 대해 깨우칠 수 있도록 도와준다는 개념이다. 이는 먼저, 국립공원의 자연환경해설을 통하여 방문객들에게 보다 풍요롭게 즐거운 경험을 할 수 있도록 도움을 주기 위함이다.

둘째, 환경해설을 통하여 국립공원의 유적, 유물, 자연 자원등 효율적인 자원관리의 목표를 성취할 수 있다. 해설가는 국립공원 내에서 이용객들에게 적절한 행동을 하도록 안내하고, 과다 이용으로 인하여 훼손된 지역 또는 이러한 위험이 잠재하고 있는 지역에서 무분별한 행동을 못하도록 안내하고 교육함으로써 국립공원자원에 대한 인간의 영향을 최소화할 수 있도록 유도할 수 있다.

셋째, 국립공원청의 홍보수단으로써, 공원측이 진행하고 있는 여러 가지 프로그램에 대한 국민의 이해를 촉진시켜 국립공원에 대한 긍정적인 이미지를 갖도록 할 수 있다. 이토록 자연환경 해설가는 이용객에게 공원의 가치를 스스로 느끼게 하고 자연환경과 유산을 보호하는 마음이 생기도록 돕는 것이다.

각 공원마다 해설과는 공원에 따라 보통 4~5명에서 10명으로 구성되어 있다. 해설과장을 포함한 전 해설과 직원들은 해설임무를 부여받고 있다. 해설과장은 보통 행정적인 일을 맡지만 1주일에 최소한 1~2회 직접 방문객을 상대로 자연해설을 해야 한다. 그 이외 직원들은 매일 성수기 때는 하루 종일 방문객을 상대로 해설을 한다. 여름 성수기 때는 거의 매일 "별자리 관찰, 야간 산행, 슬라이드 또는 비디오 상영 등 해설 프로그램이 야간에도 실시되고 있다. 물론 몇몇 공원을 제외하고는 겨울 프로그램도 활발하게 진행되고 있다. 또한 그 직원들은 국립공원의 해설기능을 더욱 광범위하게 연구하며 알기쉬운 시청각 도구나 책자, 표지판, 팜플렛 등을 개발하며, 자연학습이나 환경체험학습, 생태연구활동 등의 서비스를 통해 방문객들이 효과적으로 공원을 탐방할 수 있도록 지원하고 있다.

공원마다 매일 어떤 해설가가 인도하는 프로그램이 무엇이며 언제 어디에서를 정확하게 계획표를 만들어 항상 공원 탐방객 안내소 입구 또는 팜플렛에 표기하고, 시간에 따라 안내 방송을 통해 흥미있는 탐방객들을 모아서 인도하거나, 주변의 학교로부터 연락이 오면 전공 해설가가 맡아서 인도한다. 탐방객 안내소는 해설과 소관으로 최소한 1명의 해설가는 항상 탐방객 안내소를 지키며 탐방객들을 안내하고 있다.

물론 성수기 때는 인원의 부족으로 인해 계절직 직원들을 채용하는데, 보통 지역 주변에 생활 근거를 두고 있는 사람들로 초·중·고등학교에서 공원과 관련있는 과목을 전공한 교사들을 선호하고 비슷한 전공의 대학생 또는 대학원생들도 그 주요 대상이다. 대부분의 계절직 해설가들은 특별한 일이 없는 한, 그 다음해에 다시 채용되며 보통 5~10년간 근무하다가 정규직으로 확정 채용된다.

미국 국립공원의 직원채용은 우리처럼 입시보듯 시험을 치루어서 임용되는 게 아니고 대부분 이러한 식으로 시험 없이 실무경험 위주로 채용 임명된다. 또한 성수기 때는 많은 지역주민과 인근 학계, NGO, 일반 자원봉사자들을 이용하여 해설의 업무를 돕도록 하고 있다.

탐방프로그램 운영의 필수시설인 탐방안내소를 공원별로 최소 1개소씩 설치되어 있고 탐방안내소에는 오디오 또는 비디오실이 있으며, 자연학습원이 대부분 설치되어 있어서 학생들의 체험학습을 돕고 있다. 주니어 레인저 프로그램은 각 공원의 특색에 맞게 잘 운영되고 있다.

국립공원 이용객의 다양한 요구를 수용할 수 있는 다양한 자연탐방 프로그램이 마련되어 있기 때문에 공원과 공원의 자연환경을 잘 모르는 사람들에게 자연과 인간이 동화하고 공존하는 것이 어떠한 것인가를 공원을 찾은 후 느낄 수 있도록 도와주고 있다.

이처럼 국립공원에 대한 관리는 일반적인 공원이나 산림지역을 관리하는 것과는 전혀 다른 것으로 이러한 측면에서 직원들의 관리 노력은 특별하며, 그러한 업무를 무리없이 수행할 수 있도록 직원들에 대한 재교육 프로그램을 연중내내 실시하고 있다.

방문객센터가 국립공원의 임무를 수행하는데 기여하는 사항은 첫째, 국립공원 방문객에게 국립공원의 가치를 인식시키는 데 있으며, 이것이 곧 지구의 건강하고 건전한 생태계를 이루는데 도움을 준다는 사실을 인식시키는 데 있다.

둘째, 방문객들에게 다양한 수준의 교육적, 문화적 레크레이션 혜택을 제공함과 동시에 국립공원의 생태계를 보호하기 위한 방문객의 적극적인 활동을 유도시키는 역할을 한다.

셋째 국립공원 방문객애개 국립공원을 이용하는데 필요한 정보를 제공하는 Information center의 역할을 한다

국립공원 내 자연해설 프로그램의 특징

❶ 현재 미국의 국립공원청과 국립공원재단에서는 387개의 국립공원에 자연환경을 공부할 수 있는 현장교육 프로그램으로 'Parks as Classrooms'을 만들어서 학생들과 초·중·고교 교사들에게 이 프로그램을 제공하고 있다. 이 프로그램은 국립공원을 방문한 학생들이 교사나 국립공원 해설가(Parks Ranger)들로부터 스스로 흥미를 가지고 공원의 역사와 자연, 환경 그리고 생태계 들을 직접 이해하고 공부할 수 있도록 운영되고 있다.

❷ 주입식이나 강의식 교육의 형태보다는 참가자들의 활동이 자연해설 프로그램의 특성으로 강조되고 있다.

❸ 스스로 해설하면서 탐방할 수 있는 자기학습식 해설 프로그램과 자연환경해설가 안내식 해설 프로그램을 함께 운영하고 있다.

❹ 물론 장애인들을 위한 해설 프로그램도 운영하고 있다.

❺ 탐방객의 수중에 따라 산책 · 등산로의 코스가 다양하게 개발되어 있다.

❻ 각 공원의 생태적 · 문화적 · 사회적 특성에 맞는 프로그램이 개발되어 있다.

❼ 그 주변 지역의 NGO 또는 환경 관련 단체들과 유기적인 협조체제를 구축하고 있다.

 캐나다의 숲해설

해마다 관광객이 늘고 있는 캐나다의 국립공원이 지금까지 다른 나라에 비해 환경오염이 덜되고 원시적인 대자연의 모습을 거의 원형 그대로 지키고 있는 것은 관광객들의 캠핑 장소까지 일일이 지정 관리하고 있는 국립공원과 국립산림지역의 레인저들의 활약상 없이는 불가능했을지도 모른다. 이들의 활약상은 각종 자료 사진으로 만들어져 공원 내부의 비지터 센터에 전시되어 있다. 이렇듯 초창기부터 전통처럼 내려온 이 공원의 환경보호 정신은 지금도 레인저들에 의해 계승되고 있다.

사실 자연환경해설의 기능과 역할은 미국의 예에서 본 바와 같이 자연환경보존에 도움이 될 태도와 행동의 선택을 창출하는 수단이다. 따라서 분명히 태도 변화를 시킬 수 있는 해설의 능력은 근본적으로 환경과 그 보존에 대한 기본적인 생각을 변화시킬 경험을 요구하고 있다.

그렇다고 보호구역과 공원의 모든 자연환경보호 임무가 공원 관리사무소나 레인저들에게만 맡겨진 것도 아니다. 매년 캐나다의 국립공원을 포함한 보호구역에서는 수차례씩 과학자와

환경연구가 그리고 학자들이 함께 세미나를 여는 들 자연환경과 자연생태 변화에 대한 연구를 계속한다.

이 세미나에는 파충류, 조류 전문가 등 각 식물과 동물의 전문가들이 참여해 생태의 보존방안을 제시하고 있다. 보호구역의 소중한 자연을 그대로 보존하려고 노력하는 취지는 특히 각종 편의시설 등에서 엄격하게 지켜진다. 기존의 장소를 제외하고는 음식점과 숙박시설 등은 공원 관리사무소측이 직접 운영하거나 관리하는 곳 이외는 허가가 나지 않는다.

자연해설의 효과

캐나다에서의 자연해설은 해설가라는 매개체를 통해서 방문객들이 대자연의 탐험을 촉진하고 이를 통해서 방문객의 방문경험에 부가하는 것이라고 할 수 있으며, 그 효과는 다음과 같은 것들이 있다.

1. 자연해설을 통한'이미지'촉진 효과

자연해설은 일반적으로 방문객들과 해설가의 접촉을 요구하기 때문에 그것은 효과적 관리의 PR역할을 하는 경우가 많다.

자연해설은 관리주체의 대외 홍보와 관리의 수단으로 매우 유익하다. 대외 홍보를 통해 관리 주체가 국립공원이나 보호구역에 대한 가치를 방문객들이 인식할 수 있도록 하여 관리 당국에 긍정적인 '이미지'를 얻을 수 있다. 에를 들어, 캐나다 국립공원의 해설서비스는 선진화된 서비스라고 할 수 있는데, 이는 해설을 통해서 효율적으로 자연을 관리하고 국립공원이나 보호구역의 관리주체의 '이미지'를 촉진하는 데 효과가 있기 때문이다.

이처럼 자연해설의 기본 틀은 국립공원과 같은 보호지역과 보존지역의 좋은 이미지와 뛰어난 시각적인 자연경관을 다음 세대들을 위해서 보호하여야 한다는 관리주체의 목표를 전달하는데 노력을 기울임으로써 방문객들에게 좋은 인상을 심어주고 있다.

자연해설에 의한 또 다른 촉진효과는 정치적인 부분에 상당한 영향을 끼칠 수 있는데, 이는 자연해설을 통해 각 이익단체들 간의 갈등을 조정하기 위한 정치적인 목표를 달성하기 위한 정치적인 목표를 달성하기 위하여 사용되는 경우다. 좋은 예로, 캐나다의 한 자연공원 단체에서는 현지 자연사에 관한 해설세미나를 개최할 때 산림보호와 자연환경에 대한 이미지를 이용하기 위하여 자격 있는 해설가들에게 유니폼을 입고 세미나에 참석하게 함으로써 참석자들이 관리주체를 이해할 수 있도록 계기를 만들었던 것이다.

국립공원과 같은 보호지역과 보존지역의 보존 당국이 이처럼 시각매체를 이용하여 해설의 중요한 목적과 메시지를 전달할 때 방문객들과 현지 주민들은 흥미로워하고 그 해설의 내용이 쉽고 간결하게 디자인되었다면 사람들은 그 지역 또는 주변 장소를 보호하고 관리하는 관리주체에 대해 신속하게 평가할 수 있을 것이다.

이처럼 뛰어난 시각적인 이미지를 부각시키는 게 보호 또는 보조기관의 주요 목적이라고 할 수 없지만, 방문객들은 다시 한번 그 장소를 방문하고 싶은 생각이 들 것이고 친지나 동료들에게 홍보함으로써 사회적 마케팅이 자연스럽게 이루어져서 그 지역의 경제에까지도 영향을 미칠 수 있다.

2. 자연해설의 경제적 효과

자연해설을 사회적 마케팅(Social Marketing) 상품의 핵심으로 이용하는 생태관광은 경제적 효과를 가져올 수 있다.

캐나다를 포함한 북미와 남미대륙처럼 관광이 생태관광이든 문화관광이든 또는 다른 형태의 관광이든 자연해설을 한다는 것은 보다 많은 수요시장을 유치할 수 있는 부가가치를 얻을 수 있을 것이다.

효과적인 자연해설 프로그램은 국립공원을 포함한 보호지역을 찾는 방문객들에게 자연자원에 악영향을 끼치는 행동을 수정하고 보존의 중요성을 일깨워줌으로써 공원과 보호구역의 관리비용을 줄일 수 있다.

많은 학자들이 자연자원에 대한 돈의 가치를 계산하기 위해 많은 노력을 하고 있는데 쉽지만은 않다. 방문객들이 방문지에서 아름다운 리크리에이션 경험을 하고 인상적인 자연해설에 대한 경험을 얻기 위해 그러한 장소를 찾는 데 소요된 시간과 경비에 대한 지불의지를 확인하는데 발생한 실제비용을 계산하는 방법 등이 많이 시도되었지만 이런 방법들이 자연자원의 가치를 제대로 평가했는지 계산하기 어렵기 때문이다.

자연해설의 효과를 경제적인 관점에서 측정하는 것은 비용 편익분석이 요구될 때 중요하다. 해설가나 관리자는 제한된 예산 내에서 지속적인 사용을 합리화 하기 위해서 다양한 자연해설 방법들의 '비용과 효과'에 많은 관심을 쏟기 때문이다.

3. 자원보존 관리수단으로서의 자연해설

자연해설의 직접적 효과는 방문객을 관리하고 방문객에 의한 자원에 대한 영향을 최소화하기 위한 방문객 관리수단이다.

자연해설은 자연과 자연환경 의식에 대한 보존 윤리를 자극하여 깨뜨려지기 쉬운 자연자원에 대한 이용자의 책임감을 자극하여 그 자원을 후손들을 위해 보존할 수 있도록 장기적인 안목에서 필요로 한다. 자연해설은 방문객들이나 프로그램 참가자들에게 자원에 피해를 끼치지 않는 행동을 하도록 요구할 수 있는 관리의 주체적인 수단이다.

자연해설은 캐나다와 미국을 포함하여 수많은 나라에서 보호지역과 국립공원을 찾는 방문객들이 자연환경에 끼치는 영향을 감소시키기 위한 수많은 전략을 개발하여 시행하여 왔는데, 그 전략들 중 장기적인 효과가 있기 때문에 최근에는 가장 중요한 보호구역의 자원관리 수단이 되었다.

이를테면, 이미 캐나다와 미국을 포함한 많은 나라에서 자연해설은 방문객들로 하여금 허용된 행위, 관리법, 국립공원, 국유림 및 사유림의 차이를 이해할 수 있도록 장기적인 관점에서 깨우칠 수 있도록 해설하여 줌으로써 보호구역에 대한 관리계획의 전략적 핵심이 되었다.

최근 선진국에서는 자연해설이 보호구역에서 방문객 관리를 위한 가장 강력한 수단으로 정착되었지만 아직도 우리나라와 같은 해설 후진국에서는 자연해설이 보호구역의 주요 계획 메커니즘에서 제외되고 있다. 예를 들면, 자연해설은 지리산의 노고단 지역의 수용 능력에 중대한 영향을 끼친다. 노고단에서 예약에 의해 자연해설가가 인도하는 시간에 한정된 인원만이 노고단 정상을 경험할 수 있도록 하고 허용된 지역 이외에 방문객들의 무분별한 입장을 제한하는 등 이용자 간의 갈등을 감소시킴으로써 현재의 수용 가능한 수용력 제한을 증가시킬 수 있는 도구다. 그러나 현실적으로는 그에 대한 적절한 대책이 없어 성수기 때의 노고단은 방문객들과 관리요원들 간의 싸움으로 아수라장이 되고 있다.

국립공원 등 보호지역에서 바람직한 자연환경해설을 통해 보다 많은 방문객들이 자연과 그 보호지역에 대해 긍정적이고 적극적인 자연환경 보존 활동에 참여할 수 있으며, 지역주민들은 국립공원이나 보호지역이 자신들의 유산이라는 점에 자부심을 가질 수 있도록 하며 적극적인 보존 활동을 전개할 수 있도록 한다.

V. 자연해설의 현실

일반적으로 캐나다의 국립공원을 포함한 보호구역에서의 자연환경에 대한 해설은 다음과 같은 방법으로 행해지고 있다.

1. 방문객센터

일반적으로 방문객센터의 전시와 진열은 미국의 경우와 마찬가지로 그 공원이나 보호구역에 자생하는 동·식물과 또는 특징적인 현상에 대해 방문객들이 쉽게 이해할 수 있도록 간단한 해설과 함께 그 내용물들을 전시해 놓고 있다.

전시는 벽에 걸은 사진, 패널 전시, 지도 모형, 전시될 종자 혹은 표 등이 포함된다. 방문객센터는 대형 사진을 전시해 놓고 있어 아주 유용하다. 예를 들어 백인들이 들어오기 전에 인디언들이 살아 왔던 과정이나 역사 그리고 그들의 생활사에 대해 재현해 놓은 것 들이다.

이는 자연해설가가 해설 현장에서 참가자들에게 묘사할 수 없는 내용이나 특징 같은 것들이다. 또한 방문객센터에는 흔히 오디토리엄을 만들어서 슬라이드나 비디오테잎을 이용한 영원하고 지속적인 시청각 프리젠테이션을 실시하고 있다.

학생들이 단체로 찾았을 경우에는 필요에 따라서 방문센터는 자연환경 체험센터로 탄력 있게 변화되거나 확장되기도 한다.

2. 체험교육센터

공원이나 보호구역에서의 체험교육센터는 지정된 건물들이거나 방문객센터 내의 별도 공간인데 학생들의 체험활동을 돕기 위해서 설계되었고 필요한 시설과 다양한 체험에 필요한 도구들과 모형들을 보유하고 있다.

체험교육센터는 주로 체험프로그램 참가자들이 체험활동을 하거나 토론회를 할 수 있도록 설계된 건물로 참가자들의 교과과정에 비슷하게 자체 프로그램을 개발하고 있으며 최소한 한 명 이상의 정식 해설가가 있는 곳이다.

3. 해설도구의 진열과 전시

해설표시판 등 도구들을 진열 또는 전시할 때는 방문객/체험교육센터나 다른 박물관 내부와 비슷하게 영원한 특성으로 개발하거나, 아니면 이동 미니센트 즉, 이동 전시 해설판 같은 것들이 있다. 해설에 필요한 도구들로는 축소 모형, 척도 모델, 살아있는 동·식물 전시, 해설판, 도표, 사진들이 대표적인 해설 도구들이다.

진열과 전시는 비교적 비용 절감적이고 실내외에도 설치할 수 있도록 편리하게 제작된 것이 많다. 가장 효과적인 전시는 특수 관객을 대상으로 설계하는 것이며 가장 효과적인 진열은 해설을 좀더 활성화시키고 생명을 불어넣기 위해 자연해설가를 그 곳에 배치하여 해설할 수 있도록 하고 있다.

4. 프린트 유인물

프린트 유인물들은 많은 방문객들을 대할 수 있는 비용절감적 방법인데, 주로 소책자, 리프릿, 노트시트, 지도, 책, 포스터, 엽서, 달력, 스티커와 같은 형태로 제작되었다. 이러한 유인물은 해설가 없이 자기 스스로 해설하는 자기학습식 방법의 하나라고 볼 수 있다.

예를 들어, 어느 공원이나 보호구역을 방문한 방문객들이 해설가가 필요하지 않다고 느낄 때 그 장소에 대한 기본 정보라 할 수 있는 프린트 유인물을 가지고 그 장소를 자유스럽게 둘러 볼 수 있도록 고안된 것이다. 그 프린트 유인물은 방문객들이 그 내면에 숨겨져 있는 생각과 이미지를 스스로 그릴 수 있도록 다분히 함축적이고 정교하게 꾸며져 있는 게 특징이다. 각 각 다른 방문객들의 욕구에 대응하는 능력이 제한된다는 점, 배포하고 관리하기가 비싸다는 점, 빨리 낙후되어 업그레이드가 필요한 점 등이 프린트 유인물의 단점이라고 할 수 있지만 말이다.

5. 자기 스스로 해설하는 자기학습식 트레일

자기 스스로 해설하는 자기학습식 트레일은 방문객이 어떤 공원이나 보호구역에서 놓여진 일련의 코스를 따라 가면서 스스로 또는 동료나 가족 간에 해설하는 길이다. 그 길은 도로, 산책로, 강 혹은 철도일 수 있다. 각각의 스스로 해설하는 자기학습식 트레일 시작 지점에는 책자, 안내판, 숫자팻말, 라벨, 표지판 등이 준비되어 있으며 경우에 따라서는 라디오나 카세트와 같은 오디오 시설이 준비된 곳도 있다.

일반적으로 스스로 해설하는 자기학습식 트레일은 방문객들이 자기가 원하는 방법과 원하는 시간에 맞추어 그 장소를 답사할 수 있는 자유를 가질 수 있다.

스스로 해설하는 자기학습식 트레일을 따라 하는 답사는 프린트 유인물과 같은 문제점이 있지만 전체적인 비용 절약적인 면에서 상당히 효과적인 방법으로 많은 공원이나 보호구역에서 이 방법을 이용하고 있다.

6. 해설가가 유도하는 답사

해설가가 직접 해설 프로그램 참가자들을 대면하면서 해설하는 방법이 가장 효과적이고 값진 해설기법이다. 이는 해설 프로그램 참가자들의 유형에 탄력적으로 맞추어 그 장소에 대해 토의하고 해설할 수 있기 때문이다.

미국이나 캐나다 그리고 최근에는 많은 나라의 국립공원에서 주로 활용하고 있는 방법으로 해설 프로그램 참가자들에게 매우 유용하다. 특히 해설 프로그램 참가자들의 무분별한 행동을 통제하고 자연에 대한 소중함을 깨달을 수 있도록 하는데 가장 좋은 방법이라 할 수 있다.

자격을 갖춘 해설가는 미리 정해진 루트를 따라 그 장소의 특징을 해설하고 참가자들의 반응과 관심에 따라 세부사항이나 전망을 추가할 수 있다. 이 방법에서 중요한 점은 해설가 각 그룹의 특별한 관심에 대하여 해설할 수 있도록 스스로 노력해야 하며 참가자들을 설득할 수 있을 정도로 인간적인 매력을 끌어야 한다. 이 해설의 약점은 방문객당 부담 비용이 높고 방문객들의 방문 경험이 해설가에 의해 한정된다는 점이다.

끝으로 캐나다의 국립공원 내 자연해설 프로그램의 특징은 앞서 논의한 미국의 자연해설 프로그램의 특징과 유사하다.

 ## 코스타리카의 숲해설

코스타리카 국립공원 지역의 방문객 관리는 국립공원이나 보호구역의 자연자원과 관련시설물의 훼손을 방지하고 생태관광 등을 통한 지속 가능한 이용을 보장할 수 있도록 통제·관리하면서 방문객에게는 양질의 이용경험을 제공하기 위해 노력하고 있다.

국립공원의 이용은 적절한 이용과 자원의 지속 가능성이 함께 보장되어야 하므로 관리목표 수립에서부터 관리절차 결정에 이르기까지 고려해야 할 사항들이 많다. 공원자원, 특히 천연적인 열대우림 등 자연자원의 보전을 위해 공원 직원들이 많은 노력을 하고 있다.

▣ 구아야보(Guayabo) 국립공원 유적지의 예

코스타리카의 열대우림 지역에 있는 구아야보 고대 국립 유적지에서의 경험이다.

어떤 자연환경해설가의 해설프로그램에 참가했을 때 우리 그룹은 한참만에 가까운 곳에 전망이 좋은 장소가 있는 장소에 다다랐다. 그 곳으로 올라가는 길이 두 갈래였는데, 원래의 길은 구불구불 돌아가는 길이고 그 가파른 언덕길은 진입이 금지된 길로 현재도 많은 방문객들이 사람들의 이목을 피해 사용하고 있었던 길일듯 싶었다. 어쨌든 그 가파른 언덕길에 조금만 올라가면 금방 도달할 수 있을 듯 싶었고 많은 프로그램 참가자들이 그러길 원하고 있었지만 그 해설가는 가능하면 그 길을 피하자고 설득했다.

그는 프로그램 참가자들에게 그 공원의 자연과 자연환경에 대해 해설하면서 그 가파른 언덕길을 이용하면 그 전망대에는 빨리 다다를 수 있지만 수많은 사람들이 이용하다 보면 자연의 입장에서는 어떻게 되겠는가를 생각해 보도록 유도했다. 그 길을 가서는 안된다는 이유를 참가자들에게 차분하게, "만약 여러분이 그 가파른 길을 간다면 전망대에는 빠르게 도달할 수 있겠지만 그 길은 여러분들에 의해 쉽게 짓밟혀 식물의 뿌리가 드러나고 토사가 흘러내리고 길이 자꾸 넓어져서 주변의 식생에도 피해를 입힐 것이고 결국에는 그 부분이 넓게 황폐해 질 것입니다. 그러면 누가 그곳을 보수해야 하고 복원해야 할까요?" 이어서 그는 "여러분은 여러분의 고향에 있는 보호지역을 방문했을 때 그 곳에서는 어떻게 행동합니까?"라고 설명하면서 반문하자 아무도 의의를 다는 사람이 없었다. 그는 조용히 참가자들을 설득하면서 깨트려지기 쉬운 열대우림지의 자연환경에 대해 생각할 수 있도록 인지시켜 주고 있었던 것이다.

그 곳에서 만났던 해설관장은 새로이 고용된 해설가들에게 열대우림지의 기본적인 기술을 훈련시킨다고 했다. 예를 들면, 연 강우량이 3,500㎜나 되는 그 공원에서 해설 활동 시 그 자연의 현상에 대해 방문객들에게 어떻게 해설하고 어떤 방법으로 공원에 대한 경험을 시켜 줄 수 있을 것인가에 대해 해설해 보도록 훈련시킨다고 한다.

또한 그는 신임 해설가들에게 그 지역에 대한 전반적인 내용이나 역사적인 내용 또는 선임자로서 경험했던 그 자신의 경험에 대해서도 알려주지 않고 그들이 가지고 있는 그 공원에 대한 자연과 자연환경 그리고 생태적인 지식에 대해서 물을 뿐이라고 했다. 그들의 지식이 바닥날 때 과장은 그들에게 그 곳을 보호할 수 있는 가장 현명한 방법이 무엇인지 생각해 보라고 또다시 지시한다고 한다.

새로이 고용된 자연해설가들은 해설 프로그램 참가자들에게 특히 유용하고 혹은 해설 프로그램 참가자들의 무분별한 행동을 통제하고 그 공원이 지니고 있는 역사와 자연에 대한 소중함을 깨닫고 어떻게 하면 가장 잘 보호할 수 있는지에 대해 연구할 것을 주문 받는 것이다. 신임 해설가들은 1988년에 공원 내에 포함된 도로가 아닌 옛날부터 있었던 오솔길을 그들이 새롭게 정리한 트레일코스를 따라 그 장소의 역사와 자연환경에 대해 해설하면서 참가자들의 반응과 관심에 따라 세부 사항이나 전망을 추가하도록 요구받는다.

게다가 각각의 해설트레일 시작 지점에는 책자, 안내판, 숫자팻말, 라벨, 표지판 등을 준비하도록 하였으며 최근에는 외국인 관광객들이 증가하자 공원측에서는 외국인들을 위해 각 국의 언어로 책자와 안내판을 준비해서 외국인 관광객들이 편리하게 탐방할 수 있도록 돕고 있다. 앞서 언급한 것처럼, 자연해설은 방문객들에게 공원자원에 대해 피해를 끼치지 않도록 하는 관리수단이다.

이 공원의 경우, 자연해설을 통해 많은 방문객들이 그 공원자연에 대해 긍정적이고 적극적인 공원의 보호활동에 참여할 수 있도록 유도하고 있다. 아울러 지역주민들에게는 그 국립공원이 자신들의 지역 유산임을 인식시켜주고 그 유산에 대한 자부심을 느끼고 이에 대해 적극적인 보존활동을 할 수 있도록 상호 협조 노력하고 있다.

▣ 매뉴엘 안토니오 국립공원(Manuel Antonio National Park)의 예

매뉴엘 안토니오 국립공원에서는 자연환경 해설가들이 계속해서 몰려드는 방문객들이 해변에 버린 공원내 쓰레기 문제로 골치를 썩히고 있다고 한다. 그래서 그 공원에서는 해설가들의 노력과 역할이 무엇보다도 중요하다고 한다. 자연해설가들은 방문객들의 관심을 끌고 그 문제에 대해 커뮤니케이션을 하기 위해 노력하고 있다.

자연해설가들은 공원의 중요성과 공원자원에 대한 주제를 개발하기 위해 끊임없이 노력했다고 한다. 시간이 흐름에 따라 점차 많은 관광객들은 그들이 공원으로 가져오는 물건들이 버려져서 쓰레기가 되고 그 쓰레기가 원인이 되어 공원환경을 오염시키고 공원을 황폐화시킨다는 결과에 대해 이해하기 시작했다. 물론 공원해설가들은 방문객들에게 최대한 친절하게 성심껏 해설하였으므로 방문객들이 점차 해설가들의 노력을 이해하기 시작했고 공원의 규칙에 따르기 시작했으며 공원에 대해 긍정적인 태도를 갖게 되었다고 한다. 최근에는 모든 방문객들이 자신들이 가져온 쓰레기는 스스로 수거하며 예전처럼 쓰레기를 버리는 방문객이 없어졌다고 한다.

이 공원에서 공원을 보호하기 위한 방법으로 쓰레기 문제에 대해 접근했던 방법은 공원규칙을 지지하며 공원관리정책을 자연해설에 접목시켰기 때문이다. 가장 중요한 요점은 해설가들을 훈련시킬 때 스스로를 방문객들과 언쟁하고 방문객들을 감시하는 경찰과 같은 사람이 아니라, 방문객들에게 좋은 방문경험을 하고 갈 수 있도록 돕고 지지해주는 자연환경 해설가로서 접근하도록 했다는 것이다.

그 공식은 간단하다. 만약 방문객들이 딱딱한 공원규칙 뒤에 있는 이유를 이해한다면 그들은 더욱더 그 규칙을 잘 따르게 된다는 것이다.

공원 측은 국민에 대한 홍보작업을 통해 국립공원 안에 자생하는 공원자원을 엄격히 보존하기 위해 북미대륙에서 이용하고 있는 사회적 마케팅을 이용한다고 한다. 경제 분야의 마케팅에서 전용된 개념이 공원이나 보호구역에서 상품을 사는 고객 대신 국립공원 지역을 이용하는 이용객들을 대상으로 적용되면서 나타난 개념이 사회적 마케팅이다.

국립공원에서의 사회적 마케팅은 이용객들의 탐방욕구를 파악하고 이러한 이용객들의 욕구를 채워주기 위해 해설가나 관리자들이 노력할 것을 요구한다.

특히, 늘어만 가는 공원 이용자들을 위해서는 지속적으로 노력하여 이용객들이 원하고 필요로 하는 것들이 무엇인가를 빨리 파악하여 이용객들의 욕구를 충족시켜줄 수 있는 새로운 해설 프로그램을 개발하여 궁극적으로 여기에서 논의하고 있는 바와 같이 공원관리를 효율적으로 할 수 있도록 해야 한다.

또한, 장기적인 계획을 세워 계속적으로 방문객들을 상대로 모니터링과 그들이 원하고 필요한 내용들이 무엇인가를 파악할 수 있는 시스템을 정립해야 한다.

일반적으로 4P라고 불리우는 다음과 같은 사항이 있으며 최근에는 여기에 정치적인 영향과 여론 등 두 개가 플러스되어 6P's로 불린다.

1) 가격(Price)
이용자가 지불(탐방 또는 휴양활동에 필요한 시간, 노력, 계획 등) 해야 하는 요소이다.

2) 상품(Product)
상품(이용/탐방기회)은 소비자(이용객)의 욕구를 충족시킬 수 있는 직접적 산물로 해설 프로그램이 여기에 해당된다.

3) 분배(Place)

상품에 대해 누가, 언제, 어떻게 이용하느냐와 관련이 있다. 시간과 장소는 이용객 입장에서 편리하게 시스템화 되어야 한다.

4) 판매촉진(Promotion)

이용객과 교류하는 과정으로 기사화, 광고, 개인적인 접촉 등 특별 판매 촉진을 위해 필요한 사항들이다.

5) 정치적 영향(Political Power)

공원정책과 보호지역의 정책적인 방향은 이용자들에게 미치는 영향을 고려하지 않는 경향이 있기 때문에 이용자들에게 사전 또는 사후에 충분한 정보 제공이 필요하다.

6) 여론(Public Opinion)

사회적 마케팅의 모든 내용은 궁극적으로 국립공원 또는 보호지역을 관리하는 데 필요한 요소이므로 관리자들은 현명하게 판단하여 여론을 긍정적으로 이끌어 가야 한다. 또한 관리자들은 이용객들에게 정확한 정보를 제공하여 이용객들의 현명한 판단을 돕고, 이용객들의 새로운 욕구에 부응하는 새로운 프로그램을 개발하고, 지속적인 모니터링으로 경향을 주시하도록 해야 한다.

이처럼 코스타리카는 국립공원이 안고 있는 지역사회에 대한 여러 가지 부정적인 영향을 해결하기 위해 사회적 마케팅을 받아들이는 등 지속적으로 노력한 결과 지역주민의 자발적 참여가 이루어졌고 공원의 보전관리 전략이 성공하게 되었다고 한다.

인근 지역주민들은 국립공원의 존재가 자기 지역사회에 사회, 경제, 문화적으로 가치가 있으며, 최소한 심리적인 보상이 주어졌다는 것을 인정하게 되었고 이것이 궁극적으로는 지역주민들의 자긍심으로 연결되었으며, 방문객 공원 관리자와 해설가 그리고 지역주민이 협력하고 있다.

이러한 노력으로 코스타리카는 많은 나라로부터 생태관광객을 받아들이면서 원시 열대다우림 지역을 해설을 통해 보호하고 관리하고 있으며 생태관광객으로부터 얻는 수입이 그 나라의 GNP에 없어서는 안 될 수익이 되었다고 한다.

필자소개 : 조계중

미국 미시간 주립대 석사(공원휴양 전공), 오하이오 주립대 박사(공원휴양 전공). 3년간 미국 하와이 화산 국립공원, 미시간주 잠자는 곰 국립공원, 오하이오주 주립공원 본부에서 레인저 활동. 미국 370여 개 공원답사 및 북미 캐나다, 중남미 국립공원, 동남아시아, 일본 국립공원의 대부분을 답사. 현재 순천대학교 산림자원학과 강사, 순천대학교 평생교육원 자연해설가 과정 교육담당, 국립공원관리공단 직원 자연해설 교육 담당. 저서로는 「자연환경해설 지침서」가 있음.

2003. (가을. 통권) 17호.

3.「산림문화 · 휴양에 관한 법률」 시행에 따른 숲해설 활성화 방안

이규태 팀장 | 산림청 산림휴양정책팀

숲해설가 관련 인증제도의 도입에 따라 예상되는 문제를 최소화하고
숲해설가 관련 인증제도의 올바른 정착과 운영을 위한 기본 계획임

Ⅰ. 숲해설 관련 제도의 개요

▣ 개 념
- 숲해설가 : 숲과 관련된 환경생태적 · 문화적인 지식을 갖춘 자로서 해설 대상자에게 다양한 방법으로 숲해설을 계획, 수행 및 평가할 수 있는 전문가를 말함.

- 숲해설가 교육과정의 인증 : 「산림문화 · 휴양에 관한 법률」에 따라 숲해설가 양성에 적합한 교육과정으로 인증 받는 것을 의미

▣ 숲해설가 현황
- 1988년 자연휴양림이 조성된 이후 숲 해설의 필요성이 대두되어 민간단체 주도로 양성해 오고 있는 상황
  - 산림청에서는 '99년이후 자연휴양림, 국립수목원 등에 숲해설가를 운영중

< 산림청의 숲해설가 운영 현황 >

구분	'99	'00	'01	'02	'03	'04	'05
활동 인원(명)	119	88	112	120	122	117	125
참여 인원(명)	7,305	29,405	47,756	41,868	51,787	63,338	92,240

- 전국적으로 숲해설가 수와 숲해설가 양성을 위하여 개설된 교육과정의 정확한 수는 파악하는 데 애로
  - 전국 100여개 민간단체 등에서 숲해설가를 양성중으로 총 교육이수자 6,947명중

2,419명이 현재 숲해설가로 활동중인 것으로 추정

■ 「산림문화·휴양에 관한 법률」에 따른 숲해설가 교육과정 인증제도

⑴ 법적 근거 : 「산림문화·휴양에 관한 법률」 제7조 내지 제10조

⑵ 숲해설가 교육과정 인증제도

• 인증의 대상 : 숲해설가를 양성하는 숲해설가 교육과정
  - 숲해설가에 대한 인증이 아니라 '교육과정'에 대한 인증임

• 인증권자 및 절차

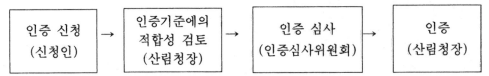

인증 신청 (신청인) → 인증기준에의 적합성 검토 (산림청장) → 인증 심사 (인증심사위원회) → 인증 (산림청장)

  ※ 인증시 그 사실을 고시하고 신청한 자에게 인증서 교부

• 인증표시 및 유효기간
  - 인증을 받은 자는 숲해설가 교육과정에 인증을 받았음을 표시
  - 인증은 인증을 받은 날로부터 3년간 유효

⑶ 숲해설가 교육과정 인증기준

• 과정별 교육내용
  - 초급(140시간 이상) : 산림환경교육론, 산림과 생태계, 산림과 인간·환경 윤리,
                        학습 방법 및 숲해설 기법 등
  - 중급(160시간 이상) : 주제해설 프로그램 개발, 산림환경교육 교재 개발,
                        산림환경교육 평가 등
  - 고급(30시간 이상) : 숲해설 프로그램의 기획·운영 등
• 교육 시설 : 강의실, 실습장 등 교육에 필요한 시설 및 설비
• 기타 사항
  - 초급과정에는 산림청장이 개발·보급하였거나 인증을 받은 산림문화·휴양교육프
    로그램(최소 3개이상)에 대한 운영방법 실습
  - 각 과정에는 반드시 평가수단이 포함되어야 하며 해당 교육내용은 전문 강사가
    교육 실시

| 숲해설 및 인증 관련 외국의 사례 |

◉ **미국**

. 국가해설가협회(NAI) 주관으로 자격제도 운영
  - 트레이닝 과정(해설지원자, 해설안내자) 및 전문가 과정(역사해설가, 해설
    양성가, 해설계획가, 해설관리자)으로 구분하여 운영

. 환경청에서 숲해설을 포함한 환경교육프로그램을 지속적으로 개발중이며, 20
  여개의 주가 관련 프로그램을 운영중
  - 지도자 양성 및 연수는 대학과 민간 단체가 협력 체제를 구성하거나 별도
    재단을 설립하여 운영

◉ **일본**

. 숲교육과 관련하여 다음과 같은 민간자격증제도를 운영중
  - 그린 세이버(Green Saver) : 객관식, 주관식 시험으로 구성되며 3단계(초
    급, 중급, 고급)로 구분
  - 산림인스트럭트 : 필기, 실기시험으로 구성되며 민간단체에서 인정

. 자연체험활동추진협의회(CONE) 구성 (2000년)
  - 249개('03) 단체가 협력하여 공통교육과정으로 수준별 지도자 양성
  - 공동커리큘럼이 정한 기준을 만족시키는 단체가 자체적으로 연수 실시
    ※ 각 단체의 자격을 취득한 후 등록할 경우 CONE에서 가입자를 종합
      관리

◉ **기타**

. 스위스, 독일의 경우 숲의 중요성을 알리기 위한 '숲체험 교육' 활성화

. 산림공무원, 교사, 관계 전문가 등이 참여하는 '산림학교'가 운영중 숲해설
  및 인증 관련 외국의 사례

Ⅱ. 세부 운영 방안

1. 숲해설가 운영 및 육성 방안

기 본 방 향

. 산림문화·휴양 및 교육활동을 확대하여 숲해설가 활동 기회 제고
. 국가에서 활용시 인증받은 교육과정 이수자를 우선 활용
. 숲해설가와 수요자간 네트워크를 구축하여 숲해설가 활성화

▣ 산림 문화·휴양 및 교육활동 확대로 숲해설가 활동 기회 제고

● 자연휴양림 등에 숲해설가 관련 프로그램 확대
  - 학교 및 시민단체 등과 연계하여 청소년 숲체험 프로그램 등 운영
  - 푸른숲 선도원 지정 학교(2,330개)를 대상으로 우선 적용 후 확대

● '사회적 일자리 창출 사업'을 통한 숲해설가 운영기관을 지방산림청, 국유림관리소 등으로 확대

▣ 인증받은 교육과정 이수자의 우선 활용

● 국가에서 숲해설가를 활용하는 경우 「산림문화·휴양에 관한 법률」에 따라 인증 받은 교육 과정을 이수한 자를 우선 고용
  - 인증제도 시행전이라도 초급과정에 준한 교육과정을 이수한 경우에는 인증심사위원회의 심사를 거쳐 초급과정을 이수한 것으로 인정 추진
  - 숲해설가의 전문성 등을 고려하여 적정한 인건비 등이 지급되도록 추진

● 인증제도 시행 전 숲해설 관련 교육과정을 이수하였거나 숲해설가로 활동하고 있는 자도 우선 활용하되 활용비율은 점차 축소
  - '10년까지 전체 소요인원의 100%를 인증 받은 교육과정 이수자로 활용

▣ 숲해설가·수요자간 네트워크 구축

● 숲해설가 DB를 구축하고 인터넷을 통한 네트워킹 지원
  - 「산림휴양·문화 포탈사이트」에 콘텐츠를 개발하여 운영

● 숲해설가·수요자가 만나는 토론회 등을 정기적으로 개최

2. 산림문화·휴양 교육프로그램 확충

기 본 방 향

. 다양한 산림문화·휴양 교육프로그램의 개발 및 보급
. 민간부문의 산림문화·휴양 교육프로그램 개발 지원
. 산림문화·휴양 교육프로그램 개발·운영체계 구축

◉ 다양한 산림문화·휴양교육프로그램의 개발 및 보급

● '60년 국가에서 개발한 산림문화·휴양 교육프로그램 소속기관 및 단체에 보급
  - 국립산림과학원 : 도시숲(숲생태) 관련 교육프로그램
  - 국립수목원 : 동물·식물·곤충 관련 교육프로그램

● '10년까지 매년 2~3개의 교육프로그램 개발 추진
  - 숲해설가, 산림·환경 및 교육 전문가 등과 협조하여 추진
  - 교육프로그램 개발 : ('06) 4개 → ('10까지 계획) 12개

◉ 민간부문의 산림문화·휴양교육프로그램의 개발 지원

● 기존 산림문화·휴양 교육프로그램의 인증 추진

● 민간 기관·단체의 산림문화·휴양 교육프로그램 개발 지원
  - 산림문화·휴양 교육프로그램 개발을 위한 산림내 출입, 자연휴양림 등 산림휴양시설 이용 등에 적극 협조
  - 도시·농촌 교류 등 교육프로그램 개발 관련 정보 제공

◉ 산림문화·휴양 교육프로그램 개발·운영체계 구축

● 숲해설 관련 전문가 등으로 '숲해설 운영 자문위원회'를 구성·운영
  - 자문위원회에 산림문화·휴양 교육프로그램 개발·운영을 위한 분과를 구성
  - 인증 받은 교육프로그램 평가 등의 기능을 병행 수행

- 숲해설가 및 수요자 등이 참여하는 교육프로그램 시연회 등을 주기적으로 개최

3. 숲해설 관련 인증제도 운영

기 본 방 향

. 공정하고 신속하며 투명한 인증 제도의 조기 정착에 노력
. 인증제도의 민간 위탁 등 중장기 발전방안 지속 검토

◙ 인증제도의 조기 정착에 노력

- 인증심사위원회 구성 및 운영규정 마련
  - 공정하고 투명한 인증 심사를 위하여 인증심사위원회 위원 과반수를 공무원이 아닌 관계 전문가로 구성
  - 선정기준 및 기능, 심사 내용 등에 대한 세부사항을 규정할 예정

- 산림문화·휴양 교육프로그램 및 교육과정 운영에 대한 세부 지침 마련
  - 인증심사를 위한 구체적인 기준 및 체크리스트 등 규정

- 인증업무를 실무적으로 추진하는 인증심사원을 활용하여 신속한 인증처리 도모

◙ 인증제도의 중장기 발전방안 지속 검토

- 숲해설 관련 제도의 자율성 및 다양성을 보장하기 위하여 중장기적으로 인증제도를 민간으로 위탁하는 방안 검토

- 우선 인증제도의 조기정착에 노력한 이후 관련 단체 전문가 등의 의견을 수렴하여 추진
  - 외국의 경우 민간단체에서 숲해설 인증업무를 담당하는 것을 참고
    ※ 일본의 경우(산림인스트럭터)에도 우선 농림수산장관이 인증을 실시하여 제도가 정착된 10년 이후 민간으로 위탁

- '숲해설 운영 자문위원회'를 통하여 중장기 발전 방안을 지속적으로 발굴하여 개선방안 강구

4. 사후 관리

```
┌─────────────────────────────────────────────────────────────┐
│                      기 본 방 향                              │
│                                                               │
│   . 인증 받은 교육기관에 대한 사후 지도·감독 강화             │
│   . 숲해설가 및 관련 교육기관에 대한 종합 관리체계 구축        │
│                                                               │
└─────────────────────────────────────────────────────────────┘
```

▣ 「산림 문화·휴양에 관한 법률」에 따른 지도·감독 강화

- 인증 받은 교육기관이 인증이후 인증기준에 적합하지 않게 된 경우 인증 취소
- 인증 받지 않은 교육프로그램 또는 교육과정에 허위로 인증표시를 하거나 유사한 표시를 하는 경우에는 과태료(20만원 이하) 부과
- 인증제도의 조기 정착을 위하여 분기별로 인증기관의 인증기준에의 적합여부에 대한 점검 실시
  - 숲해설가 활용 기관의 장이 점검계획을 수립하여 추진

▣ 숲해설가 및 관련 교육기관에 대한 종합관리체계 구축

- 전국의 숲해설가 및 교육과정 인증을 받은 기관에 대한 실태조사를 실시하여 DB 구축
- 인증을 받은 각 기관별로 숲해설가 관련 사이트를 마련한 후 인터넷에 포탈사이트를 구축
  - 「산림휴양 포탈 사이트(숲에 On)」를 통하여 종합 관리

III. 세부 운영 방안

- 숲해설가 교육프로그램 개발 : '06. 8월말
- 인증심사위원회 구성 및 인증심사원 채용 : '06. 9월초
- 인증심사위원회 운영지침 및 심사용 체크리스트 마련 : '06. 9월초
- 숲해설 운영 자문위원회 구성·운영 : '06. 9월말
- 숲해설가와 수요자가 만나는 시연회 등 개최 : '06년 10월
  ※ '산의날' 행사와 연계하여 추진
- 숲해설가 활용기관 확대 : '07년부터
- 숲해설가 DB구축 및 인터넷을 통한 네트워킹 지원 : '07년부터

2006.(가을,겨울). 24호.

4. 숲해설과 절기의 활용

| 박병권/ 숲해설가협회 전문위원, 생태학박사 |

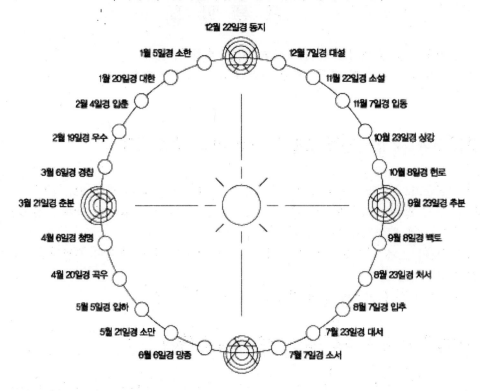

우리 선조들은 여러 가지 생활의 리듬에서 참으로 놀라운 지혜와 경험의 소산들을 만들었고 그 절묘함과 아름다움을 다양한 문화적 흔적 속에 고스란히 남겨두었다. 수천 년이 흐른 지금, 거대한 시간의 흐름을 되짚어 올라가 보면 경탄을 빼고는 아무것도 이야기 할 수 없는, 촘촘함에다 여유와 멋드러짐까지 갖추어 둔 역사 속에는 모든 것이 급변하고 있는 우리들에게 조금의 느림을 강요하는 힘을 느낄 수 있게 된다.

그 중의 하나가 불규칙하나마 일 년을 24개의 주기적 틀로 나누고 그에 따라 희노애락을 풀어냈던, 삶의 응어리이자, 출발점이었던 절기 문화다. 지나치다 할 만큼 생물학적 현상만을 쫓기보다 자연과 숲으로부터 한 발짝쯤 물러설 수 있다면 전혀 새로운 세상이 보이는 것, 이 것은 숲 해설가가 지녀야 할, 해설가로서의 개성과 가치를 높이는 중요한 접근 자세가 아닐까 하여, 문화적 요소와 생물환경적 요소가 적절하게 녹아있는 24절기를 짚어보고자 하였다. 여기 적은 내용은 얼마 전 숲해설가협회 송년 특강으로 활용되었던 내용을 편집하고 있음을 밝힌다.

Ⅰ. 절기의 이해와 기치 발굴

이해의 방향 설정 :

- 자연과 인간의 만남은 상호 배려가 깃든 고유한 정신문화의 생산을 특징으로 한다.
- 문화는 파괴가 아닌 공존과 생명존중을 뿌리로 생겨난 지속가능한 창작물의 하나이다.
- 대부분의 지역정서와 풍습들은 대부분 협동정신이 중심인 농경 문화에서 태동하였다.
- 온고이지신, 숨어있는 옛 것으로부터 오늘과 미래, 인간과 자연 및 환경에 대한 다양한 이해의 폭을 높여 숲해설가의 자질과 가치를 높이는데 활용할 수 있다.

Ⅱ. 절기문화의 태동과 의미

우리는 독자적 역법의 개발에 앞서 중국역(력) 법을 활용하기 시작하였다. 흔히 알고 있는 음력은 한달을 주기로 발생하는 달의 위상변화를 기준으로 역일(曆日)을 정한 것이다. 이와 관련하여 발생하는 태양과 달 지구의 움직임의 차이, 음력일에 태양의 위치에 따른 계절 변화의 시간적 틈새를 참작, 윤달을 두기 시작하였다. 그럼에도 불구하고 이 같은 역법으로는 계절의 구분이 뚜렷하지 않아 특별한 약속하에 입춘·우수·경칩·춘분 등 24기의 입기일(入氣日)을 정하여 절기로 활용하기 시작한 것으로 알려져 있다. 이로써 자연환경속에서 가장 크고 확실한 존재로 인정되는 태양과 지구 그리고 달이 만들어 내는 움직임에 몸을 맡긴 채, 부드럽고 자연스런 적용 및 활용의 틀을 만들어 가게 된다.

명확하게 정해지지 않았으나 절기 단위는 5일을 한 단위로 하여 이를 1후, 3후를 1기, 1년을 24기로 나누게 된다. 통상 이를 절월력이라 부르기도 하지만 지금은 그런 호칭 자체를 듣는 경우가 거의 없다. 특정한 절기가 월초에 있는 것은 절기(節氣)라 하였고, 월중에 있는 것을 중기(中氣)라 하였으며, 각 기를 대략 5일 간격으로 세분하여 초후, 중후, 말후로 불렀다.

절월력에서는 1년은 반드시 12절월로 이루어지며, 어떤 경우에도 윤달을 두는 일은 없었다. 이것이 절기가 태음력도 태양력도 아닌 중간적 태생임을 알 수 있는 부분이다. 그리고 절기는 일정한 달의 절일에 들어 있는 것이라 하여 변화를 주지 않고 고정하기에 이른다.

▣ 24절기(節氣)의 내용

예로부터 농업, 어업, 관혼상제에도 24절기 도입, 이를 적절하게 활용해 왔다. 우리가 알고 있는 계절별 등장하는 절기 주기와 이름들은 잘만 활용하면 갖가지 놀이와 즐거움으로 변화될 수 있는 숨은 단어들이 많다. 눈여겨 보시길 바란다. 절기의 이름은 다음과 같다.

---

1. 입춘(立春) 2. 우수(雨水) 3. 경칩(驚蟄) 4. 춘분(春分) 5. 청명(淸明) 6. 곡우(穀雨)

7. 입하(立夏) 8. 소만(小滿) 9. 망종(亡種) 10.하지(夏至) 11.소서(小暑) 12.대서(大暑)

13.입추(立秋) 14.처서(處暑) 15.백로(白露) 16.추분(秋分) 17.한로(寒露) 18.상강(霜降)

19.입동(立冬) 20.소설(小雪) 21.대설(大雪) 22.동지(冬至) 23.소한(小寒) 24.대한(大寒)

〈 봄의 절기 〉

1. 입춘(立春) : 봄으로 들어서다
2. 우수(雨水) : (눈이 아닌) 비가 내리기 시작하다. "대동강물도…"라는 말이 왜 생겼을까?
3. 경칩(驚蟄) : 벌레들이 놀라 깨어나다. 겨울 잠을 자던 개구리가 나오는 계절이다.
4. 춘분(春分) : 봄을 둘로 나누다. 밤낮 길이가 같음을 의미한다.
5. 청명(淸明) : 날씨가 맑은 절기. 심한 일교차로 인해 대기중의 먼지가 제거된다는 뜻
6. 곡우(穀雨) : 곡식을 심을 만큼 촉촉한 비가 내려준다.

〈 여름의 절기 〉

7. 입하(立夏) : 여름으로 들어서다.
8. 소만(小滿) : 조금씩 찬다. 대지와 식물 세상의 푸르름이 시작됨
9. 망종(亡種) : 씨(종자)를 뿌리는 시기
10. 하지(夏至) : 여름의 절정. 낮의 길이가 가장 긴 날
11. 소서(小暑) : 작은 더위, 대부분 일에 지쳐 더위를 더 많이 느끼게 되는 시기이다.
12. 대서(大暑) : 큰 더위, 건조한 시기가 지속되며 느끼는 높은 체감온도가 절정인 시기

〈 가을의 절기 〉

13. 입추(立秋) : 가을로 들어서다
14. 처서(處暑) : 더위가 안정되다. 낮이 점차 짧아짐에 따라 열 축적이 감소한다는 의미
15. 백로(白露) : 흰 이슬이 맺히다. 일교차가 커짐에 따라 수증기가 응결되는 시기이다.
16. 추분(秋分) : 가을을 나누다. 밤낮길이가 같음
17. 한로(寒露) : 찬 이슬이 맺히는 시기, 태양의 고도가 봄처럼 기울어져 생겨난다.
18. 상강(霜降) : 서리가 내리는 시기, 식물로서는 더 이상 돌아올 수 없는 종무식 같다.

〈 겨울의 절기 〉

19. 입동(立冬) : 겨울로 들어서다.
20. 소설(小雪) : 작은 눈이 내리다.
21. 대설(大雪) : 큰 눈이 내리다.
22. 동지(冬至) : 겨울의 절정. 밤이 가장 길다. 부엉이와 마주하는 일이 잦다는 때
23. 소한(小寒) : 작은 추위
24. 대한(大寒) : 큰 추위가 든다

절기로 나누는 계절 감각 : 청소년들에게 산술적 계산법보다 운율적 계산법을 배우게 하는 좋은 장치가 된다.

입춘에서 곡우까지 / 봄

입하에서 대서까지 / 여름

입추에서 상강까지 / 가을

입동에서 대한까지 / 겨울

재미있게도 각 절기에는 그에 어울리는 절제(節祭), 절식(節食), 절음(節飮) 문화가 있었다. 이를 통해 가족과 이웃간의 동질성을 고취하고 지역의 문화를 만들어가는 원동력을 얻었다.

1. 봄

1) 입춘

중국 역법에서부터 비롯된 것으로 알려져 있으며, 문화권이 같은 한국, 중국, 일본, 베트남에서도 비슷한 풍습을 공유한다.

- 입춘 기상 : 봄이 시작되는 날
- 입춘 생태 : (15일간의 삼후(三侯)로 세분, 그 특징을 표현)

처음 5일간은 동풍이 불어 언 땅을 녹이고 다음 5일간은 동면하던 벌레가 움직이기 시작하며 마지막 5일간은 물고기가 얼음 밑을 돌아다닌다.

〈 입춘 풍습 〉

■ 입춘 절식
- 오신채 나물을 눈 밑에서 캐내 겨자 등 양념에 무쳐 먹음 : 지방색
  : 파, 마늘, 달래, 평지, 부추, 무릇, 미나리 새순의 조합.
- 노란색 싹 : 중앙 동서남북
  : 청, 적, 흑, 백의 사방색 나는 나물을 배치 왕을 중심, 사색당쟁을 초월하라는 정치 화합의 의미를 부여한 것으로 전해짐.
- 일반 백성들은 가족의 화목과 인, 예, 신, 의, 지를 배웠음.

■ 입춘점(立春點)
- 신년에 좋은 글귀를 대문, 기둥, 대들보, 천장에 써 붙이는 일 입춘축(立春祝) 또는 춘축(春祝)이라 함.
- 손수 작성하거나 남에게 부탁 : 서로에 대한 관심과 애정
- 상가(喪家)에서는 행하지 않음
- 입춘축문 : 立春大吉, 國泰民安, 開門萬福來, 子孫萬世榮
- 철의 마지막이라는 의미로 '해넘이' : 이날 밤 콩을 방이나 문에 뿌려 마귀를 쫓고 새해를 맞음

2) 우수

• 우수 기상 : 눈이 비로, 얼었던 땅이 녹고 따뜻한 기온 시작
• 우수 생태 : 처음 5일간 - 수달이 물고기를 잡아다 늘어놓고 다음 5일간은 기러기가 북쪽으로 날아가며 마지막 5일간은 초목에 싹이 튼다.
• 우수 풍습과 농사 : 병충해 예방을 위해 논밭 두렁 태우기 : 영농 준비 첫 번째 천둥이 치고, 그 소리에 벌레들이 나온다 생각 우수에 대동강 물도 녹는다.

3) 경칩

• 경칩 기상 : 겨울잠을 자던 동물들이 꿈틀거리기 시작
• 경칩 생태 : 양서류(개구리)들의 번식기

- 경칩 풍습과 농사
  - 고인 물에 놓인 개구리 알 : 허리에 좋다는 속설, 근거는 없다고 알려짐
  - 경칩일에 개구리 알을 먹는 풍속이 전해오고 있음 : 현재는 범법행위이다.
  - 경칩에 흙일을 하면 탈이 없다 : 벽에 흙 바르기 담쌓기
  - 벽을 바르면 빈대가 없어진다, 이유가 무엇일까? 빈대 세대만 이해한다.
  - 수액 즐기기 : 단풍나무, 고로쇠나무 수액 : 위장병 성병에 효과
  - 현재 : 전북 남원, 경칩을 전후해 고로쇠 약수제 개최
  - 경칩 무렵의 고로쇠물 : 여자물이라 하여 남자에게 더 좋고, 거제수물 : 남자물이이 라 하여 여자들에게 더 애용 생화학적으로 그 특별한 근거는 희박함.

◉ 미풍양속

  남녀가 사랑의 징표로 은행을 선물로 주고받고 은밀히 나누어 먹음. 이는 은행나무는 암나무와 수나무가 따로 있는데 서로 바라보고만 있어도 사랑이 오고가서 열매를 맺기에 순결한 사랑을 유감한 것. 아울러 비록 맛이 쓰고 껍질이 단단하여도 심어 그 싹을 틔우면 천년을 살아가는 것처럼 영원한 사랑을 꿈꾸었음을 담은 것.

4) 춘분
- 춘분 기상 : 바람이 많이 분다고 하여 "2월 바람에 김칫독 깨진다", "꽃샘 추위에 설 늙은이 얼어죽는다" 이는 풍신(風神)이 샘이 나서 하는 일, 고기잡이도 금지
- 춘분 생태 : 2월 바람은 동짓달 바람처럼 매섭고 차다
- 춘분 풍습과 농사 : 흙을 일구어 씨를 뿌릴 준비, 첫 논밭갈이를 엄숙하게 진행

5) 청명
- 한식 하루 전날이거나 때로는 한식과 같은 날
- 청명 기상 : 글자 그대로 날씨가 맑고 밝은 날
- 청명 생태 : 청명 15일 동안을 5일씩 3분하여 처음 5일간은 오동나무가 꽃피기 시작 하고 다음 5일간은 들쥐 대신 종달새가 나타나며 마지막 5일간은 무지개가 처음으로 보 인다고 함.
- 청명 풍습과 농사 : 청명일을 기해 봄일을 시작 씨앗 뿌리기, 나무심기와 논밭 갈아붙이 기 및 농기구 손질을 시작. 농가에서는 논농사의 준비작업인 논둑의 가래질을 시작

◉ 미풍양속 : (절기가 아닌) 한식

  궁중(내병조)에서 한식 입절이 되는 시각에 느릅나무나 버드나무에 구멍을 뚫고 삼으로 꼰 밧줄을 톱질하듯이 서로 당겼다 늦추었다 하여 그 마찰력으로 불을 일으킨다. 이 불을 왕에게 바치면 왕은 이 불을 정승-판사-문무백관-고을 수령에게 하사하는데, 를 시화(始火) 도는 사화(賜火)라 한다. 이 과정에서 전날 묵은 불은 끄고 새 불을 기다리는 동안 밥을 지을 수 없어 찬밥을 먹는다고 하였으며 이로부터 한식이 탄생하게 된다. 실제는 커다란 솥에 미리 물을 부어 데운다음 밥을 넣어두기에 실제 찬밥을 먹지는 않았던 것으로 알려짐. 이러한 과

정과 의식을 통해 온 국민이 한불을 다는 것을 인식함으로써 동심일체, 공동운명체의 국가의식을 고취하게 된다.

6) 곡우

- 곡우 기상 : 봄비가 많이 내림
- 곡우 생태 : 곡우때, 흑산도(黑山島) 근처에서 겨울을 보낸 조기가 북상하여 충청남도의 격열비열도(格列飛列島) 부근으로 이동. 이때 잡은 것을 〈곡우살이〉라 함. 살은 적지만 아주 맛있다.
- 곡우 풍습과 농사 : 못자리를 위해 볍씨를 담갔다 곡우에 가물면 땅이 석자가 마른다는 말이 생겨난다.

▣ 절식 : 곡우 전후에 따는 입으로 만든 우전차 또는 세작. 이때 잡은 조기를 말린 것이 영광 굴비

▣ 절음 : 곡우물 먹기
이 무렵 나무에 물이 가장 많이 오르는 시기. 깊은 산이나 명산으로 곡우 물을 먹으로감. 주로 산다래, 자작나무, 거제수나무, 박달나무 등에서 나오는 약수를 마심.

2. 여름

7) 입하

- 입하 기상 : 날이 더워지고 농작물도 자람
- 입하 생태 : 처음 5일간은 청개구리가 울고 다음 5일간은 지렁이가 땅에서 나오며 마지막 5일간은 왕과(王瓜: 쥐참외)가 나온다.
- 입하 풍습과 농사 : 해충도 많아지고 잡초까지 자라 제거작업도 많음. 여름으로 접어든다는 뜻. 입하이후 입추전까지 여름
  - ▣ 절식 : 지금 서울 송파 지역에서는 쑥버무리를 즐겼다 함

8) 소만

- 소만 기상 : 여름 기분이 나기 시작 - 식물이 급성장
- 소만 생태 : 처음 5일간은 씀바귀 뻗어 오르고 다음 5일간은 냉이가 누렇게 죽어가며 마지막 5일간은 보리가 익는다. 대나무 잎이 누렇게 변하는데 죽순에 영양 공급 때문. 색변한 대나무 죽추(가을 대나무)
- 소만 풍습과 농사 : 이른 모 내기, 가을에 심은 보리 베기, 밭농사 김매기
  - ▣ 절식 : 냉잇국, 죽순을 고추장 양념에 묻혀 먹음

9) 망종
망종이란 벼, 보리등 수염이 있는 곡식들의 종자를 뿌려야 할 시기
- 망종 기상 : 덥고 건조한 시기

- 망종 생태 : 구렁이가 집으로 온다. 바빠서 집이 비는 시간이 많음을 의미
- 망종 풍습과 농사 : 보리는 망종 전에 모두 베야 - 논에 벼도 심고 밭갈이도 함. 망종을 넘기면 바람에 쓰러지는 수가 많기 때문 보리농사가 많던 남쪽 지방은 이 무렵 발등에 오줌 싼다. 1년 중 가장 바쁜 때이다.
- ▣ 절식 : 보리그을음. 풋보리를 베어다 그을음을 해먹으면 이듬해 보리 농사가 잘 되어 곡물이 잘 여물며 그 해 보리밥도 달게 먹을 수 있다고 함. 이날 보리를 밤이슬 맞혔다가 그 다음날 먹으면 허리 아픈 데 약이 되고 그 해 병 없이 지낼 수 있다고 믿었다. 부지런해야 한다는 것을 표현한 것은 아닐까!

10) 하지
- 하지 기상 : 장마 시작
- 하지 생태 : 복날 벼 크는 소리에 개가 놀라 짖는다. 벼줄기에 마디가 생기면서 성장이 빨라진다. 북반구에 있어 낮이 가장 길며(14시간 35분) 정오의 태양 높이도 가장 높고 일사 시간과 일사량도 가장 많은 날. 북극지방에서는 하루종일 해가 지지 않으며 남극에서는 수평선위에 해가 나타나지 않음.
- 하지 풍습과 농사 : 모내기 끝냄
- ▣ 절식 : 햇감자를 삶아 먹거나 갈아서 감자전을 먹음
- ▣ 하지의 미풍양속 : 기우제 : 하지가 지날 때까지 비가 오지 않으면 기우제를 지냈는데 이장은 제관이 되어 용소에서 지내며 제물로 개나 돼지, 또는 소를 잡아 그 머리만 물 속에 넣었다. 그러면 용신이 그 부정함에 노하여 비를 내려 씻어 내린다고 믿는다. 이때 흔히 키로 물을 까불어서 비가 내리는 듯한 유사 주술 동작도 한다. 낮의 길이가 연중 가장 길어 열량이 계속 쌓여 하지(夏至) 이후에 더욱 더워져 삼복(三伏)이 생김
- ▣ 삼복 : 하지로부터 제3경일(庚日: 양력7월12일경~7월22일경)을 초복, 제4경일을 중복, 입추(立秋)후 제1경일을 말복. 중복과 말복 사이에 때때로 20일 간격이 생기기도 - 월복(越伏). 초복에서 말복까지의 기간은 일년 중 가장 더운 때로 이 시기를 삼복(三伏), 삼복더위라 함. 복이란 차가운 기운인 금기가 뜨거운 기운인 화기에 억눌려 고개를 못들고 엎드려 있다고 해서 지어진 이름.
- 전통음식 : 계삼탕(鷄蔘湯)과 구탕(狗湯:보신탕), 영계백숙, 육개장, 팥죽 - 아이들과 여인네들은 참외나 수박 등 과일을 즐김

11) 소서
- 소서 기상 : 본격적인 무더위 시작
- 소서 생태 : 온갖 과일과 채소가 풍성해 지고 밀과 보리도 먹음. 국수, 수제비 등은 이 맘 때가 가장 맛있음
- 소서 풍습과 농사 : 장마철, 팥, 콩, 조들은 하지 무렵에 심고 소서 무렵 김을 매줌. 퇴비 장만과 논두렁의 잡초 깎기를 한다.
- ▣ 절식 : 단오 전후로 즐기는 호박, 생선류 - 민어가 제철이다.

12) 대서

- 대서 기상 : 대개 중복 때. 더위가 극심한 시기
- 대서 생태 : 처음 5일간 - 썩은 풀이 변하여 반딧불이가 되고 다음 5일간은 흙이 습하고 무더워지며 마지막 5일간은 큰 비가 때때로 내린다.
- 대서 풍습과 농사 : 논에 김매기
- ■ 절식 : 대부분의 과일 - 이때가 가장 맛남 특히 수박은 가뭄 뒤에 제 맛을 냄 소나기 내린 직후 많이 잡히는 미꾸라지도 별미

3. 가을

13) 입추

- 입추 기상 : 여름이 지나고 가을에 접어듬
- 입추 생태 : 칠월칠석을 전후하여 밤에 서늘한 바람이 불기 시작
- 입추 풍습과 농사 : 김매기 끝남. 어정 7월 건들 8월 가을채비가 들어가는데 특히 김장용 무, 배추를 심고 9~10월 서리가 내려 얼기 전에 거두어 겨울 김장에 대비.
- ■ 기청제 : 비가 멎기를 기원 - 닷새 동안만 계속되어도 제를 올림

14) 처서

더위가 안정된다는 의미

- 처서 기상 : 여름이 지나 더위도 가시고 신선한 가을을 맞음.
- 처서 생태 : 처음 5일간은 매가 새를 잡아 늘어놓고 다음 5일간은 천지가 쓸쓸해지기 시작하며 마지막 5일간은 벼가 익는다. 처서가 지나면 모기도 입이 비뚤어진다. 파리와 모기의 성화도 사라짐. 소와 말이 처서때 살쪄 집에 든다. 천고마비, 실제 천고마비는 의미가 다르다.
- 처서 풍습과 농사 : 햇볕이 누그러들어 풀이 더 자라지 않기 때문에 논두렁이나 산소의 풀을 깎아 벌초 장마에 젖은 책이나 옷을 햇볕에 말리는 시기 포쇄
  - 아직은 붙어있는 여름 햇살과 선선한 가을 바람에 장마에 습기찬 옷이나 책을 말리는 포쇄(＝日＋麗]-햇빛에 말림)를 함. 호미 씻기도 끝나는 무렵.
- ■ 절식 : 중복에 참외, 말복에 수박, 처서에 복숭아, 백로에 포도가 제철 과실로 최고의 맛을 자랑. '어정뜨기는 칠팔월 개구리' - 한가함의 대명사처럼 쓰임

15) 백로

- 백로 기상 : 하얀 이슬이 내리며 가을 분위기가 완연
- 백로 생태 : 처음 5일간은 기러기가 날아오르고 다음 5일간은 제비가 강남으로 돌아가며 마지막 5일간은 뭇 새들이 먹이를 저장한다.
- 백로 풍습과 농사 : 허수아비 세우기, 친척집 놀러가기, 많은 일이 끝나고 한가롭다. 포도의 절기, 첫 포도는 맏며느리가 한 송이를 통째로 먹어야 한다. 이는 자녀를 많이 낳

기 위한 기원의 일종을 담은 것.

　포도지정 : 어릴때 어머니가 포도 한 알을 입에 넣어 껍데기와 씨를 가려낸 다음 입에 먹여주던 그 속 깊은 정을 담은 말. 엄마는 얼마나 먹고 싶었을까!

16) 추분
- 추분 기상 : 낮과 밤의 길이가 같아짐
- 추분 생태 : 우레(우뢰) 소리가 비로소 그치고, 동면할 벌레가 구멍창을 막으며, 땅위에 물이 마르기 시작. 급격한 일기 변화가 없다는 의미. 정서적으로 안정된 기상을 만난다.
- 추분 풍습과 농사 : 부지런히 수확하여 겨울 준비를 시작하는 시기이다.
- ▣ 절식 : 버섯요리가 대표적. 호박꽂이, 잎, 호박순, 고구마순도 이때 거두어 이고 산채 를 말려 묵은 나물을 준비한다.

17) 한로
- 한로 기상 : 말뜻 그대로 찬이슬이 맺힘
- 한로 생태 : 단풍이 짙어지고, 여름새와 겨울새가 교체. 한로
- 한로 풍습과 농사 : 추워지기 전에 추수를 끝내야 하므로 타작이 한창 높은 산에 올라 가 산수유 열매를 머리에 꽂으면 잡귀를 물릴수 있다고 믿음. 붉은 자주빛 열매 - 벽사 의 의미를 가짐
- ▣ 절식 : 국화전을 지지고 국화술을 담금.
　미꾸라지탕 : 추어탕, 가을에 누렇게 살찌는 가을 고기란 뜻

18) 상강
- 상강 기상 : 쾌청한 날씨 계속, 밤에는 서리가 내림
- 상강 생태 : 처음 5일간은 승양이가 산 짐승을 잡고 다음 5일간은 초목이 누렇게 떨어 지며 마지막 5일간은 겨울잠을 자는 벌레가 모두 땅에 숨는다. 이때부터 단풍이 발갛게 물들어 우리 시선을 끈다. 상강
- 상강 풍습과 농사 : 농사 종료

4. 겨울

19) 입동
- 입동 기상 : 잦은 서리와 추위 시작
- 입동 생태 : 도서지방에서는 입동에 갈가마귀가 날아온다. 갈가마귀의 배에 흰 부분이 보이면 목화가 잘 된다.
- 입동 풍습과 농사 : 김장은 입동 전후로 하여야 제맛 치계미 : 제석날(1년의 마지막 그 믐밤을 제석(除夕) 혹은 제야(除夜)라고 하는데, 이날 노인들에게 선물을 하는 풍습 - 전국적으로 이 시기에 이FMS바 '고사'를 지냄.

- 햇곡으로 만든 시루떡 - 토광, 터줏단지, 씨나락섬에 놓아둠 - 농사에 애쓴 소에게도 먹임.

20) 소설
- 소설 기상 : 살얼음이 잡히고 땅이 얼기 시작
- 소설 생태 : 처음 5일간은 무지개가 걷혀서 나타나지 않고 다음 5일간은 천기가 올라가고 지기가 내리며 마지막 5일간은 폐색되어 겨울이 된다.
- 소설 풍습과 농사 : 손돌바람의 전설 : 어느 왕이 배를 타고 통진과 강화 사이를 지나는데 갑자기 풍랑이 일어 배가 심하게 흔들렸다. 왕은 사공이 고의로 배를 흔들어 그런 것이라며 죄 없는 사공의 목을 베었다. 그 사공의 이름이 손돌이었다. 그 손돌이 죽은 곳을 손돌목이라고 하고 해마다 억울하게 죽은 그날이면 원혼 때문에 강풍이 불고 날씨가 차다고 한다. 특히 강화에서는 이 날 뱃길 운행을 금하고 있다 함.

21) 대설
- 대설 기상 : 눈이 많이 내린다.- 중국 화북, 우리와 다름
- 대설 생태 : 처음 5일간은 산박쥐가 울지 않고 다음 5일간은 범이 교미하여 새끼치며 (표범인지 호랑이인지는 불분명), 마지막 5일간은 여지(여주)가 돋아난다. 대설.
- 대설 풍습과 농사 : 농사는 없슴

22) 동지
- 동지 기상 : 밤이 가장 길고 낮이 가장 짧은 날
- 동지 생태 : 동짓날 일기가 온화하면 다음해에 질병이 많다(지금의 인플루엔자형 독감, 조류 독감 등이 유행) 눈이 많이 오고 날씨가 추우면 풍년이 들 징조.
- 동지 풍습과 농사 : 민간에서는 흔히 작은 설 동지를 지나야 한 살 더 먹는다. 동지팥죽을 먹어야 진짜 나이를 한 살 더 먹는다
- ■ 절식 : 동지팥죽 또는 동지시식(冬至時食) 동짓날의 팥죽은 시절 음식의 하나이면서 축귀(逐鬼)하는 기능. 동짓날 팥죽 유래 : 중국의 「형초세시기(荊楚歲時記)」에 의하면 홍공씨(洪工氏)의 망나니 아들이 동짓날 죽어서 역신(疫神)이 되었다고 하는데, 그 아들이 평상시에 팥을 두려워하였기 때문에 역신을 쫓기 위하여 동짓날 팥죽을 쑤어 악귀를 쫓았다는 것.
  - 전염병 유행시 우물에 팥을 넣음
  - 물이 맑아지고 질병이 없어진다는 믿음
  - 사람이 죽으면 상가에 팥죽 보내는 관습
  - 상가에서 악귀 쫓기
  - 동짓날에 팥죽을 쑤어 사람이 드나드는 대문이나 문 근처의 벽에 뿌리는 것
  - 악귀를 쫓는 주술행위의 일종. 동짓날에도 애동지에는 팥죽을 쑤지 않음. 동짓달 초승에 동지가 들면 애동지, 중순에 들면 중동지, 그믐께 들면 노동지.

23) 소한

- 소한 기상 : 1년중 가장 추운 날
- 소한 생태 : 기러기가 북으로 돌아가고 까치가 집을 짓기 시작하며 꿩이 운다
- 소한 풍습과 농사 : '대한이 소한 집에 놀러 갔다가 얼어 죽었다', '소한 추위는 꾸어서라도 한다'

24) 대한

- 대한 기상 : 24절기의 마지막 절후
- 대한 생태 : 대부분의 생물들 움직임 적음 - 겨울새들의 천국 대한
- 대한 풍습과 농사 : 대한의 마지막 날-절분. 계절적 연말로 간주함-이날 밤-해넘이라 하여 콩을 마루나 방에 뿌려 악귀를 쫓고 새해를 맞는 풍습-절분다음날은 정월절인 입춘의 시작일로 이날은 절월력의 연초가 됨.

살아가기도 바쁘다고 하는 오늘날의 우리들은 그저 생소하게 느껴지고 생활로 끌어들이기에는 복잡하게만 생각되던 풍습이자 시간표였던, 굳이 외우려하지 않아도 계절적 흐름을 알려주던, 주먹구구식이지만 환경 생태적 신용만큼은 만점이던, 아름다운 절기를 이해하려는 노력을 별로 하지 않는다. 아직은 잘 모르겠다. 절기가 가지는 의미가 우리 문화에서 얼마나 큰 비중을 차지하고 있는지를. 그러나, 한가지 분명한 것은 절기는 공업생산품이 아니기에 등록상표도 없고, 특허를 냈기에 저작권이 들어있는 것도 아니었지만, 우리 역사와 문화의 맨 앞에 서 있었다는 것이다. 이유는 무엇일까? 그 소중함은 활용하는 자의 몫일 것이다. 그리고 그 가치는 가지고 느끼는 자에게서 더 큰 힘을 발휘할 것이다.

숲과 자연에는 아름다움을 담은 다양함이 있어야 하며 그 아름다움의 축은 인간과 자연의 공존에 있다......
이를 이해하는 것이 숲해설가의 가장 큰 덕목이다.

2009(여름).28호

5. (사)한국숲해설가협회를 소개합니다.

(사)한국숲해설가협회는 국민들에게 숲에 관한 소양과 지식을 제공하고, 숲의 가치와 중요성을 알리며, 자연친화적인 가치관과 생활양식을 기르도록 하고, 지속가능한 숲의 보전과 이용을 위한 바른 환경운동에 이바지하며, 아울러 숲해설가의 양성교육과 재교육을 실시하여 그 능력과 자질을 높이고, 숲해설가 상호간의 정보 교류와 친교 등을 위하여 설립하였습니다.

협회는 2000년 2월 1일 사단법인 숲해설가협회로 창립되었으며, 2010년 2월 (사)한국숲해설가협회로 명칭 변경하여 오늘날까지 이르고 있습니다.

"숲이 나에게 내가 숲에게"라는 모토를 가지고 다양한 활동을 하고 있습니다. (사)한국해설가협회는 숲해설가 양성교육, 아동청소년 및 시민대상의 숲해설 교육을 진행하며, 프로그램의 개발과 보급, 다양한 연구조사를 합니다. 더불어 관련 서적을 발간하고 보급하며 여러 기관과 연대활동을 하고 있습니다. 다양한 대상을 위한 숲학교도 운영합니다.

숲해설가는 숲을 찾아오는 탐방자들에게 숲에서 살아가는 다양한 생물들, 숲의 모습과 구조, 생태계 전반에 관한 다양한 지식과 이들의 서로 더불어 살아가는 삶의 모습, 숲과 인간과의 관계, 숲에 얽힌 역사 등 숲에 관한 많은 것들을 설명하고, 느끼고, 체험할 수 있도록 돕는 역할을 합니다. 그리하여 생태계의 아름다움과 소중함을 직접 체험함으로써 자연을 보호하는 마음을 갖도록 합니다. 또한 숲과 인간과의 관계를 알게 되어 자연과 더불어 살아가는 가치관을 가질수 있게 돕습니다.

숲이 전하는 또 다른 언어 여러분과 함께 나누고자 합니다.
「꽃보다 사람이 아름답다」라는 노래가사가 있듯이 저는 숲에 들어와 보니 숲도 좋고 자연도 좋았지만, 숲과 함께하는 「숲 친구들」한 사람 한 사람의 자유스러움, 사랑과 열정이

꽃보다도 자연보다도 더 좋았었습니다.

아름다운 회원님들에게 감사드리며 존경한다는 말씀을 드리고 싶습니다.

(사)한국숲해설가협회는 1998년 국민대 자연환경안내자과정을 모태로 해서 12년이란 세월이 흘렀습니다. 우리 협회는 숲해설 관련단체중 명실 공히 가장 오래된 역사와 전통을 자랑하는, 숲으로 말하면 오래된 숲이며 성숙된 숲입니다.

그동안 협회는 많은 숲해설가를 배출하였습니다. 현장에서 가장 훌륭하고 빛나는 활동을 하고 계시는 분들은 거의 우리 협회 출신임을 자타가 공인하고 있습니다. 또 국민들에게 숲과 자연의 소중함을 일깨우고 숲이 미래의 성장 동력이고 미래의 열쇠임을 확인시켜 줌으로써 어느 단체도 따라 올 수 없는 독보적 정체성과 역사와 전통의 (사)한국숲해설가협회로 발전하였습니다.

특히 전임 대표님이 4년전 취임하면서부터 협회의 정체성을 확고히 하고, 「우리들만의 협회」에서 외연을 넓혀, 외부로는 전국 숲해설가대회를 산림청과 함께 주도적으로 개최하였고, Green Festival 등을 개최함으로써 협회의 대외적 위상을 높혔을 뿐만 아니라, 내부로는 지방의 협회를 중앙 단위로 통합 계열화함으로써 전국 네트웍을 더욱 공고히 하였습니다. 영원한 숲 친구이신 전임 대표님께 뜨거운 감사를 드립니다.

우리가 숲 생태계에서 보아 왔듯 「환경의 변화는 하나의 법칙입니다.」 그리고 변화하는 환경에 적극적으로 적응하는 자 만이 살아남았음을 자연의 현장에서 똑똑히 목격하고 있습니다. 지금 우리를 둘러싸고 있는 환경도 많이 변하고 있습니다. 이러한 여건 속에서 앞으로 저의 임기 동안 여러 회원님 들과 협회임직원 들이 힘을 모아 함께 해야 할 일은

첫째, 협회의 정체성을 확립하는 것입니다. 사단법인의 정체성은 회원에 있습니다. 사단법인으로 되어 있는 환경 단체 중에는 불특정 개인이 회원인 곳도 있고, 어떤 단체는 개인회사처럼 운영되는 곳도 있지만, 우리 협회는 정규 교육을 이수하고 회비를 완납한 자에 한하여 회원의 자격이 부여되는 그야말로 가장 강력한 사단법인 형태입니다. 소금이 짠 맛을 내듯이 회원님들의 협회에 대한 애정과 참여가 강할 때만이 타 사단법인과 차별화가 분명해질 것입니다.

또 회원 상호간 소모임을 활성화하고, 선후배 동호인 간 만남의 기호를 확대함으로써, 앞에서 끌어 주고 뒤에서 밀어 주는 자연스러운 회원 간 Network를 만들겠습니다.

둘째, 명실상부 제일 권위 있는 생태전문 교육을 하도록 하겠습니다. 교육생 모집, 교육 서비스, 교육 내용을 차별화 하여 가장 권위 있는 교육이 되도록 노력하겠으며, 우리 협회 출신임을 자랑스럽게 내세울 수 있도록 하겠습니다.

셋째, 협회의 위상을 드높이고, 우리의 일터를 더 많이 확보하는데 최선을 다 하겠습니다. 각종 기업과의 MOU 체결, 행정기관과의 유대 강화, 환경 단체들 간의 연대를 통해서 종적 횡적 연계를 강화해 나가겠습니다.

이제 봄이 오고 있습니다. 며칠 전 지인으로부터 「박비향」이라는 자전적 책을 보내 왔었습니다. 박비향이 뭔고 하여 알고 보니

　　不是一番寒撤骨하니

　　爭得梅化 撲鼻香이라

(뼈를 깎는 추위를 한번 만나지 않았던들 매화가 어찌 코를 찌르는 향기를 얻을 수 있으리오.)라는 이퇴계 선생의 시에서 따온 제목이랍니다. 우리 협회도 모든 면에서 **뼈**를 깎는 아픔을 감수하고 개혁과 변화를 통해서 한철골 할 때만이, 봄이 오면 코를 찌르는 박비향을 기대할 수 있을 것입니다.

저는 누가 뭐라 해도 우리 협회의 가장 큰 강점은 숲에서 그 이름 세자만 들어도 깜짝 놀랄만한 훌륭한 회원님 들이 많다는 사실입니다. 저는 이 많은 구슬들을, 하늘의 별 들을 꿰어서 보배도 만들고, 은하수도 만들고 북두칠성도 만드는 일에 진력 하겠습니다.

앞으로 여러 회원님들을 별같이, 은하수같이, 북두칠성같이 보시도록 하겠습니다. 여러분은 꿈을 꾸고, 저는 함께 여러분의 꿈을 실현시켜 주는 협회가 되도록 최선을 다하겠습니다.

다시 한 번 감사를 드리며 회원님들의 많은 지도와 편달을 부탁드립니다.

김규석

전)농협유통 대표이사 협회 7기 교육수료.

현)한국숲해설가협회 상임대표.

2010.(여름). 29호.

6. 숲해설가가 알아야 할 개정, 신설법률 안내

정책해우소

　바야흐로 새로운 시대가 준비되고 있다. 바로 숲해설가에게~. 지난 7월 국회에서는 숲해설가 정책 운영법률인 "산림문화·휴양에 관한 법률"이 개정 공포되었다. 더불어 기 법률안에 있던 교육관련 주요사항들이 빠져서 새로운 법 "산림교육의 활성화에 관한 법률"이 신설 공포되었다. 아래에 개정 및 신설된 법률을 소개함으로써 숲해설가 활동하는데 도움이 되었으면 한다. 더불어 숲해설가의 활동을 통한 산림문화발전의 길에 대한 새로운 고민이 준비되어야겠다. 향후 협회에서는 개정 및 신설 법률에 대한 설명과 논의의 장을 만들어 이해를 돕도록 할 계획이다.

tip 1

법률 제정 과정
국회의원 10인 이상의 발의 혹은 집행부의 법률안 제출 ➔ 국회의장 ➔ 소관 ➔ 상임위원회 ➔ 법제사법위원회 ➔ 본회의 ➔ 정부 ➔ 공포

※ 법률 하위 시행령. 시행규칙은 공포 이수 6개월내(별도 협의시 1년)에 해당부처에서 작성하여 공포하게 되어 있습니다.

tip 2

법률변경 이해를 돕기 위한 도해

기존	변경	내 용
산림 문화 ·휴양에 관한 법률 ➔	산림문화·휴양에 관한 법률(개정)	산림치유지도사 신설
	산림교육의 활성화에 관한 법률	기존 산림문화·휴양에 관한 법률내 산림교육 부분을 산림교육 활성화를 목적으로 신규법률화 - 산림교육전문가로 용어 정립 　(숲해설가, 유아숲지도사, 숲길체험지도사) - 교육인증이 아닌 산림교육전문가 　양성기관 지정(개인자격제도화) - 산림교육 종합지원법률 지향 - 유아숲체험원, 산림교육센타 등록 및 지정

1. 산림 문화 · 휴양에 관한 개정법률(공포 2011.7.14)

〈주요 내용〉

가. "산림치유"의 정의를 신설하고 이에 따라 현행 "치유의 숲" 정의의 조문을 정리함 (안 제2조).

나. 산림치유가 효과적으로 이루어질 수 있도록 하기 위하여 산림치유지도사 자격을 부여하도록 함 (안 제11조의 2 신설).

다. 국가 또는 지방자치단체는 국민들이 치유의 숲을 효과적으로 이용할 수 있도록 하기 위하여 산림치유지도사를 활용하거나 활용하게 할 수 있도록 함 (안 제11조의3 신설).

라. 산림청장이 국·공립 교육시설, 산림치유 관련 교육기관·단체를 산림치유지도사 양성기관으로 지정할 수 있도록 함(안 제11조의4 신설).

마. 치유의 숲 이용에 따른 소비자 피해를 방지하기 위하여 이 법에 의하지 아니하고는 산림치유지도사 명칭이나 이와 유사한 명칭을 사용하지 못하도록 함 (안 제36조의2 신설).

1-1. 산림문화 · 휴양에 관한 법률(주요변경사항 항목만 게재)

제1장 총칙

제1조(목적) 이 법은 산림문화와 산림휴양자원의 보전·이용 및 관리에 관한 사항을 규정하여 국민에게 쾌적하고 안전한 산림문화·휴양 서비스를 제공함으로써 국민의 삶의 질 양상에 이바지함을 목적으로 한다.

제2조(정의) 이 법에서 사용하는 용어의 정의는 다음과 같다.

〈개정 2010.3.17, 2011.3.9, 2011.7.14〉

1. '산림문화·휴양'이라 함은 산림과 인간의 상호작용으로 형성되는 총체적 생활양식과 산림 안에서 이루어지는 심신의 휴식 및 치유 등을 말한다.

2. '자영휴양림'이라 함은 국민의 정서함양·보건휴양 및 산림교육등을 위하여 조성한 산림(휴양시설과 그 토지를 포함한다)을 말한다.

3 '산림욕장'(山林浴場)이란 국민의 건강증진을 위하여 산림안에서 맑은 공기를 호흡하고 접촉하며 산책 및 체력단련 등을 할 수 있도록 조성한 산림(시설과 그 토지를 포함한다)를 말한다.

4. '산림치유'한 향기, 경관 등 자연의 다양한 요소를 활용하여 인체의 면역력을 높이고 건강을 증진시키는 활동을 말한다.

5. '치유의 숲'이란 산림치유를 할 수 있도록 조성한 산림(시설과 그 토지를 포함한다)을 말한다.

6. '숲길'이란 등산·트레킹·레저스포츠·탐방 또는 휴양·치유 등의 활동을 위하여 제23조에 따라 산림에 조성한 길(이와 연결된 산림 밖의 길을 포함한다)을 말한다.

7. '산림문화자산'이란 산림 또는 산림과 관련되어 형성된 것으로서 생태적·경관적·정서적으로 보존할 가치가 큰 유형·무형의 자산을 말한다.

제3조(국가와 지방자치단체의 책임) 국가 및 지방자치단체는 산림문화·휴양의 진흥을 위한 시책을 수립·시행하여야 하며, 산림문화·휴양자원의 보전과 이용이 조화와 균형을 이루도록 하여야 한다.

제11조의2(산림치유지도사)

① 산림청장은 산림치유를 활성화하기 위하여 대통령령으로 정하는 바에 따라 산림치유를 지도하는 사람(이하"산림치유지도사"라 한다)의 자격을 부여하고 이를 육성할 수 있다.

② 제1항에 따른 산림치유지도사는 제20조에 따라 조성된 치유의 숲에서 농림수산식품부령으로 정하는 산림치유 프로그램을 개발·보급하거나 지도하는 업무를 담당한다.

③ 다음 각 호의 어느 하나에 해당하는 자는 산림치유지도사가 될 수 없다.

1. 금치산자 또는 한정치산자

2. 금고 이상의 형을 선고받고 그 집행이 종료되거나 집행을 받지 아니하기로 확정된 후 2년이 경과되지 아니한 자

3. 금고 이상의 형의 집행유예를 선고받고 그 유예기간 중에 있는 자

4. 법원의 판결 또는 법률에 따라 자격이 상실되거나 정지된 자

④ 이 법에 따라 자격이 부여된 자가 아니면 산림치유지도사 명칭이나 이와 비슷한 명칭을 사용하지 못한다.

〔본조신설 2011.7.14〕

제11조의3(산림치유지도사의 활용 등)

① 국가 또는 지방자치단체는 국민들이 치유의 숲을 효과적으로 이용할 수 있도록 하기 위하여 산림치유지도사를 활용하거나 활용하게 할 수 있다.

② 산림청장 또는 지방자치단체의 장은 산림치유지도사의 활동에 필요한 비용 등을 지원할 수 있다.

〔본조신설 2011.7.14〕

제11조의4(산림치유지도사의 양성기관 지정 등)

① 산림청장은 대통령령으로 정하는 바에 따라 국공립 교육시설, 산림치유 관련 교육 기관 단체를 산림치유지도사 양성기관으로 지정할 수 있다.

② 산림치유지도사 양성에 필요한 교육의 내용·기간, 그 밖에 필요한 사항은 농림수산식품 부령으로 정한다.

〔본조신설 2011.7.14〕

제36조의3(벌칙) 제11조의2제4항을 위반한 자는 300만원 이하의 벌금에 처한다.

〔본조신설 2011.7.14〕

2. 산림교육의 활성화에 관한 법률(공포 2011.7.25)

〈주요 내용〉

가. 산림교육을 다양한 기능을 체계적으로 체험·탐방·학습함으로써 산림의 중요성을 이해하고 산림에 대한 지식을 습득하며 올바른 가치관을 가지도록 하는 교육을 정의하고, 산림교육전문가를 숲해설가, 유아숲지도사, 숲길체험지도사로 구분함
(안 제2조).

나. 산림청장은 산림교육을 활성화하기 위하여 산림교육의 기본목표와 추진방향 등이 포함된 산림교육종합계획을 5년마다, 시행계획을 매년 수립·시행하고, 매년 산림교육의 현황과 산림교육전문가 양성기관 등 관련시설의 운영·관리 실태에 관한 조사를 실시하고 그 결과를 종합계획과 시행계획에 반영하도록 함
(안 제4조 및 제5조).

다. 산림교육에 관한 사항을 심의하기 위하여 산림청장 소속으로 산림교육심의위원회를 두고, 위원회의 원활한 운영을 위하여 분야별로 분과위원회를 두며, 산림교육에 관한 전문적인 사항을 조사·연구하고 인증심의 업무를 효율적으로 수행하기 위하여 위원회에 전문위원을 둘 수 있도록 함(안 제6조)

라. 산림청장은 산림교육에 관한 정보와 자료 등을 국민들에게 효율적으로 전달하고, 산림교육의 활성화에 필요한 정책을 효율적으로 수립·시행하기 위하여 산림교육에 관한 정보체계를 구축·운영하도록 함(안 제7조).

마. 산림청장은 산림교육을 효율적으로 실시하기 위하여 산림교육전문가 양성기관을 지정할수 있고, 산림청장 또는 지방자치단체의 장은 산림교육프로그램을 개발·보급하며, 산림교육전문가의 자격제도를 두도록 함(안 제8조부터 제12조까지).

바. 유아숲체험원을 조성·운영하려는 자는 대통령령으로 정하는 기준에 적합한 시설과 인력을 갖추어 산림청장 또는 시·도지사에게 등록하고, 산림청장은 국민의 창의성과 정서를 함양하고 산림에 대한 가치관을 증진시키기 위하여 필요하면 산림교육센터를 설치하거나 대통령령으로 정하는 기관 또는 단체를 산림교육센터로 지정할 수 있도록 함(안 제14조 및 제15조).

사. 청소년에게 산림에 대한 올바른 이해와 산림사랑 정신을 함양시키기 위하여 숲사랑소년단을 설립하고, 개인·법인 또는 단체는 숲사랑소년단의 시설·사업 및 운영 등을 지원하기 위하여 금전이나 그밖에 재산을 기부할 수 있으며, 산림교육전문가 양성기관, 유아숲체험원, 산림교육센터 및 숲사랑소년단에 대하여 조세를 감면할 수 있도록 함(안 제17조 및 제18조).

2-1. 주요세부내용 구분설명

구 분	조 문	주요 내용
정의	제2조	• 산림교육, 산림교육전문가, 산림교육전문가 양성기관에 대하여 각각 용어 정의 • 산림교육전문가를 숲해설가, 유아숲지도사, 숲길체험지도로 구분
산림교육종합계획의 수립·시행등	제4조 ~ 제5조	• 산림청장은 산림교육종합계획을 5년마다, 시행계획을 매년 수립·시행하고, 매년 실태조사를 실시하여 종합계획과 시행계획에 반영
산림교육심의위원회 설치·운영	제6조	• 산림교육전문가 양성기관 지정, 산림교육프로그램 인증 등 산림교육과 관련된 사항을 심의하기 위하여 20명 이내로 구성된 산림교육심의위원회를 설치·운영
정보체계의 구축· 운영 등	제7조	• 산림교육에 관한 정보와 자료를 국민에게 전달하고 산림교육 정책을 효율적으로 시행하기 위해 산림교육 정보체계를 구축·운영
산림교육전문가 양성 기관 지정 및 산림 교육프로그램 인증	제8조 ~ 제10조	• 산림교육을 효율적으로 실시하기 위하여 산림교육전문가 양성기관을 지정 • 산림청장 또는 지방자치단체의 장은 산림교육프로그램을 개발·보급 • 산림교육프로그램을 운영 및 개발·보급하려는 자는 산림교육프로그램 인증을 신청
산림교육전문가	제11조	• 산림교육전문가 양성기관에서 산림교육 전문과정을 이수한 자에게 살림교육전문가 자격증을 교부 • 국가 또는 지방자치단체가 산림교육을 실시하려면 산림교육전문가를 배치
유아숲체험원의 등록 등	제13조	• 유아숲체험원을 조성·운영하려는 자는 기준에 따라 시설과 인력을 갖추어야 하며, 조성·운영주체에 따라 산림청장 또는 시·도지사에게 등록
산림교육센터의 지정 등	제14조	• 국민의 창의성과 정서를 함양하고 산림에 대한 가치관을 증진시키기 위하여 필요한 경우 산림교육센터를 설치하거나 지정
등록·지정의 취소, 시정·운영정지 명령 등	제15조 ~ 제16조	• 거짓이나 부정한 방법으로 유아숲체험원을 등록하거나 산림교육센터의 지정을 받은 경우에는 등록·지정을 취소 • 유아숲체험원 및 산림교육센터의 원활한 운영을 위하여 필요한 지도·명령과 시정 또는 운영정지를 명할 수 있도록 함
숲사랑소년단	제17조	• 청소년을 위하여 숲사랑소년단을 설립하고, 개인·법인 또는 단체는 숲사랑소년단을 지원하기 위하여 금전 등을 기부할 수 있도록 함

2011. (여름) 31호.

7. 배움의 숲! 만남의 숲!
- 한국숲해설가협회 회원들을 위한 심화특강 총정리 -

숲에 가면 특별한 것이 있다?

숲에 가면, 숲에, 숲, 한국숲해설가협회를 회원들이 부르기 쉽게 줄여 부르는 말이다. 그렇다. 그 숲에 가면 또 다른 즐거움이 있다. 매월 한 번씩 회원들을 위한 심화특강이 있는데 바로 그것이다. 한국숲해설가협회에 가면 숲해설 전문가 교육과정뿐 아니라 숲해설가들의 역량강화를 위해 지속적으로 다양한 과정들을 개설하고 있다. 그 중 심화특강은 다양한 분야의 강사들을 초빙하여 다양한 주제로 두시간 정도 배움의 숲을 연다.

특강이 열리는 자리에서 만나는 숲해설가들의 얼굴에는 항상 웃음꽃이 활짝 피어있다. 새롭고도 다양한 분야에 대한 배움의 즐거움과 오랜만에 얼굴을 마주하는 숲 동료간의 만남때문이리라!

올 해는 2월 신정섭 박사의 '길에서 만난 인연'을 시작하여 11월 여성 산악인 오은선 대장의 강연까지 총 10회의 특강이 진행되었다. 숲을 소재로 하는 강의뿐 아니라 인문학, 불교문화, 역사, 동굴환경, 도전정신 등 다양한 주제로 이어진 특강은 또다른 배움의 시작이며, 새로운 경험의 시작이었다. 한 순간이 아닌 앞으로 계속적으로 이 소중한 만남을 이어가고자 하는 것이 우리의 바람이다. 그야말로 숲에서 만난 소중한 인연이 아닌가.

특히 11월 특강으로 진행된 여성산악인 오은선 대장의 '꿈과 도전'은 히말라야 8,000m급 정상 14좌를 완등한 세계최초의 여성으로서 작은 체구이지만 강단있는 다부진 모습으로 많은 회원들에게 진정한 도전이란 무엇인가에 대해 다시 한 번 생각해 볼 수 있는 시간을 만들어 주었다. 너무나 쉽게 포기하는 요즘의 현대인들에게도 귀감이 되는 소중한 시작이었다.

매 월 정기적으로 마련되는 이 시간이 회원들에게 새로운 배움터이자 만남의 장이 될 수 있도록 하는 것이 특강을 하는 기본 취지이다. 하루가 다르게 빠른 속도로 변화되는 우리 사회에서 아직까지 사람의 정을 느낄 수 있고 느림의 미학을 통해 여유를 느낄 수 있는 숲, 이는 곧 한국숲해설가협회가 마련하는 우리 회원들만의 아지트인 셈이다.

아직 새롭게 접근할 수 있는 다양한 주제들이 많이 있다. 숲해설가협회에서는 앞으로 더욱 다양한 분야의 새롭고 참신한 주제로 회원들에게 다가가고자 한다. 꼭 유명하거나 그 분야에서 권위를 가지고 있지 않아도 같이 공감할 수 있고 정을 나눌 수 있는 이야기들로 소통하고 싶다.

2012년 월별 심화특강

월	강사	주제	강의내용
2월	신정섭	길에서 만난 인연	길이란무엇인가 길여행문화, 탐방로의 생태? 문화자원
3월	성기수	거미이야기	곤충의 이해와 생태
4월	박병권	인문과 생태	인문학 속의 생태학 인문학의 범주, 생태학의 영역
5월	이기구	우리나라의전통문화와 불교문화	우리나라 전통문화의 특징, 우리나라 문화재, 우리나라 불교와 불교문화재
6월	김태영	역사와 문화속의 나무들-겨우살이와 무화과 나무	무화과나무-생명의 나무. 겨우살이-찬란한 내력을 지닌 기생식물
7월	최용근	동굴환경과 동굴생물	동굴생물의 서식 환경 및 이동과 분포, 동굴생물의 보호 등
8월	이주희	내 이름은 왜	우리 동식물 이름에 담긴 뜻과 어휘 변천사
9월	김성호	딱따구리의 숲	50일간의 큰 오색딱따구리 관찰일기
10월	강혜순	꽃의 제국	생존을 위한 식물의 전략과 지혜
11월	오은선	꿈과 도전	히말라야 8,000m급 14좌 완등 성공 스토

8. 다시 듣는 숲해설가 인증 과정

숲해설가 인증제도가 시행된 2012년 7월 25일이후 기존 현장에서 활동하던 많은 숲해설가들이나 현장 활동은 하지 않더라도 인증교육의 필요성을 느낀 많은 분들이 새로운 인증제도하에서 다시 교육신청을 하게 되었고, 우리 협회에는 18기부터 재교육생이 수업에 참가하였으며 18기에 13명, 19기에 11명이 처음 숲해설 교육을 받는 분들과 함께 재교육에 참가하게 되었다. 우리 회원들 중에는 특이하게 부부가 함께 교육을 받고 숲해설가로 활동하고 계신 분도 있고, 모녀가 함께 교육을 받고 활동하고 계신 분이 있다.

이번 회보는 모녀가 우리 협회 8기로 함께 수료한 후 다시 19기로 인증교육에 참가한 김태연 회원(숲해설가 8기, 19기)를 만나고 왔다.

Q : 협회에서 인터뷰를 요청했을 때 부담은 없으셨나요?

A : 숲해설가 인증과정을 수료후 협회로부터 인터뷰 요청을 받고 처음에는 '또 숙제구나' 하는 마음이 먼저였다. 그것은 인증교육을 받는 동안 빡빡한 일정과 쏟아지는 숙제에 상당히 심신이 지쳤던 때문이었을 것이다. 그럼에도 인터뷰에 응한 것은 협회 회보 편집위원장이신 박양수 선생님께 진 개인적 빚을 조금이나마 갚고 숲해설가 19기 인증과정 수료까지의 고생과 마음의 어려움을 해소하자는 마음에서이다.

Q : 이미 숲해설가 교육과정을 8기로 수료하셨는데 19기로 다시 인증 교육을 받게 된 이유는 있으신가요?

A : 당장 숲해설가 활동을 할 계획이 아님에도 19기 인증교육에 참가한 것은 법적 구비요건 때문이기도 하지만, 이번이 아니면 직장과 육아를 병행하면서 또 언제 시간을 내서(현재 남편이 육아휴직 중) 인증교육을 받을 수 있을까? 라는 개인적 시간문제 때문이다. 또한 과거 숲해설가 교육을 받던 시간들이 자연을 자세히 알아가면서 느꼈던 즐거움과 행복감을 이번에도 다시 느낄 수 있을 거란 기대도 함께 있었다.

Q : 이전 숲해설가 교육과정과 지금의 인증교육의 차이점이 있다면 어떤 건가요?

A : 먼저 과거 숲해설가 8기를 수료한 사람으로서 과거와 현재를 좀 더 근거 있게 비교하기 위해 당시에 구체적으로 몇 개월간 어떤 방식으로 숲해설가 교육을 받았는지 기록을 찾아 보았다.

보니까 2004년도에 숲아카데미 교육은 9월 16일부터 11월 11일까지 약 2개월간 1차 교육과정을 들었다. 이어서 2005년 숲해설가 전문가 과정을 3월부터 6월말까지 23일 과정에 하루 수업시간이 3시간이었다. 두 과정을 합치면 이번의 인증과정(7월31일부터 12월4일 수료식까지 만 4개월간 약 47일간, 175시간을 교육 받았다.)과 교육시간의 양은 비슷할 것 같다.
　　그러나 전체적인 체감정도는 과거보다 교육의 범주는 넓어진 한편, 강도는 매우 높아졌다는 느낌이다. 예전에는 평일 이론수업은 오후 7시~9시까지였고 주말에도 반나절 수업이 많았다. 반면 인증교육은 종종 10시까지 3시간 수업이라 10시이후 끝나는 날도 많았고, 주말도 종일 수업이 대부분이었다. 직장인들, 집이 멀거나 연세가 있으신 분들에게는 체력적으로 힘든 과정이었을 것 같다. 수업내용도 이전에는 숲, 자연에 대한 내용들이 위주였다면 이번 인증과정은 자연에 대한 내용외에 일반 이론(교육심리, 커뮤니케이션 등)이 상대적으로 많이 있어 흥미도가 떨어지는 점도 있었다.

Q : 재교육자로서 인증교육을 어떻게 생각하십니까?
A : 인증제도를 도입함으로써 정식으로 교육을 받고 훈련받은 좀 더 전문적인 사람들이 활동할 수 있게 되므로 숲해설가로서의 자부심이나 위치를 더욱 곤고히 하는 역할을 할 수 있을 것이다. 그럼에도 우려되는 점은 숲해설가가 갖추어야 할 실력과 깊이 보다는 인증을 받았는가 안 받았는가의 형식적 구분에 대한 의구심, 그리고 지금 인증과정을 수료하였지만, 이번에 그랬듯이 나중에 또 다른 자격 제도나 인증제도가 생겨 다시 갱신을 해야 하는 것은 아닐지에 대한 의구심이 들기도 했다.
　　많은 분들이 단지 형식을 채우기 위해 인증과정을 거친 것이라 본다. 그렇다면 굳이 그 분들을 억지로 재교육을 밟게 할 이유는 없을 것이다. 대신 그 분들을 위한 좀 더 심도 깊은 별도의 과정을 마련하여 인증자격에 차별성을 두는 등 대안이 필요하다고 본다. 이는 산림청이 좀 더 세부적으로 현 상황에 맞게 구상해야 할 것이다.

Q : 재교육으로 인해 교육생들간 수준 차이가 났을텐데 어떻게 상호보완을 하셨는지?
A : 기존에 숲해설 활동을 하신 숲해설가분들은 이번 교육이 부수적으로 지식과 실력을 쌓는데 도움이 되었을 것이다. 그리고 처음 숲해설가 교육을 받는 분들에게 많은 도움을 주고 현장 경험들을 나누는 등 멘토적 역할을 많이 해 주었다.

Q : 개인적으로 인증교육과정 중 어려운 점은 어떤 것이었나요?
A : 직장과 육아를 병행하는 것 자체가 힘든데 인증교육까지 밟게 되어 시간적으로 그리고 심적으로 매우 힘들었다. 남편의 육아 휴직 기간과 친정엄마의 도움이 있었지만 그래도 아내와 엄마로서 해야 할 기본적인 것들은 피할 수 없는 일이었다. 교육이 있는 날은 직장의 눈치를 보며 퇴근해서 교육장까지 전속력으로 운전을 하고 와도 지각이 일수였고, 모유를 먹이는 중이어서 저녁을 굶고 강의를 듣는 것 또한 고역이었다. 수업을 끝내고 집에 가면 아이를 재우고 이런저런 집안일을 하고 나면 밤 12시였다. 교육이 없는 날은 밀린 일처리로 매일 아침 7시부터 밤 12시까지 뛰어다니며 살았다. 나 자신도 그랬지만 내 옆에서 본인의 일도 해가면서 육아휴직이란 공식적 직업으로 대부분의 육아를 맡아 체중이 4kg이나 빠진 남편과 칠순을 앞두고 자식 저녁과 점심, 손자를 챙겨주시고 딸의 힘들다는 투정과 짜증, 원망을 일방적으로 받아주어야 하셨

던 친정 엄마에게 너무나 미안하고 감사하다. 마지막으로 우리 아들 지우에게도 엄마와 떨어져 보낸 시간을 잘 견뎌줘서 고맙다는 말을 하고 싶다. 힘든 인증과정이었음에도 자연을 배우는 그 순간 자체가 좋았고 그리고 돌 갓 넘은 우리 아가와 함께 자연 속에서 자연이야기를 들었던 추억은 숨 가팠던 지난 4개월 속에서도 아름다운 추억으로 기억된다. 우리가족 3대 모두 사랑하고 수료를 자축하고 싶다.

Q : 마지막으로 하시고 싶은 말씀은?
A : 함께 수료한 19기 동기 선생님들 수고 많으셨고 축하드립니다. 그리고 교육과정을 무사히 수료할 수 있도록 낮밤 시간 없이 지원하고 헌신해주신 한국숲해설가협회에 진심으로 감사드립니다.

김태연 회원.
(사)한국숲해설가협회 숲해설가 8기, 19기

2012. (가을, 겨울) 34호.

9. 빨리 가려면 혼자가고, 멀리 가려면 함께 가라

(사)한국숲해설가협회(회장 김의식)는 1998년 소나무 기수를 출범한 이래 느티나무 기수부터 2000년 9월 1기에서 2012년 12월 19기가 수료하기까지 695명의 숲해설가를 배출한 명실상부한 숲해설 교육기관중의 최고의 기관으로 자리매김하고 있으며, 시대의 수요에 부응하는 교육과정과 최고의 강사진으로 지혜롭고 능력있는 숲해설가를 양성하는데 큰 기여를 해왔다.

이에 협회 회지 편집위원회는 매년 배출되고 있는 회원들이 교육 과정 수료후 기수별 단체 활동과 현장학습 활동 등이 어떻게 연계되어 가고 있으며, 선후배 회원들이 어디서 어떤 활동을 펼쳐가고 있는지 파악하여 회원들이 숲해설가로서 자긍심을 높이고, 회원 유대 강화를 위한 토대를 다져보고자 각 기수 대표들과 전화 인터뷰를 통하여 각 기수별 활동사항을 정리하였다. 〈표 참조〉

일반적으로 초창기 수료 기수는 정기 모임이나 교류 대신에 현장에 두루 넓게 분포하여 활발하게 활동하고 있는 반면, 최근 수료기수들은 학습과 현장활동 등에 대한 열의가 높아 정기적인 모임을 통하여 현장 감각을 터득하고 실무를 익혀가고 있었다. 수료를 한지 얼마 경과하지 않은 기수는 정기적인 교류보다는 간헐적이거나 부정기적이 모임으로 기수 활동을 이어가고 있었다. 소나무, 느티나무 기수는 우리 협회를 태동시킨 선배기수이기는 하나 우리 협회와는 다소 거리감이 느껴지기도 했다.

최고 많은 회원들이 활동하는 곳으로는 서울시 '숲속여행'의 프로그램 강사진들로 서울시내 25개 구청을 통해 활동하고 있다. 국립수목원, 국유림, 휴양림, 식물원, 서울숲 등에서 강사나 봉사자로 활발한 활동을 하고 있었다. 6~9기 수료생들이 타기수 수료생들보다 전반적으로 많은 분들이 숲해설가로서 활동을 하고 있었다.

또한 2008년 숲해설가 인증 제도가 도입되어 인증 기관 자격에서 개인자격으로 전환이 되는 시기였던 18기부터는 선배 기수들이 후배 기수들과 함께 다시 인증에 필요한 교육을 이수하고 수료하기도 했다.

기수별 특이한 활동을 살펴보면 7기는 작년에 이어 올해까지 2년 동안 창경궁의 식생을 관찰, 조사하기 위해 매월 첫째 목요일 오후 4시에 창경궁에서 모여 활동을 하고 있다. 11기는 매월 첫째 목요일 오후 6시 30분에 종로에서 정기적인 회동을 하면서 김포장애인주간보호센터에서 자원봉사 활동을 펼치고 회원들의 정서함양과 단합을 위해 일산에 주말농장을 운영하기도 한다. 특히 백두대간 식생 조사를 위한 산행을 하기도 했었다. 또 비교적 최근 수료 기수인 16기는 물향기수목원을 지정하여 회원들이 봉사활동을 펼치고 있다. 17기는 회원들의 기호에 따라 4개의 분과를 만들고 주간, 야간 등 시간과 여건에 따라 참여할 수 있도록 독서와 토론, 현장학습을 병행하면서 모든 활동의 기록을 남기고 있었다.

개인적 성향을 살펴보면 막연하게 나무 이름이나 꽃 이름이 궁금하여 초보적인 궁금증을 해결하기 위해 숲해설가 공부를 시작했던 회원들이 차츰 자연이나 생태계, 환경, 기후 변화 등의 심각성을 알아감으로써 푸른별 지구를 지키자는 지구 수비대원으로 변신하기도 하고,

생태나 환경 분야 전공자가 아니었음에도 서서히 전문 분야로 접근하여 식물, 곤충, 숲치유, 유아놀이, 교재 창작, 프로그램개발 등의 분야에서 전문가에 버금가는 연구 결과물을 내기도 했다. 더불어 회원들에게 결과물을 나누어주면서 동반 성장의 기회를 높여주는 나눔을 실천하는 회원들도 있었다. 또한 새로운 분야로 학업을 연장하여 석박사 학위를 취득한 분도 있으며, 은퇴 후 제2의 새로운 인생을 시작하는 토대를 마련한 분도 있었다.

우리 협회 회원들은 평소 자신의 학식과 소양, 교육 기간 동안 갈고 닦은 실력에 풍부한 현장 경험을 보태어, 본인의 능력 배양은 물론 현회의 위상을 제고하는 역할까지 잘 수행해 오고 있다. 이는 회원 각자가 물심양면, 불철주야 노력의 대가이기도 하겠지만, '빨리 가려면 혼자가고, 멀리 가려면 함께 가라'라는 말처럼 동기들 간이나 선후배 기수들의 격려와 응원, 정보 교류와 유대가 있었기에 가능했다고 본다.

이에 협회는 이제 단순하게 숲해설가를 기능적으로 양성하는 기관에만 머물러서도 안되며, 이곳을 통해 배출된 숲해설가들이 전문가로서 정당한 대우를 받고 사회의 일원으로 활동할 수 있도록 제도적 장치를 마련하고 회원들간의 유대를 공고히 하는 데 큰 역할을 해주어야 할 것이다.

기수별 정기모임 및 활동현황

소나무(1998.5/11~7/31)	느티나무(2000.1/17~4/7)	1기(2000.9/15~12/3)
30명 수료	18명 수료. 대표자 임정현(서울시숲속여행-서울대공원)	29명 수료. 대표자 강진모
유영초(풀빛연대대표)	배정애(서울시숲속여행-서울대공원)	김석우(물새네트웍스)
임채란(노원구)	우숙자	김지연(길동생태공원)
장이기(산음자연휴양림)	이홍숙	민숙(국립산림과학원)
최오균(여행칼럼니스트)		박종숙(일산), 박현숙(분당)
		양윤화(지리산)
		장인영(에코아이유아생태교육연구소)
국민대 사회교육원 "자연환경안내자" 과정 수료자 중심으로 협회 설립 기수	자연환경안내자 협회에서 교육시작하여 (사)숲해설가협회에서 교육 수료한 기수	연말 정기모임
2기(2001.4/1~7/10)	3기(2001.9/4~11/18)	4기(2002.4/2~6/23)
23명 수료. 대표자 심재천(가평칼봉산 휴양림)	31명 수료. 대표자 이은경	37명 수료. 대표자 박정희(서울대공원)
이재근(서울시숲속여행-서울대공원)	나병춘(산음치유의숲)	김혜경(숲그림)
	이은경(청태산 치유의숲)	오준영(서울시숲속여행-서대문)
	정길주(영화꽃식물원)	현호재(중랑구관련공무원)
	허창무, 문영미	류동연(횡성휴양림)
		신희숙(평택 에스더의 집)

5기(2002.9/3~11/24)	6기(2003.8/5~11/9)	7기(2004.6/8~9/5)
35명 수료. 대표자 최명도(서울시숲속여행-서울대공원) 고대현(판교생태학습원) 김영란(숲치유전공) 김완종(운악산휴양림) 박찬희(서울시숲속여행-은평) 송정희(숲치유박사) 이혜숙(도봉산)	37명 수료. 대표자 최정순(서울시숲속여행-서대문) 권혁태(수원국유림관리소) 김유선(영등포) 김철수(서울시숲속여행-금천) 노영근(서울시숲속여행-창포원) 배순희(서울시숲속여행-서울대공원) 황기홍(서울대공원)	38명 수료. 대표자 박양수 김규석(한국숲해설가협회 공동대표) 김은구(환경생태) 김의식(한국숲해설가협회상임대표) 김진홍(서울시숲속여행-용산) 박노학(파주시) 박양수(서울시숲속여행-송파) 손옥희(서울시숲속여행-종로) 신현주(한살림) 오영미(봉화군숲해설가) 이광교(서울시숲속여행-관악)
연말 정기모임, 회원 경조사 정도	연2회(4, 12월 친목도모 및 정보교환 모임 가짐)	매월 첫째 목요일 오후4시 창경궁 식생조사(2년째)와 정보교류 및 친목 도모

8기(2005.3/17~6/12)	9기(2007.3/26~10/14)	10기(2008 3/24~10/19)
40명 수료. 대표자 임완철(국립광릉수목원) 박부희(중랑천사람들대표) 박서정(서울시숲속여행-성북) 신금령(숲사랑소년단) 이인순(고기교회처음자리생태학교) 이현숙(국립광릉수목원) 장은영(숲사랑소년단) 조영숙(인천수봉공원) 한기전(서울시숲속여행-서울대공원) 협회공동대표 현익화(겨울나무사랑강사)	40명 수료. 대표자 박창규(고덕수변생태공원) 김오문(서울시숲속여행-광진) 김정희(북서울꿈의숲) 박창규(고덕수변생태공원) 엄경원 오애지(서울시숲속여행-송파) 우성윤(서울시숲속여행-강남) 이명란(서울시숲속여행-관악) 이순애(청량산국유림) 이정희(서울시숲속여행-서대문) 이춘희(서울시숲속여행-서대문) 정경택(성광학교자원봉사) 정혜경(서울시숲속여행-양천) 최홍렬(천리포수목원)	26명 수료. 대표자 신진우 강미숙(생태보전연구소) 김보경(국립광릉수목원) 김향희(국립광릉수목원) 변영숙(수락산) 유명순(서울시숲속여행-구로) 이명숙(성북구청공원녹지과) 황춘심(환경교육지원센터)
모임명 '아름드리' 초창기 3~4년 동안은 공부 위주 모임. 현재는 친목, 경조사 위주로 활동	짝수 달마다 정기모임 초창기는 현장교육, 강의등 역량강화, 현재는 정보교류 및 친목도모, 경조사	홀수달 셋째주 일요일 모임명 "열기" 초창기 각 회원들의 활동지 탐방. 현재 서울근교 휴양림 탐방중

11기(2009.3/18~6/27)	12기(2009.4/2~8/14)	13기(2009.8/17~12/9)
39명 수료. 대표자 이성철(서울시숲속여행-용산) 강희승(서울시숲속여행-서대문) 김순지(동작구) 이미정(어린이집숲놀이터) 이수원((서울시숲속여행-동작) 이옥화(창덕궁궁궐지킴이) 전춘미(어린이집숲놀이터) 홍순관(관악산)	33명 수료. 대표자 김혁(서울시숲속여행-송파) 송치옥(서울시숲속여행-서울대공원) 임민지(서울시숲속여행-성북) 신지승	30명 수료. 대표자 이동국(농협대학) 박선화(수원YMCA) 안주환(성미산학교교사) 안홍규(철원국립복주산자연휴양림) 오명회 이종봉(천마산) 이현용(성남의제21)
매월 첫째 목요일(초목회) 계절별 1박2일 현장학습 상시 study 및 친목모임 김포장애인주간보호센터 자원봉사 활동. 숲해설프로그램개발. 일산 주말농장 운영. 타기수 교류 등반 시도등	2달에 한번 정도, 정보공유 및 친목모임	모임명 '아름다운 자작나무 숲길' 초창기 현장학습위주 모임 현재는 경조사 및 정보교류 정도

14기(2010.3/2~8/31)	15기(2010.7/5~12/14)	16기(2011.3/8~7/19)
35명 수료. 대표자 이근영 강숙희(서울시숲속여행-강북) 김명희(서울시숲속여행-광진) 김향주(경복궁문화재해설) 박연진(서울시숲속여행-도봉) 윤난형(국립광릉수목원환경강사) 이옥경(신구대식물원) 임해숙(서울시숲속여행-양천) 임홍순(건강인숲포럼대표) 장규석(축령산자연휴양림) 황귀숙(서울시숲속여행-광진)	33명 수료. 대표자 심광섭 김경연(서울시숲속여행-관악) 박선배 박영애(서울시숲속여행-마포) 이소저(수라산산본식물원) 전대원(수락산)	40명 수료. 대표자 백종만 구반회(서울시숲속여행-동대문) 우재명(서울대관악수목원) 이영숙(물향기수목원) 이정림(용인휴양림) 최웅찬(생물자원관)
매주 넷째주 토요일, 모임명 '숲마니' 숲공부 및 친목도모	분기별모임(3,6,9,12) 모임명 '한숲15' 동기 활동가 탐방 및 정보교류	짝수달 토,일 번갈아 모임. 모임명 '수림회' 주로 산행을 하면서 친목도모. 물향기 수목원자원봉사

17기(2011.7/4~12/7)

40명 수료, 대표자 차기철(고려
조경)
김학풍(용문산휴양림)
안정숙(서울숲)
장기숙(국립광릉수목원)
함순회(국립광릉수목원)
함희숙

18기(2012.3/6~7/3)

40명 수료. 대표자 모양원
강윤주, 백마리
노원철(국립광릉수목원)
안해숙(국립광릉수목원)
주민순(관악산)

> 두달에 한번 정기모임.
> 모임명 '아리아리18기'
> 식물원 탐방. 숲해설 참가등
> 숲 공부와 친목도모

19기(2012.7/31~12/4)

30명 수료. 대표자 견광수
배소영(안양천 생태관)
신원임(서울시숲속여행-서대문)
오윤애(서울시숲속여행-양천)
이원순(서울시숲속여행-송파)

> 매월 첫째 화요일
> 숲해설 및 가벼운 산행,
> 토론 및 친목 도모

김윤희 편집위원.

10. 녹색사업단 지원사업 '숲과 함께 쑥쑥'

최근 국민 소득이 늘어남에 따라 자연스레 삶의 질에 눈을 돌리면서 녹색 성장 및 그린 교육 등 산림 복지에 대한 사회적 요구와 함께 계속적으로 증가하고 있는 아동·청소년들의 폭력 문제를 숲 체험교육을 통해 예방하고자 하는 움직임이 활발하다. 이는 산림청이 사회적 이슈인 학교 폭력과 인터넷 게임 중독을 해결하기 위해 전개한 '숲으로 가자' 운동과도 맥락을 같이 한다고 볼 수 있다.

이미 아동·청소년들의 폭력은 학교라는 공간을 벗어났을 뿐 아니라 그 폭력성에 대한 위험 수위는 해마다 높아지고 있다. 더욱이 놀라운 것은 폭력을 가하는 청소년들의 평균 연령이 점점 낮아진다는 것이다. 아동·청소년들의 폭력의 잔인성이 성인 범죄라고 해도 믿지 못할 정도로 심각한 수준에 이르렀음은 연일 쏟아지는 각종 매스컴의 기사들을 통해서 이미 충분히 입증이 된 사실이다.

해마다 학교폭력 근절과 함께 그 예방책으로 제기되는 것이 청소년의 인성 함양을 위한 교육이다. 예절 교육, 대화법을 통한 배려, 리더십 교육, 상담법등 수많은 방법론이 거론되고 현재도 지속적으로 시행하고 있지만 끊임없이 발생하고 있고 수위가 높아져가는 청소년의 폭력은 이렇다 할 성과도 없이 여전히 이 사회에 깊숙히 뿌리를 내리고 있다.

통계청의 2012년 청소년 통계에 따르면 청소년 10명 중 7명이 공부와 직업 등으로 스트레스에 시달리고 있다. 8.8%는 자살을 고민한 것으로 나타났다. 학교생활 스트레스(66.9%)가 가정(42.3%)보다 월등히 높다. 입시 위주, 경쟁 위주의 교육에서 청소년의 속병이 깊어지고 있다. 국내외 연구 결과를 종합해 보면 산림 교육이 왜 필요한지 알게 된다.

이와 같이 아동·청소년들의 폭력 문제라는 사회적 배경에서 '숲과 함께 쑥쑥'은 출발하였다. 숲에 대한 환경적 관심 증대와 자연에 대한 올바른 이해 및 다양한 체험을 통해 건전한 자아의식을 형성하고, 이러한 분위기를 이끌어 학교 폭력 예방에 긍정적으로 기여할 수 있을 것이라는 것이 이 사업의 목적이다. 또한 일반 가정에 비해 산림 복지의 기회를 누리지 못하는 사회적 소외 계층이나 취약 계층을 주 대상으로 하여 보다 많은 아동·청소년들에게 숲 체험교육의 기회를 제공한다.

프로그램은 숲 체험 활동과 더불어 놀이와 만들기 등 다양한 방법을 통해 참가 학생들의 흥미를 유발하여 교육의 효과를 높이고 있다. 참가 학생들은 직접 내가 살고 있는 지역의 숲에서 보고, 듣고, 만지고, 느끼며 자연 속에서 선의의 경쟁, 배려, 나눔, 다양성, 어울림 등을 보다 자연스럽게 이해하게 된다. 숲 속의 다양함을 통해 친구들 간의 다양한 인격을 존중하고, 숲의 어울림을 통해 친구들과의 어울림을 배울수 있는 시간이다. 생명의 근원이며 아낌없이 주는 숲에게 감사하며 생명의 소중함을 느끼는 자아 존중의 시간을 갖는다.

현재 '숲과 함께 쑥쑥'은 서울 및 수도권의 초등학교, 지역아동센터, 종합사회복지관 등 연계 기관과 협력하여 활발하게 진행하고 있으며, 올 10월 말까지 계속된다. 협회는 이번 사업을 통해 총 840여명의 아동·청소년들에게 숲 체험의 기회를 제공하고자 하며, 교육에 참여한 학생들이 보다 건전하고 건강한 청소년, 나아가 건강한 성인으로 성장하길 기대해 본다.

서울시 지원 사업,
11.'청소년 숲체험 리더 양성교육'

(사)한국숲해설가협회에서는 올해 서울특별시의 민간단체 공익활동지원사업으로 '청소년 숲 체험 리더' 라는 프로그램을 처음 운영하였다. '청소년 숲 체험 리더'는 청소년들이 단순히 숲을 체험하는 것에서 한 발 더 나아가 스스로가 숲의 안내자가 되어 숲의 이야기를 다른 친구들에게 전달해 줄 수 있는 그린 리더로의 성장을 목표로 하였다.

이번 '청소년 숲 체험 리더' 프로그램에 참여한 학교는 모두 4개교로 양천구 신월동 신화중학교, 강동구 둔촌동 한산중학교, 중랑구 망우동 송곡여자중학교, 성북구 종암동 서울대학교 사범대학 부설중학교로서 모두 숲에 대해 깊은 관심을 가지고 있었다.

'청소년 숲 체험 리더'는 그 동안의 숲체험 대상이 유아나 초등생과 같은 아동에 집중되어 있던 것과는 달리 청소년기에 접어든 중학생을 대상으로 하였다. 프로그램을 보다 전문적으로 진행하기 위해 기존의 일반적인 숲체험과 같은 수동적 체험 형태를 벗어나 스스로 숲해설가가 된다는 취지에 맞게 필요한 과목별로 전문 강사를 두어 학생들에게 전문 숲해설 기법을 전수하였다.

양성과정의 구성은 숲해설 개론, 환경 에너지, 식물(목본/초본), 동물(조류/포유류), 곤충, 수서 생태, 생태 공예, 생태 놀이, 숲해설 프로그램 기획 및 시연 지도 등으로 이루어져 실제 숲해설가 양성 과정에서 가르치는 과목들과 유사하게 운영이 되었다.

또한 프로그램 참여율을 제고하기 위해 신청한 학교 근처의 산이나 공원 등에서 강의를 진행하였으며, 루페나 채집통, 수질 검사 키트 등 보다 전문적인 장비를 활용하여 교육의 질을 한층 향상시킬 수 있었다.

프로그램에 참여한 학생들도 각 학교에서 환경, 생태와 관련된 동아리 또는 숲에 많은 관심을 가지고 있는 학생들이어서 보다 자발적이고 적극적인 참여를 이끌어 낼 수 있었다. 이와 같이 단순히 물고기를 잡아 주는 것이 아니라 물고기를 잡는 방법을 알려주는 방식의 교육 형태로 서울시 등 관계 기관으로부터 많은 기대를 모았다.

실제 현장의 호응도 또한 기대 이상으로 상당히 높았다. 학생들은 쉽게 받기 어려운 전문적인 수업과 전문 장비들을 접하면서 호기심을 자극, 수업에 더욱 적극적으로 임하는 모습을 보였다.

특히 한산중학교나 서울대학교 사범대학 부설중학교 같은 경우는 프로그램 시작 후에도 참여를 원하는 학생들이 계속 생겨날 정도로 학생들의 호응이 높았다. 하지만 각 학교의 학사 일정이 그리 수월하게 진행되었던 것은 아니다. 보다 지속적이고 긴밀한 협력관계를 유지하여 사업 수행에 있어 보다 협조적으로 반영될 수 있도록 하는 것이 필요하겠다.

이번 프로그램을 통해 우리 협회는 '숲해설가' 라는 직업을 청소년들에게 소개할 수 있는 계기를 또한 마련하였다. 사회가 다변화되면서 요구되는 직종들도 다양해져 불과 몇 년 전과 비교하더라도 요즘은 수없이 많은 직업군이 존재한다. 다양한 진로 직업들로 청소년들의 진로 고민도 한층 복잡해진 가운데 '숲해설가'라는 다소 생소한 직업을 직접 체험하게 되어 미래의 산림학자를 꿈꾸는 학생들에게 새로운 비전을 제시할 수 있었다.

숲을 이루는 다양한 개체들이 서로 어울림을 통해 조화를 이루는 지혜를 통해 청소년들의 몸과 마음이 더욱 건강한 성인으로 성장 할 수 있길 기대하며, 주변에 있는 가족과 친구들에게 숲을 사랑하는 마음을 전파하고, 이를 통한 건전하고 안전한 학교문화, 밝은 지역사회를 이끌어 나가기를 희망한다.

앞으로 우리 협회는 '청소년 숲 체험 리더'에서 얻은 경험을 바탕으로 보다 더 양질의 프로그램을 유지하여 보다 많은 시민들이 숲과 함께 할 수 있는 기회를 확산시킬 수 있도록 최선을 다할 것이다.

심홍윤
(사)한국숲해설가협회 사업팀

2013.(가을.겨울). 36호.

12. 양재 시민의 숲·양재천 숲과 생태
해설을 통해 바라본 '도시숲'

　도시의 회색 빛깔 건물과 검은 아스팔트만 보다보면 마음이 메아르는 느낌이다. 이 때 우리를 '힐링' 시켜주는 것은 짙푸른 녹음. TV 여행 프로그램에 자주 등장하는 외국의 도심 숲이 우리나라에도 많았으면 하는 생각이 절로 드는데 의외로 서울이라는 대도시 안에도 쉽게 접근할 수 있는 도심 속 숲들이 많다.

　서울시 지도를 놓고 찾아보면 외곽으로 멀리 나가지 않아도 휴식을 취할 수 있는 도심 속 공원들이 많음을 금방 알 수 있다. 남산, 뚝섬의 서울숲, 올림픽공원, 서대문 안산 등 권역별로 위치한 도심 속에 위치한 작은 숲들이 서울시민의 휴식과 문화공간으로 자리잡고 있다. 특히 협회가 위치한 양재동에는 '시민의 숲'이 도심에서 보기 힘든 약 80만평의 울창한 수림대가 있고 매헌 윤봉길 의사의 유물과 기념관 등까지 함께 만나 볼 수 있는 대표적 문화공간으로 자리매김하고 있다.

　지난 6월 초여름의 시작과 함께 협회 주관으로 시민의 숲과 양재천에서 생태해설프로그램이 시작되었다. 한국숲해설가협회가 양재동에 자리를 잡은 지 1년이 지난 시점에서 협회가 자리한 이곳에 서울시민들이 즐겨 찾고 쉬어가는 서울의 대표적인 숲인 시민의 숲과 양재천에서 우리가 시민들을 위해 해줄 수 있는 일은 무엇이 있을까 하는 취지에서 시작된 작은 실천이었다.

　서초구 양재동에 위치한 시민의 숲은 도심에서는 매우 보기 드문 울창한 수림대를 형성하고 있고 특히 가을에는 화려한 단풍과 과일들로 풍성한 자연을 만끽할 수 있다. 이러한 자원들을 활용하여 시민의 숲을 찾는 시민들에게 보다 더 풍성한 숲의 이야기를 들려주고자 관련 기관 및 후원기관을 찾아 프로그램을 준비하였다.

　서초구청과 양재동 하나로클럽의 후원으로 많은 시민들에게 숲해설의 시작을 알렸다. 시민의 숲과 양재천은 많은 사람들이 오고가는 서울의 대표적 공원 중에 한 곳 이지만 아쉽게도 생태프로그램 운영은 전혀 이루어지지 않고 있었다. 많은 사람들이 오고가는 숲이지만 이런 생태 프로그램이 생소했는지 시큰둥한 사람들도, 반기는 사람들도 있었다. 어쩌면 조용히 드나들던 곳에 등장한 숲해설가의 존재가 낯설었는지도 모를 일이다.

　하나 둘 관심 갖고 찾아오는 시민들은 엄마나 아빠의 손을 붙잡고 나온 아이부터 산책삼아 나온 중년의 부부, 나이 지긋하신 할아버지까지 조금씩 관심을 갖고 모여들었다. 아주 조금씩 천천히 자리잡아가고 있음을 느끼며 협회의 회원들이 자리를 지켜주었다. 단 한명의 시민을 위해서 체험재료들을 준비하고 열과 성을 다해 이야기보따리를 풀어내고 소통하고자 하는 숲해설가들의 노력이 헛되지 않았음은 많지는 않지만 꾸준히 찾아주는 시민 한 분 한 분이 그 증거일 것이다.

　우리나라는 1962년부터 2010년까지 지난 50년 동안 33만 헥타르(ha) 이상의 산림이 사라지고, 도시화가 꾸준히 진행되었다. 특히 우리나라 전체 인구의 약 20%가 집중돼 있는 서울은 같은 기간 동안 아스팔트 면적이 7배 이상 증가해 2010년 기준 전체 서울 면적의

47.8%를 차지하고 있다는 어느 뉴스의 보도자료처럼 일상 속에서 녹지를 접하기 어려운 요즘 도시숲은 여러 측면에서 각광을 받고 있다.

기후 변화로 인한 폭염에 도시 냉각효과는 여러 전문가들을 통해서 입증된 바 있다. 보통 도심지역은 태양열을 흡수할 수 있는 녹지가 부족하기 때문에 평균 온도가 교외지역에 비해 높은 편인데, 도시숲 인근지역은 교외지역만큼 나오기 때문이다.

또한 도시숲은 도심에서 접하기 어려운 환경생태프로그램의 활성화에 큰 역할을 한다. 그저 놀다가는 휴식처로서만이 아닌 생태 및 문화 체험 등이 배움이 있고, 즐길거리가 풍부한 문화 공간으로서의 역할까지 그 몫을 톡톡히 해내고 있어 도시개발계획에 있어 '도시숲' 조성은 매우 중요한 키워드가 되고 있다.

이제 막 첫발을 내딛고 시작된 시민의 숲과 양재천의 숲생태해설은 시민의 숲을 뉴욕의 센트럴파크 못지 않은 활력넘치고 시민들에게 사랑 받는 서울의 대표적인 '도시숲'으로 자리잡을 수 있는 원동력이 될 것이다. 무엇보다 이 작은 실천에 앞장서 준 협회의 사회공헌사업단인 V-forester's club 회원들 또한 그런 희망으로 많지 않은 시민들의 참여에도 꾸준히, 또보다 성실하게 자리를 지켜주었다. 이와 같은 우리 숲해설가들의 노력은 앞으로도 계속 될 예정이며, 이 작은 실천들은 앞으로 시민의 숲이 볼거리, 즐길거리 풍부한 도심 속의 휴양문화 공간으로 자리잡고 녹색복지실현에 한 발 더 다가서는 초석의 틀을 마련하는 계기가 될 것이다.

(사)한국숲해설가협회 편집위원회

2013.(가을.겨울). 36호.

III. 숲에서 온 편지

2. 체험. 탐방.

1. 숲속여행, 새로운 세계와의 만남

| 김석우 |

"서울시 숲속여행 프로그램"은 공원이용 프로그램이기 때문에 우리 숲해설가에게는 새로운 영역으로의 도전이기도 하였다.

그리고 서울시 공원 녹지과에서도 2001년 숲속여행 프로그램을 진행해본 결과 시민 호응도가 매우 좋아, 3개 산에서 9개 산으로 늘려서 2002년을 보냈다.

2001년에는 관악산·남산·아차산의 3개 공원(산)에서 숲해설가 155명이 참여하여 3,120명을 대상으로 숲속여행이 진행되었다.

2002년 숲속여행은 관악산·남산·아차산·청계산·인왕산·안산·수락산·대모산·서오릉 등 9개 산으로 확장, 숲해설가 435명이 7,267명을 대상으로 진행했다.

2001년에 비하여 2002년에는 공원과 숲해설가를 3배 규모로 동원하였지만 참여 대상은 그만큼 미치지는 못하였다.

대상을 살펴보면 대부분 원거리에서 온 참여자들로, 가까운 공원보다는 새롭고 먼 곳을 선호하는 경향이었고 모두 적극적이고 숲에 관심이 많은 터라 한 사람이 여러 번을 참여한 경우도 있어서 시민 참여의 수가 3배로 늘어나지는 못한 것으로 볼 수도 있다.

공원 주위 일정 지역의 주민들이 지속적으로 참여한다면 계획적으로 다양한 프로그램을 만들고 시민 참여자들과 의견을 조율해 가면서 더 질 좋은 숲속 여행 프로그램이 진행되지 않을까 생각한다.

2002년부터는 학교에서 참여하는 단체 숲해설의 숲속여행 프로그램이 몇 개의 공원에서 시작하여 점차 늘어나고 있어서 2003년에는 더 많아질 것으로 전망되는데 프로그램이 계획된 날이 주로 평일이어서 숲해설가의 인원 확보가 급선무이기도 하다.

학교의 참여는 사립학교의 경우 학교 프로그램의 다양성 경쟁이 학교의 인가에 큰 영향을 주기 때문에 참여율이 높아지겠지만 공립학교에서는 학교간의 경쟁이 별 의미가 없고 학생을 학교 밖에 내보냈을 때의 사고 위험 가능성 때문에 조심스러워 하는 것 같다.

초등학교는 대부분 공립학교이므로 전체적으로 학교 밖으로 보내는 것을 꺼린다고 볼 수 있다. 서울시의 각 공원(구청) 숲속여행 담당자들도 더 늘어나는 과중한 업무 때문에 어려움이 많겠지만 지난 해와 거의 같은 산(공원)에서 숲속여행을 진행할 것으로 예상되므로 경험이 생겨서 더 향상된 내용으로 진행할 수 있을 것이다.

숲속여행이 많이 알려지고 지금처럼 좋은 호응을 얻기까지는 우리 숲해설가들의 부단한 노력과 서울시의 활발한 홍보활동이 있었다.

지역주민의 호응을 얻기 위해서 각 공원의 담당 구청에서도 홍보활동이 보태진다면 더 좋지 않았을까 하는 아쉬움이 들기도 한다.

우리는 공원(산)이 늘어나지 않아서 섭섭하게 생각하지만 한편으론 견실하고 향상된 숲속여행 프로그램이 될 수 있도록 각자 팀 구성과 자기의 지식과 알찬 내용을 위한 아이디어 개발에 힘써서 서울시 숲속여행이 튼튼한 자리를 잡아주었으면 하는 것이 새해의 바람이다.

필자소개 : 김석우
숲해설가 1기. 2002년 국립수목원 방문자센터. 서울시 숲속여행 인왕산 숲해설 활동.

2002. (겨울) 14호.

2. 2002년 숲학교를 마치고

| 박종숙 |

숲학교를 생각하면 기분이 좋다.

잎갈나무 숲에 둘러싸여 아침이면 산새들의 맑은 소리를 들을 수 있는 산음의 숲, 그 속에서 2박 3일간 아이들과 까르르 웃으며 즐겁게 지낸일들이 생각난다.

입안 가득 오디를 따먹고, 시원한 계곡물에 발을 담그고, 귀여운 도룡뇽을 관찰하고, 달콤한 다래를 따먹고, 서리맞은 단풍잎에 감탄하다 보니 열 번이나 되는 숲 학교가 후딱 지나버렸다.

숲학교는 「추적놀이」로 시작된다.

한 모둠에 7~8명씩 모둠별로 서로 다른 지점에서 출발하여 교사 도움없이 아이들끼리 주어진 과제를 해결하여 보물 상자 속에 담아오는 활동인데, 조심스럽게 숲을 관찰하고, 하나하나 풀면서 숲길도 걷고 모둠 아이들끼리 자연스럽게 친숙해지는 시간이 된다.

항상 부모들하고 다니다 아이들끼리 조용한 숲속에 들어가는 것 자체가 가슴 뛰는 일인 데다 숲을 잘 관찰하면 손쉽게 해결되는 과제들이라 굉장히 재미있어 하고 가장 기억에 남는 프로그램으로 손꼽는다.

「숲속여행」은 3시간 동안 모둠 교사와 아이들이 숲에서 충분한 시간을 보내며 숲의 식물과 동물, 물 속 생물까지도 두루 살피고, 계절마다 여러 가지 먹거리-찔레순·괭이밥·오디·다래-를 따먹으며 숲 체험을 할 수 있어 좋은 추억거리를 만들어 준다.

뭔가를 가르치기보다 숲을 재미있고 편안하게 느끼면서 아이들이 뻗쳐오르는 기운을 마음껏 발산할 수 있도록 해주고 교사, 아이 할 것 없이 즐거운 시간이 된다.

「요리활동」은 요리과정에 모두 참여하여 직접 음식을 만들 수 있다는 자신감을 심어주고 만든 음식을 나누어 먹음으로 해서 서로에 대한 배려도 나눈다. 특히, 「풀잎전」은 숲에서 직접 채취한 재료로 만들어 숲이 더 가까운 존재로 느껴지게 한다.

「자연놀이」는 월드컵시즌에 맞춰 칡·나뭇잎·쑥·잡초를 새끼줄로 엮어 직접 공을 만들고 그 공으로 숲속 월드컵을 하였는데 공이 다 해질 때까지 온 몸으로 부대끼며 땀 흘리는 즐거움을 느끼게 해준 폭발적인 반응을 일으킨 프로그램이었다.

「나무 목걸이」는 끈기 있게 사포로 문지르고 그 위에 세밀화를 그려 자연물을 자세히 관찰하는 기회를 주고 창작의 기쁨을 맛보게 하였다.

아이들은, 저마다 독특한 개성이 있고 똑 같은 것이 하나도 없는 자연 그 자체인 것을 확인시켜 주는 활동이다.

이외에도 야간 숲 산책, 만들기-향기 주머니, 곤충-와 자연놀이-박쥐/나방, 새끼줄놀이, 다람쥐 겨울채비-가 상황에 따라 더해지거나 빠지기도 한다.

이런 활동을 하며 아이들과 어울려 즐겁게 지내다보면 2박 3일이 후딱 지나간다.

작년의 숲학교는 외부자금 지원 없이 모집의 어려움에도 불구하고 초등학생 5차례, 가족대상 5차례, 총10차례 큰 무리없이 운영되었다.

진행교사들의 축적된 노하우, 아이에 대한 따뜻한 태도, 봉사정신, 숲 속에서의 다양한 경험, 숲의 현장성을 잘 살린 프로그램으로 타 단체의 프로그램과는 차별성을 획득하였다.

참가대상도 초등학생에서 가족대상으로 폭 넓게 운영되었고 프로그램도 대상에 맞춰 탄력 있고 다양화되어 숲속여행·추적놀이·요리활동·자연놀이는 숲 학교만의 특색 있는 프로그램으로 자리 잡았다.

참가자 대부분이 한 번 이상 참가했던 사람이고 주변 소개로 참가한 경우가 많아 숲학교가 타 단체의 자연체험교육과는 차별화 된 프로그램이라는 것을 알 수 있다.

아쉬운 점이 있다면 참가자들이 자연에의 경외심, 생태계와 인간에 대한 전반적인 이해, 상대방 나아가 공동체에 대한 배려를 체득할 수 있는 프로그램으로 나아가지 못해 아쉽다.

올해의 숲학교는 생태계를 자연스럽게 이해할 수 있는 더 많은 기회를 제공하고 나아가 생태계 보존에 힘쓸 수 있는 생태주의자를 길러낼 수 있는 숲학교가 되었으면 좋겠다.

끝으로, 겨울추위와 바람에 꿋꿋하게 버티고 있는 산음의 숲 친구들에게 좋은 장소를 빌려준데 대해 감사하는 마음을 보낸다.

필자소개 : 박종숙. 숲해설가 1기.
2002년 국립수목원방문자센터. 서울시숲속여행 서오릉 숲해설. 숲해설가협회 숲학교 활동.

2002. (겨울) 14호.

3. 국립수목원의 숲해설

| 장현두 |

봄이 채 오기도 전에 광릉 숲 여기저기에 조금씩 남아 있는 흰눈 사이로 맨 먼저 얼굴을 내미는 꽃이 있다. 복수초(福壽草)이다. 복 받고 오래 살라는 이름을 가져서인지 생명력이 강한 꽃이다. 유난히도 노랗고 반질반질하다.

복수초가 피기 시작하는 3월이면 광릉숲의 숲해설도 시작된다. 방문자센터에 월요일에서 금요일까지 하루에 한 명씩 나와 나무와 꽃과 숲을 안내하고 설명하는 것이다.

4월부터는 두 명씩 11월까지 계속된다. 봄과 여름, 가을까지 세 계절의 변화를 몸으로 느끼면서 숲해설을 한다. 겨울에는 자원봉사로 숲의 또 다른 모습을 전달하고 있다.

지난 2002년의 광릉숲 해설은 출발은 힘들었다. 10명이 하던 일에 15명이 지원하여 우여곡절 끝에 이재근 선생님을 비롯한 여러 선생님들의 희생적인 양보로 가까스로 해결이 되었다. 개인보다는 전체를 생각하는 뜻에 감사할 뿐이다. 자연 속에서 활발하게 해설할 수 있는 「일터」가 부족하여 늘어나는 회원들을 수용할 수 없는 것은 시급히 타개해 나아가야 할 중요한 문제이다. 협회와 회원 모두가 노력해야 한다.

4월이면 활엽수림의 음지에 피나물이 만발한다. 줄기에 피가 나와 이름은 섬뜩하지만 노오란 꽃은 화려하기만 하다. 탐방객들은 어두운 숲속에 밝게 펼쳐 있는 노란 꽃밭에 감탄한다. 생전 처음 보는 풍경이라면서. 이 때쯤이면 여러 가지 꽃들이 많이 피기 시작한다. 나무는 여린 새 잎을 만들어 낸다. 광릉숲은 연둣빛으로 물들어 간다. 탐방객도 늘어난다. 숲해설 신청도 늘어난다. 숲해설가들도 수목원에 자주 나온다. 숲의 냄새를 맡기 시작하는 것이다.

5월엔 그린스쿨이 시작된다. 초등학교 5학년생들을 위해 몇 년 전부터 수목원에서 시행해 오고 있는 자연체험학습 프로그램이다. 인기가 있어 교육청 별로 선발되어 온다.

수업 내용엔 「내나무찾기」「숲속의 보물찾기」「연필통 만들기」「광릉의 숲 영화감상 및 숲해설」이 있다. 그린스쿨 수업에 우리 선생님이 하루에 6명이 투입된다.

호기심 어린 초롱초롱한 눈망울과 마주치며 숲에서 자연체험학습을 하다보면 시간이 금방 간다. 그 중에서도 「연필통만들기」는 제일 인기다. 목재소에서 잣나무를 잘라 만들어온 재료를 가지고 못을 박아 자신의 연필통을 만든다. 해설가 선생님이 만드는 요령을 재미있게 설명해 준다. 아이들은 스스로 자기 것을 만들어 보는 데 재미와 보람을 느낀다.

「대나무찾기」에서는 안대로 눈을 가리고 친구의 손에 의지해 자기의 나무를 찾아가는 스릴을 느끼며, 「숲속의 보물찾기」는 스스로 중요하다고 생각되는 숲의 보물을 서로 상의해서 찾아와 친구들과 함께 자신의 의견을 발표하고 해설가 선생님의 설명을 들으며 숲과 자연, 사람과 환경 등에 대한 생각을 새롭게 한다.

아이들은 모처럼의 야외학습에다 수목원의 울창한 숲 속에서 숲에 대한 이야기와 체험활동을 하니 신이 난다. 반면, 해설가 선생님들은 힘이 많이 든다. 무엇보다 똑같은 수업을 하루에 5~6회 반복해야 한다. 한 반 인원이 보통 35명에서 40명 정도라서 숲해설은 더욱 힘들다. 상반기에는 2명의 해설가 선생님이 3반을 어떤 때는 4반까지 맡아 하는 경우도 있어 정상적인 숲해설이 어렵다. 다행히 10월부터는 선생님 한 명이 증원되어 좀 나아졌지만 숲해설 적정인원인 20명을 훨씬 넘어서는 문제는 그대로 남아 있다.

수목원 측에 여러 번 개선을 요청했으나 예산등의 문제로 해결이 되지 않고 있다. 더구나 해설료의 문제에서는 방문자센터도 마찬가지로 너무 낮은 수준이라 할 말을 잃고 시급한 개선이 요망되고 있다. 평가회에서 체험학습의 종류를 생태자연놀이로 변화를 줄 필요성과 그린스쿨 교재의 수업 종료후 배부안이 제안되었다.

여름의 광릉숲은 숲의 절정이다. 온통 초록이다. 하늘을 향해 치솟는 젓나무 숲과 넉넉한 잎이 넘실대는 참나무 숲이며 무성한 넝쿨의 만목원, 화려한 꽃을 자랑하는 화목원, 수련과 연꽃이 한창인 수생식물원과 관목원, 맹인식물원 등 곳곳마다 녹음과 꽃의 세상이다.

가을은 또 어떤가 계수나무 잎의 달콤한 향기를 바람결에 맡으며 복자기 나무의 화려한 단풍과 울긋불긋한 여러 단풍에 매료된다. 높기만한 파란 하늘은 광릉숲에서 더 높은 것 같다.

탐방객은 갑갑한 도심을 벗어나 나무와 꽃이 만발하고 벌, 나비가 날며 새와 매미가 우는 별천지에 와서 쌓인 피로를 풀고 상쾌한 공기를 마신다.

숲해설은 탐방객이 이러한 자연 속으로 들어가 자연의 신비를 체험하고 감동하며 느낄 수 있도록 도와주는 데 포인트를 맞춘다. 스스로 느끼고 재미있어야 더 마음에 와닿기 때문이다. 숲해설가는 이 점을 항상 염두에 두고 있다.

수목원 숲해설가들은 각자 개성있는 해설을 할 능력이 있으며 수준급이다. 매스컴에서도 많은 관심을 보여 몇몇 선생님은 TV프로그램에도 나왔다.

평가회에서는 수목중심의 해설에서 오감을 이용한 해설, 대상과 분위기에 따른 숲해설 기법의 변화 등이 토론되었고 수목원 홈페이지에 숲해설 안내창의 신설과 협회 홈페이지로의 링크도 제안되었다.

아직은 숲해설이 일반에 많이 알려지지 않은 단계지만 이렇게 자꾸 홍보가 되고 사람들의 사랑을 받게 되면 세상에 널리 알려져 사회적인 인정도 받을 날이 멀지 않을 것이다.

어려운 여건에서도 수목원 방문자센터와 그린스쿨에서 활발히 활동하고 계시는 숲해설가들을 보면 고마움과 존경심이 우러나온다.

올해에도 우리 숲해설가 선생님들은 보람과 긍지를 가지고 보다 많은 사람에게 「숲사랑」 「자연사랑」 「인간사랑」의 메시지를 전달할 것이다.

힘찬 격려와 존경의 박수를 보내고 싶다.

필자소개 : 장현두

숲해설가 2기. 2002년 국립수목원 방문자센터. 서울시 숲속여행 수락산 숲해설 활동.

2002. (겨울) 14호

4. 자연과의 짧은 공감, 2003 숲학교

| 이소영 |

숲 속에서 자연과의 짧은 공감. 소리도 없고 별로 요란치도 않으나, 잔잔히 스며드는 숲의 감성이 우리에게 주는 것이란 참 대단하다.

서먹서먹 어색한 얼굴로 도착하는 산음 숲속수련관. 우선 맑은 공기를 힘껏 마시고 사방을 둘러싼 숲을 보면 어느 새 따뜻하고 즐거운 감성의 또 다른 나를 발견한다.

숲학교의 매력은 이런 것 같다. 하루 이틀이 지나 다시 즐거운 에너지를 가득 안고 돌아가는 사람들의 모습에서 대단하게 풀어놓지 않아도 숲학교의 의미는 충분히 알 수 있다.

숲학교에서 숲해설가는 마치 숲속 전령사와 같다고나 할까...

우리 협회에서 숲학교를 진행한 것은 벌써 2년전의 일이다. 첫해 초등학생을 대상으로 한 숲학교가 5차례 열렸고 이러한 의미 있는 행사를 녹색 자금에서 지원을 했다.

숲·하천·습지 등 자연체험에 대한 관심이 높아지는 추세인 데다 우리 협회의 숲학교에 다양한 프로그램이 가득해서였을 것이다.

다음 해인 2002년에는 초등학생 숲학교가 5차례, 가족 숲학교가 4차례 열려 숲학교가 더욱 확대되었다.

그리고 올해 초등학생 숲학교 4차례, 장애인 숲학교 4찰례, 가족 숲학교가 7차례가 진행될 예정이다. 또한, 가정 형편이 어려운 초등학생을 대상으로 한 숲학교가 3차례가 더 진행된다. 이 중 초등학생과 장애인 숲학교는 산림조합의 녹색자금 지원을, 저소득층 숲학교는 북부지방 산림청의 지원을 받는다. 대략 18번 정도의 숲학교, 대부분 5월부터 10월까지 집중되어 있는 것을 감안하면 평균 한 달에 3차례 정도의 숲 학교가 열리는 셈이다.

3년이라는 짧은 기간에 비해 숲학교는 횟수가 크게 늘어났을 뿐 아니라, 대상층도 초등학생에서 가족, 장애인, 저소득층 자녀까지 많이 다양해졌다. 그리고 다양해진 참가층 만큼 프로그램도 새롭게 구성되었다.

초등학생 숲학교는 아이들이 숲 속에서 나무와 물·곤충·새들과 함께 어우러져 즐겁게 놀 수 있고 자연과 친근하도록 하고, 가족 숲학교는 가족들이 바쁜 일상에서 벗어나 자연 속에서 잠시 가족과 휴식할 수 있는 쉼터로 작용한다.

또 올해 처음 시도되는 장애인 숲학교는 그동안 장애인이기에 경험하기 어려웠던 숲속 캠프를 통해 자연과 더불어 공감하고 사회 속에서 얼어 있던 마음을 여는 역할을 하기를 바란다. 7월부터 시작될 예정인 저소득층 자녀 숲학교 역시 아이들의 따뜻하고 순수한 마음이 숲학교를 통해 더욱 환해지길 바라는 바람으로 진행된다.

숲학교가 가지는 색깔은 대상별·계절별로 각기 다양해질 수 있을 것이다. 그러나 자연이 사람에게 주는 녹색의 즐거움과 치유력은 누구에게나 그리고 언제나 똑같은 것 같다.

이 책의 앞에 쓰여 있는 「숲이 사람에게, 사람이 숲에게」라는 말처럼 언제나 자연은 사람들에게 먼저 손을 내민다.

숲학교의 참가자들은 먼저 자연에서 느껴지는 맑은 기운에 감화되고 친근해지며, 곧 시간이 지나면서 자연의 소중함을 깨닫고 작은 풀과 나무를 아낄 줄 알게 될 것이다.

올해 숲학교가 그 동안의 경험을 거름 삼아 더욱 다양하고 깊이 있는 숲체험 활동으로 좋은 열매를 맺기를 바란다.

2003년 숲학교 일정

초등학생 숲학교
- 1차: 5월 3일(토) ~ 5월 5일(일)
- 2차: 6월 6일(금) ~ 6월 8일(일)
- 3차: 8월 11일(월) ~ 8월 13일(수)
- 4차: 10월 3일(금) ~ 10월 5일(일)

가족숲학교
- 1차: 5월 31일(토) ~ 6월 1일(일)
- 2차: 6월 21일(토) ~ 6월 22일(일)
- 3차: 7월 26일(토) ~ 7월 27일(일)
- 4차: 8월 4일(월) ~ 8월 5일(화)
- 5차: 8월 9일(토) ~ 8월 10일(일)
- 6차: 10월 11일(토) ~ 10월 12일(일)
- 7차: 11월 1일(토) ~ 11월 2일(일)

저소득층 자녀 숲학교
- 1차: 7월 23일(수) ~ 7월 25일(금)
- 2차: 7월 28일(월) ~ 7월 30일(수)
- 3차: 8월 7일(목) ~ 8월 9일 (토)

장애인 숲학교
- 1차: 5월 21일(수) ~ 5월 23일(금)
- 2차: 6월 11일(수) ~ 6월 13일(수)
- 3차: 9월 17일(수) ~ 9월 19일(금)
- 4차: 10월 15일(수) ~ 10월 17일(금)

필자소개 : 이소영
숲해설가협회 숲학교 담당.

2003. (여름) 16호.

5. 2003년 숲학교 프로그램

| 양윤화 |

    3년째를 맞은 숲학교는 5월 말까지 초등·장애인·가족까지 대상별로 한번씩 숲학교를 마쳤습니다. 숲학교는 산음 숲속 수련관이라는 장소가 있어 절반의 성공은 거두고 시작합니다. 여기에 바쁜 일정 쪼개 회의며 답사를 하고 머리 맞대 준비하는 선생님들과 즐겁게 참여하는 친구들이 나머지를 채웁니다.

2박 3일 초등학생 숲학교 일정

1. 반갑다 친구야 : 처음 만난 친구들과 선생님들이 서로에게 첫 인상을 써주며 마음 열기
2. 숲속 보물찾기 : 모둠별로 쪽지를 뽑아 거기 적힌 장소에 가서 지시물을 찾아 모둠원이 협동하여 지시 내용을 수행하고 다음 장소를 찾아가 다시 지시물을 찾아 수행하는 방법으로 마지막에 보물이 숨겨진 곳을 찾아 자기 모둠 보물찾기
3. 자연놀이 : 꼬마야꼬마야, 얼음 땡, 열매 짝 찾기 놀이 등 마당에서 뛰어 놀며 하는 활동
4. 숲속여행 : 산음 숲을 다니며 3시간에 걸쳐 숲에 대해 알고 관찰하며 숲에서 할 수 있는 자연놀이도 함께 ~
5. 산음천 탐사 : 숲학교 아래로 흐르는 산음천에 가서 하천으로서의 산음천을 진단해 보는 수질 검사와 신나는 물놀이
6. 만들기 : 모둠별로 물물교환할 물품 만들기 활·콩주머니·나무목걸이·향기주머니·피리
7. 요리활동 : 먹거리 나눔 시간에 내놓을 음식을 모둠별로 준비, 떡볶이·화채·화전·모꼬치·인절미·샌드위치
8. 시장놀이 : 먹거리를 나누며, 각자가 만든 물건을 서로 교환하는 시간

2박 3일 장애인 숲학교 일정

1. 첫인사
2. 숲속여행 : 오감을 이용한 활동. 만지기, 냄새맡기, 먹어보기, 소리듣기, 관찰하기
3. 나무목걸이 만들기 : 진행 교사와 함께 나무를 사포로 문지르고 원하는 그림 그리기
4. 자연놀이 : 새끼줄 넘기, 얼음땡과 같은 각자 뛰기 놀이와 여우야여우야, 우리집에 왜 왔니 같은 노래를 부르며 함께 하는 놀이 ~
5. 교재활용 : 장애인의 이해를 돕우기 위해 직접 식물을 채집하여 붙여 보고 교재 내용에 따른 활동을 병행
6. 티셔츠 무늬찍기 : 자기 티셔츠에 나뭇잎으로 디자인 하기. 아크릴 물감을 이용하여 나뭇잎에 물감을 칠한 후 옷에 찍어보기
7. 요리활동 : 두 개 모둠이 하나씩 음식을 준비. 까나페·떡볶이·화채·화전·모둠꼬치

8. 숲학교를 마치고 : 숲학교 동안의 마음을 자연물로 꾸미기

1박 2일 가족 숲학교 일정

1. 뷔페식 만들기 : 나무목걸이, 자연물로 만들기, 손수건 염색 재료를 준비해 놓고 자유롭게 선택하여 만들기
2. 마음열기 : 가족 소개 후 「이름빙고」 활동하며 친숙해지기
3. 자연놀이 : 박쥐 나방놀이, 꼬마야꼬마야
4. 숲속여행 : 어른과 아이로 나뉘어 숲 체험
5. 추적놀이 : 가족별로 숲학교 주변 지도를 가지고 다니며 8가지 지시물 수행
6. 마무리 : 추적놀이 지시물 중 가족을 상징하는 자연물과 노래타령 지어 부르기를 가족별로 나와 소개하며 마침

숲학교는 어디서나 할 수 있는 활동이지만 숲이라는 자연공간에서 할 때 느낄 수 있는 기쁨과 재미와 여유를 안겨주고자 합니다.

자연에 대한 관심을 갖기 위한 시작은 아이들에게는 재미가 있어야 하고, 장애인에게는 그들의 눈높이에서 마음을 열고 다가가는 사랑이 있어야 하고, 가족에게는 함께 하는 기쁨이 있어야 한다고 생각합니다.

이 모든 것을 숲학교에 담아 항상 처음 같은 마음으로 준비하고 만들어 마지막 완성된 모습은 자연 속에 풍덩 빠지는 우리 모두이기를 바래봅니다.

필자소개 : 양윤화

숲해설가 1기. 숲학교 팀장이며 삼봉 자연휴양림. 서울시숲속여행 관악산 숲해설 활동 중.

2003. (여름) 16호.

산의 역사와 문화, 자연생태를 배우고 체험하는-

6. 서울시 숲속여행 프로그램

| 이형우 |

관악산·남산·앵봉산·수락산·안산·인왕산·대모산·청계산·아차산등 서울 근교산은 역사·문화가 살아 숨쉬고 숲이 아름다워 시민에게 최고의 휴식처로 각광받고 있다. 근교 산은 지금까지 주로 등산이나 야유회장 등 단편적으로 이용되어 왔으나 주5일제 근무 등 근무여건 개선으로 여가시간이 늘어남에 따라 산을 찾는 시민이 날로 증가하고 있다. 이제 근교산은 체력단련 등 쉼터로서의 기능뿐만 아니라 문화·예술·자연체험 등 다양한 프로그램이 어우러지는 진정한 휴식공간이기를 시민들은 기대하고 있다.

서울시에서는 근교 산의 효율적 관리와 자연사랑 의식함양 등 바람직한 공원이용문화 정착을 통하여 날로 심각한 환경문제를 시민과 함께 생각할 수 있는 계기를 마련하고자 「서울시 숲속여행 프로그램」을 개발·운영하게 되었다.

숲속여행 프로그램은 산의 역사와 문화, 자연생태를 배우고 체험하는 여행형 프로그램으로 2000년에 시작하여 매년 4월부터 11월까지 진행하고 있으며 현재 인왕산 등 9개 산에서 운영하고 있다. 산별로 매회 60명씩 신청받은 후 15명씩 4개 조로 편성하여 숲 속의 나무·야생화·조류·곤충 등에 대하여 숲해설가로부터 재미있는 설명을 듣고 관찰하며 자연에 대한 궁금증을 해소할 수 있다.

매주 오전 10~12시까지 진행되며 서울 시민이면 누구나 무료로 참여 할 수 있다. 참여방법은 산별로 해당구청 공원녹지과 및 남산공원관리사무소에 인터넷 또는 전화로 예약하면 가능하다. 첫째·셋째 일요일에는 남산·관악산·아차산·대모산·청계산에서 진행되며, 둘째·넷째 일요일에는 인왕산·수락산·앵봉산·안산에서 각각 운영된다. 탐방코스 선정은 어린이와 함께 가족단위로 많이 참여하는 점을 고려하여 걷기에 편한 코스를 선정하여 운영하고 있다.

그 동안 숲속여행 프로그램은 신문 등 매스컴을 통하여 널리 알려지면서 서울 시민은 물론 경기도와 인천에서도 참여하고 있어 참여인원이 해마다 증가하고 있다. 2002년도에는 약 8,000명의 시민이 참여하였으며 모두들 보람 있는 여행이었다고 하면서 더욱 잘해 줄 것을 당부하기도 하였다. 참여자 중에는 9개 산 모두 참여한 분도 있었는데 산별로 운영하는 프로그램마다 그 맛과 느낌이 다르기 때문이라고 했다.

컴퓨터 게임이 최고인 줄 알았던 개구쟁이들은 확대경 등 자연관찰기구로 제비꽃 등 자연관찰에 열중하였고 뱀 되어보기 등 다양한 자연놀이를 하면서 자연 속에서 하나씩 추억을 만들어 가고 있었다. 또한 한적한 숲 속에서 시 낭송을 하는가 하면 맨발로 산길을 걷기도 한다.

숲해설은 사단법인 숲해설가협회의 회원들이 맡고 있는데 산 별로 5명씩 모두 45명의 숲해설가들이 활동한다. 숲해설가·자원봉사자·담당공무원들은 다양한 연령층의 참여자에게 보다 쉽고 재미있는 숲해설을 위하여 수시로 변하는 자연생태를 하루 전에 관찰하는 등 많은 준비를 한다. 나무·야생화·곤충에 대해서는 물론이고 산의 역사 등 무엇 하나 소홀히 할 수 있는 것이 없다. 정말 자연사랑이 남다르지 않고는 프로그램을 운영하기 쉽지 않을 것이라고 매번 생각하게 된다.

숲해설가 선생님들로부터 나무와 산에 얽힌 이야기를 듣다 보면 시간가는 줄 모른다. 특히 이 프로그램에는 아이와 부모가 함께 가족단위로 많이 참여하고 있는 것이 특징이며 유치원을 비롯한 각급 학교와 기업체 등의 단체에서도 많이 참여하고 있다.

한편 2002년 가을에는 참여시민에게 보다 생생한 수준 높은 숲해설을 위하여 프로그램 운영자를 대상으로 나무·초화·조류·곤충 등 다양한 분야에 걸쳐 전문가로부터 2개월 동안 밤늦은 시간까지 매주 2회씩 심화학습을 실시했다. 퇴근 시간 후에 실시하는 교육이었지만 모두들 열정적으로 참여하였으며 소문을 듣고 일반 시민들도 많이 참여하였다.

또한 2003년 4월에는 숲속여행 홈페이지를 개설하여 방문 또는 전화로 참여 신청을 해오던 기존방식을 벗어나 인터넷 신청으로 시민불편을 해소하는 한편 숲 강좌 등 다양한 자연정보를 제공하여 자연의 소중함을 가슴 속 깊이 간직할 수 있는 계기로 삼고자 노력하고 있다.

올해로 숲속여행 프로그램을 운영한 지 4년째가 된다. 숲속여행을 담당하면서 어려움이 없었던 것은 아니지만 보람된 일이 더 많았다고 생각한다. 매주 일요일에 산별 프로그램에 참여하여 시민들의 불편사항을 듣고 자원봉사자·숲해설가·담당공무원과 프로그램 발전방향에 대하여 다양한 토론을 했던 일, 심화학습을 준비하면서 정신없이 보냈던 시간들이 내게 너무나 아름답고 소중하다.

이제 숲속여행 프로그램은 자연체험을 통하여 추억을 만드는 한편 자연의 소중함을 다시한번 생각할 수 있는 자연생태 프로그램으로 시민에게 알려지게 되었다.

숲은 나무·꽃·멧비둘기·딱따구리·꿩과 눈 맑은 다람쥐, 날렵한 청설모, 그리고 곤충에 이르기까지 소중한 생명체들이 살아가고 있는 신비의 세계이다. 일요일에 늦잠으로 피로를 푸는 것도 좋겠지만 모처럼 가족과 함께 숲 속을 걸으며 맑은 공기를 마시고 자연과 함께 하는 것 역시 보람된 일일 것이다.

그 동안 서울시 숲속여행 프로그램 발전을 위하여 수고해 주신 숲해설가 선생님, 자원봉사자, 구청 담당공무원 여러분과 참여해주신 시민 여러분께도 감사드리며 앞으로도 끊임없는 관심과 동참을 부탁드린다.

서울시 숲속여행 홈페이지 http://san.seoul.go.kr

필자소개 : 이형우.
서울시 환경국 공원과 근무. 2001년 8월부터 2003년 5월까지 서울시 숲속여행 프로그램 운영 담당자로 일하면서 보람과 함께 아쉬움도 많았다고....   2003. (가을) 17호.

7. 미친 놈이 미친 년만 좋아해요

| 김경녀 |

〈사단법인 부산민속연보존회〉의 이사장이 운영하는 〈한국민속연연구소〉라 알고 갔으므로, 번듯한 사무실이나 있으리라 생각하고 찾았던 동래구 온천 2동 844번지는 그저 평범하고 조금은 누추한 듯 보이는 살림집이었습니다.

작업실이라고 따라 들어간 곳은 두 사람이 앉고 서기에도 비좁아 인사치례를 하기도 여의치 않고 조심스럽기만 한 2평 남짓의 작은 방. 여위고 조용조용한 몸짓이 천상 학자풍인 배무삼 이사장은 첫 대면에서 불쑥 "미친 놈이 미친 년만 좋아해요"라고 말을 건네 얼른 의미를 파악하지 못한 저를 못내 당황스럽게 만들었습니다. 무슨 말로 대꾸를 해야 할 지 더듬다가 겨우 그의 말에 담긴 '년＝鳶'의 해학을 알아차리고 웃자, 그도 빙그레 미소로 화답해주었습니다.

방패연을 만들 한지에 직접 동양화 그려 넣는 작업을 하고 있었던 듯 물감과 붓이 놓여진 방바닥에는 채 그리다만 그림이 누워 그의 손길을 기다리고 있었으며, 완성된 그림들은 한쪽에 매어놓은 줄에 빛깔 고운 빨래처럼 널려 마르고 있는 중이었습니다.

둘러보니 그득한 한지며, 다듬어진 댓살 뭉치, 갖가지 모양과 크기의 얼레에 명주실 꾸러미까지 그 옹색한 방을 터져라 메우고 있었고, 사방 벽마다 해묵은 연과 새 연들이 걸려 빈 곳이 보이지 않을 정도였습니다. 연이 걸리지 않은 곳은 비 때문에 내려앉아 한뼘이나 될 만큼 시꺼멓게 구멍이 뚫리고 얼룩진 천장뿐이었는데, 그 천장을 올려다보니 너무나 송구스럽기 짝이 없어, 미소만 머금고 있는 그의 얼굴을 바로 보기 민망스러웠습니다.

오로지 우리 연을 지키는 데 평생을 바친 분이라는 것을 아는데, 그런 분에 대한 우리의 대접이 마치 구멍 뚫린 저 천장처럼 무심하고 소홀하게 느껴졌기 때문입니다.

저의 눈길이 사방 벽을 훑으며 여기저기 연을 따라 움직이자 그는 "저 년들이 날 미워해요…" 하고는 연들을 외면하였습니다. 놀란 제가 만들어주신 분을 왜 미워하겠느냐고 묻자 "하늘에 날려주지 않고 방구석에 가둬 놓으니까 그러지요…"라며 쓸쓸히 웃는 그의 옆모습을 물끄러미 바라보노라니 어쩌나 더 송구스럽던지요

*** 우리 전통 연은 1,300여 년 전7세기경부터 우리나라 역사서에 등장하는데, 초기에는 지금처럼 놀이가 아닌 군사적 목적으로 사용되었다고 합니다.

삼국사기에 신라 진덕여왕 원년 비담과 염종의 반란 때 연을 사용하였다는 기록부터 동국세시기에는 최영 장군이 탐라국 정벌 때, 조선시대에 이르러서는 이순신 장군이 왜적과 교전 시 공격 신호와 암호용으로 연을 사용하였으며, 영조는 대궐에서 신하들의 화합을 위해 청·홍으로 편을 갈라 연을 날렸다는 기록이 남아 있을 만큼 연은 요긴한 군사적 수단이었으며, 전통 놀이이기도 했습니다.

연 날리기는 보통 농삿일을 마치고 한가해진 정월 초순부터 반상(班常)을 가리지 않고 행해졌는데, 대보름이 되면 송액(送厄) 혹은 연복(延福)이란 글귀를 써서 날림으로써 액을 멀리 보내고 복을 비는 민속 신앙의 주술적 의미도 담겨 있다는군요

"동네 꼬마 녀석들 추운 줄도 모르고 언덕 위에 올라서 할아버지께서 만들어주신 연을 날리고 있네...."

그랬습니다. 틈만 나면 엉덩이가 짓무르도록 컴퓨터 게임에 매달려 몇 시간씩 모니터에 눈을 박고 있는 요즘 아이들과 달리, 예전 아이들은 산으로 들로 쏘다니는 게 노는 것이었고 연은 아주 좋은 놀잇감 중 하나였습니다.

겨울이면 주변에 지천인 댓가지를 잘라다 연살을 깎고 한지를 발라 방패연이며 가오리연을 만들었습니다. 세월이 좀 흘러서는 한지 대신 신문지로 꼬리를 길게 늘인 가오리연도 심심찮게 하늘을 수 놓았더랬지요. 아이들은 연 날리기 맞춤한 날을 잘도 알았습니다. 바람이 좋은 날에는 마치 약속이나 한 것처럼 저마다 연을 들고 나와 누구 연이 제일 높이 올라가는지 겨루기도 하였고, 개중에 솜씨 있는 녀석들은 잘게 부순 사금파리를 먹인 연실로 상대편 연을 끊어 먹는 연싸움도 벌였는데, 바로 이 연싸움이 전통 연의 가장 큰 특징이라고 배무삼 씨는 강조합니다.

중국의 연은 모양을, 일본의 연은 색깔을 중시하지만 가만히 떠있기만 할 뿐, 만드는 방법이나 날리는 이의 의도에 따라 자유자재로 움직이는 우리 연처럼 생동감이 없답니다.
게다가 숱한 외적의 침입에 찢기고 멍든 온유한 백의민족은 새처럼 하늘을 마음껏 누비는 연으로 연싸움을 함으로써 그 울분을 어느 정도 해소할 수 있었을 것이라는 그의 주장입니다.

부산 토박이인 배무삼씨는 남달리 손재주가 뛰어나 화가가 꿈이었으나 가난한 집안은 그의 꿈을 뒷바라지해 줄 수 없었습니다. 혼자 힘으로 근근히 동아대학교 국문학과 야간에 입학은 하였지만 입대로 휴학했고, 제대 후 복학은 꿈도 꿀 수 없는 형편이었던 그는 서울 남대문 시장에 사무직으로 근무하다가 장사에 문리가 트여 한때는 잘 나가는 총각사장님으로 돈도 꽤 만졌습니다.
그러나 남대문 시장의 대화재로 그의 점포는 잿더미가 되었고, 빈손이다시피 부산으로 돌아온 그는 부산공동어시장에서 일하며 우연히 연과 인연을 맺게 되었습니다. 당시 철도관은 부산 유지들의 아지트였는데 철도관 사장인 한태정 씨가 연에 일가견이 있어 직접 연을 만들어 날리곤 하는 것을 본 그는 그만 연의 매력에 푹 빠지게 된 것입니다. 어시장에서 일하던 때였으므로 그는 근무가 끝나면 물 좋은 생선을 한 마리 챙겨들고 철도관을 찾아가 어르신들게 대접하고 시키지도 않은 허드렛일부터 하기 시작했습니다.
지성이면 감천이라고 드디어 한태정 사장의 눈에 띄어 연을 배운 그는 병석에 누운 한 사장이 "네가 해야겠다..."라고 유언처럼 남긴 한 마디를 가슴에 묻고, 아내 몰래 직장까지 그만

둔 채 지금까지 35년 동안 연을 만들고 날리는 일에만 매달려 살았습니다.

가족들의 생계조차 막막한데 그는 끝내 연줄을 놓지 않았고, (사)민속예술보존협회에 속해 있던 부산민속연보존회를 지난 1990년 사단법인으로 독립시켜 완전히 분가했습니다.
그러나 독실한 가톨릭 신자였던 그가 10여 년 전부터 냉담 중이며 그 원인이 '연' 때문이라고 허탈하게 웃는 그의 모습에서 연으로 인한 그 내면의 갈등이 얼마나 처절했었는지 짐작하고도 남음이 있었습니다.

그는 유독 방패연에 애정을 가지고 많이 만들어왔습니다. 방패연은 그 문양과 색깔에 따라 이름이 붙여지는데 먹꼭지 · 홍꼭지 · 청꼭지 등 무려 200여 가지에 달한다고 하는군요. 특히 동래 지방에서 전승되어온 귀머리장군연은 그가 제일 좋아하는 연으로 어른용 65×90 cm의 방패연 하나가 완성되는 데 걸리는 시간은 꼬박 하루, 거기에 그림을 그려 넣는 연이라면 하루가 더 걸리겠지요.

연 만들기는 한지 마름질부터 시작되는데 이때 가장 신중해야 할 것은 가운데 '방구멍' 내기로, 방구멍은 바람이 들고나면 연이 뜨고 가라앉는 무게중심을 잡아주므로 조금만 치우쳐도 연이 제대로 뜰 수 없습니다.
마름질을 마치고 그림까지 그려 넣고 나면 연살을 다듬고 붙이는데 5개의 연살 중 가장 도톰하고 탄력 있어야 하는 것이 이맛살로 연의 형태를 고정하며, 이맛살보다 조금 약하게 다듬는 허릿살은 바람의 강약과 좌우 움직임을 조절하는 것으로, 허릿살이 없으면 뜨기는 해도 연이 놀지는 못한답니다.
대각선으로 놓이는 귓살은 가늘게, 수직으로 세우는 기둥은 아래쪽이 휘도록 더 가늘게 다듬습니다. 연살은 응달에서 2년 이상 말린 대만 쓰는데, 다행인지 불행인지 요즘은 댓살 다듬기처럼 손이 많이 가는 부분은 공장에서 깎아져 나오므로 공정이 많이 단축된 셈입니다.
마지막으로 방줄(목줄)매기는 꽁숫구멍(기둥살 아래 실을 매기 위해 뚫는 구멍)을 어디쯤 뚫느냐가 관건으로 너무 위쪽이면 연놀림이 자발맞게 빨라지고, 너무 아래로 처지면 둔해져 연 날리는 재미가 덜해지는데, 듣기엔 간단한 이런 이치를 깨닫는 데만도 가감 없는 10년의 세월이 필요하더랍니다.

이처럼 연 만들기에 35년을 바친 그가 지금까지 만든 연은 1년이면 3,500여 개-줄잡아 12만 개를 넘나듭니다. 그 수많은 연들을 만들고 날리며 그는 돈이며 명예며 세속의 잡다한 욕심과 번뇌를 모두 저 하늘로 실어 보내버렸습니다. 무형문화재 지정도 올해 안에 처리되리라 주위에서 이야기하지만 내년, 내년하며 끌어온 것도 벌써 9년째라 이제 뒷전에 미뤄두고 무엇보다 절실한 그의 남은 꿈 하나는 '연 박물관'을 짓는 것입니다.
중국도, 우리나라에서 연을 전수 받은 일본도 연 박물관이 있어 누구나 연을 만들어 보고 날려볼 수 있는데, 우리는 전통 연의 가치에 대한 관심과 후원이 너무나 미흡한 실정이라 답답하다고 말하는 배무삼 씨.

아버지의 재주를 이어 받아 미술대학을 졸업한 작은 아들 호균씨가 연에 대해 깊은 애착을 갖고 있는 것을 알아챈 그는, 내색은 안 해도 매우 대견해하며 고마워하고 있었습니다. 게다가 고전하는 아버지를 보다 못한 큰 아들이 만들어준 인터넷 사이트(www. kitemall. co.kr)로 심심찮게 주문이 들어오는 데다, 외국에 선물용으로 그의 연을 찾는 이들이 점점 늘고 있기 때문에 그는 요즘 그나마 위안을 받고 있는 듯했습니다.

해운대 겨울바다 위로 펼쳐진 파란 하늘, 가늘게 뜬 낮달 옆으로 그를 닮은 단정한 방패연 하나가 마치 그의 소망처럼 간절하게 떠있었습니다.

필자소개 : 김경녀
숲해설가 2기. 숲해설가협회편집위원장. 현재 서울시숲속여행 남산 숲해설 활동중.

2004. (봄) 19호.

8. 슬픈 굴참나무

–장애우들과 함께한 '산음휴양림' 숲체험기

| 최오균 |

(* 이 글과 뒤이은 최순자 선생님의 글, 그리고 숲체험 기록장은 지난 6월2일(수)에 산음자연휴양림에서 있었던 영서 중학교, 영림중학교, 영남중학교 특수학급 소속 장애학생들을 대상으로 한 자원봉사활동 후 감상을 적은 것입니다. 자원봉사에 참여하신 회원들게 감사드립니다.

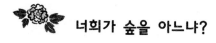

너희가 숲을 아느냐?

거기에 산이 있었고 숲이 있었다.

용문사의 그늘로 음지가 된다는 '산음휴양림'에는 녹음방초 우거진 숲이 우리를 조용히 기다리고 있었다.

너희가 나를 아느냐?

숲은 이렇게 나에게 묻고 있었다.

모른다. 나는 그저 당신이 좋아서 왔을 뿐...

정말 나는 숲을 모른다. 그냥 무작정 좋아하기만 할 뿐, 나는 숲의 실체를 모른다.

거기 왼쪽 비탈엔 숲의 여왕 자작나무의 군락이 하늘을 찌르며 묵묵히 서 있었고, 건너편 숲에는 잣나무가 진한 향기를 뿜으며 푸름을 덧칠하고 있었다. 잣나무가 말했다.

"나는 너에게 이렇게 향기로운 냄새를 맡게 해 주는데, 너는 나에게 무엇을 줄거야."

".........."

나는 사실 숲에게 해줄 것이 거의 없었다. 오히려 숲을 괴롭히지는 말아야 할텐데... 숲 해설을 한답시고 숲에게 누나 끼치는 것이 아닐까?

허지만... 잣나무님, 당신은 영원한 나의 스승이요, 신이며, 나의 종교라는 것. 그리고 당신이 나를 가르쳐 주고, 사랑해준 것 만큼, 당신을 더 존경하고, 아끼며, 사랑하려고 노력을 한다는 것... 이러한 내 마음만은 조금 기억을 해주시리라 믿어요.

사실 그렇다! 자연은 나의 영원한 스승이요, 신이다. 자연은 내가 가장 존경하는 대상이며, 사랑하는 연인이다.

11시경에 도착한 우리는 먼저 산림체험 코스 사전 답사를 했다. 베테랑 선생님들과 함께한 사전 답사는 나에게 숲에 대한 새로운 눈을 뜨게 해주었다.

오후 3시. 휴양관에서 장애우 학생들을 기다리고 있던 우리들은 학생들을 맞이하기 위해 매표소 쪽으로 걸어갔다. 오늘 숲 해설 자원 봉사는 박찬희, 서광식, 오준영, 임정현, 장이기, 정헌철, 최정순 선생님, 그리고 숲을 모르는 나도 합류를 했다.

영림, 영서, 영남이라는 이름도 생소한 중학교의 장애우 특수 학생 38명을 걸어서 올라온다는 전갈을 받고 그들을 맞이하기 위하여 일부러 내려왔던 것. 상큼한 오디의 열매를 맺고 있는 뽕나무 그늘 아래 잠시 기다리고 있는데, 드디어 그들이 하나둘 걸어올라 오기 시작했다. 그들은 모두 손에 수박, 음료수 등 무거운 음식과 짐을 들고 있었다. 하루밤 지낼 음식물과 짐이었다.

그들은 서울에서 일반 버스를 타고 왔다고 했다. 아마 버스를 대절할 형편이 되지 못했던 모양이다. 우리가 버스정류소로 가서 장애 아이들을 태워주겠다고 했지만, 인솔교사는 숲을 체험하기위해서 일부러 왔는데, 그래서는 안 된다고 극구 사양을 하며 걸어오겠다고 했다. 그래서 그들은 초하의 더운 날씨를 등에 업고 땀을 뻘뻘 흘리며 걸어오고 있었다.

그들 중에서도 맨 나중에 종종걸음으로 힘겹게 인솔교사의 손을 잡고 걸어오는 키가 아주 작은 학생이 나의 시야에 들어왔다. 그를 발견한 후, 그가 불과 50미터 정도 되는 길을 걸어오는 데에도 무척 긴 시간이 흐른 것처럼 느껴졌다.

이런 표현을 하기가 매우 송구스럽지만, 그는 마치 땅에 붙어서 걸어오는 것처럼 보였다. 그는 왜소증 난치병 환자였다. 그런데 이상 했다. 내가 그를 본 순간, 나는 그와 매우 오래된 친구 같은 생각이 들었기 때문. 오늘 그와 만나야할 전생의 인연이 나에게 이미 지어져 있던 것일까? 하여 간 나는 그와 오늘 친구가 되기로 작정했다.

세 팀으로 나누어 숲 해설이 진행되었는데, 나는 키 작은 학생이 있는 맨 마지막 팀에 합류를 하였다. 장이기 선생님의 도우미로 그들을 따라 나섰던 것.

"이름이 뭐지?"
"김태우."
"몇 살?"
"15살이예요."
"숲에 들어오니 느낌이 어때?"
"아직은 잘 모르겠어요. 그냥 덥고 힘만 들어요 아휴. 등거리에 땀차!"

그는 나를 쳐다 볼 듯 말 듯 하며 힘겹게 말했다.
그대가 나를 아는가? 이렇게 힘들게 숲을 찾아온 나의 마음을...
그의 눈빛은 이렇게 말하고 있는 것처럼 보였다.
친구여, 내가 어찌 그대를 알겠는가? 미안하다 오늘 내가 그대를 위해서 해줄게 무얼까? 나는 그냥 너의 친구가 되어 주고 싶을 뿐인데, 아니 네가 오늘 나의 친구가 되어 다오.

그는 사실 눈도 잘 보이지 않는가 보다. 그는 땅을 자꾸만 헛딛다가 뒤뚱거리며 금방 넘어질 것만 같았다. 초등학교 저학년 생으로만 보이는 그는 15살이나 되었다. 그는 연신 손수건으로 땀을 닦으며 힘들게 따라왔다. 장 선생님이 아이들의 땀을 식히기 위해 체험 코스의 초입에 있는 냇물에 멈춰서며 말했다.

"자, 학생들 덥지요. 양말을 벗고, 이렇게 냇물에 발을 한번 담가 보세요."

"난 싫은데..."

장 선생과 내가 먼저 냇물에 발을 담갔다. 아이들이 하나둘 냇물 속으로 들어왔다. 내 친구 태우도 맨 나중에 양말을 벗고 시원한 냇물로 첨벙거리며 들어 왔다.

"여러분 냇물이 차가운가요, 시원한가요?"
"시원해요!"
"아니요, 차가워요!"

대답은 각자 다 달랐다.

"태우야 넌 느낌이 어떠니?"
"너무 차가워요! 아, 전요 뜨거운 건 잘 참는데 차가운 건 못 참거든요."
"아, 그래? 사실 나도 차가워. 그래도 느낌은 좋지?"
"네. 기분은 아주 좋아지고 있어요!"

나는 자연히 태우에게 관심이 쏠렸다. 사실 나의 느낌도 발이 시리도록 차가웠다. 태우는 물속에 발을 담갔다 뺐다 하면서 즐거워라 하고 있었다. 20분쯤 지났다.

"자, 여러분, 이 물이 깨끗한가요, 더러운가요?"
"깨끗해요."
"집에 있는 물보다 훨씬 깨끗하고 맑아요."
"그럼 여러분은 이 물에다 쓰레기를 버릴 건가요?"
"아니요?"
"오물을 버려서 더러워지면 누가 그 물을 먹지요?"
"우리들이 먹어요."
"그럼 어떻게 해야지요."
"물을 깨끗하게 보호를 해야 해요."

자연보호에 대한 교육은 이렇게 자연스럽게 진행되었다.

"너희가 내 몸에 발을 담그는 동안 나는 힘들어 진다구. 이젠 그만 나가다오."

졸졸졸. 시냇물이 흘러가며 속삭이듯 말했다. 그러나 모두들 그 말을 알아듣지 못한 듯 첨벙대기만 했다. 이렇게 시리도록 맑은데, 한강 하류로 내려 갈수록 각종 오염에 시달리는 시냇물의 심이 이해가 갔다.

"자 여러분, 이제 등에 땀이 좀 식었나요?"

"네."

"아니요, 아직요."

그들은 물속에서 나오는 게 싫은 모양. 정신까지 맑게 해주는 시냇물의 고마움을 그들은 느끼고 있었다. 우리는 다시 양말과 신발을 신고 숲길을 걷기 시작했다. 몸이 한결 가벼워 진 듯 모두가 잘도 걸었다.

다시 장이기 선생님의 본격적인 숲 해설이 진행되었다. 국수나무에서 국수를 뽑아내고, 대사초로 불어주는 풀피리, 방귀를 뽕뽕 뀐다는 뽕나무... 들에 대한 설명에 그들은 한결같이 입을 헤 벌리며 신기해 했다. 사실 나도 장 선생님의 탁월한 숲 해설에 감동하며 입을 벌리고 있었다. 그는 숲 해설의 프로였다.

숲을 아는 사람... 그는 국수나무도 넘어진 가지에서 하나를 꺾어 국수를 뽑아냈다. 대사초 잎은 하나만 뜯어서 돌려가며 불어보도록 했다.

"야, 대사초야, 그래도 오늘은 좀 괜찮네. 내 팔다리가 꺾이지 않게 되었으니. 저기 바람에 꺾어져 넘어진 저 친구 덕분이야."

국수나무가 대사초에게 속삭였다.

"그래 넌 좋겠다. 그런데 나는 오늘도 내 발이 하나 잘려 나갔어. 이러다간 팔다리 몸뚱이가 하나도 남아나지 않겠어. 이미 내 곁에 있는 친구들의 절반이상이 몽땅 뜯겨 나갔거던."

대사초가 국수나무에게 억울한 표정을 지으며 말했다. 대사초는 바람에 바르르 떨며 곧 눈물이라도 쏟아낼 것만 같았다. 슬픈 대사초의 표정을 뒤로 하고 우린 덩굴나무 아래에 도열해서 늘어섰다.

"자, 오늘 여러분은 모두 타잔과 제인이 한번 되어 보는 거예요."

장 선생님이 먼저 덩굴에 매달려 타잔 흉내를 내자, 두려워하기만 했던 아이들도 하나둘 따라서 했다. 나의 친구 태우도 드디어 매달리기 시작했다. 태우는 워낙 키가 작아서 그를 안아서 덩굴을 잡게 해줘야만 했다.

그는 너무도 신이 나는 듯 발을 동동 구르며 덩굴을 흔들면서 타잔처럼 괴성을 질렀다. 그러다가 그는 그만 덩굴에서 떨어져 엉덩방아를 찧고 말았다.

"괜찮니 태우야."

"네 괜찮아요."

그는 엉덩이에 묻은 낙엽을 툭툭 털고 일어났다.

"태우야, 네가 너무 흔들어 대니 내가 좀 힘들어서 너에게 벌을 준 거야. 담엔 좀 살살 흔들어 다오. 난 허구한 날 사람들에게 시달려 목, 허리가 다 빠져 나갈 것만 같아."

덩굴나무가 태우에게 말했지만 그는 그 말을 알아듣지 못했다.

"자, 여학생 여러분은 오늘 타잔의 애인 제인이 되는 유일한 기회를 놓치지 마세요."

여학생들도 처음엔 싫다고 고개를 훼훼 젓더니 하나둘 매달리기 시작했다. 그리고 모두들 즐거운듯 타잔처럼 괴성을 질러댔다.

"자, 선생님도 오늘 제인이 한번 되어보세요."

인솔교사는 질겁했다. 그러나 아이들의 성화에 못 이겨 그녀도 덩굴에 매달렸다. 모두들 신나는 박수를 쳐 댔다. 첨엔 힘만 들다고 했던 그들은 점점 숲 해설에 빠져들어 가기 시작했다.

"아휴, 이젠 여자애들까지 나를 귀찮게 하는구나."

덩굴나무의 한숨 섞인 메아리를 들으며 우리는 징검다리가 있는 냇물 쪽으로 갔다.

🌸 슬픈 굴참나무

징검다리에서 나는 태우를 팔에 앉았다. 그가 스스로 징검다리를 건넌다는 것은 무리였기 때문. 그의 따뜻한 체온이 나의 품에 전달되어왔다.

"선생님, 미안해요. 저 무겁죠?"
"응, 조금 무겁구나."
"선생님 감사합니다."
"뭘…"

태우와 나는 징검다리를 건너며 서로 부딪친 스킨 쉽에서 마음을 나누고 있었다. 그의 따뜻한 영혼이 내 가슴을 타고 내게로 스며들고 있었다.

"이 나무는 굴참나무예요. 이 나무로 코크를 만들지요. 여러분, 포도주 병마개 알지요?"

"네 선생님."
"이 나무는 껍질이 물컹물컹 하답니다. 손톱으로 한번 눌러 보세요."
"진짜 그러네요."

아이들이 신기한 듯 굴참나무 껍질을 손톱으로 짓누르기 시작했다.
그런데 그 굴참나무는 여기저기 껍질이 벗겨져 상처가 나 있었다. 예리한 칼로 도려낸 자국이 무척 아파 보였다. 굴참나무는 그 고통에 아직도 웅웅 울고 있었다.

"태우야, 좀 살살 눌러다오. 난 사람들이 내 껍질로 뭔가를 보여준다고 하면서 내 피부를 칼로 벗기는 바람에 그 고통이 이루 말할 수 없단다. 제발 나를 그냥 내버려 두었으면 좋겠어. 흑흑흑..."

손톱자국을 내며 짓누르는 태우에게 굴참나무가 말했지만, 태우는 그걸 전혀 눈치채지 못한 듯 계속 손톱으로 굴참나무 껍질을 눌러 대고 있었다.

 내 영혼이 따뜻했던 숲길

2시간여의 숲 해설의 어느새 가는 줄 모르게 지나갔다. 그들은 우리와 사진을 찍자고 했다. 그들은 처음보다 한결 활기찬 모습이었다. 나는 그들에게 오늘 숲 체험에 대한 소감 한마디를 각 자가 발표하도록 요청했다. 태우 차례가 되어 그가 말했다.

"저는요, 산에는 가보기는 했는데요. 오늘 같은 느낌은 첨이에요."
"무슨 느낌을 받았는데?"
"발에 느끼는 차가운 물의 감촉, 풀피리, 타잔 되어 보기, 아름다운 꽃들... 그리고 그냥 기분이 너무너무 좋아졌어요."
"선생님도 여러분과 함께한 숲 체험이 너무너무 즐거웠어요."
그는 만족한 듯 웃었다. 모두들 좋은 기분이 되어 있었다. 그들은 모두 자연을 아끼고 사랑하겠노라고 다짐을 했다. 그러나 우리는 이제 헤어져야 했다.
짧은 만남 뒤에 헤어짐도 이별은 이별이다.
팀별로 각자 해설 선생님과 사진을 찍고 우린 이별의 정을 나누었다.
우리가 떠나갈 무렵, 그들은 뭔가를 작은 봉투에 담아서 가져왔다.
그리고 각 팀별 선생님들에게 내밀었다. 그것은 폴로라이드로 찍은 즉석 사진 한 장과 5,000원짜리 도서상품권 한 장이었다. 그런데 내 사진은 없었다. 어? 나도 사진을 찍었는데...
한참 뒤에 우리가 막 출발을 하려고 하는데, 맨 나중에 태우가 어디선가 나에게 다가왔다.
"선생님. 이거 작지만 받아주세요."

"..."

"선생님, 오늘 고마웠어요."

"아... 아니야 네가 더 고마워."

감동! 나는 어쩐지 코끝이 찡해지고 무언가 모를 진한 감동이 태우의 고사리 손에서 전달되어 옴을 느낄 수가 있었다. 5000원짜리 도서상품권이 5천만원보다 더 값지게 느껴졌다. 태우는 잘 보이지 않는 눈을 치켜뜨며 나를 보려고 애를 썼다. 나는 그와 다시 사진 한 장을 찍었다.

"자, 이 사진 나중에 이메일로 보내 줄테니 이 명함 잘 보관하고 있다가 편지해라."

"네 선생님. 꼭 편지할게요."

숲해설가라는 내 명함을 손에 꼭 쥐고 태우는 인솔교사의 손을 잡고 숲 속으로 총총히 사라져 갔다.

태우야, 네가 나를 아느냐?

나는 사라져 가는 태우에게 반대로 물었다. 그러나 태우는 나의 마음을 이미 읽고 있었다. 그가 대답은 안 했지만 나는 그것을 느낄 수 있었다.

태우는 그의 순수한 영혼을 나에게 나누어주고 있었다. 그래서 나도 태우의 심정을 조금 이해할 수 있을 것 같았다. 그들은 장애가 덜 심한 아이가 더 심한 친구들을 보살펴주며 걷기 어려운 숲 체험을 무사히 끝내고 있었다.

너희가 진정으로 나를 아는가?

산음 휴양림의 숲길을 나오는데 숲이 다시 나에게 물었다. 나는 아직도 그대를 잘 모른다. 다만 나도 태우처럼 숲 속에 있으니 괜히 기분이 좋을 뿐...

나는 숲과 태우가 주는 따뜻한 영혼을 등줄기로 느끼며 천사봉 아래 산음계곡을 빠져나와 비솔고개를 넘고 있었다.

2004. 6. 2 산음휴양림에서

필자소개 : 최오균

숲해설가 소나무회. 베스트셀러(사랑할 때 떠나라) 저자. 현재 여행칼럼니스트로도 활동 중

2004. (여름) 20호.

9. 숲해설가협회 선생님들께

| 최순자 |

안녕하세요? 지난 6월 2일에 산음자연휴양림에서 도움 받았던 영서중학교 특수교사 최순자입니다.

행복하게 지내고 계시죠? 저는 휴양림으로 1박2일 수련회를 다녀온 후에 학교행사가 여러 개 있어서 좀 바쁘게 지냈습니다. 바빴다는 핑계로 이제야 편지를 보내게 되었네요.

전번에 장이기 선생님께서 건네주신 소화제를 교실 책상 서랍 속에 넣어 두었는데, 책상 서랍을 열 때 마다 그날의 일이 떠오르곤 합니다. 그날 뵈었던 분들께 우리 특수교사들은 마음 속으로 깊은 고마움을 간직하고 있습니다. 우리 아이들을 이해하고 사랑해주시는 분들을 만나면 우리 편(?)을 얻은 것 같아 든든해지고는 합니다.

며칠 전에는 서울시 남부교육청 산하의 특수학급이 연합하여 서울대공원 삼림욕장으로 간단히 산행을 했습니다. 다른 학교 아이들은 모두 힘들다고 야단이었는데, 그 때 함께 산음으로 강행군(?)했던 아이들은 얼굴에 미소를 머금고는 "이게 뭐가 힘들어!", "우리는 할수 있어요." 하며 여유를 부리더군요. 산행을 하는 도중에 아이들이 아는 체를 했습니다. 이것은 무슨 풀이고, 이 나무는 이름이 무엇이고 하면서 서로 경쟁하듯 큰소리로 떠들었습니다. 산초나무의 잎을 하나 뜯어서는 제 코밑에 갑자기 들이대며, "선생님, 냄새 좋죠?" 합니다. "여기 산도 공기가 시원하지만, 산음이 더 좋았어요. 왜 그런 거예요?" 하며 제법 심오한 질문도 합니다. 그리고는 다른 학교 학생들에게 냇가에서 발 담근 일을 자랑하더군요. 애들은 숲에 가면 당연히 발을 담가야 한다고 생각하고, 모든 등나무 넝쿨을 보면 매달리고 싶어 하더군요. 그게 제일 재미있었다고들 하더라구요.

아이들에게 소중한 추억 하나를 만들어 주셔서 다시 한번 감사드립니다. 그리고 아이들을 가슴 속에 담아주셔서 감사합니다. 아이들이 해설가 선생님이 안아 주셨다며 좋아했거든요.

교실에 남아서 이 글을 쓰고 있는 지금도, 그날의 녹은과 새소리, 그리고 풀내음이 떠오릅니다. 그 날의 해설가 선생님들은 우리들의 마음 속에 〈숲향기〉로 새겨졌나 봅니다.

2004. 6월 16일

같이 보내는 것은 아이들이 작성한 숲체험 기록장입니다.
우리 아이들은 작문실력이 남달라(?) 서술형으로 작성하지 못하여 간단한 단답형으로 만들어 보았습니다. 글씨도 많이 틀리고, 횡설수설하는 것도 있고, 옆의 친구 것을 베낀 아이도 있고, 자기 이름 석자만 적은 아이도 있지만, 아이들의 마음을 전해 드리고 싶어서 함께 보냅니다.

숲체험기록장

2004년 6월 4일. 2학년 7반   이름: (김은혜)

체험 장소	삼봉 자연 휴양리	체험 기간 날짜	6월 2일 :
함께 한 친구	다선, 우리, 인경언니, 나, 동관, 때도		
활동 내용 (보고 느낀 것)	새로 알게 된 나무, 풀, 꽃 이름들을 적어 봅시다. 괭이밥		
	숲에서 본 나무, 풀, 꽃 중에서 가장 기억에 남는 것을 두 개 적으세요. 1. 까치수영 이유: 꽃이 이프다 먹게없는데 쓰다 2. 붓꽃, 다래나무 이유: 꽃이 북 저렇생겼기 봇꽃이라고 해다! 3. 앵두 이유: 맛있었다.		
	숲 속에서 했던 활동 중에서 가장 재미있었던 것은? 까치수영, 괭이밥		
	냇가에 발을 담갔을 때의 느낌을 적어 보세요. 발이 차가웁고 기지만		
	숲을 지키고 보호해야 하는 이유는 무엇일까요? 나무을 안전 시켜야 한다		
	우리에게 숲 해설을 해 주신 선생님께 모르는 식물, 나무, 꽃을 가르쳐주셔서 감사하.. 좋은 추억을 남겨 주셔서 고맙습니다		
	다음에 숲 체험을 또 하게 된다면, 다시 해 보고 싶은 것은? 식물관찰		
느낀점	여름캠프을 하니까 행복했다 기분이 특하다. 재밌. 그리고 꽃을 애껴도 믿겠다 잠주안이 생겼지만 다능누리는 식물관찰을 갔음 좋겠		

181

숲체험기록장

2004년 6월 2일 1 학년 2 반 이름 : (김태우)

체험 장소	산음 자연휴양소	숲 체험 한 날짜	2004년6월2일
함께 한 친구	태우, 현아, 중열, 다영, 근이, 정현, 선생님, 생태		

새로 알게 된 나무, 풀, 꽃 이름들을 적어 봅시다.

국수꽃 붓꽃

숲에서 본 나무, 풀, 꽃 중에서 가장 기억에 남는 것을 두 개 적으세요.

1. 붓꽃 이유: 붓처럼 부드러외다
2. 국수꽃 이유: 꽃중에도 우리가 먹는 국수가든러이
3. 이유: 어서놀랐다

숲 속에서 했던 활동 중에서 가장 재미있었던 것은?

불에 발당근게 재미있었다

냇가에 발을 담갔을 때의 느낌을 적어 보세요.

시언하고 차갑고 좋았다

숲을 지키고 보호해야 하는 이유는 무엇일까요?

숲을 지키면 나무들이 살아서 공기를 맑게해준다

우리에게 숲 해설을 해 주신 선생님께 아침일찍 외서 우리에게재인는이야기를 들려주서서 감사 합니다

다음에 숲 체험을 또 하게 된다면, 다시 해 보고 싶은 것은?

불에러오레임고싶다

느낀점

물랐던걸알아서 좋았습니다
처음엔에는 지누햇는데
지금이시니까재미있었어요 고맙습니다

숲체험기록장

2004년 6월 7일 | 학년 9반 이름: (강상태)

체험 장소	산음 자연 휴향림	숲 체험 한 날짜	2004년 6월 2일(수) 2004년 6월 3일(목)
함께 한 친구	영림중학교, 영서중학교, 영남중학교? 모든 사람,		
활동 내용 (본 것, 한 것)	**새로 알게 된 나무, 풀, 꽃 이름들을 적어 봅시다.** 국수나무, 타잔나무, 잎 **숲에서 본 나무, 풀, 꽃 중에서 가장 기억에 남는 것을 두 개 적으세요.** 1. 국수나무　이유: 잎 속에 있는 국수 같어 나온다. 2. 타잔나무　이유: 타잔나무는 움직이고 재미는 놀어기구 3. 잎　이유: 이것은 소리가 나고 많이 붙어 조심하세요? 여기가 어둡니다 **숲 속에서 했던 활동 중에서 가장 재미있었던 것은?** 장기자랑, 물 장크기, 노래듣기, 담력훈련 **냇가에 발을 담갔을 때의 느낌을 적어 보세요.** 시원하고 엉덩이의 땅이 없어 지는 느낌이 있었다. **숲을 지키고 보호해야 하는 이유는 무엇일까요?** 숲을 보호하고 꽃을 뽑지 말가. **우리에게 숲 해설을 해 주신 선생님께** 선생님 감사하고 또 오겠습니다 　　　안녕히 계세요! **다음에 숲 체험을 또 하게 된다면, 다시 해 보고 싶은 것은?** 숲체험을 많이 하고 놀이감을 만들어 보자		
느낀 점	우리가 아끼고 사랑해야 하고 몰래 돋아 다니지 않도록 주의를 해야 겠다.		

183

10. 창경궁의 나무 이야기

창경궁의 나무라면 다 알고 있다며 속으로 은근히 자신감을 갖기 시작할 무렵인 재작년 가을의 일입니다. 홍화문과 옥천교를 안내하고 선인문 쪽으로 가기 위해 남쪽으로 둘러쳐진 행각을 지나면 있는, 넓은 잔디밭을 보며 대부분의 관람객은 확 트인 공간에 여기저기 잘 자라고 있는 나무들을 보며 감탄을 합니다.

이혜숙 | 숲해설가

저는 숲해설가로서 궁궐길라잡이 활동을 시작했습니다. 그래서인지 궁궐길라잡이 교육을 받으며 궁궐을 지원하라고 했을 때, 제가 정한 1순위는 나무가 많은 곳이었습니다. 나무가 많은 것으로 말하면 후원이 있는 창덕궁이 훨씬 매력적이기는 하지만 창덕궁의 나무들은 제게는 멀리서 바라볼 수밖에 없는 그림속의 나무들일 뿐입니다. 궁궐의 특성상 안내 동선이나 시간이 자유로운 창경궁의 나무들이 훨씬 가깝게 다가왔습니다. 제가 창경궁을 좋아하는 이유는 그 곳에 가면 언제나 반갑게 그 자리에서 맞이해주는 풀과 나무들이 있기 때문이며, 구름다리 지나 종묘의 멋진 정전과 나무들도 볼 수 있고, 또 창덕궁 후원의 나무들도 기웃거릴 수 있어서입니다.

처음엔 박상진 선생님의 '궁궐의 우리나무'를 들고 다니며 공부했지만 이제는 눈을 감고도 어디에 무슨 나무가 어떤 모습으로 서 있는지, 언제 싹이 트며 어떤 꽃을 피우고 열매 맺는지 대충은 얘기를 할 수 있을 만큼 친해졌습니다.

추운 겨울에도 자주 드나들다보니 우리 궁궐의 나무들이 추운 겨울을 견디고 봄을 맞이하는 시기가 조금씩 다르다는 것을 알게 된 다음부터는 더욱 바빠졌습니다.

2월말쯤 성종태실 안내를 하고 춘당지로 내려가면서 동쪽 하늘을 바라보았을 때, 늘씬하게 쭉 벋은 오리나무 몇 그루가 자줏빛 수꽃을 피운 모습을 보면서 느꼈던 그 경이로움은 잊을 수가 없습니다. 그리고 춘당지 건너편 늘어진 버드나무에 물이 오르는 모습을 지켜보는 재미도 빼놓을 수가 없지요. 그 뒤편엔 하얀 피부를 자랑하는 백송도 있답니다.

그 다음으론 춘당지 초소 뒤편 개암나무의 노란 수꽃과 아주 작은 암꽃을 보기 뒤해 서둘러야 합니다.

개암나무 수꽃이 질 즈음이면 우리 궁궐에 비교적 많이 있는 느릅나무를 살펴야 합니다. 선인문 근처에 비교적 큰 나무들이 있고 여기저기 살펴보면 서너 군데 무리지어 자라고 있어 쉽게 찾을 수 있지요. 느릅나무과(비술, 느티, 시무, 팽, 풍게, 참느릅나무 등)의 다른 나무들보다 비교적 일찍 꽃이 피어 열매 맺고 떨어지기 때문에 조금만 게으름을 피우면 놓치기 쉬운 나무랍니다. 가을에 노란 단풍이 들면 아름답기도 하고 나뭇잎 모양이 아주 심한 짝궁둥이라서 모두 신기하고 재미있어합니다.

창경궁의 느릅나무는 아직 어려서 가지가 낮습니다. 그래서 자세히 보지 않으면 눈에 띄지 않는 그 작은 꽃도 쉽게 볼 수 있습니다.

눈에 잘 띄는 꽃으로는 생강나무와 산수유, 진달래를 빼놓을 수는 없지요.

우리 궁궐에서 제일 자랑거리 중의 하나가 경춘전 옆 꽃계단에 자라고 있는 생강나무입니다. 박상진 선생님의 책 속에는 꽃계단 아래쪽까지 늘어진 가지가 아주 자연스럽고 멋스러웠는데 제가 길라잡이를 시작한 다음 해에 그 가지는 잘려지고 말았습니다. 늘어진 가지 때문에 꽃계단이 무너질까 걱정되어 잘랐다고 하는데 생각할수록 아쉬움이 많습니다.

생강나무는 꽃이 폈을 때의 고운 향기도 좋지만 가을 단풍의 그 환한 모습은 으뜸입니다. 또 하나 아쉬운 것은, 통명전 뒤쪽, 옛 자경전 터 앞에 사이좋게 붙어 자라고 있던 음나무와 산뽕나무가 있었는데, 어느 날 가보니 음나무는 베어지고 산뽕나무만 외롭게 남아 자리를 지키고 있었던 것입니다.

창경궁의 나무라면 다 알고 있다며 속으로 은근히 자신감을 갖기 시작할 무렵인 재작년 가을의 일입니다. 홍화문과 옥천교를 안내하고 선인문 쪽으로 가기 위해 남쪽으로 둘러쳐진 행각을 지나면 있는, 넓은 잔디밭을 보며 대부분의 관람객은 확 트인 공간에 여기저기 잘 자라고 있는 나무들을 보며 감탄을 합니다.

그런데 옛 궐내각사 터에 늠름하게 서 있는 회화나무와 선인문 바로 앞 쪽에 있는 구부러진 나무가 같은 나무라는 것은 가까이 다가가 확인하거나 얘기해드리기 전에는 모르고 지나치기 쉽습니다. 선인문 앞 회화나무 곁에서 지나온 길을 돌아보면 행각 지붕 너머로 보이는 나무들과 멀리 보이는 북한산(삼각산)과 도봉산도 볼 수 있어 좋아하는 길입니다.

그 길로 안내해드리려고 행각을 나서는 순간 제 눈앞이 갑자기 환해져서 확인해보니 멀리 서 있는 들메나무의 단풍이 샛노랗게 물이 들어 그렇게 보였던 것입니다. 3년 이상 그 길을 안내하며 지나쳤는데 미처 느끼지 못했던 것인지, 아니면 그 해에 유난히 단풍이 아름다웠던 것인지 모를 일이지만, 그 기억이 오래 남아 작년 가을에도 매주 드나들며 살폈지만 재작년처럼 아름다운 모습은 아니었습니다. 올해는 또 어떤 모습으로 단풍이 들지 계속 살펴보아야겠습니다. 작년에 열매가 많아 얼마 전까지도 작년 열매가 달린 것이 눈에 띄더군요.

올해는 꽃이 피는 시기가 조금씩 빨라져서 제 머릿속 꽃시계가 따라가기에 조금 숨이 가쁩니다. 지난 일요일(5월17일)에는 산딸나무와 함박꽃나무(산목련)가 활짝 피었더군요. 지난주 목요일(5월14일) 창덕궁 연경당 옆에 크게 자란 칠엽수의 꽃이 활짝 피어 멀리서도 눈에 띌 정도였는데, 우리 궁궐의 칠엽수는 벌써 꽃이 졌습니다. 찻길 옆에 있어 더 빨리 피고 졌나봅니다.

제가 처음 창경궁 길라잡이를 시작할 때는 자원봉사자들이 머무는 사랑방이 관리사무소와 함께 있어서 안내하러 오는 날이면 홍화문으로 들어와 오른쪽으로 꺾어 북행각을 지나 춘당지 쪽으로 가게 됩니다.

5월 이 때쯤이면 행각 문을 나서면 크지는 않지만 눈에 띄는 층층 나무가 한 그루 있습니다. 꽃이 피기 전에는 크게 자라고 있는 다른 나무들에 가려 잘 보이지 않다가 꽃이 피면 훤하게 자기 존재를 알리는 나무였는데, 지금쯤 환하게 꽃이 필 텐데 올 해는 별로 눈에 띄지 않더군요. 그리고 보니 통명전 옆의 층층나무도 작년에 아주 멋지게 꽃이 피었었는데 그 나무에서도 꽃을 볼 수 없었습니다. 올해는 좀 쉬어 가려나 봅니다. 그 근처에는 층층나무와 비슷한 크기의 말채나무가 한 그루 있어 층층나무과의 두 나무를 비교하며 공부할 수 있었습니다. 말채나무는 이제 꽃을 필 준비를 하고 있습니다. 두 나무 사이에 있는 계단을 올라가면 창덕궁의 후원으로 넘어가는 길을 따라 담이 둘러쳐 있고, 그 근처엔 경복궁에 있는 나무에 비해 작기는 하지만 작아서 오히려 꽃이 피고 열매 맺은 모습을 보기에 적당한 크기의 쉬나무가 몇 그루 있습니다. 그 옆, 자경전 터에 있는 팥배나무엔 유난히 열매가 많아 겨울이면 그 열매를 먹으러 오는 여러 가지 새들을 볼 수 있어 사람들이 뜸한 오후에 자주 찾는 곳입니다. 일제 강점기에 지어졌던 장서각이 있던 그 자리에 올라서면 창경궁의 전각지붕들 사이로 보이는 나무들과 종묘 숲, 그리고 남산타워까지 전망이 아름다운 곳으로 손꼽히는 곳이지요.

풍기대와 해시계를 보고 태실로 가는 길가에는 왼쪽 숲을 보호하는 국수나무가 자연스럽게 가지를 늘어뜨린 모습이, 배가고플 때는 국수가 저절로 떠오를 만큼 멋지게 자라 작고 앙증맞은 꽃이 지금 한창입니다.

태실을 둘러보고 오솔길을 따라 내려가면 5월 초엔 비술나무씨앗이 하얗게 내려앉아 있어 근처에 그 나무가 있다는 것을 알게 해줍니다. 이제 막 꽃이 필 준비를 하고 있는 황벽나무는 열매가 익어 떨어지면 그 곳을 지날 때마다 코끝을 간지럽게 하는 향기가 마치 한약방을 지나는 느낌입니다.

그 오솔길을 나오며 바라보이는 건너편엔 우람한 나무둥치를 자랑하는 오래된 느티나무가 있습니다. 제일 굵은 가지는 죽었고 그 옆에 새 가지가 나서 근근이 버티고 있는 모습인데, 죽은 가지 끝에 곧게 자라는 작은 나뭇가지 하나가 높이 솟아 있습니다. 자세히 살펴보면 느티나무와는 전혀 다른 줄기와 잎이라는 것을 알 수 있지요. 죽은 느티나무가지에 음나무 싹이 터서 자라고 있습니다. 볼 때마다 조금씩 굵어지고 높이 자라는 모습이 신기해서 관람객들께 얘기해드리면 모두 신기해합니다.

5월 둘째 주에는 쪽동백이 한창이더니 지난주에는 때죽나무꽃이 피고 지며 바닥에 내려앉아 흰 눈이 내린 듯 환했습니다. 때죽나무꽃은 쪽동백꽃에 비해 향기가 강해서 어떤 때는 어지럼증이 일기도 합니다. 춘당지를 중심으로 왼쪽 숲길을 따라가는 길은 흙길이어서 맨발로 걸어도 참 좋은 곳입니다.

가을엔 다른 곳에서 쓸어 모은 나뭇잎을 모아 깔아놓아 폭신폭신한 나뭇잎을 밟으며 가을의 정취를 느낄 수 있는 곳이기도 하지요. 유리 온실 뒤편의 숲에도 숨은 보배들이 아주 많습니다. 피나무, 참죽나무, 비술나무, 튤립나무 등 제가 좋아하는 나무들이 많아 빼놓을 수 없는 곳입니다.

참, 그 곳으로 가는 길의 춘당지 가장자리에 닥나무도 몇 그루 있어 봄엔 꽃도 예쁘고 가을 단풍도 아름답습니다.

우리나라에서 처음으로 지어진 유리 온실엔 남부지방에서 자라는 특산식물이나 천연기념물로 지정된 식물들을 화분에 심어 기르고 있습니다. 남쪽까지 갈 시간이 없는 제겐 아주 고마운 곳이어서 시간이 날 때마다 자주 들르는 곳입니다. 특히, 추운 겨울엔 추위도 피하며 나무들을 볼 수 있어 더욱 좋아합니다. 나무들도 멋지지만 창경궁에서 제가 좋아하는 것 중의 하나는 박석이나 꽃계단의 돌틈, 혹은 잔디밭에서 저절로 자라 피고 지는 작은 풀꽃들이랍니다.

초봄부터 냉이, 꽃다지, 주름잎, 꽃마리, 꽃받이, 봄맞이, 제비꽃, 씀바귀, 벼룩이자리, 개미자리, 벼룩나물, 쇠별꽃, 선개불알풀꽃, 뿌리뱅이, 민들레, 애기똥풀 등, 이루 헤아릴 수 없이 많은 꽃들이 피고 지는 모습은 뭐라 말할 수 없을 정도로 아름답습니다. 꽃을 좋아하는 사람에겐 보물이지만 꽃에 관심이 없는 분들은 관리를 제대로 하지 않았다며 불평을 하기도 해서 관리하는 이에겐 성가신 풀들입니다. 지난 일요일에는 사랑방 앞 잔디밭에 토끼풀꽃이 많이 피어 미안해하며 몇 송이 따다가 안내하러온 선생님들에게 꽃반지를 해주었는데, 엊그제 가니까 말끔하게 정리가 되어 그 많던 풀꽃들이 흔적도 없이 사라져버렸습니다. 그럴 줄 알았으면 더 많이 따서 화관이라도 만들어 줄 걸 하는 아쉬움이 남습니다.

　제가 창경궁으로 가는 길 중에서 제일 좋아하는 길은 서울대학교병원 정문을 통해 옛 함춘원(현재 서울대학교 병원)에 있던 경모궁터를 돌아보고 서울대학교 임상병리학연구소 11층에 올라가 창경궁과 창덕궁후원을 내려다보고 장례식장을 지나 찻길을 건너오는 길입니다.
　서울대학병원 장례식장에선 계절마다 바뀌는 나무들의 모습을 내려다 볼 수 있어 참 멋집니다. 오리나무의 수꽃을 시작으로 귀룽나무의 잎과 버드나무의 수꽃이 피어 연두색, 혹은 연노랑으로 수채화물감처럼 번지는 숲을 바라보면 제 마음에도 어느새 봄기운이 가득 번져오는 것을 느끼게 되지요.
　두 번째로 좋아하는 길은 종묘에서 넘어오는 길입니다. 종묘를 한 바퀴 돌아 구름다리를 지나 창경궁으로 들어와 까치발을 하고 서서 담 넘어 낙선재 앞의 매화나무 뜰을 바라보는 것도 제 일과 중의 하나입니다. 매화가 필 때면 담을 넘어 매화향기를 담은 바람이 불어오기도 합니다.

　이렇게 하나하나 찾아다니며 인사를 나누다보면 한나절이 훌쩍 지나갑니다.
　얘기해드리고 싶은 나무들이 아직 많이 남아있지만 한 번에 안내해드리기엔 무리인 것 같아 여기서 제 이야기는 마무리를 지어야 할 것 같습니다.

　　　　　　　　　이천구년 늦은 봄 창경에서 들꽃소녀 이혜숙 올림.

11. 학교로 찾아가는 숲해설

서울후암초등학교는 용산구 후암동에 위치하고 있는 학교이다. 교화는 개나리, 교목은 느티나무를 선정하고 있는 학교로서 학교 뒤에는 서울의 상징인 남산이 위치하고 있다.

서울후암초등학교를 들어서면 입구에 메타세쿼이아 나무가 시원스럽게 뻗어 있어 학교 전경을 한층 돋보이게 하고 있다. 우리 학교는 생명의 숲 가꾸기 국민운동에서 1999년도 학교숲 조성사업 시범학교로 선정되어 많은 종류의 수목이 식재되어 학교녹화를 위한 교육환경 개선과 지역사회발전에 이바지하고 있다. 아마도 서울시내에 있는 초등학교 중 이렇게 다양한 종류의 수종을 보유하고 있는 학교도 드물 것 같다.

2010년 3월 1일자로 후암초에 학교장으로 부임하면서, 숲해설가로서 어떻게 하면 초등학교 어린이들에게 숲과 친숙해지면서 자연을 보호할 수 있는 의지와 태도를 심어줄 수 있을까 고민을 하다가 숲해설 프로그램을 운영해야겠다는 생각을 갖게 되었다.

서울국유림사무소 숲해설 지원팀의 도움으로 매주 금요일 학교에서 학교숲 또는 학교 뒷산인 남산 숲을 둘러보면서 어린이들에게 숲해설과 함께 숲체험 학습의 장을 마련하고 있다.

이 프로그램은 지난 3월 26일부터 3학년을 시작으로 재량활동 및 교과시간을 활용하여 운영되고 있으며, 2010년 12월 3일 4학년 어린이를 끝으로 775명의 전교생에게 실시될 예정이다. 매주 금요일 10시~12시까지 2시간에 걸쳐 운영되는 이 프로그램은 학급별로 숲공부를 실시하여 전교생이 숲생태에 대한 공부를 하고 있어 어린이들이 숲을 더 사랑하고 숲과 친숙해지는 계기가 되고 있다.

또한 우리 학교는 강남구청의 지원을 받아 매주 목요일 계발활동의 한 부서인 숲생태부 20여명을 대상으로 자연생태의 소중함을 체험하는 프로그램도 아울러 운영하고 있다.

이러한 프로그램은 활동 시마다 어린이들의 만족도, 참여도, 변화도를 살펴보고, 프로그램으로 적합성도 아울러 평가할 예정이다. 현재까지 어린이나 학부모들로부터 많은 호응을 받고 있으며, 해설을 해주시는 산림청 소속 선생님들도 자부심을 가지고 열심히 지도해 주시는 모습에 자라나는 어린이들에게 어릴 때부터 생태계의 중요성을 느끼게 해준다는 점에서 학교장으로서 행복과 보람을 느끼고 있다.

학교로 찾아가는 숲해설 프로그램은 자연과 접할 기회가 부족한 도시의 어린이들에게 가장 쉽게 자연을 접하며 환경에 대한 바른 인식을 갖고 자연의 조화와 생명의 소중함을 인식하면서 자연과 인간의 공생관계를 이해할 수 있도록 하는데 그 목적을 두고 있다.

학교로 찾아가는 숲해설 프로그램은 단순히 수목의 이름이나 그 특징을 알아보거나 관찰하는데 그치지 않고 나무목걸이, 풀잎손수건 등을 직접 만들어 보는 체험 교육등의 프로그램 뿐 만아니라 숲에 대한 사랑과 친숙함을 도모하고 있다.

초등학생을 대상으로 하는 숲해설을 함에 있어 간과해서는 안될 것이 크게 3가지 정도 있다고 본다. 설명위주 교육의 탈피, 활동적인 교육 실시, 융통성 있는 교육이 바로 그것이다.

초등학생을 대상으로 하는 숲해설은 단지 수목의 이름, 특징 등을 알거나 이해하는 데 그쳐서는 안 된다. 나무들의 모양과 그 특징을 알게 함으로써 숲과의 친숙함으로 유도하고, 식물에 대한 새로운 인식을 갖게 하여 어린이들에게 새로운 태도나 행동으로 자연을 대할 수 있도록 해야 한다. 자연과 인간관계, 자연에게서 인간이 배워야 할 점, 자연을 보호하고 가꾸려는 인식의 함양 등에 숲해설의 목적을 두고 접근해야 한다. 예를 들면 숲 속의 나무는 언뜻 보면 똑같아 보이지만, 우리 인간도 같은 인간이면서도 신체나 성격 등이 각기 다른 것처럼 하나하나 나무도 모두 개성이 다르며 존중 받아야 한다는 사실을 일깨운다.

또한 산딸나무 같은 경우에 작고 볼잘 것 없는 꽃을 가지고 있지만 곤충 눈에 잘 띄려고 포를 꽃잎처럼 변신하고 있다. 잎이 무성한 초여름의 숲 속에서 곤충들의 눈에 잘 알리게 하기 위해서 산딸나무는 스스로 꾀를 낸다. 꽃차례 아래에 달려 있는 네 장의 포를 마치 꽃잎처럼 희게 만들어 꽃이 잘 보이도록 스스로 변신한다는 점에서 인간이 자연에게서 배울 점을 찾아보게 하는 것이다. 도토리는 전분이 많아 귀중한 겨울철 비상양식이 된다. 다람쥐는 열심히 도토리를 모아 여기저기 묻어서 숨겨 둔다. 숨겨둔 도토리 중 일부는 새싹을 키워 참나무로 성장한다. 무거운 씨앗을 멀리 보낼 방법이 없는 참나무들은 종족의 번식 방법으로 다람쥐의 이동성을 이용하는 것이다.

초등학생은 오랜 시간 주의집중을 하거나 설명을 듣는 정적인 면에 취약하다. 그들은 혈기가 왕성하여 잠시도 가만히 있지 못하고 움직이려고 한다. 주의집중을 하는 시간이 짧다. 따라서 어린이들의 흥미와 관심을 유도하기 위해서 숲해설 프로그램 중에 반드시 아이들이 직접 만져보고 체험해보는 동적인 프로그램이 병행되어야 한다. 인간의 오감을 활용한 활동, 나뭇잎 도장 만들기와 같은 자연을 소재로 한 만들기 활동, 자연물을 활용한 놀이활동등이 여기에 해당된다고 볼 수 있다. 또 하나의 정해진 프로그램이라도 상황에 따라 융통성 있게 프로그램을 진행하여야 한다는 점이다. 벗나무에 대한 설명을 하고 있는 도중에 한 무리의 개미떼가 이동을 하는 것을 어린이들이 목격을 한다면 어린이들은 설명을 듣는 것보다는 움직이는 개미떼에 더 많은 흥미를 느끼게 된다. 이런 경우에는 본래 설명하려는 것보다는 어린이들이 관심을 가지고 있는 개미에 대한 설명을 함으로써 보다 어린이들과 함께 할 수 있는 프로그램으로 융통성 있게 움직여야 한다는 점이다.

위와 제시한 몇 가지 점을 고려하면서, 어린이들을 대상으로 하는 숲해설 프로그램을 접목시킨다면 보다 효과적이며 목적하는 바를 달성할 수 있다고 본다.

학교에서 봉사하고 있는 숲해설가 선생님들은 이와 같은 점에 주안점을 두고 어린이들을 지도하고 있다. 앞으로도 더욱 가치 있는 프로그램 운영을 위해 노력하시리라고 본다.

초등학교 어린이들을 위한 숲해설은 그 학교의 경영자인 학교장이 어떤 마인드를 갖고 있으며 관심을 보이느냐에 따라 그 교육의 성패가 달려 있다고 보아도 과언이 아닐 것이다. 교장인 본인도 2009년도 사)한국숲해설협회에서 실시하는 교육을 수료하였으며, 자연에 대해 남다른 관심이 많아 앞으로도 숲생태 교육을 위한 프로그램 운영에 적극 지원할 생각을 갖고 있다. 어린이들은 숲의 다양한 가치와 기능에 대한 이해를 높여 주는 교육활동을 적극적으로 운영하여 많은 어린이들이 스스로 숲을 보호하고 가꾸는 일에 앞장 설 수 있는 마인드를 기질 수 있도록 할 것이다.

양선석
서울후암초등학교 교장. 협회 12기 교육수료.

2010. (여름) 29호

12. 어린이대공원 생태체험학교

나무와 풀, 곤충과 새들이 함께 어울려 살고 있는 어린이대공원 자연생태 안에서 숲해설가와 함께 다양한 생태체험을 하는 학습프로그램이 진행되고 있습니다. 사람들이 숲을 보다 친밀하게 느끼고 이해하길 바라며 아름답고 넉넉한 자연 속에서 다양하게 숲을 체험할 수 있도록 도와주고 있습니다.

일상에서 지친 몸과 마음에 여유를 찾고 자연과 더불어 따뜻한 교감을 나누며 봄의 새순, 여름의 야생화, 나무마다 갈아입는 다양한 가을풍경, 그리고 다음해를 준비하는 숲의 겨울등 계절에 때맞춰 변화하는 숲도 느껴보게 됩니다. 또한, 오감을 활용한 자연놀이를 통해 자연생태에 대한 바른 이해를 도울 수 있으며, 이로써 자연과 하나 되는 나를 깨닫게 됩니다.

어린이대공원 후문 가족정원을 중심으로 숲해설(계절여행), 자연놀이(숲에서 놀자), 매미여행, 오리엔티어링, 자연미술제 등 참가자 15명당 전문 숲해설가 1인 진행(보조해설가 1인 별도)으로 수요자의 요구에 의한 맞춤식 프로그램(관찰해설중심, 자연놀이중심)이 가능하며 계절별 차별화된 주제와 내용으로 진행되고 있습니다.

이곳에서는 6기 회원부터 9기 회원들의 생태학습 진행과 11기 회원부터 13기 회원의 보조진행이 이루어지고 있습니다.

13. 생태세밀화란?

1. 세밀화의 역사

세밀화란 우리나라에서 자생적으로 보리출판사 등의 어린이 그림책이나 도감용 그림으로 이태수, 권혁도, 정태련 등의 화가들이 처음 그리면서 명명된 말입니다. 역사는 20년 정도 되었지요. 요즘 환경과 생태에 관심이 높아지면서 인기가 많지만 초창기에는 그렇지 않았다고 해요.

그러나 우리 옛 그림에서는 이미 솔거의 "노송도" 이전부터 세밀화는 그려졌고 정리를 하면 역사가 깊지요. 고려는 특히 세밀한 북화풍의 그림이 유행하여 만약 남아 있다면 대단 했을 꺼예요. 지금 남아 있는 불화나 불경의 그림으로 미루어 짐작을 해 봄직하지요. 조선은 잘 아시다시피 신사임당의 초충도, 심사정, 정선 등의 화조, 초충도가 많이 남아 있어요.

서양은 14세기이전부터 약용도감 그림으로 그려지고, 17세기 바로크 때 제국주의 시대의 귀족들의 식물원, 동물원 소유 취미가 확산되면서 발달을 했는데요. 지금은 보태닉 아트 (Botanic Art)로 그림의 장르로 자리 잡았답니다. 현대는 영국의 왕립식물원을 중심으로 한 단체(SBA)와 미국 뉴욕 보태닉 가든을 중심으로 한 단체(ASBA)가 주류를 이루고 있답니다. 또 유서 깊은 식물원에는 보태닉 아트 전시장을 두고 상설 진시를 하기도 하고, 미술관처럼 유명 컬렉션도 있지요.

우리 자생세밀화는 서양의 식물세밀화(Botanic Art)와 구분 생태세밀화로 자칭하는데, 외국은 natural history Art라고 불리고 동물, 조류, 물고기 등을 주로 그리는 생태기록입니다.

단체로는 숲해설가협회 산하의 소그룹으로 "숲을 그리는 사람들"이 2002년 박종숙 초대 회장님의 발기로 시작이 되어서 2005년 첫 전시를 시작으로 올해 7회전을 치룬 最古의 숲 그람이 있지요.

또 협회에서는 세밀화를 통해 숲공부의 밀도를 높이고, 전문 세밀화가도 키우고자 생태세밀화강좌를 열어 올해 처음 2010년 9월 27일 ~ 10월4일까지 안국역문화쉼터에서 졸업전을 합니다.

왕초보 누구라도 쉽게 그릴 수 있게 진행하는 세밀화 강좌에 관심이 있으신 분들의 많은 참여 바랍니다.

2. 세밀화는 어떤 그림일까요

세밀화는 미술과 과학의 만남, 엄밀히 기록화라고도 하지요. 식물이나 동물의 특징과 모양을 그대로 그리는 건데요. 사실 그대로 그리는 게 아니라 그 대상의 특징을 파악하여 한 장의 그림에 모든 정보를 전달하는 그림이므로 재창조 된다고 봐야 합니다. 그래서 "사진 20장 정도의 정보를 한 장에 담는다" 라고들 하지요.

종류는 현재의 모습만 생생히 담는 방법과 일생을 담는 역사화(Historical)가 있지만 모두 그 대상의 가장 아름다운 모습을 담아 그리려고 노력한다면 예술작품이 되지요.

저는 서양화를 전공하고 구상, 비구상, 설치 미술등을 하지만, 예술이 대중에게 어렵게만 느껴지거나, 투기의 대상으로만 보는 현 화단이 싫어서, 고민을 많이 하였는데, 숲그람을 통해 세밀화라는 장르를 만나고 나서는 우리나라에서는 미개척 분야이고, 진신을 담는 그림이라 확신을 가지고 전념을 하게 되었지요. 평소 꽃이나 자연을 무척 좋아하기도 하였구요.

3. 세밀화 그리는 방법

세밀화는 먼저 대상이 있는 곳으로 가야합니다. 그래서 전국, 전 세계를 다리품과 시간과 돈을 들여서 대상을 찾아갑니다. 저는 이 과정이 좋습니다. 보다 많은 탐사 시간 확보를 위해서 교직도 그만 둘 정도로요 ~~

(대상에 대한 정보를 많이 알고 가면 더 좋아요.).

그리고 대상을 잘 관찰합니다. 특징을 파악해서 정리를 해봐요. 그리고 마음을 열고 대상을 느껴 보아요. 이 때 사랑하는 마음이 생긴다면 더 좋은 그림이 된답니다.

스케치는 대상을 가능하면 실물 크기로 비례를 파악하여 화면의 구도를 감안하여 희미하게 전체적 윤곽만 그린 후, 자세히 실물의 선을 따라, 눈으로 본 대로, 화면에 선을 그려갑니다. 이 때는 꼭 생각을 비우고, 말을 하지 말고, 집중을 하면서 그려야 오른쪽 뇌가 활성화 되어 잘 그려집니다.

명암이나 채색 단계에서는 실물감, 입체감, 질감 색감 표현이 같이 되어야 하는데, 빛의 방향은 11시 방향으로 통일을 하고 실물에 보이는 대로 가장 밝은 색이나 옅은 색부터 차례대로 색을 올려서 점점 짙고 자세히 그려 나갑니다. 도중에 구조가 파악 되었다고 안 보고 생각으로 그리지 말고, 끝까지 대상을 잘 관찰하면서 그려야 합니다. 배경은 보통 흰색으로 남깁니다.

윗글처럼 그리는 과정을 간단히 요약을 하니 몇 줄 안 되지만 사실 한 장의 그림이 그려지기 까지 보름 정도의 시간이 걸립니다.

재료는 서양 보태닉아트로는 수채화를 최고로 칩니다. 그 외에 잉크로만 그리는 라인 드로잉도 있고, 색연필로 그리기도 합니다. 그 외 과슈, 아크릴, 유화 등 작가가 선택한 재료로 그리기도 합니다.

동양화가들은 먹이나 석채 등 동양적인 재료로 접근을 하기도 하는데, 이 또한 외국에서는 신선하게 봅니다.

저는 지금은 수채화로 그립니다. 한국인의 담백한 정서에 잘 맞아서요. 후에는 신사임당이나 정선 등과 같이 화회화의 느낌을 담은 그림을 그리는게 목표입니다. 우리 선조의 훌륭한 세밀화를 세계에 알리고 싶기도 하구요.

4. 생태세밀화 제작 대상별 관찰 포인트

대상 구분	식물	곤충	동물이나 새	물고기나 패류
형태 관찰 하기	줄기 기울기 붙기 잎의 모양과 잎맥, 붙기, 구조 꽃이 구조와 모양 차례, 열매 털의 유무, 색 전체 색, 표피 질감	크기, 구조 파악 머리, 가슴, 배 다리의 붙는 위치 관절 모양, 더듬이 날개의 맥 개수, 전체 색이나 광택 털, 비늘 유무	크기, 머리 몸통 목의 길이 붙은 위 치, 다리의 길이와 붙은 모양, 눈, 입이 나 부리 모양, 깃털 이나 털 모양, 방향, 색, 뿔의 모양 색 질감	크기, 옆과 위에서 본 모양, 아가미 돌 기, 비늘 유무, 비늘 (고랑)의 개수, 지느 러미 갯수(등, 가슴, 배, 변형, 빨판), 모양, 살 수, 색
기타 관찰 하기	향기나 맛보기 약효나 식용여부	변태, 기주식물	생애, 울음소리 흔적 (발자국, 똥)	홍분색 혼인색 변화

김혜경
(사)한국식물원 수목원협회 세밀화위원장 숲해설가협회 세밀화 전문위원

2010. (가을) 30호.

14. 서울시 종로구 원남동에 관한 추억

어린 시절은 누구에게나 잊을 수 없는 추억으로 남아 있게 마련이다. 나는 서울시 종로구 원남동에서 소년시절을 보냈다. 지금 한국숲해설가협회가 둥지를 틀고 있는 바로 그 골목이다.

내 선친의 고향은 황해도 금천이다. 개성에서 북동쪽으로 조금 올라가서 38선에 가까운 마을이다. 선친은 사업차 함경북도 청진시로 이사하였고 나는 그곳에서 태어났다. 해방을 조금 앞둔 1945년 7월 우리 가족은 서울로 내려왔다. 중구 초동(지금의 백병원 근처)에서 잠깐 살다가 종로구 원남동 28번지로 이사했다. 협회 사무실로부터 약 30m 정도 떨어져 있는 집이다. 그 곳에서 나의 유년, 소년, 그리고 청년시절인 대학교 2학년까지 16년 간 살았으니 내 고향에 해당된다. 우리 가족은 이북에 두고 온 호적 때문에 가호적을 만들면서 원남동을 본적으로 등록해 놓고 있다.

나는 골목 모퉁이에 있었던 담배 가게를 마주보는 일본식 가옥에서 살았다. 이 골목에서 또래 친구들과 술래잡기, 딱지치기, 자치기, 자전거 타기 등을 하면서 즐거운 시절을 보냈다. 당시 주변에 일본식 가옥이 많이 모여 있어 그런대로 깨끗하고 잘 정돈된 골목이라는 기억이 내게는 남아 있었다. 성인이 된 후 미국에서 유학을 마치고 이 골목을 다시 찾고 너무 놀랐다. 골목이 그렇게 좁고 낙후했다는 것을 처음 깨달았기 때문이다.

이미 미국과 서울 강남의 넓은 골목에 익숙해 있어 이렇게 비좁은 골목에서 어떻게 놀았는지 의문이 풀리지 않는다. 내게는 운동장처럼 크게 느껴졌으니 어린 시절 작은 체구에 모든 것이 크게 보였는지도 모른다.

한국전쟁이 한창이던 1951년 4월 서울이 수복되면서 만6세가 된 나는 혜화초등학교에 입학하여 3학년까지 다녔다. 전쟁이 끝나면서 혜화초교는 학생이 넘쳐 4학년때 나는 연건동에 있는 창경(昌慶)초등학교로 옮겨야 했다. 창경초교는 창경궁이 가까이 있어 붙여진 이름이며, 우리 집에서 학교까지 걸어서 10분, 뛰어가면 5분이면 갈 수 있는 거리에 있었다. 혜화초교보다 이름이 알려져 있지 않은 학교였지만, 1937년 일본인에 의해 세워져 일본 관료의 자제들이 다니던 명문 소학교였다. 최근 이 지역의 인구가 감소해서인지 아니면 다른 연유에서인지 잘 모르겠지만, 창경초교는 1989년 도봉구 쌍문2동으로 이사했다. 지금 그 자리에는 서울대 치대병원이 큰 건물을 짓고 들어와 있다.

창경초교는 혜화 혹은 효제초교보다 규모가 작은 학교로서 한 학년이 5반 정도 되었다. 졸업생 중에서 가장 이름이 많이 알려져 있는 동창은 서울대학교 총장과 국무총리를 역임한 정운찬(鄭雲燦) 박사인데, 창경초교 12회 졸업생으로서 나보다 3년 후배다.

원남동, 한국숲해설가협회, 그리고 나와 관련된 이야기는 여기에서 그치지 않는다. 현재 협회가 주차장으로 사용하고 있는 부지에 대한 이야기가 남아 있다. 이 골목은 우리 한국 근대사의 한 페이지를 장식하고 있는 곳이기도 하다. 이 주차장 자리는 예전 이정재 씨의 집이었다. 그에게 외아들이 있었는데 나의 창경초교 동기 동창생이다.

내 세대 사람들은 모두 이정재(李丁載)를 알고 있다. 소위 말하는 정치 깡패라는 이름의 사나이였다. 그는 경기도 이천 출신으로 천하장사 씨름 대회에서 황소를 여러 마리 탔던 경력을 가지고 있는 기골이 장대하고 공부도 좀 하고(고등학교 졸업) 배짱도 있는 사람이었다.

공식적으로는 동대문시장 상인협회장이라는 직책을 가지고 있었으나 실제로는 깡패조직인 동대문파의 도목으로서 동대문의 알카포네(동카포네)라는 별명으로도 알려져 있었다. 당시 서울에는 양대 산맥을 이루고 있던 깡패조직으로서 동대문파와 명동파가 있었다. 이정재는 정계에도 손을 뻗어 국회의원 출마를 시도하기도 했으며, 당시 이기붕 부통령의 하수인 노릇을 했다.

1960년 4.19 혁명이 터지면서 이승만 대통령은 하야하고, 이기붕은 장남의 주도하에 가족집단자살을 했다. 이 혁명의 와중에서 흥분한 시민들이 이정재 집에 불을 놓아 집이 타버렸다. 당시 나는 고등학교 1학년에 재학 중이었는데, 친구 집에 불이 나는 것을 보고 무척 당황했다.

이정재는 재판에 회부되어 옥살이를 하다가 풀려났다. 이듬 해 5.16 사태가 터지면서 이정재는 다시 구속되어 재판을 받았다. 결국 그는 교수형에 처해졌는데, 마지막으로 외아들을 면회하면서 아버지는 사람을 죽이는 등의 나쁜 짓을 하지 않았다는 변명을 한 것으로 전해진다. 이정재 부인은 현대식 외모를 갖춘 미인이었는데, 그 후 동대문 시장에서 보험회사의 직원으로 일하면서 여생을 조용히 보냈다.

나는 옛 고향에 해당하는 이 골목이 그리워 가끔 찾곤 한다. 2001년경 우연히 이 골목을 지나다가 협회의 간판을 목격하고 반가움을 금치 못했다. 이것이 계기가 되고 내가 대학 교재로 쓴 책 '수목생리학'을 협회 회원들이 즐겨 읽으면서 공부한다는 소식을 듣고 협회에 대한 애정이 싹 트기 시작했다. 작년부터 본격적으로 협회와 인연을 맺으면서 즐거움과 보람을 맛보고 있다.

나는 평생 나무를 전공한 사람이다. 나무는 내 몸의 일부나 마찬가지이고, 숲은 내게 활력과 영감을 주는 장소다. 나무는 나에게 생활수단을 제공해 주었고, 인생의 보람을 일깨워주기도 했다. 내가 평생 나무에게 지은 빚은 매우 크다. 칠순을 바라보면서 나무에 대한 빚을 갚아야겠다는 생각이 더 커진다. 그 중 한 가지 방법이 나보다 숲을 더 사랑하는 협회 회원들에게 작은 선물을 주는 것이다. 나와 같은 나무 전문가가 해야 할 숲에 대한 홍보를 나보다 더 열심히 하는 협회 회원들을 진심으로 존경하면서 나는 협회의 호출에 기꺼이 응한다.

이번에 지방에 있는 협회 회원들을 대상으로 수목생리에 관한 전국 순회강연을 주선해 주신 협회 본부의 임원들에게 감사드린다. 지난 주 부경협회에서 1차 강연을 마쳤는데, 잊을 수 없는 경험이었다. 강연장이 67명의 회원으로 꽉 찼는데, 호기심 많은 초등학생과 같은 맑은 눈동자에 나는 너무 행복했다. 앞으로의 강연 일정을 손꼽아 기다리고 있다.

이경준.
서울대학교 명예교수. (사)한국숲해설가협회 이사.

2011. (여름) 31호.

15. 제8회 어린이 숲 올림픽

　북부지방산림청(청장 윤영균)이 주최하고 사)한국숲해설가협회가 주관한 제8회 어린이숲올림픽 본선대회가 2011. 11.19(토) 국립산림과학원(서울 홍릉숲)에서 예선을 통과한 90명의 서울, 경기, 강원 초등학생이 참여한 가운데 개최되었다.

　김진홍 고문님의 갑작스런 호출. 지난 평창대회 때 죄(?)도 있고 해서 노력봉사는 하겠다고 하고, 진행회의에 참석했다. 김고문님이 조직위원장으로 행사를 준비하고 계셨다. 그런데 나에게 맡겨진 일은 1부 개회식과 3부 도전! 그린벨 순서에서 문제를 읽는 아나운서를 하라 하신다. 나는 펄쩍 뛰었다. "서울생활 30년인데도 사라지지 않는 사투리와 경상도 발음과 억양을 어찌하라고요." 했더니 그런 것 못 느낄 정도라며 압박하신다. 행사 마지막 점검날 김규석 대표님도 나의 사투리가 걱정되셨는지, 자꾸 서서 연습해보라며 조바심을 내신다. 원래는 다른 분이 하기로 했었는데 사정이 생겼고, 다른 분 정해서 준비하기는 시간적으로 불가능한 모양이었다. 하는 수 없이 학생들에게 공개될 예상 문제집을 받아들고 왔다.

　고민이 아니될 수 없다. 나는 우선 문제지를 큰 글씨로 편집을 하고, 분야별 문제를 섞었다. 문제의 난이도가 없는 것 같아 후반부에 우열을 가릴 때 어찌해야할지 궁리를 했다. 예상 문제집이 나갔으므로 아이들은 그것만 달달 외우고 올 텐데 어떻게 하나 고민을 하다가 실물(나무잎, 열매 등) 보기 문제를 출제하기로 하고, 예상문제와 다른 문제가 출제될 수 있다는 것을 공지를 했다. 다른 선생님들은 벌써 몇 차례 회의와 사전준비와 지방의 학교까지 가서 예선전을 치르면서 본선대회 출전자를 선발해 놓았다.

　당일 아침 8시 20분 산림과학원 정문 집합, 입구에 환영 현수막과 위치 표시 배너 등을 세우고 실내 현수막도 달았다. 원래는 강당과 느티나무 쉼터 잔디밭에서 진행하려 했으나 기온이 내려가고, 비가 온다는 관계로 특별전시실에서 진행하기로 했다. 학교에서 인솔 해 온 교사분들은 학부형들과 함께 박병권 교수가 진행하는 특강을 들으러 가고, 지금부터는 아이들을 우리에게 안심하고 맡기시라고 당부를 드렸다.

　오늘 담임분들 중 어떤 선생님의 노트를 보고 기절하는 줄 알았다.

　깨알 같은 작은 글씨로 홍릉숲의 나무들에 대한 탐구를 철저히 하시고, 또 문제 중에 오류가 있는 것들을 지적하여 주셨다. 아이들은 내어준 그대로 외워 왔을 터, 지문이 잘못된 문제는 아예 출제에서 뺐다.

　개회식은 북부지방산림청 윤영균 청장께서 지구 온난화를 방지하기 위해 여러분들의 나무 사랑이 얼마나 중요한가를 아이들이 쉽게 이해 할 수 있도록 인사말을 대신해주셨다.

　개회식이 끝나고 2시간 동안 홍릉숲을 탐방하면서 보고, 또 공부한 것을 복습해 보는 시간을 가진 뒤 연구동 지하식당에서 식사를 했다. 진행자 몇 명이 조금 일찍 식사를 하고 있는데 한조가 예정시간보다 조금 일찍 식당에 들어왔다. 준비가 덜 되었다고 조금 기다리라 하자, 아이들은 조용조용 얘기를 하거나 문제집을 보고 있다. 녀석들을 보고 있자니 흐뭇한 미소가 절로 난다.

　식사를 가지고 가라 하자, 식판에 식사를 담고는 하나 같이 주방 아주머니들게 "잘 먹겠습니다." 하고 인사를 한다. 녀석들, 나무 공부하는 녀석들은 예의도 바르지. 돈가스와 스파게

티, 잼과 빵, 아이들이 딱 좋아할 만한 메뉴다.

얼른 식사를 마치고 다시 특별전시실로 돌아왔다. 지금부터는 나도 긴장이 되는 시간이다. 지방교육청별로 시상을 해야 하는 부분이 있어서 초반부는 지역별로 2명씩 장려상과 우수상을 선발하기로 했다.

각 지역에서 마지막 2명이 남는 순서로 장려, 우수상을 선발을 하고, 후반부에는 패자부활전을 겸해서 초반부에 탈락한 학생들을 다시 다 불러 들여 최우수상 1인을 뽑는 형식이다.

문제의 반 이상을 출제했는데 탈락하는 아이들이 몇 없다. 단답형은 문제를 다 내기도 전에 답을 적는다. 좀 어려운 문제를 내라고 재촉이 심하다. 문제를 난이도 없이 출제를 하는 바람에 생긴 오류이다. 하는 수 없이 오전에 청장님의 축사 속에서 나온 행사명을 맞추는 어려운 문제를 하나 제출했다. 어려운 문제는 또 다 못 맞춘다.

최우수상을 가리는 문제는 모두 다 들어와서 처음부터 다시 시작이다. 역시 단답형 보다는 수목에 대한 지문을 읽어주고 어떤 나무인가 묻는 문제가 조금 어렵다. 나무의 특성을 한마디로 설명할 수 있는 지문을 배제를 하고, 지문도 3줄 이상 읽을 수가 없었다. 보드에 나뭇잎을 붙여서 보여주고 무슨 나뭇잎인지 이름을 적는 문제는 어려웠을 것이다. 그런데도 아이들은 바로 바로 답을 적는다. 문제를 내는 나도 떨린다.

각자의 기량대로 열심히 공부한 친구들에게 산림청장, 서울, 강원, 경기도 교육감상, 북부지방산림청장의 상장과 푸짐한 부상이 주어졌다. 문제 출제석 바로 앞에 앉은 수빈이는 초등학교 4학년, 언니 오빠들과 겨루어 잘 올라 왔는데 장려상에 그쳤다. 강원도 춘천 호반초등학교 6학년 유선미양은 지역별 장려상과 전체 최우수상을 수상함으로 2관왕이 되었다. 청장님께서 아침부터 시상식까지 함께 하시고, 직접 시상을 해주셨다.

특이한 것은 본선에 진출한 90명의 학생들은 전국 최초로 "어린이 숲해설가"로 임명되어 앞으로 학교 숲에서 숲해설활동 등을 통해 창의적 녹색 체험활동을 주도하게 된다.

폐회를 하고, 박물관 앞 나무계단에서 전체 기념촬영을 하고, 손에는 산림청에서 제공하는 기념품 보따리를 들고 해산을 했다.

이번 봉사활동에 참가를 하면서 놀라운 것은 봉사자 선생님들이나 학생들 모두가 책임감으로 똘똘 뭉쳐 각 순서를 진행하는 것에 큰 감동을 받았다. 두 번 세 번 점검에도 싫은 소리 없이 돌다리도 두드려가라는 속담에 딱 맞게 준비를 하셨다.

이번에 제8회 행사이니 그냥 한 번하고 마는 이벤트성 행사도 아니었을 것이고, 각 학교서도 공을 들여서 아이들을 출전시킨 것 같다.

어른의 잣대로 아이들을 순위를 나누었어야 함에 마음이 많이 아팠지만, 대회란 어쩔 수 없는 것, 다음에도 이런 일에 참여할 기회가 생긴다면 더 철저한 준비로 임할 것이다.

김윤희
(사)한국숲해설가협회 회원

2011. (가을) 32호.

16. 숲해설가협회가 키운 생태세밀화가들

나와 생태세밀화와의 인연은 이렇게 시작되었다.

2002년 월드컵 열기 속에서 그 열기를 능가하는 열정으로 숲해설가 4기 교육을 수료 후, 미진한 숲 공부의 열정을 더 채우기 위해 선배들이 만들어 놓은 스터디그룹, 세밀화 모둠〈숲을 그리는 사람들-이하 '숲그람'〉에 참여하였다.

대학로의 한 카페에서 매월 마지막 목요일 저녁 모임을 가졌고, 모임은 박종숙 1대 회장님이 과제로 내어주신 식물들을 그려와 보여주며 조언을 해 주는 형식으로 진행을 하였다. 당시 나는 과제로 내준 식물을 찾아다니며 여러 식물과 곤충을 알아가는 재미에 푸욱 빠져서 지냈다.

2003년에는 모임 장소를 성균관대학교 앞 마루채로 옮겨 열심히 그리고 배웠다. 스터디를 마치고는 박찬희,최규현,황기홍 올드보이 3인방의 주도 하에 늘 '술그람'으로 나머지 공부까지 하였다. 인터넷 카페(http://cafe.naver.com/flovers)도 개설하여 온라인상으로 새로운 회원도 늘려가며 2년 여 동안 그린 그림이 수 백 장이 되고, 주변의 식물들을 거의 다 그리고 친해질 무렵 우리는 첫 번째 전시를 열기로 하였다.

마침 빛갤러리에서 초대를 해주어 2005년 5월에 첫 전시를 멋지게 열었다.

그동안 그린 그림들 100여 점이 전시되었고, 작품이 팔린 회원은 농담 삼아 화백이라 부르기도 하였다.

박찬희 선생님이 2대 회장직을 맡고 박종숙님은 1대 사부님이 되었다. 그 후 내가 2대 사부직을 맡고 해마다 전시를 하며 숲그람은 점점 성장하였다.

2회전은 2006년 5월에 선유도 한강 갤러리에서 최규현,황기홍,김미화,김정애,박찬희,신회숙,배용래,오은경,이승면,이신혜,이정민,이정희,이혜숙,정금정 그리고 김혜경 등이 출품하여 멋진 전시회를 열었다.

2006년에는 이화여자대학교에서 서남재단 초대로 '늦게 피어도 아름다운 꽃' 전시와 '숲해설가의 밤' 초대전도 열었다. 3대 이승면 회장과 강소라 총무의 수고를 잊지 않고 있다.

2007년 5월 3회전은 생명의 숲 부피에룸에서, 2008년 5월 4회전은 다시 선유도 한강갤러리, 그리고 2009년 5월에는 다섯 번째 전시회를 청계천 광교갤러리에서 열었다. 이어 숲그람 첫 해외전시로 제주 허브동산 그림상회갤러리 초대전으로 6회전이 열려 한 해에 두 번 전시를 열기도 하였다.

2010년에는 인사동 엎드림 갤러리에서 '들꽃과 시와의 만남'이라는 주제로 7회전을, 2011년에는 3대 김순정 사부님의 지도하에 창덕궁 옆 동네커피에서 8회전 '우리동네 들꽃'전을 열었다.

〈숲을 그리는 사람들〉은 올해도 9월 서울대공원 식물원 초대전에 '서울둘레길에 핀 꽃들'을 주제로 9회전시를 준비 중에 있다. 숲그람과 함께 한 세월이 벌써 10년. 나를 비롯한 많은 숲그람들이 프로 또는 아마추어 생태세밀화가로서 행복한 삶을 살고 있다. 또 2010년부터 숲해설가협회에서 생태세밀화가양성과정을 진행하게 되어 현재 3기 과정이 계속되고 있다. 2010년 1기 전반기 졸업전이 안국역 문화쉼터에서 열렸고 서민정,장석민,정경애,조규완,이정회 5명이 출품하여 과정을 수료하였다.

1기 후반기 졸업전은 천리포수목원에서 열렸고 조규완,서민정,김순정,김정선,전윤경 5명이 출품, 수료증을 받고 세밀화가로 지금 활발히 활동하며 '꽃그림아띠'와 '숲그람'을 이끌고 있다.

2011년 2기는 전반기 동네 커피에서 열린 졸업전에 김지혜,백희순,안향규,정경하,정진하, 조안빈,정신영,이림,엄현정 9명이 출품하였고 후반기 천리포수목원 생태교육관에서 열린 졸업전에 백희순,안향규,정경하,노원철,김은경,이림,정신영,엄현정 8명이 출품, 수료장을 받고, 지금은 〈우리 자연을 그리는 사람들〉을 결성, 9월에 서울역사박물관에서 열릴〈서울한양도성의 꽃들〉 전시를 열심히 준비중에 있다.

2012년 3기생 주야간반 11명이 지금도 생태세밀화가 되기 위해 열심히 공부중이다. (사)한국숲해설가협회로 인해 새롭게 태어나는 생태세밀화가들에게 계속적인 응원과 아낌없는 격려를 보낸다.

생태세밀화가 김혜경.

17. 주말 어린이 숲교실

2012년부터 전면 시행되는 주5일제 수업을 시행함에 따라 초등학교 학생들을 대상으로 지속적 산림교육 구축과 학생들의 건전한 여가 활동 제공 및 산림문화에 대한 이해를 돕고자 세 학교를 선정하여 북부지방산림청과 함께 '2012년 어린이 숲교실'을 시범운영중이다.

시범운영 학교는 경기도 이천 마장초등학교, 서울 노원구 용원초등학교, 계상초등학교이며 이들 학교와 연계하여 '방과 후 교실' 또는 주말 숲교실' 형태로 운영하고 있다. 각 학교당 8 회차에 걸쳐 운영되며, 대상은 초등 4~6학년 학생 15명 내외의 인원을 모집, 학교 인근의 숲에서 체험 활동을 진행한다.

현재 (사)한국숲해설가협회 소속의 5명의 강사(정경애,김정희,이춘희,강숙희,김인숙) 참가하여 회차별 다양한 테마로 지속적으로 이끌어 갈 수 있도록 차별화된 프로그램을 운영하고 있다.

1. 경기도 인천 마장초등학교 '주말 어린이 숲교실'

- 일시 및 장소 : 매주 토요일 오전 10시, 마장초등학교 교내
- 강사 : 정경애
- 대상 : 4~5학년 10여명
- 프로그램

회차	주 제	활 동 내 용
1차	우리학교 나무이름 알기	학교 안에 있는 나무들의 이름과 특징을 알게 한다.
2차	꽃이 피는 나무들 알기	꽃이 피는 나무들을 비교 관찰하여 서로의 차이점과 특이점을 알게 한다.
3차	나의 나무 만들기	지난 시간동안 배운 나무들을 중심으로 퀴즈와 놀이를 통하여 나무에 대한 이해를 높인다.
4차	풀들의 전략	땅 위에 작은 풀꽃들은 어떤 전략으로 살아가는지 눈높이를 낮추어 풀꽃들을 이해한다.
5차	흙은 우리에게 어떤 고마움을 주는가	나무, 풀뿐만 아니라 인간에게도 소중한 흙에 대해 고마움과 소중함을 알게 한다.
6차	식물의 한살이	학교 텃밭을 이용하여 직접 씨앗이나 모종을 심어보고 지속적인 관심으로 살필 수 있게 지도
7차	자연물 이용 공작	솔방울 목걸이 만들기 나뭇잎, 풀잎을 이용하여 직접 자연물을 체험함으로써 오감을 자극하여 자연과 더욱 친해질 수 있다.
8차	어린이 숲올림픽	학교내 나무, 풀꽃에 대한 내용으로 진행 -기후변화와 연계

이천 마장초등학교 활동사진

2. 서울 용원초등학교 '방과 후 숲교실'

- 일시 : 매월 1회 수요일 오후 1시30분
- 장소 : 학교 인근 지역의 숲(수락산, 계상초 정원)
- 강사 : 김정희, 이춘희
- 활동내용 : 두 개의 팀으로 나누어 4회씩 운영. 계절별로 숲의 변화를 느낄 수 있을 뿐만 아니라 지역의 여러 장소를 탐방함으로써 애향심을 기르는데 도움이 될 것이다. 자기소개서를 통해 생태에 관심 있는 학생들로 구성되었다. 봄꽃, 곤충, 땅속세상, 매미, 숲, 생태전래놀이, 나뭇잎, 열매 등 다양한 주제로 진행하고 있으며 매회 활동지를 활용하여 수업을 마무리 한다. 추후 마지막 수업에서는 그동안 했던 활동지를 묶어서 하나의 책으로 만들어 낼 예정이다.
- 프로그램

회차	주 제	활 동 내 용	장소
1차	풀꽃과 함께 하는 봄	풀꽃 관찰과 풀꽃에 찾아오는 곤충과의 상호관계를 통한 자연의 신비를 체험한다.	북서울 꿈의숲
2차	봄꽃에게 찾아온 친구들	꽃과 나무에 살고 잇는 다양한 생물들과 곤충의 세계를 관찰하며 생태계와 생명의 소중함을 배운다.	북서울 꿈의숲
3차	땅속세상의 숨겨진 비밀	다양한 흙의 종류 관찰하고 땅속 생물을 찾아보며 토양의 역할과 고마움을 느껴본다.	수락산
4차	매미와 함께 떠나는 여름	여름철 대표곤충인 매미에 관한 모든 궁금증을 해결하고 다양한 매미관찰을 통해 매미박사가 된다.	수락산
5차	시원한 숲, 고마운 숲	천연에어컨 숲에서 숲과 물의 관계를 찾아보고 자연의 고마움을 알아 자연을 지키기 위한 방법을 찾아본다.	북서울 꿈의숲
6차	숲에서 하는 전래놀이	민속고유의 명절 추석을 맞이하여 전래놀이를 응용한 다양한 숲속놀이를 통해서 창의력과 협동심을 기른다.	북서울 꿈의숲
7차	나뭇잎의 비밀	가을에 단풍으로 물들기 시작하는 나무들을 찾아보고 나뭇잎들마다 가지고 있는 다양한 모습을 관찰한다.	태강릉
8차	열매의 비밀	나무의 열매가 가지는 의미를 알아보고 다양한 열매들의 번식방법과 생존전략을 이해하고 열매를 관찰한다.	태강릉

서울 용원초등학교 활동사진

3. 서울 계상초등학교 '주말 어린이 숲교실'

- 일시 : 매주 토요일 오전 10시 ~ 12시
- 장소 : 계상초등학교, 수락산
- 강사 : 강숙희, 김인숙
- 대상 : 초등 4~6학년 23명
- 활동내용 : 두 팀으로 나누어 수락산과 계상초등학교 정원에서 활동. 시범운영에 따른 학교측의 관심과 학생들의 호기심이 가득한 가운데 시작되었으며, 학교 정원의 경우 학생들의 학습을 위해 다양한 나무들이 식재되어 있었습니다. '내 나무 갖기' 프로그램을 통해 학교를 졸업후에도 학교를 찾았을 때 서로의 변화와 함께 추억을 나눌 수 있도록 하였습니다.

- 프로그램

회차	주 제	활 동 내 용	장소
1차	봄 숲의 신비로움	봄 숲의 신비로움을 관찰하고 자연의 경의로움을 느낀다.	계상초 정원
2차	풀들이 사랑하는 이야기	초록에너지를 만들기 위한 그들만의 숨겨진 노력과 풀들의 번식, 생존 전략을 알아보고 그들의 지혜를 배울 수 있다.	수락산
3차	감성으로 체험하는 숲	숲속에서 오감을 통해 감성을 느끼게 하고 자연에 감사하는 마음을 배운다.	수락산
4차	숲의 기능과 역할	나눔과 배려를 통하여 초록쉼터를 제공해 주고 야생동물의 보금자리도 만들어주는 숲의 다양한 기능과 역할을 한다	수락산
5차	땅을 가꾸는 일꾼들	땅속 다양한 생물들을 찾아보고 흙의 고마움과 생명의 소중함을 느낀다.	수락산
6차	숲속의 보물찾기	숲과 우리의 관계를 생각해보고 관찰하고 이해하며 자연의 소중함을 깨닫는다.	수락산
7차	우리는 숲을 알아가요	아이들의 눈을 통해 자연을 익히고 오감을 열어 자연의 다양한 모습을 발견하고 친해질 수 있다.	수락산
8차	나무들의 비밀이야기	숲과 자연을 통한 사색과 자신의 내면에 존재하고 있는 사랑을 일깨우고 감사하는 마음을 갖도록 한다.	계상초 정원

서울 계상초등학교 활동사진

　주 5일 수업제 전면시행에 따라 시행하는 어린이 숲교실은 3개 학교의 1차 시범운영을 한 후 각 지역별로 확대 실시할 계획이다. 숲해설가와 함께하는 '어린이 숲교실'을 통해 숲과 자연의 소중함, 나눔과 배려, 더불어사는 사회를 알게 함으로써 아이들이 건전하고 건강한 청소년으로 성장할 수 있도록 앞으로도 더욱 다양하고 지속가능한 프로그램을 개발해야 할 것이다.

18. 숲과 사람, 사람과 사람! M&M 숲학교

첨단산업의 발달이 가져온 스마트한 세상은 이제 복잡하고 다양함을 넘어서 오히려 단순할 정도로 심플하고 세련된 감각을 요구하고 있다. 이처럼 변화의 속도는 점점 가속화되고, 그 방향성은 더욱 획기적이어서 시대적, 사회적 흐름을 읽기가 쉽지 않다. 그런데 이러한 사회적 흐름은 숲과 함께 하는 우리가 꼭 읽어야 하는 핵심 기류인 셈이다. 숲해설가는 숲의 이야기만 잘 전달하면 된다? 점점 다양해지는 시대적, 사회적 요구를 무시하고 숲의 이야기를 전하는 것이 과연 진정한 숲해설일까?

다양한 사회적 가치와 구성원 개개인의 개성을 존중하고, 변화무쌍한 자연을 올바로 이해하여 숲의 이야기를 전할 수 있는 진정한 '숲의 전령사'가 될 수 있도록 마련한 것이 바로 M&M 숲학교이다. 지난 2011년 9월에 출범하여 올 6월까지 운영되었다. M&M이란 Mentor & Mentee를 말하는 것으로 이제 막 활동을 시작하는, 이른바 신입 숲해설가들의 고민과 그 해결방안을 함께 모색하고 다양한 정보를 공유하며 회원간의 소통을 통해 숲해설가로서의 역량을 강화시킬 수 있도록 마련된 숲해설가들의 만남의 장인 것이다. 이는 일방적인 가르침이 아닌 숲해설가 서로간의 '상생(相生)→공유→승승(勝勝)'이 이루어지는 친목도모와 자기개발의 시간이다.

이번에 운영된 M&M 숲학교는 10명의 멘토와 36명의 멘티로 구성되어 있으며 각 그룹은 구성원의 필요에 따라 자발적으로 운영되었다. 10명의 멘토에 따라 10팀이 구성되었고, 그 중 우수사례로 M9 최향순 멘토 그룹의 활동 사항을 소개하고자 한다. 서울 개포동에 위치한 대모산에 근무하며 숲해설을 하고 있는 최향순 멘토와 함께한 3명의 멘티들이 매 월 격 주로 모여 대모산 모니터링, 독서 토론, 숲해설 시연을 하며 숲해설가로서의 역량강화를 위한 다양한 활동을 하였다.

◎ M9의 대모산 이야기

M&M 숲학교 활동 일지	
	No. M9-1-06

일 시	2011년 11월 28일 월요일 10:00 ~ 12:00
작성자	이영숙
장 소	대모산
참석자	Mentor : 최향순 Mentee : 이영숙, 박성제
발전목표	1) 지금까지 써온 모니터링보고서 자료 모두 복사하여 활용하기 2) 프로그램 계획서 짜기 　12월:성인. 1월:중고생. 2월:초등생 3월:유치원 4월:가족프로그램 3) 대모산 숲 해설 성인 프로그램 만들어 오기

구분	세부내용	비고
활동내용	1) 1시간 성인 프로그램 계획서만들기 　　　코스 : 자연학습장. 정자. 초소 올라가는 길에서 원점까지 2) 모니터링 : 초소 100m지점 양쪽 전봇대시점부터 　　　불국사 입구까지 나무 중복 안되도록 모니터링 쓰기 3) 권장도서 : "자연을 뒤집어 보는 재미"(박병권) 토론 　　　멘토샘의 감나무의 추억. 우리도 작가가 될 수 있다. 4) 겨울 나무 공부를 위해서는 용어를 먼저 익히기 5) 12월 권장도서 : "신갈나무투쟁기" (저자:차윤정, 한승훈) 6) 서양편측백과 편백, 삼나무, 화백, 구분해오기	
추후일정	12월 12일 과 26일로 정함	

모니터링 (대모산) 관찰일지

관찰지역	대모산	관찰일	2012.05.15	날씨	맑음	관찰자	박성재
위치	배드민턴장 –스트로브잣나무 숲 – 실로암 능선 길 　　　　　　　　　– 실로암 약수터–초가정자–배드민턴장						

1. 개옻나무 : 옻나무과 붉나무속의 낙엽활엽소교목이다.

한국 원산으로 중국과 일본에도 서식한다.

산기슭이나 중턱에서 절로 자란다. 키가 7미터에 달하나, 대개 떨기나무로 보인다. 어린가지는 붉은
색이 돌고 갈색 털이 많이 난다. 나무껍질은 회갈색이거나 회백색을 띠고 세로로 줄이 있다. 잎은 어
긋나고 홀수 깃꼴겹잎으로 전체적으로 털이 난다. 작은 잎은 13~17개이고 달걀 또는 긴 타원 모양
이다. 대개 가장자리가 밋밋하지만 톱니 2~3개가 있는 것도 있다. 꽃은 암수딴그루로 5~6월에 잎겨
드랑이에서 나온 원추꽃차례에 피는데, 황록색이고 역시 갈색 털이 빽빽하게 나며 꽃받침, 꽃잎, 수
술이 5개씩이다. 열매는 동굴납작하며 지름 5~6밀리미터 정도의 핵과로 10월에 황갈색으로 익는데
가시 같은 털이 많다. 줄기,잎,꽃,열매에 많이 나는 털로 옻나무와 구별한다.

*개옻나무, 옻나무, 붉나무의 비교

	개옻나무	옻나무	붉나무
잎줄기	붉은색 강함	붉은색 약함	날개 있음
작은잎 수	13-17	9-11	7-13
작은잎 모양	가장자리 밋밋, 2-3개의 톱니	가장자리 밋밋함	가장자리에 톱니
피목	세로줄	가로줄	-
꽃 (원추화서)	잎겨드랑이에서 밑으로 처짐(5-6월)	잎겨드랑이에서 밑으로 처짐(6월)	가지 끝에서 곧게 섬(8-9월)
서식지	산기슭과 중턱	들판	산기슭과 중턱
열매(핵과)	가시 털 있음	털 없음	잔털 있음

← 잎과 잎줄기 비교

붉나무─잎줄기에 잎이 붙어 있고 잎가장자리가 둥늬

참옻나무

개옻나무

↓① 개옻나무 꽃
  ② 옻나무 꽃
  ③ 붉나무 꽃

①

②

③

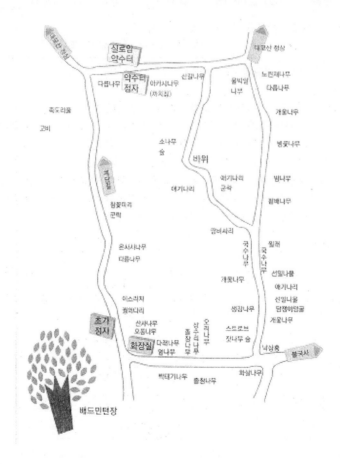

도서명	꽃과 곤충 서로 속고 속이는 게임
저 자	다나카 하지메
옮긴이	이규원
출판사	지오북
작성자	박성제

1. 꽃과 나비는 정말 친구 사이일까?

- 카사블랑카백합 등 나리류의 수술은 "⊤"字 모양으로 나비가 꿀을 빨 때 날개가 수술 끝에 닿으면 청소기 흡입구 원리에 따라 날개에 바짝 밀착되어 적갈색 꽃가루를 듬뿍 바르며, 꽃가루의 점착성이 강해 나비의 비늘가루의 방진 기능을 이겨내고 나비에 꽃가루를 묻힌다.

- 일본산철쭉의 수술은 다섯 개인데, 꽃가루가 점착사(粘着絲)로 연결되어 있어서 꽃가루 하나만 살짝 잡아당겨도 꽃가루들이 목걸이에 꿰인 진주알처럼 줄줄이 딸려 나온다.

- 일본산철쭉의 수술은 다섯 개로 갈라져 나팔처럼 벌리고 있어 곤충이 내려앉을만한 자리가 없어, 불안정하지만 암술과 수술에 앉게 되는데 이 때 꽃가루가 나비의 다리나 날개에 묻어 다른 꽃으로 옮겨지는 것이다. 철쭉류의 깔대기형 꽃잎의 무늬가 있는 부분에 Y자형 주름이 있고, Y자형의 세가닥 선이 모이는 자리가 주둥이를 꽂아 넣어야 하는 곳이다.

- 일본산철쭉의 Y자형 주름 주변에는 진한 반점들이 많이 찍혀 있어서 이곳에 주둥이를 꽂으면 꿀을 먹을 수 있다는 것을 나비에게 알려주는 표시 역할을 한다.- Honey Guide

- 일본산철쭉이 꿀을 가늘고 긴 관 밑에 숨겨놓고 아래쪽 꽃잎을 뒤로 발랑 젖혀서 벌이 앉을 자리를 없앤 것은 뒤영벌은 효율성을 우선시하여 공연히 멀리 날아다니지 않아 근친교배를 유도하므로 행동반경이 좁은 벌을 멀리하려는 노력으로 보인다.

- 엉겅퀴 꽃은 대롱모양의 꽃이 100-200개 정도 묶여있는 뭉치인데 대롱 속에 꿀이 있고, 나비가 수술 Rx을 건드리면 대롱이 1mm 정도 키가 줄어들어 대롱 속에 있던 꽃가루가 공모양의 브러시에 막혀 대롱 끝을 통해 밖으로 밀려나 나 묻게 된다. 그러나 나비처럼 가볍게 건드려야 꽃가루가 나온다.

2. 한 밤에 벌이는 꽃들의 기만술

- 큰달맞이 꽃은 밤에 꽃이 피는데 박각시가 찾아와 꿀을 빨고 꽃가루를 나른다. 박각시도 나비처럼 긴 주둥이를 갖고 있고 큰달맞이꽃의 꽃가루도 일본산철쭉처럼 점착사(粘着絲)로 연결되어 있다.

- 누리장나무 꽃에는 박가시와 나비처럼 긴 주둥이를 가진 곤충이 꿀을 빠는데 막 피어난 꽃은 네 개의 수술을 쑥 내밀고 암술은 휘어져 그 끝이 꽃잎 밑에 쳐져있어서 꽃가루를 받으려하지 않으며, 수술만 제 역할을 하고 있다. 하지만 다음날이 되면 암술이 앞쪽으로 쭉 뻗어있고 그 끝이 열려있어 꽃가루를 받을 태세를 취하는 한편 수술은 돌돌 말려 곤충에게 꽃가루를 묻힐 수 없게 된다. - 性轉換???

대모산 숲속여행 프로그램 지도 (안)

프로그램명	함께 느끼는 숲		대 상	성인(50대)
일 시	2012년 5월 15일		인 원	5명
교육시간	15:00 ~ 16:20		진행자	김경연
교육장소 (진행코스)	배드민턴장 – 리기다잣나무숲 – 실로암약수터 – 정자			
준 비 물	광릉긴나무좀 사진 애호랑나비 사진			

	과정	활 동 내 용	시간
수 업 진 행	도입	1.인사하기 2.코스소개 3.몸풀기 및 대모산의 유래 설명	10분

	전개	* 오리나무 알아보기
		–오리나무의 쓰임새
		 (함지박 나막신등 목기제조의 재료 및 하회탈의 제목으로 쓰임)
		–수꽃의 효율적인 수분방법 이해하기(자작나무과의 전략)
		* 식용으로 쓰이는 식물
		–화살나무(홋잎나물, 코르크의 역할과 정원수로서의 아름다움)
		–애기나리(꽃말. 40˚~35˚ 경사진 곳, 실뿌리 발달, 뿌리를 옆으로
		                 뻗으며 번식, 식용)
		* 생강나무 잎 관찰
		–잎 모양으로 또 다른 생각해 보기
		–열매 색이 변하는 모습 알아보기(초록–간, 빨강–심장, 검정–신장)
		* 찔레나무
		–찔레나무의 유래
		–식용으로의 가치
		 (새순에 식물성 성장호르몬이 대단히 풍부 성장발육에 효과)
		* 병꽃나무
		–이름의 유래
		–열매 관찰하며 꽃 색이 변하는 모습 알아보기
		*노린재
		–천연연료의 쓰임새(잎과 가지를 태운 재를 "황회"
		–나무 가지의 수형 이해(숲속에서의 적응 방법)
		* 송화가루에 관한 느낌 나누기
		–박목월의 윤사월 돌아가며 낭송해보기
		* 참나무 시들음병
		–광릉긴나무좀의 생활사 알아보기
		*족도리풀 이해하기
		–족도리풀의 유래
		–애호랑나비 수컷의 전략 알아보기
		                 꽃이 오랫동안 달려있는 모습 살펴보기
			60분

	정리	모여 앉아서 오늘 함께 한 느낌 나누기	10분
소감 / 요청사항			

한 정보와 의견을 공유하여 더욱 발전된 프로그램을 이끌어내는데 성공적인 역할을 하였다. 그러나 첫술에 배부르지 않는 법. 이제 첫발을 내딛는 M&M 숲학교는 2012년 하반기를 맞이하여 다시 또 힘찬 출발을 하고자 한다.

　웃음은 나누면 배가 되고 고민은 반이 되는 M&M 숲학교, 숲해설가들의 소중한 배움터이자 쉼터가 되는 곳. 누구나 Mentor가 될 수 있고 누구나 Mentee가 될 수 있는 곳. 숲과 사람, 사람과 사람이 함께하는 곳, 이곳은 'M&M 숲학교'이다.

19. 열정을 품은 자연놀이의 달인

자연놀이의 달인 이재근 숲해설가를 강의실에서 만났다. 자연물로 만들기를 강의하는 일흔 다섯. 그의 얼굴빛이 밝아 보였다. 한 가지라도 더 알려주기 위해 시간을 다투는 모습은 비장함이 묻어난다.

만들기 한 가지가 끝날 때마다 '와!'하는 함성이 강의실을 흔들었다. 아이처럼 흥분하고 열광하는 사람들은 모두 어른들이었다. 다른 사람들을 웃음과 감동으로 흔들어 놓는 일은 쉽지 않다. 특히 어른들이 그렇다. 그러나 만들기에 쏟아놓는 그의 열정은 어른을 아이의 감성으로 금방 바꿔 놓고 있었다.

그는 교직에 있을 때 초등학교 전 과정에 나오는 식물을 분류해서 자연관찰원이라는 것을 학교 안에 스스로 만들었다. 이것이 계기가 되어 44년 몸담았던 초등학교 교장으로 정년퇴임하고 숲해설가가 되었다. 자연에 관심이 많았고 그 중요성을 누구보다 잘 알고 있었던 그가 숲해설가가 된 것은 결코 우연이 아니었다.

숲해설가로 활동하면서 그는 먼저 사람들을 만났을 때, 손에 무언가를 들려 보내야겠다고 생각했다. 숲을 빨리 잊지 않고 좀 더 오래 숲을 기억하기 바랐던 것이다. 그리고 숲을 빨리 이해 할 수 있는 방법을 항상 고민했다. 숲을 재미있고 쉽게 만나길 원했던 것이다. 또 숲해설에 참가했다는 자랑거리를 만들어 줘야겠다고 생각했다. 그러다보니 그의 숲해설은 그냥 자연놀이가 되었다.

그는 두 시간을 위해 이십 시간 이상을 준비한다. 손 코팅으로 만드는 책갈피 하나에도 봄부터 가을까지의 시간을 담는다. 노린재나무가 꽃을 피우는 오월이면 꽃잎을 하나하나 책갈피 사이에 눌러둔다. 가을이면 노란은행잎과 곱게 물든 단풍잎을 또 하나하나 눌러둔다. 백원짜리 동전보다 작은 것만 정성으로 모아 놓았다가 책갈피 만들 재료로 내 놓는다.

그는 도토리거위벌레가 잘라놓은 도토리를 보고 어떻게 활용해 볼까 고민하다 핸드폰 고리를 만들게 되었다. 자연물을 보면 끊임없이 상상하고 생각하는 습관이 그를 자연놀이 전문가로 이끌었던 것이다.

만들기 재료는 천 개 이상을 준비한다. 그러다보니 자연놀이 숲해설가로 활동하면서 가장 어려운 점은 역시 준비과정이다. 5월에는 메타세콰이아와 은단풍 열매, 그리고 노린재나무꽃을 준비한다. 여름이면 나도계피씨와 회양목 열매를 찾아 나선다. 가을이면 은행, 단풍잎, 예쁜 인형이 되는 칠엽수 열매 그리고 각종 씨앗을 깨끗이 손질하여 보관해 둔다.

그가 내미는 작은 지퍼백 안에는 깔끔하게 준비를 마친 자연 재료들이 단정하게 들어 있었다. 작은 것 하나까지 세심하게 정성을 다한 마음이 곳곳에 묻어 있었다. 그의 얼굴에서 빛이 났던 이유를 알 것 같았다. 그것은 그가 품고 있는 자연에 대한 사랑과 열정이었다.

숲해설을 하며 늘 염두에 두는 다섯 가지가 있다. 관찰, 체험, 놀이, 만들기, 이해이다. 그래서 그는 좀 더 많은 해설가들이 자신의 자연놀이를 이용해주기를 바라고 있다. 어떤 것은 있던 것을 응용해서 만들었지만 대부분의 작품이 그가 개발한 것이다. 그렇지만 그는 자기 것을 고집하지 않는다. 누그에게든 쓰임이 있으면 그것으로 족하다. 바람이 있다면, 건강이 허락하는 한 매년 새로운 것을 두 종류씩 만들어 더 많은 사람들에게 알려주는 것이라고 한다.

앞으로도 또 새롭게 만날 그의 자연놀이를 기대해 본다.

숲해설가 이재근

. 서울서초고등학교 교장 역임(정년퇴임)
. (사)한국숲해설가협회 숲해설가 양성과정2기
. 2001.9~2003.10 국립광릉수목원
. '서울시 숲속여행' – 청계산, 관악산
. 2013년 5월 25일 현재
  '자연놀이' 강의 86회. 숲해설 917회 등
  총횟수 1003회
  해설 및 강의 참여인원 총20984명
. 매일 : jklee3970@gmail.com

전미숙. 편집위원

III. 숲에서 온 편지.
3. 숲의 소리

1. 모시는 마음으로 숲해설하자.

| 김영기 | foresto@chollian.net

모시는 마음으로 숲해설하자. 작년 늦가을에 숲해설가협회를 창설하여 산림청장 승인 사단 법인화를 추진하고 있음을 산음휴양림에서 같이 활동한 동료 숲해설가 장이기 씨로부터 전해 들었고, 금년 4월 말경에도 계속 추진중이라 하였는데 5월초에 법인 등기까지 완료하였다기에 집행부의 노고가 참으로 많았을 것으로 생각된다.

나는 1958년 이승만 정권 시절 농림부에서 시행한 농림수습 행정요원 채용 시험을 거쳐 (당시는 각 부처별로 필요한 행정요원을 직접 모집) 강원도 삼척 사방관리소(지금은 없어진 기관)에서 농림기원으로 공무원 사회생활을 시작하였는데 1년정도 지나니 월급날에 삼척경찰서 소속 형사가 찾아와서 귀찮게 굴기도 하고, 병력 의무도 이행하여야 하겠다고 느껴, 논산 육군 훈련소에 자원 입대후 사표를 제출하고 사병생활을 시작했다.

상병으로 전역할 무렵이 장면 정권시절이라 국무원 사무처(행정자치부의 일부인 총무처의 전신)에서 시행한 학사이상 출신 장교, 사병 구분없이 전역자, 전역 예정자를 모집대상으로 한 "신인등용 선발시험"을 거쳐 3개월간의 최일선 읍·면에서의 수습의무를 고향 김해군 녹산 면사무소('91년도 부산시로 편입)에서 마치고(국토건설 추진 요원활동이라 칭하였음). 농림부 산하 농산물 검사소(국립농산물 품질관리원)에 배치되어 다시 농림기원으로 공무원 생활을 하던 중 산림청이 발족한다기에 행정직으로 바꾸어(물론 전직시험은 통과) 30,40,50대의 젊음과 정열을 산림행정과 인연을 맺었으며 61세 정년 퇴임이후에도 계속 주2회 산행 등으로 산·숲과 고리를 끊지 않고 있었다.

작년 7월 산림청에서 "숲해설"이란 새로운 행정수요를 개발, 발전시키고자함에 동참·봉사코자 8월초부터 산음휴양림에서 숲해설가 활동을 시작하여 숲해설 기반구축에 다소나마 도움이 되도록 나름대로 열심히 활동하고 있으며 계속 최선을 다 하고자 한다.

금년 4월 30일 산음휴양림에서 07:30경 산책하는 4인 가족팀을 상대로 정해진 산림 체험 코스를 1시간 정도 동행 숲해설 하고, 당일 10:30에 숲해설 예약된 환경운동연합(KFEM) 소속 60여명 단체를 위해 숲해설가 이희교씨, 장이기씨 우리 3인은 3개조로 나누어 같은 산림체험코스에서 출발시간 20분 간격으로 각 조별로 한 사람씩 맡아 설명하기로 하였다.

나는 환경운동연합(KFEM)의 환경교육센터 서윤호 조장외 20여 남녀, 청장년과 1.5km 코스를 2시간 넘게 정성껏 설명한 바, 너무 좋은 반응이였기에 흐뭇한 보람을 느꼈다. 다음 날 5월 1일 월요일 07:00경 혼자 휴양림내에 시설되어 있는 산책로를 거닐고자 산책로 입구쪽으로 가는데 입구에서 50대 가족팀 4인을 만났다. 내가 입고 있었던 유니폼 조끼를 설명하고 같이 산책하기를 권하였더니 쾌히 승낙하여 40여분 이곳이 화전민(火田民) 정리지역으로 잣나무 인공조림 군락지임을 시작으로 숲과 인간과의 관계, 우리 선조들의 유용한 가구재 활용내역 등을 동행하며 설명한 바, 고맙다면서 자기네 숙소에 같이 가서 아침 식사라도 하자고 하였다. 그 말이 빈 인사말일지라도 이 땅에 다 같이 살아가는 같은 민족으로서의 따뜻한 인정미로 받아들였다.

나는 평소 토요일 정오 전후 휴양림 경내에 도착 숲해설 선약자가 없는 경우에는 혼자 이곳 휴양림 뒤쪽 해발 855m 봉미산을 산행한 후 휴양림내 숙소에서 쉬며 일요일에 숲해설 준비를 정리한다.

계절에 따라 나뭇잎, 풀잎, 버섯 등의 그 많은 종류가 각자 크기·색깔도 다양하게 변하고 있기 때문에 인위적으로 정해 놓은 산림체험 코스, 산책로의 환경은 항상 변하고 있다. 연초록, 진초록, 노랑, 빨강, 갈색 등으로 바뀌는 환경에 맞추어 설명준비도 정비·정리할 수밖에 없다.

언젠가 산림체험 코스 마지막 지점에서 숲해설 종결후 질문을 청하였는데 한 청년이 잣나무는 언제부터 이 세상에 태어났었나요? 저 작은 분홍꽃 이름은 무엇이라고 부릅니까? 하기에 모르기 때문에 웃으며 나도 모른다고 대답하였다. 질문자의 궁금증을 풀어 주지는 못하였으나 숲에 대한 처음 들어 본 것이 많았는지 감사한 심정을 얼굴 표정에서 읽을 때 흐뭇하기도 하였지만, 더 많이 공부하고 준비해야겠다는 책임감·의무감도 많이 들었다.

(주)삼양축산의 대관령 초지 단지가 1970년대 초기 이전에는 원시림으로 울창하여 북한강 수질 보존의 모체가 되어 있었다.

작년 언젠가 그 방대한 원시림을 초지화한지 30년도 못 지난 지금에 산림으로 복구하겠다는 산림청 동부지방청장의 TV출현 설명을 보고, 자연생태에서 숲의 형성이 100~200년 여정을 걸친다고 볼 때 인공적으로 아무리 대경목 조림을 한다 하더라도 50~70년 이상 세월이 소요될진대 당시 산림청 외부의 고위핵심 권력자가 강권으로 "영림계획"이란 법률규정 마저 무시하고 벌채 단행케 하여 초지화한 장본인이 지금도 백성들에게 맑은 물을 공급하고 신선한 우유를 먹게 하여 일등 국민으로 만들겠다는 꿈을 버리지 못하고, 정치 일선에서 버티고 있음을 보며 그 장본인이 잘못되었음을 잊고 있는지 아니면 아직도 모르고 있는지 묻고 싶은 심정이다. 우리의 자연환경과 다른 스위스의 그 그림같이 조성되어 있는 초원도 3대, 4대보다 더 긴 세월에 꾸준한 노력의 결실일진대 무지하고 독단적인 정치가, 아부꾼, 고급공무원들의 단편적 조언 등등으로 잘못 판단된 숲이 유린된 대표적 사례의 하나라 볼 수 있다.

우리에게는 조상으로부터 물려받은 국토·자연을 더 좋게 더 푸르게 보존·보호하여 후손에게 물려줄 책무가 있다.

수도권, 중부권, 영남권, 호남권 모두가 오염된 강물로 몸살을 앓고 있으면서 "금수강산"이라고 부르짖고만 있을 수는 없다.

금년 봄 동해지역의 유사이래 큰 산불재해로 온 국민이 산림의 중요성을 재인식하고 있으니 숲해설가의 한사람으로서 숲해설의 기반을 정착시킴에 최선을 다할 것을 다시 한번 다짐하면서 숲사랑, 산림보호, 산불예방 등 좋은 숲 보전에 같이 힘모아 나가야겠다.

약력

서울대 농경제학과 졸업하고 산림청에서 다년간 근무하고 퇴직 99년부터 산음휴양림에서 숲해설 봉사를 하고 있는데 고령에도 불구하고 열정적이시다. 현재는 고인이시다.

2000. 6월 창간호.

2. 숲해설 일년을 뒤돌아보며

| 장이기 |

1. 홍보부장이 된 숲해설가

99년 7월 산림청으로부터 숲해설가 위촉장을 받고서 산음휴양림에서 숲해설을 시작한지 벌써 일년이란 시간이 훌쩍 지나갔다. 첫날에는, 산림청에서 지급한 명찰이 달린 조끼와 모자를 쓰고서 숲해설 시작 지점에서 대기하고 있었으나 숲해설을 요청하는 탐방객은 한 사람도 없었다. '홍보가 안된 탓일까? 숲해설에 대한 인식이 전혀 안 되어서일까?'

초기에는 사실 숲해설이란 용어 자체도 생소했을 뿐더러, 숲해설에 대한 인식도 부족하고, 숲해설을 원하는 요청자도 없는 마당에 숲해설가의 존재 자체가 무슨 의미가 있는지 의구심이 일었다. 시행 초기에는 하루에 두 명의 숲해설가가 자체 탐방을 하거나 한 가족이나 3~4명을 대상으로 숲해설을 하고서 하루일과를 마치는 경우가 많았다. 해설을 요청하는 몇몇 탐방객들도 기대도 호응도 아닌 그저 참석해 보는데 의미를 두는 것 같았다.

숲해설을 이렇게 몇 번 진행하다보니 이래서는 안 되겠다는 생각이 들었다. 우선 숲해설 제도가 있다는 것부터 알려야겠다는 생각이 들어, 우선 매표소 입구에서 숲해설 제도를 안내하고(매표소 근무자) 안내 전단을 만들어서 돌리기로 작정하였다. A4 용지에 가득하게 채워진 숲해설 안내전단을 복사하여 숲해설 시작 30분 전에 단독 산막을 순회하면서 한 장씩 나눠주며 숲해설에 참여해 줄 것을 권유하였다.

"지난 밤에 잘 주무셨습니까?"

"--- 아, 예."

"뭐 불편한 점이라도 없었습니까?"

"--- 예."

"아침 식사는 하셨는지요?"

"---"

"저희 휴양림에서는 10시부터 탐방객들을 대상으로 숲해설 제도를 운영하고 있습니다. 삼림욕을 즐기면서, 산림체험코스 주변에 있는 야생화나 나무에 대한 재미있는 체험을 할 수 있는 프로그램을 진행해 드립니다. 자녀와 함께 온 가족이 참가하신다면 색다른 경험이 되실 겁니다."

"예, 알겠습니다. 고맙습니다. 한번 가보죠."

시작한지 한 달 가까이 이렇다 할 반응이 없었다. 그런데 한 달이 지나고 약 2개월째 접어들었을 때부터 달라지기 시작하였다. 관리사무소로, 몇 시에 숲해설을 하는지 묻는 전화가 오기 시작했다. 산음휴양림에서는 내방객(來訪客)들을 대상으로 숲해설 제도에 대한 홍보활동을 99년 내내 2000년 5월초까지 계속하였다. 이제 일 년이 지난 지금, 휴양림 내방객들은 산림체험코스를 당연히 거치는 필수 코스로 알게 되었다.

이제는 주말 및 휴일에는 오전 10시, 오후 2시에 걸쳐 2회 운영하며 숲해설가 한 사람이 감당하기 힘든 많은 인원이 참가하고 있는 실정이다. 또한 휴양림을 찾는 내방객들 중에는 왜 평일에도 숲해설 제도를 운영하지 않는지 불평을 하는 이도 생겨났다.

머지않아 평일에도 숲해설가가 배치되어야 하지 않을까 싶다. 숲해설에 만족스러웠던 탐방객들은 자신이 겪은 색다른 경험을 주위의 다른 사람들에게 알릴 것이고 이런 것들은 자연스럽게 숲해설에 대한 홍보활동이 되어 점차 숲해설에 대한 수요가 늘어나리라고 본다.

숲해설가는 성실한 자세로 임해야 하며 끊임없이 공부하는 자세 또한 필요하다. 산음휴양림의 숲해설가들은 해설가이기 이전에 홍보부장의 역할을 열심히 했으며 각자 조끼 주머니에는 전지가위, 체험학습을 위한 송곳류, 휴대용 식물도감을 간직하고 현장을 답사하고, 토론하는 자세로 일하고 있다. 숲해설 요청자를 앉아서 기다리기보다 찾아나서고 홍보하는 적극적인 자세를 가질 때 숲해설가의 존재가치는 더욱 커질 것이며, 휴양림에서의 숲해설 제도는 정착될 수 있을 것이라 생각된다.

전국의 휴양림에서 활동하고 있는 숲해설가 여러분의 건투를 빕니다.

2. 모르면 모른다 하는 것이 아는 것이다.
(30년 만에 만난 중학 동창)

지난 8월 초순경으로 기억된다. 하기 휴가철이라, 평일에도 휴양림 이용객들이 많아서 평일 근무조를 편성하여 근무하게 되었다. 주말 및 휴일에는 2인 1조로, 평일에는 한 사람씩으로 편성하여 근무하게 되었다. 근무일에 나는 집에서 일찍 출발하여 9시경, 휴양림에 도착하였다. 잠시 쉰 후에 옷을 갈아입고서 10분 전에 숲해설 코스 입구에 도착하였다. 이미 많은 가족들이 숲해설에 참가하기 위해 주변에 모여 있었다.

예정 시간보다 일찍 온 몇 가족을 위해 체험코스 아래쪽에 있는 꽃을 살펴보았다. 나리 종류 중에서 참나리가 예쁘게 피어 있었다. 꽃의 반점이 호랑이의 얼룩무늬처럼 생겼다고 해서 호피백합, 호랑나리라고도 부르는 꽃이었다. 몇 가지 특징들을 설명하고 꽃의 아름다움을 감상하고 있는데, 참가한 가족 중의 한 사람(5살 가량 여자아이의 손을 잡고 있었던 것으로 기억됨)이 질문을 했다.

"그럼, 참나리는 열매로 번식을 하는 것 같은데 암술과 수술이 있는 열매에서 수분이 이루어져서 번식을 합니까?"

"예, 그렇습니다." 하고 무심코 대답을 했다.

시간이 되어 여러 가족들이 모여서 숲해설을 시작하게 되었다. 기생식물인 겨우살이의 특징, 번식방법을 설명하고 주변에 있는 단풍나무과의 고로쇠나무, 복자기나무와 나무의 수액을 채취하여 충치예방용 사탕이나 껌의 재료로 사용되는 자작나무를 설명했다. 가래나무 열매가 떨어져 있는 지점에서는 가래나무와 호도나무의 특징들을 비교해 보고, 가래나무 열매를 까서 직접 맛을 보기도 하였다.

국수나무가 서 있는 곳에서는 직접 국수가 나오는 실험을 했다. 어린이들이 너무나 즐거워했으며 어른들도 마찬가지로 신기해 했다.

개울가에 피어있는 달개비, 새애기풀이라고도 하는 며느리 밥풀꽃에 대한 이야기(꽃말이 '女人의 恨'이라는 설명과 함께 고부간의 갈등으로 인한 슬픈 이야기)를 하자 참가한 어머니들은 다들 고개를 끄덕였다. 물푸레나무가 있는 개울가에서는, 물푸레나무 줄기를 잘라, 왜 물부레나무라고 이름 지어졌는지를 직접 눈으로 볼 수 있게 하였다.

13번-14번 코스인 중간 지점은 잠시 쉬면서 숲의 천이 과정, 숲의 기능이나 효용가치에 대한 이야기를 하는 곳이다.

맨발로 걷기 체험코스는 시작할 때는 무척이나 싫어하지만 끝나고 나면 누구나 너무나 좋아하는 코스이다. 어린이에게는 흙을 직접 밟아보는 소중한 체험코스로, 어른들이나 성인들에게는 지압건강법이나 어린시절의 향수를 불러일으키는 코스이다. 산음휴양림의 특별 코스라고 말하고 싶다.

산뽕나무 아래에서는 동충하초, 상황버섯에 관련된 이야기부터 뽕나무 열매인 오디를 직접 따서 맛보는 곳이기도 하다. 또한 산뽕나무 옆에 서 있는 황벽나무 수피와 굴참나무 수피를 직접 만지고 비교해 보게 하였다. 도깨비가 가장 무서워한다는 개암나무 열매도 직접 보고, 가꾸어진 숲과 자연 상태의 숲을 비교하고 개울가로 내려가 탁족을 즐긴다.

10여 분간 등줄기에서 흐르던 땀을 식히고 난 후 출발지점에서 해설을 마감하며 소요되는 시간은 2시간 정도이다.

해설을 마친 후 산림문화 휴양관 입구에 있는 매점에서 시원한 물을 한 컵 마신 후 점심을 먹으려고 식당으로 가려는데 해설에 참가했던 사람 중의 한 사람이 나에게 다가와 묻는다.

"혹시 고향이 ○○이 아닙니까?"

"그렇습니다."

△△중학교를 졸업하지 않았느냐고 물었다. 그렇다고 했다. 그랬더니 나 ◇◇◇인데 모르겠냐고 묻는다. 자세히 보니 중학 동창생인 ◇◇◇가 분명했다. 정말 반가웠다. 아마 30여년 만에 만났을 것이다. 중학교 졸업 후 각자 자기의 길을 가다보니 한 번도 만날 수 있는 기회가 없었다. 내 친구는 해설 중간 지점에서 나를 확실하게 알아보았다고 한다. 나의 말투에서 조금, 내가 입고 있는 조끼에 달린 이름표를 보고서 확실히…. 나를 확인하고도 해설활동에 방해가 될까봐 끝날 때까지 기다렸단다. 해설 시작하기 전 참나리 열매 번식에 관해 질문했던 그 사람이 내 친구였다. 반가움으로 그 동안 지내왔던 간단한 안부와 일상적인 얘기를 나눈 후, 다시 만날 것을 약속하고서 명함을 교환한 후 헤어졌다. 내 친구는 휴가차 휴양림을 찾았고, 그 날이 check out 하는 날이었다.

친구를 보내놓고 오후 일정을 준비하면서 참나리에 대하여 도감을 찾아 다시 한번 확인하였다. 아차, 내가 큰 실수를 했구나. 확실하게 잘 모르면서 무심코 대답한 것이 잘못된 답을 말했다는 것을 뒤늦게 깨달았다. 참나리는 열매를 맺기는 하나 발아되지 않아, 줄기와 잎 사이에 있는 주아(珠芽)로 번식하는 특징을 갖고 있다. 이제 참나리의 식생, 번식에 대해서는 정말 확실하게 알게 되었다. 내 친구가 다시 휴양림을 찾게 될 때 정정해서 정확하게 알려주어야지… 나는 다음과 같은 진리를 다시 한번 마음속에 새기면서 숲해설에 임한다. "모르면 모른다고 하는 것이 진정하게 아는 것이다."

장이기님은 협회 이사이며, 평생교육사로서 산업체 교육, 특히 '직장내 성희롱 예방 강사'로 활동중이다. 산음자연휴양림에서 2년째 숲해설가로 활동하고 있다.

2000. (9,10월) 3호.

3. 또 다른 기다림을 약속하며

| 배정애 |

이제 수목원에는 물안개빛 회색의 침묵이 흐른다. 냇물도 소리없이 흐르고, 나무들도 할 말을 줄인다. 다만 분주한 건 겨울 철새들 뿐이다. 이런저런 이야기를 전하느라 우듬지와 가지 사이를 분주히 오간다. 가랑비가 뿌리던 어느 날, 이 숲에 함께 왔던 친구가 네가 왜 이 먼 곳을 그렇게 열심히 왔었는지 알겠다며 감탄하던 그 날이 생각난다.

여름이면 여름이어서, 가을이면 가을이어서 더욱 아름답던 이곳 수목원. 40대의 내 모습을 새롭게 보고 느끼게 해 주었던 수목원의 신비로움을 어떻게 설명할 수 있을까! 산림 생태에 대한 이론 교육을 받기 위해 숲해설가협회의 문을 두드릴때의 설레임과 두려움은 어디론가 사라지고 나는 어느덧 예쁜 이름의 '숲해설가'가 되어 있지 않은가. 3개월의 이론교육을 마치고 나서는 무거운 수목학 책을 배낭에 매고 그야말로 정신없이 산과 들을 누비고 헤집고 다녔다. 시골에서 자라며 보았던 으름, 다래, 머루, 청미래덩굴, 도깨비바늘 등의 이름을 정확히 알아가며 그 동안의 무지함을 새삼 확인하고, 사시사철 변화하는 풀과 나무들을 바라보며 남모르는 희열과 경이로움에 가슴이 들뜨곤 했다. 여름부터 시작된 포천 국립수목원에서의 봉사활동, 그야말로 나 자신을 행복하게 했던 나날들이었다. 숲해설이 있는 날 아침 일찍 도착해 회원들과 함께 나무를 살펴보는 일은 커다란 즐거움이었다. 잎 거치의 생김새며 가지의 눈, 꽃의 다양함, 수피가 갈라져 있는 모습, 나무가 갖는 생태적인 특징, 거기다 한 몫 거드는 풀벌레까지.

가르치며 배운다는 사실을 확인이라도 하듯이 탐방객을 안내하며 내 자신이 오히려 더 새롭고 신기해서 흥분되었던 그 느낌들을 어떻게 말로 다 설명할 수 있을까!

그저 숲이 좋아서 시작했던 이 일로 인해 그렇게 큰 기쁨을 누릴 수 있다니 내 자신이 놀라울 뿐이었다. 결혼해서 살아온 많은 날들 중 머무르고 싶은 순간도, 때론 벗어나고 싶은 순간도 있었다. 그 복잡한 마음들을 이곳에 와서 홀가분히 내려놓고 새로운 기운을 얻어 내 둥지로 돌아간다. 자연이 내게 준 사랑과 기쁨을 내 주변의 사람들에게 나눠주기 위해 다시 먼 길을 나서는 것이다. 탐방객이 모두 떠난 겨울의 수목원, 정적만이 남은 이곳에서 나는 또 다른 기다림을 약속한다.

숲으로 돌아와 새로운 탐방객을 맞을 준비를 하기 위해 수목학 책을 다시 펼치며, 따스함으로 날 지켜주는 남편과 두 딸 수진이, 수연이에게 사랑을 전한다.

숲의 모든 정령들에게도.

11월 어느날

배정애님은 숲해설겨울학습모임(느티나무회)을 이수하고, 국립수목원과 청계산 등에서 숲해설을 하였다.

2000. (11, 12월) 4호.

4. 중미산 숲해설을 뒤돌아보며

| 정연준 |

중미산과 함께 지낸 일년을 뒤돌아보니 힘든 점도 있었지만 뿌듯함이 앞섭니다. 중미산 휴양림은 서울에서 가장 가까운 거리에 있는 휴양림이고 교통이 편리하다는 지리적인 장점이 있으나, 휴양림 내로 진입하는 출입구가 많고 복잡하여 입장객의 관리가 어려우며, 휴양림을 찾는 사람들의 목적이 중미산 등반, 물을 받으러 온 사람, 다른 목적지로 가다가 잠시 들린 사람 등이 많아 숲해설을 신청하는 사람은 거의 없었습니다.

우리는 산막마다 다니며 사람들이 잘 볼 수 있는 위치나 싱크대 옆이나 옥외변소에도 안내문을 붙였습니다. 또 사람들을 찾아가 안내문을 나누어 주기도 하며 열심히 설명을 하여 탐방객을 모으기도 하였습니다. 가끔은 옆에 있는 오픈 하우스(별자리관측소)에서 별자리를 관찰하고 온 사람들이 단체로 와서 손쉽게(?) 신청자를 맞이할 때도 있었습니다.

어떤 날은 갑자기 비바람이 몰아쳐 해설을 듣던 사람들은 뿔뿔이 흩어지고 혼자 남게 되면, 젖은 옷을 갈아입을 만한 장소도 없고 하여 젖은 옷을 체온으로 말리며 씁쓸함을 느꼈던 때도 더러 있었습니다.

이런저런 어려움을 겪으며 다시 숲해설을 하다 보면 박수를 보내주고, 어떻게 그렇게 많은 나무이름을 아느냐고 하며 칭찬하는 사람들이 있어 어린아이처럼 기뻐하게 됩니다. 이따금은 수고비를 주시겠다고 해서 애를 먹이는 분들도 있어서 한층 힘을 돋구어 줍니다.

이렇게 하여 중미산 자연휴양림에서는 2000년도 숲해설을 5월5일부터 시작하여 10월 29일까지 총 77일간 143회에 걸쳐 어린이 389명, 성인 884명으로 총 1,273명에게 숲해설을 하고 마감하게 되었습니다.

중미산 숲해설에 참여한 숲해설가 남현주, 이광호, 임채란, 정연준, 최재복 회원과 전국 휴양림에서 활동한 숲해설가 여러분 수고 많이 하셨습니다.

정연준님은 양평에 거주하며, 중미산휴양림과 국립수목원 등에서 숲해설을 하였다.

2000. (11,12월) 4호.

5. 아차산이 전하는 이야기

| 이홍숙 |

아차산의 봄은 한강의 물줄기와 함께 왔습니다.

돌아보면 5월초부터 가을까지 우리 숲해설가협회 회원들은 모두 바빴습니다.

서울시에서 제시한 3개의 시범지역 산(아차산, 남산, 관악산)을 관리하느라 봄보다 더 바쁘게 마음들이 들떠 있었지요. 아차산은 8명의 회원들이 4명씩 한 조가되어 숲해설을 했답니다. 첫째주는 정헌철, 이광호, 배정애, 이홍숙 이었고, 셋째주는 정연준, 임채란, 정진화, 김지연 선생님들이 각각 담당을 했지요. 봄에는 산성 위쪽에 위치한 산벚나무의 새순과 비탈길에 아슬아슬한 귀룽나무의 새순이 흐드러지는가 싶더니, 어느새 버찌가 열려 아이들의 입을 즐겁게 해주었죠.

한달에 한 번 찾는 아차산이었으나 내심 얼마나 기다리는 시간이었는지요 아차산 담당하시는 광진구청 공무원 신재원님은 자작나무같은 흰 피부와 큰 키로 늘 웃으시며 우리를 어렵게 대하시던 모습이 지금도 눈에 선합니다. 참 편하고 좋으신 분이었습니다.

여름엔 갈 길을 막아버린 강아지풀, 여뀌, 쇠무릎의 군락들 땜에 혹시 뱀은 나오지 않을까... 걱정하며 땅만 보고 걷기도 했답니다. 그렇게 덥다가도 낙엽송과 잣나무가 밀집한 지역으로 들어 가면 흐르던 땀이 다 멈추지요. 그럴땐 조용히 눈을 감고, 숲의 바람소리를 듣곤 했지요. 가부좌를 틀고 조용히 앉아 명상을 하던 어른들과 그에 아랑곳없이 바스락대던 아이들의 부산함. 모두다 숲의 그늘은 기억하고 있겠지요.

우리의 발길을 부단히 막았던 칡을 재료 삼아 지네를 참 많이도 만들었습니다. 이 글을 통해 아차산 등성이에서 깊이 잠들어 있는 칡뿌리에게 미안한 마음을 전합니다. 내년부터는 이제 그것마저도 뜯지 않으렵니다. 아이들이 경쟁적으로 뜯는 걸 보고, 아차 싶었답니다.

이제 가을 지나 겨울입니다. 모든 대지위에 나무들은 햇살 부드러운 봄날에 초록으로 올 거라는 약속을 하고 있으나, 작고 뾰송한 잎눈과 꽃눈의 안부가 그래도 걱정입니다. 이 겨울 매서운 찬바람이 거침없이 돌아다닐 저 시달림 속에서 어떻게 봄 날까지 오롯이 살아 남을런지요.

그래도 자신을 다 드러낸 속내로 박새, 곤줄박이, 오목눈이가 총총히 날아와 겨울 친구를 해 줄겝니다. 바람결 따라 소리를 보내는 그 짧은 날개 짓, 그 분주함이 까실 말라버린 작은 키 나무의 숲이 여전히 생명임을 희끗희끗 보여 줄 겝니다. 새들은 정말이지 참으로 따스한 겨울의 정령입니다.

낮달이 브로치처럼 달려있는 하늘은 늘 푸르게 웃습니다. 올해 유난히 목 말랐던 이 땅의 새싹들에게 보내는 위로의 웃음 같습니다. 여름 내내 메말라 보였던 작은 골들도 이제 하얀 얼음장을 내민 걸 보니 우리들 눈에 내 비치지 않더라도 씨알을 걱정하는 하늘의 마음을 보는 듯합니다. 인간만을 위한 인간의 손길이 아니라면 물빛 하늘이 품어주는 모든 것들이 얼마나 풍요롭게 답해 줄까요. 아쉽기만 합니다.

남은 겨울, 앙칼진 바람이 한바탕 휘몰이 하겠지요. 그러나 숲은 의연한 생명으로 살아남아 우리를 지켜 줄 것이며 우리는 다만 그것을 이야기로 전할 뿐입니다.

　함께 참여하신 우리 선생님들, 신주사님 또 자원 봉사자님들 마주해 인사 못 드렸습니다. 늘 건강하시고 그리운 숲에서 다시 뵈올 날 기다립니다. 안녕하세요.

> **기쁜 소식 바쁜 소식**
>
> 2001년 서울시에서 주관한 숲속여행 프로그램이 3개산(관악산, 남산, 아차산)에서 2002년에는 9개의 산(은평구 봉산, 서대문구 안산, 노원구 수락산, 서초구 청계산, 강남구 대모산, 종로구 인왕산 추가)으로 확대되어 진행될 예정입니다. UN이 정한 세계 산의 해에 걸맞는 기쁜 소식이고 그에 발맞춰야 할 우리 숲해설가들의 바쁜 소식이지요.

이홍숙
숲해설가교육 느티나무회

2001. (11,12월) 10호.

6. 3기 숲해설 교육을 마치며

| 문갑식 |

3기 숲해설 교육은 무지와 고정관념 파괴의 연속이었습니다. 항상 인간의 입장에서 자연을 보던 저의 시각을 전혀 다른 차원에서 볼 수 있도록 해준 것은 때론 정열적으로, 때론 심각하게, 때론 차분하게, 열과 성의를 다하여 강의해주신 모든 강사님들의 수고 때문입니다. 숲해설가 교육과정을 받기 전에는 숲에서는 나무밖에 보이지 않았으며, 사막화 현상의 심각성과, 우리가 자연을 대상으로 얼마나 과소비를 하고 있었는지 모른 채 살고 있었습니다.

하지만 숲이 우리에게 얼마나 소중한 것이며, 조화롭게 공존하면서 더도 덜도 없이 안성맞춤으로 살아가고 있다는 것을 알아갈 때 자연의 오묘하고 신비한 진리 앞에서 감탄과 경외심을 가지지 않을 수 없었습니다. 숲은 우리에게 많은 이로운 것들을 주지만 인간들이 숲에게 주는 것은 너무도 미약합니다. 오히려 파괴만 하지 않아도 다행이라 할 정도로.

그렇지만 전혀 희망이 없는 것도 아니었습니다. 숲해설 교육을 진지하고 열성적으로 듣는 30여명의 수강생들이 있기에 저는 포기하기엔 아직 이른 것 같습니다. 숲을 훼손하는 것도 사람이지만, 숲을 복구하는 것도 사람이기 때문입니다. 어느 시인의 '사람만이 희망이다'란 말처럼.

현장교육 때는 열심히 듣고 보고 적으면서 감탄을 연발하고, 교육을 마치고는 각자의 벽을 허물어 가며 진솔하고 허심탄회한 대화를 나누던 동기들. 수료식 전날 시연을 통해 각자의 역량을 마음껏 발휘하였고 시연을 마친 후에는 홀가분한 마음으로 따뜻하고 정감있는 마음을 주고받으며 까만 밤을 환하게 밝혔습니다.

수료식 후 기념촬영을 마치고 헤어지기 아쉬워 뜨거운 포옹을 하는 그들. 교육 수료가 마지막이 아님을, 새로운 출발임을 알기에 그들의 앞날에 축하의 박수와 함께 무궁한 영광이 있기를 빌어봅니다. 3기 숲해설 교육생 여러분 축하드립니다. 수고하셨습니다.

이들과 함께 교육받을 수 있었음에 무한한 감사를 드립니다. 교육받는 동안 3기 교육생들에게 실험대상이 되어 수난을 당한 모든 대상들에게 심심한 사과와 감사의 묵념을 올립니다.

그리고 저의 무지와 편견을 무참히 부셔 주셔서 자연을 더욱 더 사랑하고 아끼며 굽어 살펴 볼 수 있도록 하고 자연인으로 생명을 부여받게 해 주신 숲해설가협회와 강사님들께 이 자리를 빌어 감사드립니다. 수고하셨습니다.

끊임없이 자기 자신을 변화시키는 자연을 보면서 저의 자신도 끊임없이 비워 낼 수 있도록 제 자신을 채찍질하겠습니다.

사랑할 대상을 찾게 해주신 모든 분들에게 다시 한번 감사드립니다.

자연은 우리의 생명임을 절감하는
3기 교육생 문갑식 올림

7. 숲을 거닐며

| 이재승 |

「숲」 이라는 단어적 의미를 깊게 생각해 보게 된 것은 4년여 전부터였다. 서울에서 태어나 성장하고 경제분야를 전공한 후 무역과 개발이라는 시대를 거친 세대에 속하는 난 어린 시절 깜부기 따먹고, 까마중 따먹고, 아까시나무순과 꽃 따먹고, 송순을 씹으며 귀가길의 배고픔을 달랬던 몇 년간의 자연과 가까이 접했던 시절이라고 기억된다.

집 근처의 초등학교로 전학한 후부터는 학교종이 "땡땡땡" 소리를 들으며 풍금 소리를 듣고 중고등학생 시절에는 행진곡에 발맞춰 등교하며 서양의 문학가, 음악가, 미술가, 철학자들의 이름과 작품에 파묻혀 버렸고 팝송을 즐기며 뒤질세라 쫓아 다녔던 시절이었다. 우리 세대의 많은 사람들이 우리의 고유 문화에서 격리되기 시작한 시기였을 것이다.

송편 만들 때 솔잎 필요하다는 것은 어린시절 어깨 너머로 보았을 뿐 소나무의 특징이나 소나무가 의미하는 것에 대해서는 관심을 기울일 필요성이 없었고 정월보름날 부럼 중 하나인 잣·밤·호두 등은 먹는 즐거움만 알았지 그 열매를 주는 나무에 대해서는 궁금해 하지도 않았었다. 아마도 내가 속한 세대의 많은 사람들이 나와 같은 삶을 살아왔고 지금의 자라는 세대 중에도 다수가 이렇게 살아가고 있을 것이다.

그 후 「숲」 이라는 말을 헤아릴 수 없이 듣게 된 것이 국민대학교에서 수강하게 된 자연환경안내자 교육과정에서였다. 3개월간 간 240시간 중에 숲이라는 말은 수없이 반복되어 나에게 다가왔다.

찌든 도시생활을 정리하고 시골가서 살고자 했던 나에게는 많은 관심을 갖게 했고 숲이라는 단어를 친숙하게 만들어 주었다. 수료 후 교육생들이 모여 숲을 다시 찾게 되고 즐겁게 나서는 남편을 보고 아내도 따라 나서게 되어 부부가 숲과 인연을 맺게 된 동기가 되었다.

숲해설을 해보겠다고 나선 것도 숲에 대한 호기심을 지속시키고자 함이었다. 그리고 처음 숲해설을 하게 된 곳은 삼봉 자연휴양림에서 2000년 6월 중이었다.

휴양림을 방문하는 사람들은 대체로 고기먹고 고스톱치러 오는 사람들, 단체, 친목 도모, 종교목적, 휴식을 취하기 위해, 숲에 대한 관심, 학습목적 등으로 나누어 볼 수 있다.

숲체험 참가자 중 휴식을 위해 왔거나, 숲에 대한 관심으로 또는 학습목적으로 왔을 경우에는 애정이 가게 된다. 그리고 희망스러운 것은 이러한 참가자가 증가하는 추세인 것이다.

그 중에서도 기억에 떠오르는 참가자는 자녀와 동반하여 참가했던 어머니 한분인데 매년 계획을 세워 자녀에게 자연과 친하게 하려고 노력하고 있었다. 작년에는 곤충, 금년에는 식물 이렇게 관심을 기울여 아동을 데리고 다닌 결과인지 아동도 진지하게 임하고 스케치를 해가며 호기심을 보이고는 하는 모습이 대견해 보였다. 산음휴양림에서 만난 후 2주지나 삼봉휴양림에서 다시 만났고 다음 기회에는 가리왕산을 찾아가려 한다고 했다.

또 한 분은 로봇 분야를 연구하는 교수분으로 자녀들과 참가하였는데 지나가는 등산객에게 일일이 같이 참가하자고 적극 권유하시는 모습을 보고 부족한 설명이라도 좋은 것은 나누고자 하는 그 마음에 기억을 새롭게 한다. 가족사진과 고맙다는 인사의 메모도 함께 보내주셨다.

숲해설가 분들마다 각기 해설방향은 다를 것이다. 자신이 걸어온 길, 관심의 대상, 해설가로서의 목적 등이 서로 다를 것이다. 특히 나의 경우는 과학자들이 일구어 놓은 결과들을 체계 있게 학습한 것이 아니라 뒤죽박죽되어 있다. 그러나 숲은 글이나 말로서 설명될 수 없는 것이라 생각해 볼 때는 자유로운 면도 있다. 숲속에서는 모든 상상이 거북하지 않기 때문일까 생각한다. 엄마 등에 업힌 아기의 눈에 보이는 녹색이 가장 아름다운 색이라 했고, 나무에 물 올라가는 소리를 어린아이는 들을 수 있어도 어른들 귀에는 들리지 않는다고 했다는데, 전문지식을 떨쳐버려 보는 것도 의미 있을 것 같다.

특히 나와 같이 이 분야에는 무식자이나 더욱 홀가분할 수도 있지 않느냐고 자위도 해본다. 식물분류학자가 보는 숲, 동물학자가 보는 숲, 토목공사업자가 보는 숲, 임업가가 보는 숲은 각기 다르게 보일 것이니까. 그것은 욕망을 갖고 보는 숲이 될 것이다. 비전문가인 나와 같은 사람이 비전문가인 참가자들과 숲길을 걸을 때는 자유로워 질 수 있다. 전문가가 볼 때는 허무맹랑한 것도 우리들끼리는 즐거운 것이다. 숲에서는 즐겁고 생명의 아름다운 현상을 이해하고 느낀 의미를 가슴에 담고 나올 때 그 시간이 의미 있을 것이다.

숲에서 이야기 나누었던 내용 중 몇 가지를 예로 들면

첫째는 우리문화의 단절이다.

지금 우리는 우리의 고유문화를 단절시키고 자연을 파괴하는 데 많은 역할을 했으며, 후손들의 삶의 행복권을 도용한 세대라고 해도 부정할 수 없을 것이다.

국제화시대에 우리의 고유문화는 소중한 가치를 더해주며 마음속에서 상실된 금수강산을 다시 찾았을 때 우리의 문화가 올바르게 이해될 것이다.

둘째는 자라는 아동과 고향이다.

자연과 고향은 끊을 수 없는 고리로 맺어져 있고 자라는 청소년은 無鄉民세대이다. 생명과 고향은 끊을 수 없고 고향의 마음은 대체로 자연이 차지한다. 고향은 생명의 원천이며 마음속에 고향이 있는 사람은 마음이 안정되어 있으나 고향이 없는 사람은 소비욕망의 노예가 되어 방황하게 된다. 그러므로 자라는 세대에게 고향을 갖도록 숲을 자주 찾게 해야 한다.

셋째는 숲과 생명이다.

숲에서는 보이는 모든 것이 어울려 살고 있다. 숲속에는 수많은 아름다운 생명이 있고 보이는 모든 것이 생명이라고 확장할 때 보다 즐거운 숲체험이 될 수 있다.

넷째는 사람과 문화와 나무에 대한 것이다.

어린시절 부친께서 "소나무는 품성은 고귀하나 어울려 살 줄 모르는 품성을 갖고 있고 참나무는 풍성하고 어울려 사는 품성을 갖고 있으니 참나무를 본받는 것이 낫지 않겠느냐?"고 하셨다. 이렇게 나무의 품성을 이해하고 후손이 그것을 본 받아 인성을 형성시키기를 소원하셨을 선조들이 이룩한 우리문화는 숲과 나무의 품성과도 밀접한 상관관계가 있다고 할 수 있다.

아름답고 품격있는 숲과 나무는 아름다운 생명들을 잉태하고 탄생시키며 아름다운 인성을 가진 사람을 만들고 그들은 아름다운 문화를 만들게 될 것이다.

숲을 거닐면 상상의 자유로움을 느끼게 되고 그 자유로움은 숲의 풍부한 포용력 때문인 것 같다. 지식적 분석과 과학적 잣대가 나 자신을 피곤케 하는 것을 볼 때 그 피곤함은 숲체험자들에게도 전이될 것이다.

숲에서 상상의 즐거움과 생명의 현상 이해를 통한 행복감이 같이 일체화되었을 때 바람직한 숲체험이 되는 것 같다.

그러한 수준까지 가기에는 아직 요원하지만 그래도 숲해설을 통하여 많은 사람들이 잃어버린 금수강산과 우리의 문화에 대한 이해심을 가슴에 되담게 되고, 자라는 세대가 몰랐었던 금수강산에 대한 꿈을 갖게 될 수 있다면 보람이라 생각하며, 단절되었던 우리 조상의 자연관과 우리 전통민속과 예술이 외래문화와 합류하여 큰 물줄기를 이루며 조화롭게 흘러가기를 바란다.

2002년 8월 16일
삼봉자연휴양림에서 이 글을 씁니다.

필자소개 : 이재승
삼봉자연휴양림 숲해설 3년차. 산음자연휴양림 숲해설 2년차. 청태산자연휴양림 숲해설 1년차.
국민대학교 사회교육원 자연환경안내자과정 수료

2002. (여름) 12호.

8. 지중해의 나무들
-그리스와 터키를 다녀와서-
| 김지연 |

재작년 친구와 네팔을 다녀왔다. 여행으로 더 가까워진 우리는 다음에 어디갈까? 생각하다가 터키를 가기로 했다. 「가는 길에 아름다운 지중해에 들러 배도 타고 말야... 동·서양 문화를 다 볼 수 있는 곳이라니 볼 것도 많을 거야」라고 기대하면서.

그리고 2년 뒤 2002년 7월, 계획대로 17일간 그리스와 터키를 다녀왔다.

그리스 아테네에 도착하여 유명하다는 파르테논 신전 등을 보고, 포카리 스웨트 광고로 유명해진 산토리니 섬에서 하룻밤을 묵었다. 그리고 진짜배기 여행지는 터키였다.

무슨 이야기를 쓸까? 하다가 어설픈 「숲해설가」로서 그리스와 터키 그러니까 지중해 기후에서 자라는 나무들에 대하여 소개하고자 한다.

하나, 올리브

해외여행을 처음 떠나던 25살 무렵이었나 보다. 한국에 들어올 때 비행기 옆자리에 그리스인 선장이 탔는데, 잘 안 되는 영어로 이런저런 이야기를 하다가 비행기를 갈아타면서 같이 저녁을 먹게 되었다. 뷔페식당이었는데 싱싱한 올리브, 저린 올리브 등으로 샐러드의 반을 가져오면서 맛있게 먹던 기억이 있다. 나보고도 먹어보라고 해서 절인 것으로 먹었는데 시큼하고 씁쓰름한 것이 내 입맛에는 통 맞지 않았다. 그 사람 말로 올리브는 한국의 김치같다고 했다. 역시! 그리스에 와 음식점에서 어떤 음식을 먹건 올리브는 빠지지 않았다.

물푸레나무과인 올리브는 터키가 원산지라고 하며 BC 3000년부터 재배해 왔고 지중해 연안에 일찍 전파되었단다. 주요 생산국은 이탈리아·에스파냐·그리스·프랑스·미국 등이다. 과육에서 짠 기름을 올리브유(油)라고 하며 용도가 매우 많고 열매 자체를 식용한다고 한다. 시장에 가면 20여 가지 다양한 올리브 밑반찬이 준비되어 있다.

구약성서의 《창세기》에는 「비둘기가 저녁 때가 되어 돌아왔는데 부리에 금방 딴 올리브 이파리를 물고 있었다. 그제야 노아는 물이 줄었다는 것을 알았다.」(8:11)라고 기록되어 있는데, 이것이 바탕이 되어 올리브 잎이 평화와 안전의 상징으로 되어 있다. 정말 노아의 방주가 터키에 남아있고 그리스와 터키엔 비둘기도 많고, 올리브 나무도 많으니 성경의 기록이 충분히 이해된다.

둘, 월계수

이윤기의 「그리스 로마 신화」를 읽은 분이라면 다프네를 기억할 것이다. 강의 신 페네이오스의 딸인데 청순한 아름다움 때문에 에로스의 화살을 맞은 아폴론에게 쫓기다 아버지의 도움으로 월계수로 변한 여인. 그 월계수를 아테네의 제우스 신전을 나오며 만났다.

10m쯤 되는 높이의 빳빳하고 질은 녹색을 띤 잎을 가진 월계수는 문지르면 독특하고 진한 향기가 난다. 이 나무 또한 지중해 연안이 원산지로 예날 올림픽에서 승자에게 이 나무의 잎

이 달린 가지로 만든 관을 주어 명예의 표지로 삼았는데, 이것을 월계관(월계수로 만든 관이라는 뜻)이라고 한다.

말린 잎은 베이리프(bay leaf)라고 하며, 향기가 좋아서 요리나 차에 넣는다고 한다. 실제로 집에서 엄마가 오이 피클을 만들 때 넣어 주시는데 아주 향기가 좋다. 반가운 마음에 잎을 하나 따서 우연히 동행하게 된 동생들에게 가르쳐 주니 「숲해설가랑 같이 다니니 재밌다」며 칭찬해 줘 어깨가 조금 으쓱했다.

셋, 미루나무와 버드나무

터키에 온 관광객들에게 가장 인기 있는 도시를 꼽으라면 단연 이스탄불이고, 그 다음으로 가 보고 싶은 곳은 카파도키아가 아닐까 싶다.

터키는 우리나라의 6배 정도되는 넓은 국토로 다양한 기후대를 가지고 있는데, 난 카파도키아의 기후가 가장 좋았다 고지대로 아침저녁으로 서늘한 것이 꼭 우리 나라의 늦여름 같다. 여기서는 여기저기 흩어져 있는 지하도시랑 둥굴 교회랑은 보기 위해 일일투어를 신청했는데 투어 중에 계곡을 따라 걷는 게 있다.

미국의 그랜드 캐년과 비슷하게 양옆으로 절개면이 높은 곳인데 절개면 사이로 계곡이 생겨 다른 지역과는 달리 나무가 꽤 울창하다. 우리는 냇가를 따라 걸었는데 그 냇가에 가장 많은 나무가 버드나무였다. 우리나라 시골 입구에 심은 미루나무와 비슷한데 자연적으로 자란 것도 있고 조립한 것도 있는 듯했다. 어쨌든 아는 나무를 만나니 반가웠다.

버드나무과가 물을 좋아한다더니 물가에서도 무성히 잘 자라고 있었고, 예전에 아스피린을 만든 원료라던데, 의학의 아버지 히포크라테스가 임산부에게 버드나무잎을 씹어보게 했다더니 그 전부터 이 지역에는 버드나무가 많았나 보다.

집에 와서 자료를 찾아보니 버드나무가 지금은 북반구의 온대와 아한대 지방에서 잘 자라지만 원산지는 열대 지방이란다. 버드나무하면 왠지 저수지의 멋이 느껴지고 우리 나라 정서에 잘 맞다고 생각했는데 낯선 지역에서도 잘 자라고 있는 걸 보면 소나무는 우리 나라 나무인데 카트만두에 왜 있을까? 라고 생각했던 예전 생각도 나고, 결국 사람은 자기가 아는 것 안에서만 진리를 발견하겠구나. 그러니 더 열심히 공부하고 많이 봐서 '참 진리'를 알아야지 하는 개똥철학도 갖게 된다.

넷, 뽕나무

터키엔 유난히 뽕나무가 많았다. 어느 지방인가는 가로수가 뽕나무였다. 처음엔 이게 무슨 나무지? 하고 한참을 보았는데 뽕나무답게(?) 뻗는 줄기며, 떨어진 열매며 뽕나무였다.

터키에서 동행하게 된 나이 어린 의사 선생은 「이게 뽕나무 열매야.」라고 가르쳐 주었더니 「그래서 '뽕나무 상'자를 쓴 상실배(桑實胚, morula)-다세포동물의 배 발생과정에서 수정란이 세포분열하여 세포의 모임이 된 것- 가 나왔구나. 정말 상실배랑 똑같이 생겼네」하면서 「익으면 무슨 색으로 변해요? 이게 그 뽕나무였어?」하면서 흥분한다. 참고로 그 친구 덕에 우리 산부인과·비뇨기과, - 남들은 음담패설이라고들 하죠? - 정형외과·신경과·정신과 등 다양한 의학 상식을 넓힐 수 있었다.

뽕나무를 보면서 나는 '아! 그래서 실크가 많구나'라는 생각을 했다. 카파도키아 투어 중에 실크로드의 시작점을 들르는데, 그래서 실크로드가 생겼구나라는 것을 느낄 수 있었다. 투르크 왕족이 살았다는 이스탄불의 톱카프 궁전의 박물관에 전시되어 있는 멋진 실크 옷도 그렇고, 카펫으로 유명하다는 터키에서 발깔개만한 실크 카펫 하나에 900달러라는 소리를 듣고 아쉽게도 사오지 못했지만, 그래서 실크가 발달했나 보다 싶었다.

물론 한국에서도 실크 카펫은 볼 수 있지만, 터키에서도 본 것들이 정말 예쁘긴 예뻤다. 어차피 사지도 못하는 거 눈요기나 하자고 들어간 고급 상점의 카펫은 이게 어려서 읽은 아라비안 나이트에서 카펫을 타고 다니는 왕자님이 쓰던 것이였겠구나 싶게 형형색색 고운 무늬와 색상이 눈부셨다. 우리말이 통하면 「참 곱네요」라는 말을 쓰고 싶을 만큼.

여행을 갈 때 고민거리를 하나 안고 갔었다. 그 고민은 여행 내내 나를 따라 다녔고, 덕분에 충분히 여행의 즐거움을 누리지 못한 것도 사실이다. 그래서 여행을 떠날 때 가벼운 신발만큼 마음을 비워야 한다고 했나 보다.

여행 내내 함께 했던 친구와 자기가 정말 좋아하는 것을 위해 살 수 있는 사람들과 생존에 충실한 나무와 자연을 만나서 고민을 풀고 왔다.

내일 또 미국으로 떠나는데 전보다 홀가분하게 떠나 많은 것을 보고 느끼고 올 생각이다. 내가 느낀 것들을 사람들에게 잘 전해 줄 수 있는 쓸 만한 숲해설가가 되도록 노력해야 겠다.

그리고 기회되면 터키 가 보세요. 저렴한 숙소도 많고 볼 것도 많고 무엇보다 사람들이 정말 친절합니다. 그리고 터키에 가게 되면 「까르데쉬」라고 말하세요. 다들 좋아할 겁니다. 무슨 뜻이냐구요? 「형제」랍니다.

김지연. 숲해설가 1기

2002. (여름) 12호.

9. 숲해설가 4기 교육을 마치고

| 강맑실 |

숲해설가 4기 교육이 막바지에 접어든 6월 13일, 투표를 마치고 남편과 함께 점봉산으로 떠났다. 숲해설가 교육을 받을 때마다 돌아와서 배운 걸 신이 나서 이야기하면 누구보다도 재미있어 하던 사람이다.

그 날도 나는 점봉산에 오르는 초입부터 「저 새소리 있지. '쭈비쭈비 찌익'하고 우는 새, 저 새가 산솔새야.」를 시작으로 곰배령에서 능선을 타고 정상에 올라 덕목령으로 내려오는 5시간 내내 내가 아는 나무와 풀, 새 이름을 이야기해 주느라 들떠 있었다.

그때마다 남편은 비교적 성실하게 들어주었고 때론 이건 뭐냐 저건 뭐냐 묻는가 하면 나름 대로 복습까지 해가며 즐거워했다 산행을 마치고 진동 삼거리 쪽으로 내려오다 보니 왼켠에 설피민국이라는 재밌는 문패가 보였다 그 집 텃밭에서는 웬 머리 긴 아저씨 한 분이 잡초를 뜯고 있었다. 허기졌던 우리가 대뜸 「막걸리 팔아요?」하고 물으니 말이 채 떨어지기도 전에 「이곳은 주막이 아닙니다.」하고 퉁명스레 대답한다. 아마 같은 물음에 무수히 시달렸던 모양이다. 그러나 「담궈논 술이라도 있으면 한 잔 얻어 먹고 갑시다.」라며 남편이 넉살을 부리자 아저씨는 씩 웃더니 들어오라 눈짓한다.

손수 담근 돌배주와 머루주를 항아리에서 퍼주며 라면도 끓이고 미역무침을 안주로 내놓는다. 100여가지 약초로 담궜다는 효소액도 꺼내주신다. 난 「무시무시한 천남성과 진범도 섞여 있나요?」하며 아는 척을 했다. 이게 나의 실수였다. 그 말을 신호로 책에서만 보았던 나무를 산에서 확인했다고 착각한 나는 「능선에 있던 이러이러한 나무가 산사나무지요? 어디 어디에 물박달나무가 있던데요....」할 때마다 아저씨는 「아, 그건 산사나무가 아니라 백당나무에요. 물박달나무는 이쪽 능선에는 없는데 거제수일 겁니다.... 아, 그 꽃은 쪽동백이 아니라 함박꽃이에요.」하는게 아닌가. 그때의 부끄러움은 나의 오만함을 한방에 날려버렸다. 그후 남편은 내가 숲에 대해 말할 때마다 「확실해?」라고 묻는 걸 잊지 않는다. 한번 범죄자가 영원한 범죄자 취급을 받는 억울함이라니.

7월에는 「궁궐의 우리나무」라는 책을 들고 회사에서 가까운 덕수궁과 경복궁을 종종 찾았다. 남 앞에서 아는 척하기 위해서가 아니라 나무와 꽃들과 풀들의 사연을 겸허히 듣기 위해서이다. 자연의 소리와 사연에 귀 기울이면서 그네들과 이야기 나누는 기쁨은 일에서 얻는 성취감과는 비교할 수 없다. 숲해설가 교육은 우리에게 자연으로 다가가는 출발점이 어디인가를 가르쳐주었다. 그 출발점에 서서 자연에게 다가가 자연과 함께 하는 것은 이제 우리들의 몫이다. 선생님들로부터 받은 교육은 자연을 아는 밑거름으로 남지만 함께 수업을 들었던 분들은 이제 자연에게 함께 다가가는 눈을 감고 4기 교육과정을 떠올리면 같이 수업 받던 얼굴들이 하나둘씩 생생하게 다가오는 이유는 뭘까?

나무 하나하나를 살펴보고 만져보며 세 시간 넘게 나무와 첫사랑을 나눴던 국립수목원의 야외 수업. 조종천에서 발을 걷어부치고 첨벙거리면서 누렇고 미끈한 퉁가리와 못생겨서 매력적인 꺽지와 혼인색을 한 섹시한 쉬리와 알통알록 하루살이 등을 잡고서 천진난만한 아이들처럼 환호성을 질러댔던 계곡 생태 수업. 암놈에게 선택받기 위해 소쩍새와 함께 밤에까지 울어댔던 「홀딱벗구」 검은등 뻐꾸기(그 날 비로소 난 「뻐꾸기도 밤에 우는가」라는 영화제목의 의미를 알 수 있었다), 산솔새, 쇠딱따구리, 숲새, 박새 등을 소리만 듣고도 구별하는 황홀함을 경험했던 조류 수업. 「눈탱이 밤탱이 된」 개구리 이야기 등으로 강의 내내 우리를 웃겼던(죄송) 류창희 선생님의 수업. 아, 그리고 모둠별로 현장 수업 시연회를 하던 그 날, 그 날을 어찌 잊으랴. 스페인과 승부차기 하는 것을 보기 위해 열심히 준비한 프로그램을 생략하는 희생정신을 발휘해 우승권에서 밀려났던 2모둠, 그 2모둠 덕분에 결국 우리는 승부차기의 스릴과 환희를 맛보지 않았던가. 그 날 저녁 숲해설가 수료증을 받은 우리 모두는 한결같이 감회가 새로웠다. 그 수료증을 받아들고 모두들 무슨 생각을 했을까? 이제 자연에게 함께 다가가는 소중한 벗들한테 그 이야기를 듣고 싶다.

강맑실. 숲해설가 4기

2002. (여름) 12호.

10. 그린스쿨과 나

| 이은경 |

　매주 금요일 광릉수목원에 간다. 내 기억 속의 광릉수목원은 아름드리 전나무 숲 길을 젊고 발랄한 어여쁜 아가씨들이 신발을 날리며 배꼽이 빠져라 깔깔대며 웃고 있다. 20여년 전 광릉 숲이 좋다는 소리를 듣고 갔다. 500년이상 잘 보존된 원시림, 숲의 천이를 볼수 있고 천연기념물인 크낙새와 장수하늘소가 살고 있는 곳. 하지만 무슨 나무가 있었는지 그런 것은 하나도 기억에 없다.

　큰 길까지 걸어야 했기에 다소 먼 길을 노래도 부르고 이야기도 하며 걷다가 누군가 우리 신발차기 할까 라는 의견을 내놓았을 테고 사람도 별로 없고 지나는 차도 적으니 의기투합. 신발을 발에 꿰고 멀리 던지기. 제대로 차질 리가 없다. 길로도 들어가고 도랑으로 빠지면 건져오고, 그때만 해도 무엇이 그렇게 즐거운지 웃으며 나오니 좋은 기억뿐.

　그 후에는 조선의 7대 임금 세조의 능이 있는 곳. 우리나라 사람에게 가장 존경하는 인물을 물으면 첫 번째나 두 번째에 세종대왕이 뽑힌다. 그런 세종대왕의 아들, 건강하고 똑똑한 것보다 첫째 아들인 것이 왕이 되는 최우선 조건이었다. 그렇기에 왕이 되었지만 우리 생각만큼 행복하진 않았을지도 모를 세조, 조선시대에는 왕과 관련된 곳은 모두 보존의 대상이었다. 태어날 적 태를 묻은 곳도, 죽어서 묻힌 능도 보존했기에 광릉 주변 숲이 잘 보존돼 지금의 광릉수목원이 있을 수 있게 되었다.

　1년 전 숲해설가 교육중 광릉수목원 실습이 있었다. 그때 새로운 눈으로 수목원을 다시 만났다. 나는 숲해설가를 하면서 마음가짐이 참 많이 달라졌다 언제나 행복은 마음에 있다. 욕심과 집착을 버려야 편안하고 행복할 수 있다고 생각을 하면서도 다 놓을 수는 없었나보다. 늘 조금은 덜 만족해 있었으니까. 그런데 올해 숲해설가를 하면서 들로 산으로 숲을 찾아다니며 깨달았다. 나의 욕심의 근본이 동물적이었다는 것을... 식물을 대하면서 「아! 이거 였구나」를 알아낸 순간부터 마음이 한결 여유 있어지고 평화로워졌다. 그러다 보니 숲에만 가면 저절로 입이 벌어진다. 나도 모르는 사이에 웃고 있는 나를 발견하곤 한다.

　나무와 풀의 정령들이 나에게 속삭여서이리라. 욕심 같지만 동물에서 식물의 마음을 알아졌으니 무생물의 마음까지 다가가 봤으면 하는 바람이다.

　이런 내가 자주 가고 싶은 곳이 광릉수목원이다.

　수목원이 다른 곳보다 우리에게 좋은 이유는 듣기만 하여도 가슴 설레는 원시림이기도 하지만 나무들이 다 이름표를 달고 있어서이다. 어디선가 한두 번 만나 인사를 나눠도 이를 매번 기억하기란 쉽지 않은 일이다. 그런데 수목원 가족은 어떤가. 나 누구하고 서 있으니 잊었더라도 민망할 일이 없다. 다가가 반갑게 인사하고 마음을 주고받으면 된다.

　숲의 천이과정의 끝에 나타나는 서어나무도 있고 연구림이라 우리나라의 거의 모든 나무들이 있다. 숲해설가들 공부하라고 개방한 약초원에 갔더니 단옥령·곰배령·노고단에 가서 보았던 고산 식물들이 모두 있어 얼마나 반가웠던지...

　공부하러 전국 방방곡곡 찾아다니는 것도 좋지만 시간이 여의치 않을 때 광릉수목원에 가면 전국에 퍼져있는 나무와 풀을 다 만날 수 있다.

이런 광릉수목원을 매주 갈 수 있는 기회가 나에게 생겼다. 이름하여 「그린스쿨」. 녹색 수업을 하는 숲해설가가 되었다.

화창한 봄부터 고운 옷 갈아입는 가을까지 눈망울 초롱초롱한 초등학교 5학년과 숲해설, 산림박물관 관람, 「생명의 숲」 영화보기, 내 나무 찾기, 숲 속 보물 찾기, 연필통 만들기 체험을 하는데 그 중에서 나는 숲해설을 한다. 산림박물관까지 가는 숲 길에서 만나는 나무들에 대하여 나무 대신 이야기해 준다.

아기가 태어나면 건강하게 오래 살라고 금줄에 솔잎 달고, 꽃가루로 송화다식 만들고, 향기 좋고 오래 두고 먹을 수 있게 솔잎 넣고 소연 만들고, 나무로는 집 기둥과 문·가구를 만들고, 죽어서는 소나무 관에 눕기에 태어나면서부터 죽을 때까지 우리와 같이 사는 소나무, 가을이면 다람쥐가 입안 가득 물어 나르는 도토리를 영그는 참나무 가족들. 다람쥐에 질세라 물어 나르는 도토리에 알을 낳고는 충격 받지 말라고 잎까지 달아 날개 붙여 가지를 잘라내는 거위벌레 이야기, 먹을 수 있는 참꽃, 못 먹는 개꽃 이야기. 등나무 터널을 지나 머루·다래, 자기도 보아달라고 잎을 희게 분장한 개다래.

열매 속의 섬유질로 도장밥을 만드는 박주가리를 얘기하며 만목원을 나서면 우리나라 꽃 무궁화가 보이고 어디선가 달콤한 향기가 우리를 유혹한다. 향기 따라 다가가면 나무 아래서 고백을 하면 향기만큼이나 달콤한 첫사랑이 이루어진다는 이야기를 지닌 하트모양의 노란 단풍이 든 계수나무가 있다.

각자 첫사랑 고백에 대한 상상을 하며 산림박물관으로 들어선다. 박물관을 둘러보고 광릉숲의 사계를 담은 「생명의 숲」 영화를 보면 녹색수업 한나절 일정이 끝난다.

나는 어른이 되어서 생명을 가진 모든 대상과 하나하나 마음을 주고받을 수 있는 사이가 되었고 관계를 가짐으로 해서 더없이 평안하고 충만한 영혼과 마음 밭을 지니게 되었다.

세상의 모든 인연은 때가 되어야 만나고 이루어진다고 한다. 숲해설가가 됨으로써 알게 된 아름다운 세상을 깨끗하고 순수한 어린이들에게 전해줄 수 있는 지금이 행복하다. 이런 만남을 맺어준 「그린스쿨」. 하기를 참 잘~했다...

필자소개 : 이은경
숲해설가 3기. 숲해설을 끝까지 하고 싶은 사람.

2002. (가을) 13호.

11. 너희가 숲을 아느냐?

우리 가족은 지난 일요일, 양평에 있는 휴양림에 1박2일로 공부를 하러 다녀왔습니다. 정확히는 「숲학교」라 하더군요. 이름하여 「산음숲학교」에 아이들과 아내와 함께, 분당에 사는 이웃들인 다른 일곱 가족과 함께 말입니다.

우리 아이들, 특히 아내가 너무도 좋은 시간이었다고 대만족입니다. 사전에 인터넷으로 숲학교에 대한 정보도 찾고, 희석이 어머니에게 어렴풋이 들은 바로는 「꽤 괜찮겠구나」라고 짐작은 했었지만, 실제 보고 느낀 것은 자연에 대한 경외감. 환경을 정말 소중히 생각해야겠다는 생각도 빼놓을 수 없는 소득이 되었답니다(특히 그곳 산음휴양림은 자연상태의 보존이 거의 완벽하고 풍광이 빼어나 「육지 속의 섬」이라 생각이 들더군요).

진행하는 모든 프로그램들의 내용이 충실하였기 때문에 우리 가족 모두는 이번 늦여름 확실한 추억 만들기를 선물받아 기분이 「굿」입니다.

칡넝쿨로 만든 축구공으로 한 숲 속의 월드컵(2:1로 이겨서 미안하다), 반딧불이를 보러 가는 야간산행, 나무로 만들어보는 곤충만들기(혜린이네는 잠자리와 나비를 만들었답니다). 너무나도 맛있고 찰진 옥수수, 신갈나무·떡갈나무·갈참나무·상수리나무·굴참나무·졸참나무·물푸레나무·산초나무·개망초·생강나무 등등.

숲체험이 한 때 즐거운 추억으로 끝나질 않고 정말 자연을 사랑하고 소중하게 생각하는 마음을 갖게 해주어 「자연보호의 마음」을 갖고 돌아왔다는 것과, 다른 가족들과의 유대관계가 한층 더 친밀해지는 기회도 되었기에 더욱 의미 있는 숲학교로 다가옵니다.

매스컴에서 항상 자연을 사랑하자는 애기들을 해도 마음에 와 닿지 않아 공허한 메아리로만 들렸는데 실제 숲학교에 참가하여 호흡하니 금세 자연인이 된 것 같아 너무 행복했습니다.

짧은 시간이었지만 일상을 탈출하여 진정한 휴식처가 되고 건강한 안식처가 될 수 있도록 프로그램을 준비하여 주신 변정석 선생님, 장현두 선생님, 또 한 분 여선생님에게 감사드리며, 숲해설가이시면서 다정한 이웃이신 박현숙 선생님과 가족들, 승섭이네, 민정이네, 정석이네, 학림이네, 희준이네, 윤재네...

우리가 이곳 분당의 하늘 아래 이웃으로 사는 것이 너무나 행복합니다.

12. 엄마, 나 남산에서 살고 싶어요

김수정 / 주부

하필이면 전날 크게 내린 비에 행여 숲속여행을 못할까봐 노심초사하는 아이한테 내일 못 가면 다음에 기회가 있을 거라고 하면서도, 이 가을 아침 가벼운 산책을 겸한 숲속 여행에 내 자신도 조금은 설레 있었다.

새벽녘에 일어나 창을 여니 약해지긴 했지만 여전히 가는 빗줄기가 선뜻 시원스런 하늘을 내어줄 기색은 아니었다. 하지만 우산을 쓰고서라도 기어이 가겠다는 아이의 말에 두 시간 정도라니까 한번 가보자며 집을 나섰다.

식물원 앞에 도착했을 때는 다행히 오후나 되어서야 그친다던 빗줄기가 멈춰 있었다. 낮게 내려앉은 하늘에 사방이 촉촉이 습기를 머금은 날, 남산 숲속 여행을 즐기기에는 더없이 완벽한 날이었다. 여러 분의 숲해설가와 자원봉사자들이 모여든 반면, 100여 명이 산행을 예약 했다는데 흐린 날씨 탓인지 신청한 사람들은 좀처럼 나타나지 않았다.

요즘 같은 세상에 일요일 아침 편히 쉴 수 있는 시간을 봉사하겠다고 나서신분들게 민망함 이 앞서, 조금 늦는다고 연락이 온 언니네 가족이 원망스럽기까지 했다. 모여든 사람보다 많 은 숲해설가와 자원봉사자들은 그래도 사랑하는 산에 왔으니 별 불만이 없다는 듯 겨우 모인 30여 명 남짓 되어 보이는 인원을 소그룹으로 나눠 숲속 여행을 시작했다.

「살아 천 년, 죽어 천년」이라는 식물원 앞 주목에서 이야기를 시작한 우리팀의 숲해설가 김경녀 씨는 열매를 먹을 수는 없지만 예쁜 꽃을 피운다 해서 「꽃사과」하는 이름이 붙었다 면서 아이의 손에 빨갛고 작은 꽃사과 열매를 쥐어주며 두 시간의 여행을 시작했다.

식물원 안에 있는 작은 식물에서부터 봉수대에 오르는 길에 있는 나무들의 특성과 역사, 신화와 연결된 이야기에 이르기까지 아이들의 눈높이에 맞추어 너무나 재밌고 알기 쉽게 풀 이를 해주었다.

5월이 되면 코끝을 행복하게 해주는 내가 가장 좋아하는 라일락이 「수수꽃 다리」라는 예 쁜 이름을 가진 우리 토종나무라는 것이며, 무궁화가 우리나라 국화이지만 원산지는 한국이 아니라는 것. 벚꽃이 일본 사람들에게 특별한 나무이긴 하지만 국화로 제정된 적은 없다는 것. 그리고 남산에서 소나무가 점점 설 자리를 잃어가고 있는 것은 지독한 번식력을 가진 아 까시나무 탓이 아니라 자연스런 생태계 경쟁의 결과로 볼 수밖에 없다는 것 등등 짧은 두 시 간의 여행이었다고 보기에는 너무나 많은 것을 알고 느끼게 해주었다

「엄마, 나 남산에서 살고 싶어요!」
두 시간 남짓 남산 숲속 여행을 하고 나서 8살짜리 딸아이가 하는 말이다.

올림픽 대로를 지나며 언제나 바라보던 남산타워가 있는 산, 겨울이면 근처 호텔의 크리스

마스 장식이 예쁘다며 들를 때 지나치는 남산, 날씨가 희뿌연 날에는 오늘은 남산도 안 보인다고 하면서 나도 모르게 이름을 들먹이던 산이지만, 그 산은 그곳에 있었을 뿐 나에게 아무것도 아니었다.

그냥 흐린 날 산행을 하였다면 숲 공기가 참 좋았다. 하는 정도의 감흥에 그쳤을 것을. 그 속의 생물에 대해 설명을 듣고 그것을 바라보았을 때 남산은 그냥 그곳에 있어 우리가 오르는 산이 아니었다.

남산의 높이가 어떻게 되고 남산에 사는 식물의 표본이 몇 종이며, 그것의 중요성이 어떻다는 전문적인 이야기까지 모두 기억하지는 못한다 해도 남산에 가면 남산에만 있는 남산 제비꽃을 볼 수 있으며, 날쌘 다람쥐를 만날 수도 있고, 봉화를 피우던 봉수대와 성벽의 모습까지 남아 있다는 것을 우리 아이의 마음속에 남겨줄 수 있었다.

이제 다른 산을 바라보고 숲을 걸을 때에도 그 느낌은 다를 것이다. 그 속에 생명이 있다는 것을 알았으니까.

「자연은 아는 만큼 볼 수 있고, 볼 수 있는 만큼 사랑할 수 있다」는 말을 우리는 짧고 아쉬운 두 시간의 여행에서 체험했다. 가까이 있으면서도 보지 못하고 알지 못했던 산을 바로 알게 해주는 숲해설가들의 노력과 수고에 참으로 감사하고 싶을 따름이었다. 돌아오는 길에 「꽃기린」이라는 귀여운 이름의 조그만 선인장 화분을 사 가지고 즐거워하며 다음 주에는 어느 산을 갈 거냐면서 들떠하는 아이의 모습에 가슴 뿌듯했다.

13. 나는 이 다음에 멸종 동·식물을 구할 거다

조현주 / 서울 아주초등학교 1학년

엄마랑 아빠랑 남산에 갔다.

거기서 「파리지옥」이라는 벌레잡이식물을 봤다. 가시가 돋은 게 무섭게 보였다. 풀이 곤충을 먹는다니 정말 신기했다. 꽃은 모두 물만 먹는 줄 알았는데...

그것뿐만이 아니다. 식물원 안에는 「난악」이라는 우리나라에서 하나밖에 없는 선인장도 있었다. 내가 보기에도 귀하게 보였다. 키가 엄청나게 컸고 주름이 신기하게 보였기 때문이다.

바깥으로 나가자 꿩이 보였다. 나는 내 눈을 믿을 수가 없었다. 동물원에만 있는 줄 알았던 꿩이 남산에 나타나다니... 갑자기 거기서 식물과 동물에 둘러싸여 살고 싶다는 생각이 들었지만 학교 때문에 안되겠다고 생각했다.

엄마가 좋아하시는 라일락이 「수수꽃다리」라는 예쁜 이름을 가지고 있다는 게 너무 신기했다. 라일락은 꽃향기는 좋은데 잎사귀 맛이 너무너무 써서 벌레들이 침략을 못해서 항상 싱싱하다고 한다. 먹어봤더니 정말 무지하게 썼다.

이모네 가족과 함께 한 「남산 숲속 여행」 너무너무 좋았다. 다음에도 이런 곳에 또 왔으면 좋겠다.

내가 크면 멸종 위기에 몰린 동·식물들을 위험에서 구해 줄 거다.

14. 모든 숲해설가분들께 감사드리며

숲의 모습을 담고 싶어
숲이 되고 싶어
그냥 맨몸으로 섰었다.
마냥 부끄러워 숨고 싶었지만

숲은 속삭인다.
당당하라고
그리고 겸손하라고

너무나 부족한 저에게 「2002년 숲해설가상」을 주신 모든 회원님들께 감사드립니다. 기대하지 못했고 너무 뜻밖의 상을 받게 되어 기쁘고 한편 죄송스럽습니다.

언제나 앞에서 끌어주시는 협회를 대표하는 회원님들,
음지에서 묵묵히 협회를 위해 항상 애써주시는 회원님들,
모두 회원님들 덕이지요.
모든 분들께 감사를 드립니다.

2002년 제일 행복한 사람 임채란

임채란
숲해설가 소나무회. 2002년 올해의 숲해설가상 수상

15. 그 여름날의 추억

| 임정현 |

　풀이나 꽃 등 자연으로의 생활을 좋아하는 내게 숲해설이라는 일을 할 수 있게 된 것 또한 자연스러운 일이 아닐까? 봄부터 수목원 관람객이나 청계산 탐방자들에게 꽃을 설명하고 나무를 가르쳐주면 너무도 신기해하며 좋아하는 작별하고 흐뭇한 기분으로 돌아오는 즐거움을 어디에 비기랴.

　그러나 나는 원래 서울 태생으로 돌멩이를 구경하기도 흔하지 않는 도시의 아이였다. 6.25 전쟁 때 충청북도 산골로 피난을 가 한창 개구쟁이 시기며 감수성이 예민한 나이를 산골 아이들과 어울리며 자라 그 시절 어떤 시골아이보다 자연의 속속을 맛보고 호흡하여 흠뻑 빠져 버렸던 것이다.

　여름이면 지천으로 익어 산을 붉히는 산딸기를 따먹으며 종일 땡볕을 돌아다녀 얼굴이 딸기보다 빨갛게 익고 나뭇가지에 옷이 찢어져 어머니에게 매를 맞았다. 그러나 이튿날은 어김없이 동네 아이들과 더 깊은 산 속으로 딸기를 꺾으러 다니다가 길을 잃고 깊이 들어가 골짜기를 헤매다 해가 지고 밤이 되어서야 산을 내려와 동네 어른들의 애를 태우기도 했다.

　또 땔감을 하러 산에 가시는 아버지를 따라 큰 나무들이 빽빽한 밀림 속에 서서 아스라이 들리는 아버지의 도끼 소리를 듣고 있으려면 색깔이 아주 예쁜 이름 모를 새들이 나무 사이 사이를 날아다녔고 풀숲에는 나비며 풀벌레들이 정말 많아 그들을 쫓아다니며 「이름이 무엇일까?」 하고 궁금해하던 그 여름의 날들, 잊을 수 없는 추억의 숲을 나는 가지고 있다.

　그렇게 아름다운 날을 보냈기에 지금도 자연을 사랑하며 그 속에 묻혀 지내는 것을 가장 행복해 하는 어른이 된 것일 게다. 감수성과 낭만을 길러준 어린 날의 추억들이 나에게 글을 쓰게 하고 시인이 되게 하였으며 지금도 눈이 내리면 아이처럼 뛰어 나가는 철없음의 순수를 잃지 않고 살아갈 수 있게 된 것 아닐까?

　내가 즐겁고 타인이 즐거운 일을 하는 생활은 얼마나 행복한 삶일까? 숲해설을 한 지도 벌써 2년이 지나가고 지금 한겨울 더 새로운 자연의 신비, 지식을 익히느라 매일 책과 씨름을 하고 있다. 내년에는 더욱 깊고 알차게 자연을 안내하기 위하여....

필자소개 : 임정현. 시인. 한국시인협회회원. 숲해설가 겨울학습 모임(느티나무회).
저서로는 「하루살이가 해에게」 등 다수

2002. (겨울) 14호.

16. 6기 숲해설가 양성교육을 마치고
| 최정순 |

포수가 쏜 총에 맞은 몸을 끌고, 피를 흘리며 가까스로 어느 한적하고 그늘진 숲에 다다라서 하늘을 바라보며 홀로 죽음을 기다리는, 치유될 수 없는 상처를 안은 사슴의 눈빛이 그러했을까요?

그저 멍하니 천장을 바라보는 것으로 아침을 맞이하던 적이 있었습니다. 손끝하나 움직일 수 없을 만큼 마음이 아팠던 적이 있었습니다. 그러면서 「나무가 내쉬는 숨을 마시고 싶어, 나무를 안고 싶어, 나무가 나를 위로해 줄거야, 나무 옆에서는 아프지 않을 것 같아...」하고 웅얼거렸습니다.

아침에 일어나서 의식이 잠을 깨기도 전에 가장 먼저 나의 의식을 찾아오고는 하던 내 마음 깊은 곳의 바람. 그것은 나무였습니다. 내 사는 곳의 공기로는 그만 질식해 죽어버릴 것 같은 간절함으로 식물들의 날숨을 그리워했던 것이지요.

어느 한 날, 홀로 깊은 산속에서 반나절을 엄마 뱃속 아기 모습으로 웅크리고 앉아 있었습니다. 천천히 아주 천천히 마음 속의 앙금이 풀어지며 아픈 자리에 새 살이 돋아나고 있는 것을 느낄 수 있었습니다. 마음이 엄마 뱃속에 든 아기처럼 편안해졌습니다.

어찌 알았을까요? 누가 가르쳐주지 않았는데도 나무가 내 마음을 쓰다듬어주고 아프지 않게 해준다는 것을 이미 알고 있었던 내가 대견하고 자랑스럽고 사랑스러웠습니다. 그리고 그 때 나는 알았습니다. 나는 자연 속에서 나와 다른 모습의 자연과 어울려야 행복해지는 또 다른 자연이라는 것을 말입니다. 그렇듯 자연 속의 순한 한 마리 짐승이라는 것을 말입니다.

요즈음은 어느 산에서나 나뭇잎이 우수수 떨어져 내립니다. 언제부터인가 「나뭇잎이 떨어져 내리고 싶어한다」는 생각이 들었습니다. 매달려 흔들린다는 것에서 자유롭고 싶은 건 아닐까 하였던 것이지요.

여름 날 자신의 귓가에서 지저귀다가 훌쩍 떠나 버리고 마는 새를 바라보며 더욱 그랬을 것 같았습니다. 「새처럼 날아서 내 쉴 곳을 찾을 수 없을까, 갈 곳을 내 스스로 갈 수는 없는 걸까...」하지 않았을까요? 그러고 보니 모양은 달랐지만 나뭇잎 떨어지는 모습이 모두 한결같이 새가 땅에 내려앉는 모습이었습니다.

플라터너스 넓은 잎은 두루미처럼 우아하게, 아까시아 작은 잎은 참새떼들처럼 재잘재잘 우루루, 버드나무 잎은 제비처럼 멋들어지게, 은행잎은 나비처럼 팔랑거리면서... 가을의 낙엽은 떠나고 헤어지는 것은 슬픔이 아니라 한바탕 축제라고 이야기하는 것 같습니다. 알록달록 아름다운 옷으로 몸을 정성껏 치장하고 분분히 앞 다투어 그 잎을 떨구는 나무들의 모습을 보니 더욱 그렇습니다.

이제 나는 낙엽을 바라보며 「떠나갈 때를 알고 떠나는 이의 뒷모습은 얼마나 아름다운가」

라고 노래한 시인의 마음을 알 것도 같습니다.

 내 사랑스러운 순한 친구들을 배우고 알아 가는 자리에서 만난, 한결같이 순한 짐승 같던 아름다운 사람들과의 소중한 만남의 인연이 고맙습니다. 힘들었지만 행복했던 결코 짧지 않은 시간들을 함께 했던 6기 동료들에게 사랑의 말씀을 전합니다.

 따뜻한 눈으로 지켜봐 주시고 사랑으로 가르쳐 주신 여러 선배님들과 힘든 일 내색 않고 끝까지 잘 마치게 해주신 협회 여러분들께도 감사의 말씀을 드립니다. 모르는 것이 많아 배울 것도 많고 부족한 것도 많습니다. 지금까지와 같이 사랑의 눈길로 바라보아 주시고 아름다운 숲해설가 후배들이 될 수 있도록 도와주시기 바랍니다.

 양윤화 선생님, 이종민 국장님 수고 많으셨습니다.

 그 잎을 아름답게 물들이고 떠나가는 가을은 나에게 말합니다. 따사롭고 말간 별 아래서 익어가야 한다고, 떫고 신맛을 단맛으로 바꾸어야 한다고 눈에 보이는 것을 버리고 눈에 보이지 않는 것을 채워야 한다고, 시간과 세월과 생명에 고개 숙여야 한다고 가벼이 떨어져 내려 묻혀야 한다고 말입니다. 열심히 노력하겠습니다.

필자소개 : 최정순
6기 숲해설가 양성교육 수료. 6기 회장

2003. (겨울) 18호.

17. 숲에서 지낸 하루

| 우숙자 |

　연일 내린 늦가을 비에 삼분의 일쯤 남았던 가로수 잎들이 지난 여름 화려했던 시간을 접어두고 제 할 일을 마친 듯 땅으로 돌아간다. 오늘 아침엔 더욱 추워지리란 예보도 있고 해서 단단히 마음 준비를 하고 집을 나선다. 게으름이 추위 탓이라 여기며 두 아들(?) 아침을 알아서 먹으라 챙겨주고 좀 빡빡한 시간에 청계산으로 향하였다.

　급하게 산을 올라 초소 앞에 당도 하니 임정현·정길주 두 분 선생님은 벌써 도착하여 카메라 메고 잠시 사진 활영하러 가셨다 한다(역시 부지런한 분들이야...). 봄에 청계산 숲속여행을 시작할 때는 마냥 설레는 마음이었는데 오늘로 마감하려니 서운하면서도 시작할 때와는 달리 조금 느슨해지기도 하여 아침 일찍 서두르지 못하고 「추워서 사람들이 모였을까」 하는 생각을 하였더니 시간이 되어도 사람들이 많이 모이지 않는다. 역시...

　정길주 선생님이 먼저 온 가족을 데리고 출발하고 조금 늦게 도착한 한 가족과 함께 나도 계곡쪽으로 출발하였다. 유치원생 하나 초등생 하나 엄마, 아빠 한가족이다. 차가운 바람에 볼이 얼어 바짝 움츠러든 모습에 추위가 내 탓도 아님에도 조금 미안해지는데 의외로 해설을 듣는 가족의 모습은 진지하기만 하다. 청계산 맑은 계곡에는 참나무며 밤나무 잎들이 낙엽이 되어 떨어져 물 속에 잠긴 모습이 또 다른 풍경화로 아름다움을 자아내고 있었다. 그 잎들은 이제 강도래·날도래며 물 속 생물들의 따뜻한 집이 되어 주리라.

　흐뭇한 마음으로 물가를 건너 건너편 숲길에 이르러 아직은 푸른 잎이 더러 남아 있는 사위질빵이며 꼭두서니 망초꽃들의 이야기도 들려주고, 철모르게 피어난 진달래 나무 앞에서 자연의 질서와 생태계 파괴와 같은 조금 무거운 이야기도 슬며시 꺼내본다. 이른 아침 아침밥도 거른 채 해설을 들으러 나와준 가족들의 정성만큼, 내 해설이 즐거운 시간으로 기억되기를 바라는 마음 간절하지만 이건 나의 바람일 뿐, 그래도 재미있어 하며 열심히 들어주는 어린 꼬마와 엄마의 모습에 조금 전에 느슨했던 마음들이 속으로 마냥 미안해진다.

　늘 해설을 하며 사람들에게서 나도 감동을 받으며 또한 배우는 것들이 많다. 정자 아래 정해진 장소에서 해설을 마치고 아쉬워하는 가족들을 남기고 산을 내려온다.

　서울시 숲속여행은 올해로 3년째... 나와 숲과의 인연은 어린 시절 간식거리를 찾아 숲을 헤매던 때로부터 첫 직장을 잡은 후 주말이면 늘 배낭을 메고 친한 동료들과 산에 가 있곤 하던 시절 지리산이며 설악산 종주를 마다 않고 월요일 아침이면 배낭을 메고 출근을 하던 즐거운 기억들이 있던 그때까지... 무수히 많다. 봄·여름·가을·겨울 저마다 다른 감동을 안겨주고 저마다 느껴지는 모습도 향기도 모두 다르던 기억이 새롭다.

산이 좋고 숲이 좋아 「숲」이라는 말만 들어도 사랑에 빠진 사람처럼 마냥 즐겁고 설레기만 하던 때가 있었다. 물론 지금도 그렇고... 그러다가 어느 순간 숲이 품고 있는 그 식물들의 이름이 궁금해져서 혼자서 조그만 식물도감 하나를 들고서 가까운 산이며 들을 쏘다니며 궁금하던 그 많은 식물들을 하나씩 찾아보며 신기해 하던 때도 있었다. 그러다 숲해설가 교육을 받으러 겨울학습 모임 「느티나무」를 만났을 때, 나랑 같은 생각을 가지고 말 없이도 통하는 사람들을 만났다는 사실에 얼마나 기뻤는지... 그렇게 모르는 식물들을 하나하나 배우며 뜻이 통하는 사람들과 함께 하다보니 즐거운 시간들이 몇 년! 흘러 지금껏 지내오고 있다.

「숲해설가」한 이름표를 받아들고 한 번도 후회해 본 적은 없지만 그래도 모르는 사람들 앞에 나서서 말을 하기란 늘 마음의 부담이요, 짐이다. 더군다나 다른 사람처럼 늘 시간을 내기가 어려워 공부할 시간이 없는 게 아쉬운 나로서는 더욱 그렇다. 솔직히 부족한 자신이 부끄러울 때가 훨씬 많다. 게다가 나는 아직도 사람들과의 사귐이 서툰 편인 못난이과에 속해서... 아무튼 낯선 사람들 앞에서 내 자신을 보여야 되는 마음의 부담만 없다면 숲해설은 정말 매력적이다. 그래서 숲해설가란 말을 들을 때마다 부족하다 여기면서도 나는 행복하다.

이제 올해의 숲속여행을 마쳤으니 조금 여유로운 시간을 쪼개어 산으로 향할 마음에 벌써 다가올 겨울이 즐겁다. 유난히 겨울 산행을 즐기는 나로서는 더욱...

살을 에는 듯한 매운 바람을 맞으며 코 끝이 찡해지고 주머니 속 손이 곱아질 때 나는 기분이 좋아진다. 찬 하늘을 올려다보며 살맛나게 행복해진다. 매운 음식을 먹을 때처럼. 산행 중에 주머니 속에서 얼어버린 얼음 버석한 귤을 꺼내 먹는 맛 또한 그만이다. 다음 주엔 날씨가 더욱 추워지겠지만 벌써 내가 좋아하는 선생님과 산행약속을 해두었다. 못다한 숲 공부도 하려 하는데 마음처럼 되려는지.

필자소개 : 우숙자. 숲해설가 느티나무회.
태어날때부터 숲에서 태어났으며, 성장기를 늘 숲에서 보냈음. 현재 큰키 나무와 작은키 나무로 숲가 정을 이루었고, 인천중앙병원 물리치료실에 근무. 2003년 서울시 숲속여행 청계산 숲해설 활동 중

2003. (겨울) 18호.

18. 불어라~ 대모산의 녹색바람~!!

| 김은아 |

우리는 살아가면서 수많은 사람과 만남과 헤어짐을 거듭한다. 사람이 사람을 만난다는 것. 그 만남의 장소가 회색빛 시멘트 바닥이 아닌, 매캐한 자동차 매연으로 뿌연 도시 한가운데가 아닌 "숲"이라면?

따뜻한 봄 햇살의 재촉을 받아 숲이 하루하루가 다르게 깨어나고 있다. 연두빛 여린 잎은 어느새 짙은 초록빛을 띠고, 저마다 앞다투어 예쁜 꽃들을 내고, 새들은 지저귀고, 졸졸 계곡물이 맑은 소리를 내며 흐르기 시작한다.

이렇게 녹색으로 가득 찬 고운 숲 속에서 숲을 찾는 사람들을 숲과 더 친해질 수 있도록 손잡고 이끌어주고, 도와주는 역할을 하는 사람이 내가 생각하는 '숲해설가'이다.

나는 숲해설 가다. 작년 11월에 숲해설가 양성과정 6기로 수료를 마치고 올 봄부터 활동하기 시작한 새내기 숲해설가다. 숲해설가로 처음 인연을 맺게 된 대모산. 4월 18일은 2004년 대모산 숲속여행의 첫 시작이자 숲해설가로서의 첫 시작이었다.

무사히 첫 여행을 마치라는 뜻일까. 하늘도 숲속 여행을 하기에 좋은 따가운 봄햇살을 내려준다. 좋다. 숲속여행 코스는 일찍 대모산에 도착해서 팀장님이랑 한바퀴 둘러보고 점검하고 계획했던 프로그램을 머릿속으로 떠올려보았다. 온몸이 설레고 떨리고 긴장된다.

"옷깃만 스쳐도 인연"이란 말이 있는데, 숲속여행을 통해 그리고 대모산을 통해 두 시간을 함께 할 사람들의 인연이 마냥 소중하기만 하다.

대모산 숲해설가의 최고참이신 박상인 선배님께서 대모산의 산세가 늙은 할머니의 모습 같다 하여 할미산 또는 대고산(大姑山)으로 불리우다가 조선 태종의 헌릉이 자리하면서 어명에 의해 대모산(大母山)으로 불리웠다는 산 이름의 유래 이야기를 구수한 입담으로 풀어내신다.

숲속여행을 신청한 사람들끼리도 서로를 잘 모르고, 숲해설가와의 만남도 처음이어서 약간은 어색할 수 있는 분위기를 그 동안의 경험과 노련함으로 휘어잡으시는 모습이 어찌나 멋있어 보이던지... 선배님들이 보여주는 몸짓, 말 하나하나가 살아있는 숲해설 교육이지 싶다.

신청인원보다 사람이 적게 와서 열명 정도 되는 초등학생 아이들을 장선희 팀장님과 내가 공동으로 맡기로 했다.

와~ 아이들이다~!^^ 3월부터 시작한 녹색연합 어린이 자연학교에서 모둠교사로 활동하면서 아이들과 함께 했던 경험이 이렇게 고마울 수가 없다. 이리저리 똘망똘망한 눈으로 두리번거리는 폼새가 숲 속에 어떤 재미난 것들이 있을까 생각을 하고 있는 것 같은데... "이야~ 너희들 반갑다" 눈 인사 찡끗하고 선생님 손잡고 재미난 숲속여행 시작하자.

장선희 팀장님이 자연학습장에 피어있는 예쁜 꽃 앞으로 솔솔 아이들을 부르신다. 줄줄이 산과불주머니, 조롱조롱 매달린 금낭화 앞에서 아이들은 눈을 뗄 줄 모르고 루페로 신비한 꽃 속 세계를 보면서 탄성을 지른다. 떨어진 금낭화 꽃 하나를 하트꽃이라며 소중하게 간직하려는 친구의 얼굴이 금낭화보다 더 예쁘다.

자, 이제 본격적으로 숲으로 들어가자. 하얗게 핀 조팝나무 꽃도 보고 아까시나무 열매도 찾아보고, 팀장님이 준비하신 씨앗통을 여니 저마다 개성있는 씨앗들이 아이들의 서선을 사로잡는다.

시원하게 그늘이 드리워진 귀룽나무 아래에서는 숲속 보물찾기 놀이를 했다. 왁자지껄 보물찾기 목록을 가지고 서로 찾아서 선생님한테 보여주느라고 신이 났다.

거울로 세상 다르게 보기를 하면서 걸어갈 때마다 아이들의 목소리가 점점 커진다. 하늘을 걷는 기분이라고 표현한 그 친구는 학교 친구들한테 자랑을 하지 않았을까?

프로그램 진행 장소를 놓쳐서 비탈길에서 했는데, 아이들이 하기에는 약간 위험한 장소였다. 지나가는 장소에 맞는 프로그램을 능숙하게 이끌어내는 것도 배워야겠다는 생각을 해본다.

마무리 지점에서 번개평가로 아이들과 이번 여행에서 어떤 부분이 가장 재미있었는지 서로 이야기를 하면서 다음에 또 온다고, 우리 또 만나자고 새끼손가락 걸고 도장 찍고 꼬옥~ 약속했다. 수많은 사람과의 만남 속에서 특히 숲에서 만나는 사람들과의 관계는 다른 만남보다 좀 특별한 무언가가 있는 것 같다. 그 기억들을 떠올리면 절로 입가에 웃음이 걸리고 숲을 닮은 초록물이 마음에 물드는 것 같으니 말이다.

오랫동안 대모산을 사랑하고 아끼는 마음으로 숲해설을 하고 계신 여러 선배님과 대모산을 찾는 사람들에게 조금이라도 대모산의 좋은 면면들을 보여주려고 고민하시는 강남구청 관계자분들을 뵈면서 여러 사람의 애정과 관심으로 만들어진 숲 속 여행 프로그램이 더욱 소중하게 다가온다.

숲해설가 명함에는 이름 아래 별명을 쓸 수 있도록 배려를 해주었는데, 나의 별명은 '녹색바람'이다. 숲해설을 통해서 만나는 사람들에게 한 줄기 시원하고 상쾌한 숲 속의 바람, 소중한 초록의 바람을 전해드리고 싶은 욕심에 지은 별명이다. 별명에 욕심을 냈으니 욕심낸 만큼 해내야 겠다는 생각이 절로 든다.

숲해설가라는 직함이 부끄럽지 않도록, 내가 소개시켜주는 나무와 풀, 꽃들에게 실례되지 않도록, 숲을 찾는 사람들에게 당당한 숲해설가로서 앞에 설 수 있도록 늘 노력하고 사랑해야 겠다.

앞으로 대모산 숲속여행을 통해서 만나게 될 사람들에게 미리 인사하고 싶다. 시원한 녹색바람이 불게 될 대모산에 오신 여러분들을 진심으로 환영합니다.~

필자소개 : 김은아
숲해설가 6기. 올해 첫 숲해설을 시작했으며, 현재 서울시숲속여행 대모산 숲해설 활동중

2003. (겨울) 18호.

19. 숲해설가 1학년 생활을 하고나서

| 김희경 |

1학년으로 처음 학교에 가면 모든 것이 긴장되기 마련이죠. 옷도 깨끗하게 입고, 책가방도 완벽하게 정리합니다. 아, 물론 공부도 열심히 해야겠다... 굳게 다짐도 하죠.

그 1학년의 마음으로 올해 처음 숲해설을 시작했습니다. 복장은 단정하게. 목에 노란색 손수건을 둘러 멋도 내고, 나뭇잎이며 열매상자며 이것저것 챙겨서 새로 산 가방에 착착 넣었죠.

'여기서 사람을 모으고... 이쪽이 해가드니까 방향을 이쪽으로 향하고... 맨 처음 내 소개를 먼저 할까? 아님 여기 오면서 본 것이 무엇이었나 물어볼까...'

수없이 머릿속으로 계획을 짜고, 순서를 확인합니다. 그러다가 한 순간 걱정이 밀려오죠. '너무 사람이 많이 오면 어떡하지? 갑자기 모르는 거 질문하면 어떡하나... 애들이 울거나 다치면? 시간이 너무 남으면 그것도 곤란한데...'

생각이 이쯤되면, 아... 이거 괜히 한다고 했나... 후회막급입니다.

그래도 이렇게 저렇게 큰 사고없이 1년 동안 무사히 숲해설을 진행해 왔습니다.

생각해 보면, 처음 숲해설을 진행할 때는 제가 정한 순서대로 정신없이 진행하느라, 참가한 사람 하나하나에 대해 그리 큰 신경을 못 썼던 것 같습니다. 제가 준비한 대로 사람들이 잘 따라오면 즐겁고, 그렇지 않으면 당황하면서, 저 혼자만 일방통행을 했었조. 해설방법도 매뉴얼 짜듯이 착착 준비해 놓고, 사람들에게 '재밌죠? 신기하죠?' 강요하고 말입니다.(이런... 참가자들이 얼마나 부담스러웠을까요?) 이런게 시행착오라는 거겠죠? 결국 숲해설이라는 것은 사람을 상대하고, 사람과 소통하는 한 가지 방법인데 말입니다.

숲해설이 사람과의 소통이라고 깨달은 것은 숲해설을 두세 달 경험하고 나서부터였습니다. 이렇게 숲해설에 대한 정의를 다시 내리니까, 새삼 숲해설에 참가한 사람들의 정성이 고맙게 느껴지더군요. 사실, 숲해설을 듣기 위해, 예약을 하고, 휴일 아침에 온 가족이 함께, 처음 오는 길을 물어 물어 찾아온다는 것이 생각만큼 쉬운 일은 아니죠. 가족 단위인 경우 대부분은 엄마가 신청하는 경우가 많은데요. 아침에 안 일어나는 애들 깨워서 물 싸고, 간식 싸서 서둘렀을 모습을 생각하면, 숲해설 시간을 정말 알차게 진행해야겠구나.. 하는 마음이 새록새록 듭니다.

그리고 이제는 사람을 대하는 노하우도 하나씩 공부하고 있습니다. 같은 대상을 설명할 때에도 참가자들 대상에 따라 어떤 방식으로, 어떤 말투로, 어떤 표정을 지으면서 설명하는게 적합할지 이제 조금씩 연습하고 실천해 보게 됩니다.

아는 지식을 한 보타리 가득 채워서, 한꺼번에 쫙~ 펼쳐놓는 것이 능사가 아니라는 것. 아니 그런 태도는 오히려 피해야 할 행동이라는 것도 다시 한번 깨닫게 됩니다.

이런 깨달음은 경험을 통해서만 익힐 수 있는 요소일 겁니다. 숲해설 진행 경험을 직접 해 보지 않았다면, 이렇게 참가자들에 대해 감사해 하는 마음을 가질 수 있었을까요? 결국, 경험보다 귀중한 재산은 없다는 평범한 진리를 여기서 다시 한번 깨닫게 됩니다.

이제 2005년, 숲해설가 2학년이 되면, 1학년때 느꼈던 모든 것, 차곡차곡 다져서 더 성숙한 숲해설가가 될 수 있겠죠? 3학년, 4학년이 되면, 또 그 만큼 더 성장할 테고요.

하루하루 커 가는 숲해설가가 되고 싶습니다. 커가면서 지식도 늘어나고, 경험도 커지겠지만, 그래도 마음속에 한 가지만은 변치 않도록 노력하겠습니다. 숲해설 참가자들을 존중하고, 감사해 하는 마음 말입니다. 1년 동안 숲 속에서 만난 신갈나무, 노린재나무, 양지꽃, 애기나리. 모두 기억에 남는 숲속 친구지만, 그보다 더 예쁘고 귀한 대상은 숲을 찾아온 은영이, 영진이, 상훈이, 준혁이, 그리고 그 아이들의 엄마, 아빠, 할머니, 할아버지 같은 사람친구가 아니었나 싶습니다.

숲을 사랑하는 숲해설가. 사람을 사랑하는 숲해설가, 그런 숲해설가를 꿈꿔 봅니다.

필자소개 : 김희경. 숲해설가 6기.

2004. (가을.겨울) 21호.

20. 淸溪골의 四季

| 박찬회 |

淸溪山 줄기중에도 淸溪골에 '숲속여행' 코스를 마련했으니, 이 또한 淸淸溪溪가 아닐까?

이제 막 겨울눈에서 잠이 깨어난 생강나무 꽃망울을 보며, 아! 봄이 오긴 왔구나. 하면서, 약수 한 사발 마시고 내려오다 보니, 앗! 2시간 전에 보았던 생강나무 꽃망울이 벌써 꽃이 되어 피어있지 않은가! 하~ 그 녀석 빠르기도 하네 하고 돌아서려는데 하얀 바람꽃이 손짓을 하고... 淸溪골의 봄이 이렇게 나의 봄보다 빨리 오는가 생각하니, 언제나 무심하였던 마음에 햇볕이 들어가는 듯하여 괜시리 얼굴이 부끄러워지는구나.

이제 계곡을 들어서니, 버들치들이 나들이를 하고 있고, 돌 밑에 옆새우도 수영연습에 몰두하고 물가의 풀들은 이미 싹을 내민지 오래되어 빛깔이 진해지고 있구나.

'숲속여행' 코스 출발지점 가까이 오니 가장 빨리 잎을 틔운다는 귀룽나무 친구는 벌써 잎이 다 커버린 듯 잎을 자랑하고, '숲속여행' 참가자들에게 청계골의 어떤 보습을 보여줄까 하고 가려는데, 어... 진달래가 드디어 꽃망울을 틔우고 있으니, 이제 청계골 친구들의 꽃 잔치가 시작되는구나... 벌과 나비들은 와! 맛있는 음식점들이 이제야 문들을 여는구나 하고... 어느 음식점이 맛있을까? 청계골 음식점들이야 어디건 맛이 있을 걸...

어느새 봄꽃들이 작별인사를 하니, 잎들은 어린이집에서 중학생으로, 옷 색깔이 연한 연두색에서 초록색으로 갈아입기 시작하고... 계곡의 버들치도 몸집이 커져 신나게 먹이사냥을 하고, 조금 늦게 피는 아까시 친구들의 향기 좋은 꽃들이 작별인사를 할 즈음, 청계골 위의 하늘에 구름 친구들이 모여들어, 맑은 물을 신나게 뿌려주니, 뿌리들도 신이 나고, 잎들도 신이 나서 나무 친구들의 몸집 불리는 소리가 들리는 듯... 이끼 친구들은 몸 색깔 예쁘게 하고 청계골을 더 맑게 하여 주는데, 민달팽이 몇 녀석이 나들이도 하고 있구나.

냉이 친구들은 벌써 아가들을 만들어 신나게 뽐내고 있고, 애기똥풀의 예쁜 꽃이 세상을 노랗게 물들이고, 어! 천남성이 아가들 만들어가고 있구나.

"선생님! 물가에 분홍색 꽃이 잔뜩 있어요"

어린 꼬마의 소리에 물봉선과 고마리들이 활짝 웃어 보인다. 꼬마의 돋보기 속으로 '우와' 예쁜 고마리와 물봉선의 자태에 소리도 멈춰버린다. 산길코스에는 붉나무의 자태가 나타나고, 옆의 잣나무들은 아랑곳없이 푸르름을 자랑하고, 단풍나무, 고로쇠, 신나무들은 신나게 색깔을 자랑하고, 멀리 솜사탕 냄새에 달나라라도 가볼까?

"보라빛 예쁜 꽃들이 길섶에 있어요"

어린이들이 왁자지껄하니, 벌써 가을이 다 가는가... 꽃 향유의 향수 냄새가 와 닿는구나... 허허, 청계골의 친구들, 벌써 아기들이 다들 컸구만, 겨울눈도 다 만들어 놓고, 우리들보다 훨씬 예쁜데. 우리들은 아직도 한 일이 하나도 없는가 봐...

이제 가지에는 겨울에만 볼 수 있는 눈이 보이는가? 그러나 겨울 청계골의 숲 친구들아. 지난 겨울처럼 은빛 가지를 뽐내며 바람소리만 내는 신갈나무가지 사이로 겨울바람소리 들으러 갈게. 청계골 계곡의 버들치 꼬마들아 이번 겨울엔 큰 소리로 '들리세요'하고 수영 연습 잘 해라.

필자소개 : 박찬희. 숲해설가 5기.

2005. (가을,겨울) 23호.

21. 새내기 숲해설가의 좌충우돌 첫경험

| 정명옥 |

사람의 수명이 평균 80세 이상으로 늘어나는 요즘, 노후를 어떻게 보내야 할까? 아이들도 다 자라서 내손을 떠나고 남은 인생 30여년을 그저 하릴없이 흘려보낼 수는 없지 않은가? 나이 들어 무엇을 할까? 하는 이 궁리 저 궁리 끝에 친구에게 뭘 하면 좋을지, 무엇을 할 수 있을지 이야기를 하였다. 그 친구는, 너는 산을 좋아하고, 자연을 좋아하니까 숲해설을 해보면 어떻겠느냐고 했고, 나는 숲해설이라는 말을 처음 들어본 터라, 그런 일도 있는지 그때 처음 알았다. 친구의 설명을 듣고, 집에 돌아와 당장 '숲해설가'라는 단어를 인터넷으로 검색해 보았다. 이런 저런 내용을 읽어보고 찾아보고 하니, 나이 들어서도 할 수 있겠다는 생각에 숲해설가가 되어야 겠다는 마음을 먹고 숲해설가 전문가 과정 교육을 받아 10기로 수료하였다.

짧지 않은 2년 남짓의 과정인 숲해설가 교육을 받고, 지인을 통해 아차산 생태공원에서 자원활동가를 뽑는데 함께 해보면 어떻겠느냐는 제의를 받았다. 좋은 기회인 듯 싶어서 얼른 그러겠다고 대답을 하였다. 더불어 서울시 숲속 여행에서 일을 해보려고 신청서를 냈더니 경력이 없어서 안 된다고 탈락이 되었다.

솔직히 수료만 하면 다양한 취업의 길이 열려있을 줄 알았다. 그러나 막상 현장에 나와 보니, 해설 경력 2년 이상이 되어야 신청자격이 주어진다고 한다. 2년 정도 교육을 받았는데 또 2년여를 기다려야 하다니... 내 윗기수의 선배들도 이렇게 많은 시간을 배우고 경험을 쌓고 했겠지 하고 위안을 삼아본다.

숲해설가 되고 나서, 처음으로 아차산 생태공원에서 숲해설을 하게 되었다. 처음, 몇 차례의 수업참관을 하고 얼떨결에 아이들 앞에서 숲해설을 해보았는데 한마디 하고 나면 다음 말이 이어지지를 않는다. 그래도 다행인 것은 떨리지는 않는다. 떨리지 않으니 조금의 용기가 생겼다.

이렇게 조금씩 용기도 생기고 수업참관을 통해 다른분들의 숲해설 노하우도 익혀가며 나름의 준비를 하고 있던 차에, 지방에서 성인들이 단체로 아차산 생태공원 탐방을 오는데 숲해설을 해보라고 한다. 해설시간도 짧았고, 성인들 대상이여서 아이들보다는 부담도 적고, 그동안 나름 준비해왔던 것들을 해 볼 수 있는 좋은 기회인 듯 싶어서 용기를 내어보았다.

정식으로 데뷔하는 첫 숲해설인 것이다. 1시간의 숲해설을 위해 답사뿐만 아니라, 아차산의 역사 공부도 하고 아차산의 유래도 찾아보고 생태공원의 배경지식을 외우고, 다음날 시험을 앞둔 학생처럼 이런저런 공부를 하고 긴장된 마음을 관람객들 앞에 섰다. 1시간이란 짧은 시간 그 때는 왜이리 긴 시간 같은지... 하지만, 전날 공부하며 준비했던 말들은 다 풀어내지는 못하였지만 아쉬운 데로 첫 숲해설을 잘 마친 듯 싶다. 첫 숲해설을 하고 나니, 왠지 큰 고개 하나를 넘은 듯 한 뿌듯함과 아쉬움이 함께 하며, 다음엔 더 잘해봐야지 하는 다짐을 했다.

그 뒤로는 간간히 코디 선생님의 지도로 좀 더 안정된 모습으로 주말생태프로그램에 참여하는 방문가족들에게 해설도 하고, 두렵기만 했던 유치원 아이들을 데리고 숲해설도 하였다. 숲해설을 하면서도 할 줄 아는 놀이도 없고 아이들은 통제도 제대로 되지 않는다.

마음이 그저 답답할 뿐이다.

이제 비로소 숲해설가 새내기이지만, 막상 현장에 나와 보니, 현장에서 바로 풀어낼 수 있는 놀이 방법이나, 주 대상의 어린 친구들의 교육 방법에 대한 구체적인 교육 내용이 부족한 듯하다. 숲해설가가 되기 위해 적지 않은 시간과 비용을 들였는데, 또 이런 것을 공부하기 위해 또 다시 시간을 들여서 다른 단체의 수업을 참관해야 했다. 서울 숲선생님들 수업도 참관도 하고 홍릉수목원에서 숲해설을 듣기도 하고, 다른 선생님들 숲해설 하는 것을 보고 배우러 쫓아다녔다. 그래도 부족한 숲속놀이를 배우기 위해 시간과 비용을 또 치러야 하고...

남들은 다 잘하는 것 같은데 나만 어려운 것일까? 그래도 어쨌든 숲속놀이를 가르쳐 주는 곳이 있어서 다행이다.

이론과 심성교육도 중요하지만 아이들에게 숲을 좀더 친숙하게 접근할 수 있는 숲속놀이들을 프로그램에 추가하면 어떨까 하는 생각이 든다.

읽어야 할 책도 많고 해야 할 공부도 많고 숲해설가도 많고 경쟁이 여간이 아니다. 끊임없는 자기 계발이 필요한 사람... 그게 바로 숲해설가인가 보다.

필자소개 : 정명옥. 숲해설가

2009. (여름) 28호.

22. 질풍노도의 시대

| 김의식 |

인생을 살아가면서 누구나 몇 번의 기회가 있고 무수한 선택 속에서 살아간다. 돌이켜보면 나는 숲해설가가 되었음은 최고의 선택이었으며 행운의 기회였다고 생각한다. 숲해설의 즐거움은 여러 가지가 있지만, 그중에서도 다양한 사람들과의 만남은 매번 가슴을 설레게 한다. 그러나 며칠 전 산에서 만난 여중생들은 정말 나를 당황하게 만들었다.

아침 10시부터 시작하기로 한 숲해설이 30분이 지났는데도 시작하지 못하고 있다. 복장 상태를 살펴보니 핫팬츠에 신발은 조리(?), 귀걸이에 눈 화장까지 귀엽고 예쁘기는 하지만 모기들 회식하게 생겼다.

막상 해설을 시작하니 대답들은 잘하고 있는데 틈만 나면 핸드폰으로 문자 날리고 TV를 본다 아니 영상을 다운받았다나… 누구냐고 물어보니 '샤이니'라네. 여자 가수인가? 물어본 내가 바보이지.

소나무, 잣나무도 모르는데 숲의 의미를 어이 알리요. 어디선가 본 것 같은 나무라 하네. 어제 바로 축령산에서 캠프하고 왔다면서. 생강 나무 냄새를 맡아보라고 잎을 주었더니 벌레 있다고 질색을 한다. 땅바닥의 기어가는 죄없는 유령거미를 보고 무섭다고 냅다 소리나 지르고 밟아 죽인다고 달려드는 행위는 또 무엇인가?

사시나무 떠는 이야기에 관심을 갖는 듯하여 "이 나무는 잎자루가 길어서 유난히 잘 흔들리고 그래서 성장이…." 말을 이었다. "아저씨 잎자루가 뭐예요?" 도끼자루 호미자루로 설명이 갔다. 내친김에 "자 이것은 잎맥이고 이건 잎몸이고…." 설명하자, "앗, 잇몸이요?" 이놈들이 놀자고 하네….

겨우겨우 분위기 잡아 집중시켜 가는데 이번에는 눈들을 반짝이며 한쪽으로 돌아간다. "아, 남자다!" 지나가는 키 큰 젊은이를 보고 속삭이듯 저희들끼리 숨죽여 하는 소리….

"그래, 너희들이 지금 사춘기니까 이해한다."

그러자 아이들이 "에이, 사춘기는 초등 5학년에 지나고 지금은 오춘기예요." "선생님, 이해하세요. 우리가 지금 질풍노도의 시기잖아요." 하며 재잘댄다.

그날 아저씨와 선생님을 오가며 남자도 아닌 나는 선선해져 가는 날씨에도 진땀을 흘려야만 했다.

내일은 20명의 가족이 예약되어 있단다. 유모차에서부터 장모님까지 나오셔서 대성황을 이루어주라. 그래 내일은 "아빠 재미없다, 딴 데 가자." 이런 소리 듣지 말아야지….

어쩌면 숲해설가로 산다는 것은 공부하고 또 공부해도 부족한 고행의 길이지만 나는 중독된 사랑처럼 가슴 설레며 당신을 기다린다.

필자소개 : 김의식
대모산 숲체험 리더. 국립생물자원관 해설사 원예치료사

2010. (가을) 30호.

23. 숲에서 꿈을 꾸다

| 김정희 |

살아가면서 '설레임'을 느낀다는 것은 행복한 일이다.

아마도 평범한 주부로 살아가고 있다면 지금처럼 설레는 순간을 많이 맞이하지는 않았을 것이다. 오늘도 설레는 마음으로 숲해설을 위해 '북서울꿈의숲'으로 향했다. 나를 기다리고 있는 주인공은 중화중학교 학생들이었다.

아들딸 같은 아이들이지만 유난히 더 정이 가는 친구들이었다. 정신지체를 가지고 있는 학생들이었는데 내가 가지고 있던 선입견을 한번에 산 너머로 넘겨버려 주었다. 만나자마자 내게 악수를 청하는 남학생을 보니 입가에 미소가 저절로 번졌다. 이렇게 시작된 새로운 만남은 아마도 재밌는 시간이 될 것 같은 좋은 예감으로 다가왔다.

숲 속에서의 시간은 나를 행복하게 만들어 준다. 숲 밖에서의 나의 모습은 평범한 아내이며 엄마일 뿐이다. 아이들의 교육에 관심을 갖고 집안 대소사에 신경 쓰는 아줌마에서 숲 속으로 들어오면 나는 모든 것으로부터 자유로워지고 나무와 함께 대화를 나눌 수 있는 자연인으로 돌아와 꿈을 꿀 수 있게 된다.

얼마 전 아들 방 책상 정리를 하다가 자기소개서를 써 놓은 것을 발견하고 별 생각 없이 읽어 내려가고 있는데 그 속에 내 이야기가 쓰여 있어 깜짝 놀랐다. 엄마가 숲해설을 하고 계신데 자연과 가까이 하고 공부하고 노력하는 모습에 영향을 많이 받았다는..., 뭐 그런 내용이었는데 평소에 내색 않던 아들의 글 내용을 보니 숲해설가로서의 책임감이 더욱 강하게 느껴졌다.

숲 속에서 꿈을 꾸면서 행복했는데 아이들까지 엄마를 보며 새로운 꿈을 설계한다고 생각하니 앞으로 숲해설가로서 어떻게 더 멋진 그림을 그려야 할지 과제가 생겼다. 숲 속에서 만나는 풀꽃, 나무 하나하나가 소중하듯 그 안에서 만나는 모든 사람들과의 인연에 감사함을 느끼며 나에게 주어진 과제를 풀어가야 겠다.

필자소개 : 김정희
북서울꿈의숲 숲해설가

2010. (가을) 30호.

24. 주말마다 비가 내렸다

자기가 위치하고 있는 환경을 즐겁게 보는 습관은 자신의 행복을 위해 중요하다. 우리들은 기계, 디지털 등 과학의 편리성에 절대적으로 의존해 가며 살고 있다. 태풍 곤파스로 정전이 있던 날도 업무는 하루 종일 마비가 되었다. 어쩌면 숨 쉬는 것마저도 힘들 수 있겠구나, 과장된 생각도 했었다. 자연으로부터 얻는 기쁨이 더욱 중요해졌는데도 인간 위주의 세상은 자연과 나누는 것을 너무나 소극적으로 한다.

어느 날 나는 깊지 않은 정보와 지식을 바탕으로 숲을 이야기하며 주절대고 있었다. 일천한 경험은 묵직한 방망이가 되어 가슴을 두드렸고 모니터링한 현장은 금세 낯선 숲이 되었다가 해설이 시작되면서 평온으로 다가왔다.

"여러분 숲 속의 풀과 나무들이 싸우고 있네요. 그런데 풀들이 이기고 있는 듯 보이네요. 더 많은 물을 필요로 하는 나무보다는 풀 쪽이 생존 경쟁에서 유리한 것 같아요. 여러분 생각은 어떤가요? 강한 바람이 불면 나무와 풀 중 어떤 것이 더 힘이 들까요?"

오늘도 초보 숲해설가는 콩닥거리는 가슴을 다독거리며 숲 속에 빠진다. 살아온 날들의 인생 경험을 가장 큰 무기로 삼고 아이들과 대화를 한다. 가방과 방은 동기, 선배 그리고 웹서핑에서 얻은 정보를 바탕으로 한 진기한 도구와 자료들이 채워져 갔다. 사실 허접하기 이를 데 없는 것이지만 나에겐 보물이다.

집 근처의 공원을 찾게 되거나 숲 속을 거닐 때면 언제 다가올지 모를 대상을 위해 모니터링을 하는 버릇이 생겼다. dslr은 필수가 되었으며, 혹여 찾아올 멋진 장면을 담기 위해 차에는 디지스코핑 장비도 갖추고 있다.

올여름은 지긋지긋하게 비가 내렸다. 직장 생활을 하며 이따금씩 찾아오는 주말 숲해설은 나에게 보석같은 산소다. 계획된 해설이 비 때문에 펑크가 나면 슬퍼진다. 하늘님을 원망할 수도 없고…. 만물이 그토록 아름답고 푸르게 돋아나는 봄이 엊그제였다.

'이 나무가 뭐더라?'

머릿속에서 가물대다가, 이른 봄 숲 속에서 가장 먼저 새싹을 보이는 것이 귀룽나무라는 것을 알고는 부끄러움이 밀물처럼 밀려왔다. 그날, 첫머리 올리는 날도 아침부터 비가 부슬대며 오락가락했다. 천만다행히 아이들과 봉사자와 더불어 행복하게 마무리했다.

봄꽃을 희롱하며 주말마다 숲으로 달려가다 보니 어느덧 봄꽃은 사라지고, 한여름 간지럼 타는 배롱나무의 화사한 꽃이 벌개미취, 샤넬화이브, 옥잠화꽃과 함께 여름을 뽐내고 있었다. 한여름 녹음에 취해서 숲 향기 속에 몸을 맡기고 있었는데 주구장창 내리는 비에 찬바람 불어오고 가을, 겨울이 눈앞에 다가왔다. 매미소리 그친 공원에는 왕방울만한 칠엽수 열매가 탐스럽게도 떨어져 있다.

필자소개 : 이성철. 숲해설가   2010. (가을) 30호.

25. 숲공부를 마치고

지난 8월31일 3월에 시작한 숲해설가 과정 14기 공부를 끝냈다.

공부는 놀라운 세계를 열어 보여주었다. 내 옆에서 숨 쉬고 붕붕 거리기도 하며 날갯짓을 하고, 참새 혓바닥 같은 싹을 내밀어 바람을 견디며 자라서는 꽃을 피운 다음 씨를 맺고, 지저귀고 사랑을 하며 알을 낳고 한세상을 살아가는 수많은 생명체들의 세상을 들여다보게 되었다. 그동안은 자세히 들여다볼 생각도 안했지만 몰라서도 안보였고 사랑도 나누지 못했다.

너무 무거운 짐을 짊어져서 앞다리가 확 꺾인 마차의 말처럼 지구가 감당하기에 너무나 무거운 환경오염이나 기후문제부터 땅이 어떻게 생명체들을 품는가, 나뭇잎은 어떻게 썩고 거름이 되는가, 지렁이와 미생물들은 무엇을 먹으며 살아가는가, 나무뿌리가 나누어 주는 영양분을 먹고 자라는 버섯이나 균근이 무엇인가, 가지가지 나무들은 어떤 이름을 지니고 어떤 옷을 입으며 어떤 수피를 만드는가, 그 나무에는 어떤 곤충이 깃들어 집을 짓고 알을 낳으며 사는가, 나무 밑에는 어떤 풀꽃이 살며 꽃을 피우고 열매를 맺는가, 그 나뭇잎과 꽃잎들이 머금었던 물은 어디로 흐르는가, 그 물을 의지해 어떤 곤충과 물속 생물들이 살아가는가... 그 물을 먹으러 내려왔던 고라니나 너구리는 어떤 얼굴을 하고 있는가, 우리는 그들과 어떻게 어울려 살아갈 것인가, 이 모든 것들을 공부했던 지난 6개월이 다 지나갔다. 그리고 이젠 그걸 디딤돌 삼아 다시 공부하고 경험하며 내 세계를 깊게 하고 그것을 나누어 줄 수 있어야 한다.

같은 교실에서 공부했던 선생님들의 좋은 기운이 공부하는 내내 나를 행복하게 했다. 어떤 선생님은 새로운 배울 거리를 끊임없이 안내해 주었고 어떤 선생님은 재미있는 놀이를 배워 와서 가르쳐 주었다. 또 어떤 선생님은 곤충 사진을 찍어 자상한 설명과 함께 보여주셨고 어떤 선생님은 새 이야기를 끝도 없이 들려주셨다. 나이를 잊고 열심히 공부하는 그 모습이 감동이었고 또 다른 교재였다.

늦은 밤까지 열정을 담아 강의해주신 선생님들 덕분에 재미있게 공부해 가는 과정을 몸으로 겪어보았다. 시험때문에, 누가 하라고 해서 하는 공부가 아니라 정말 하고 싶은 것, 알고 싶었던 것을 공부해 나가는 즐거움을 누렸다. 공자가 《논어》에서 "학이시습지면 불역열호아 (學而時習之不亦說乎, 배우고 때로 익히면 즐겁지 아니한가)"하고 한 말이 실감났다.

졸업여행까지 마쳤다. 이젠 어엿하게 무언가를 시작했으면 좋으련만 이제사 무엇을 모르는지, 어떤 공부를 해야 할 것인지 고민을 시작하고 있다 그렇지만 더딘 내 출발이 부끄럽지 않다. 숲마니 선생님들과 더불어 천천히 꾸준히 숲 공부를 계속해 나갈 것이다. 그리고 할 수 있는 한 둘레 사람들과 이것들을 나누려고 한다. 숲 공부를 시작한 것은 내 인생에 오래 기억될 축복이었다.

필자소개 : 김명희.   숲해설가

2010. (가을) 30호.

26. 귀족적이지 않아서
더 마음이 가는 '싸리꽃'

사랑에서 멀어져야 사랑이 보인다지요.

중심에 서 있을 때는 보이지 않던 것들이 먼발치에 서면 선명하게 보입니다.

가을의 초입 싸리꽃이 절정을 이룬 산기슭은 보랏빛으로 출렁입니다. 사내의 손길이 닿을 때마다 거친 숨 몰아쉬는 여인처럼.

사물의 이치를 따져 깊이 생각하라는 '사색'이 싸리꽃의 꽃말입니다.

건조한 삶이 기억까지도 단순화시켜버린 이 시대에 무엇을 어떻게 사색해야 하는 것인지 아득하기만 합니다. 삶의 의식들은 바람에 날리고, 허울만큼 생각도 눅눅한 이 시대에 말입니다.

싸리꽃은 화려하지 않고, 귀족적이지 않아서 더 마음이 가는 꽃입니다. 한아름 안고 누군가의 집을 방문했을 때, 마땅한 꽃병이 없어도 무색해 하지 않아도 좋을 만큼 편안하고 소박합니다. 조무래기 계집아이들처럼 자잘한 웃음을 지닌 정겨운 나무, 정겨운 꽃입니다. 이토록 많은 꽃잎들을 어디에 숨겨 두었던 것일까? 느지막이 피운 꽃은 건들대는 바람과 비비적거리는 곤충의 몸짓을 빌려 짝을 찾고, 서둘러 열매를 만듭니다. 장대비를 꿋꿋이 이겨낸 가지 끝, 꾹 참았던 웃음 한꺼번에 토해놓듯 싸리꽃은 그렇게 피고 집니다. 싸리나무와 흡사해 구분하기가 어려운 참싸리, 잎 모양이 마름모꼴인 조록싸리, 꽃이 유난히 예쁜 꽃싸리, 섬에서 자란다는 해변싸리, 흰 꽃이 피는 흰싸리 등 그 종류도 수 없이 많이 있습니다.

쓰임새나 꽃, 잎 모양에 따라 각기 다른 이름을 지니고 있지만 잎에는 알칼로이드, 플라보노이드, 아스코르빈산이 많고, 껍질에 들어 있는 탄닌 줄기 잎에 들어 있는 사포닌 성분과 더불어 구황식물로도 유용하게 쓰였던 우리 선조들의 삶이 깃든 나무입니다.

싸리나무 하면 떠오르는 것이 대하서설 '태백산맥'입니다. 줄기에 기름이 많아 불에 잘 타고, 불심이 좋고 연기가 없이 오래 타는 까닭에 군사작전에 많이 쓰였던 나무로 싸리나무로 불을 지피는 이야기를 실감나게 그려놓은 태백산맥을 몇 날 며칠 밤새워 읽었던 시절이 있었습니다.

우리나라 고찰에는 대웅전의 기둥을 비롯하여 구시(구유)와 목불(木佛)에 이르기까지 큰 나무 유물이 싸리나무로 만들어졌다는 속설이 있습니다. 하지만 이들은 싸리나무가 아니라 느티나무로 밝혀졌다고 합니다. 느티나무의 재질이 사리함 등 불구(佛具)의 재료로 매우 적합하여 절에서도 흔히 사용한 것에서 해답을 찾을 수 있고, 사리함을 만드는 데 쓰였던 느티나무를 처음에 사리(舍利)나무로 부르다가 발음이 비슷한 싸리나무가 되었을 것이라고 합니다.

식물의 종마다 개체마다 다른 잎, 다른 꽃을 피웁니다. 하지만 이들은 생존 경쟁의 논리보다 상생의 논리가 더 또렷이 나타납니다. 베푸는 질서, 삶의 기본이란 것도 이들에게는 있습니다. 한 알의 과일로 익고 싶은 계절입니다. 대선 주자들의 공천, 찬반 공방으로 어수선한 이때, 상생의 중심 흐름을 되짚어 봄은 어떨가 합니다.

필자소개 : 신준수
1983 대구계명대학교 졸업.
2001 충청일보 편집국 입사.
2006 새충청일보 퇴사.
2006~현 충청리뷰 '신준수의 숲 이야기' 연재
2009 충북숲해설가협회 편집팀장.
2009년 신춘문예 당선 및 등단

2010. (가을) 30호.

27. 백로를 그리워하며

鶴, 두루미, 왜가리 황새라 불리는 이 새들은 내 어렸을 적에는 시골 村老들이나 비교적 젊은 축들도 이새, 저새, 구분하지 않고 그냥 왜가리라고 불렀던, 봄이 되면 어디에선가 날아와 동네 앞산 팽나무에 둥지를 틀고 가을이면 또 어디론가 날아가 버리는 때가되면 왔다가 갈 때가 되면 제 갈 곳으로 돌아가는 하얗고 큰 새로 기억된다.

뚝새풀이 논두렁에 파란 싹을 틔울 때쯤이면 들판을 하얗게 뒤덮고 있는 이들의 무리들은 하얀 옥양목 수건을 머리에 쓰고 밭을 메는 할머니의 모습 같아 보이기도 했고, 물가에서 긴 다리를 들고 먹이를 응시하는 자태는 어찌 보면, 석 달 동안의 冬安居를 마치고 막 토굴 문을 나서는 퀭한 눈의 깡마른 수도승의 풍모를 연상케 하기도 했다.

까만 머리에 선홍빛이 도는 멋진 죽지를 쳐든 두루미가 커다란 날개를 활짝 펴고 검은색의 다리를 한껏 뒤로 젖히며 아스라이 먼 창공으로 솟구치는 모습은 새라기보다는 어떤 정령이 깃든 영물처럼 느껴지곤 했다.

백로나 왜가리의 나는 품새도 범상치 않았다.

목을 잔뜩 움츠리고 나는 모습은 학처럼 우아한 자태는 아니지만 다른 새처럼 촐싹대지 않고 둥지에서 다리를 박차고 날아올라 동네 앞 들판을 유유히 둘러보고 둥지로 돌아오는 날갯짓은 그야말로 다른 부류들과는 그 품격이 확연히 달라 가히, 群鷄一鶴이란 말이 손색이 없었다. 이들이 나에게 특별한 존재로 각인 되었던 것은 그 무렵 읽었던 황순원의 "鶴"이라는 단편소설 때문이었던 것 같다.

늦은 봄, 그동안 비워뒀던 둥지를 손보기위해 나뭇가지를 물어 나르고, 좋은 둥지를 차지하기 위해 저들끼리 싸우고, 알을 품고, 새끼를 까고, 어린 새끼들을 돌보는 모습은 무릇 새끼를 둔 모든 어미들의 닮은 모습이기도 했지만 당시 사춘기 소년이었던 내 눈에는 어렴풋이 생명의 외경이랄지 살아 있는 것들의 소중함, 뭐 그런 비슷한 감정으로 다가 왔을 것이다.

먹을 것이 흔치 않았던 당시만 해도 부화를 앞둔 파르스름한 백로의 알은 시골동네 사람들에게 최고의 간식거리자 보양식이어서 새끼가 껍질을 깨고 나올때쯤 어른들은 어린 애들을 시켜 팽이나무가지에 낳아 놓은 왜가리 알을 꺼내오라 해서 한 솥 가득히 삶아 동네사람끼리 요즘, 찜질방에서 찐계란 껍질 벗겨먹듯이 소금에 찍어 포식을 하곤 했다. 아마 녀석들도 천적을 피하기 위해 미끄러운 팽나무의 높은 가지위에 집을 지었을 것이리라.

그러나 영악한 인간들을 어떻게 당하겠는가.

그때 어미가 가슴으로 품어 핏줄이 돌기 시작한 하늘빛 옥색, 백로알의 따스하고 매끈한 감촉은 아직도 내 손가락 지문 안에 생생하게 남아 있는 듯하다.

동네에서 손재주가 좋기로 유명했던 우리 외할아버지는 왜가리의 하얀 날갯죽지와 꽁무니를 뽑아 학우 선을 만들고, 바짝 말라 단단해진 다리로는 부채 손잡이를 만들었다.

한여름을 나기위한 부채를 만들기 위해 그물망을 치고, 미꾸라지 낚시로 덫을 놓아 수십마리의 백로들을 희생시켰던 것이다.

유난히 알을 많이 까고 댕기 깃이 많은 새끼가 부화하는 해에는 풍년이 든다는 吉鳥에게 외할아버지와 동네 사람들은 얼마나 어리석은 짓을 저질렀던 것인가?

지금이라도 어디엔가 그 때의 백로가 살아 있다면 수십년 전의 무지와 횡포를 사과하고 싶은 심정이다.

그 후 내가 군대 다녀오고, 결혼하고, 식솔들을 거느린 가장이 되어 사막을 건너는 낙타처럼 삶이라는 힘겨운 무게에 짓눌려, 백로의 존재는 까맣게 잊어 버렸다.

중년의 나이가 다 되어서야, 어느 해 고향 마을 팽나무 밑을 지날 때 문득 어렸을 적 왜가리 생각이나 나무 위를 오려다보니, 허물어져가는 오두막집처럼, 삭정이만 남은 둥지가 여태 남아서 나뭇가지 끝에 매달려 있었다.

그때 내 마음은 그동안 내가 잊고 있었던 어린 적 친구나 동기간이 나를 잊지 않고 기다려주는 듯한, 반가움과 함께, 하얀 새의 무리들이 일제히 때를 지어 날아오르는 듯한 환영을 보는 듯 했다.

동네 친구에게 언제부터 왜가리가 돌아오지 않았냐 물었더니, 그동안 한해 두해 점점 돌아오는 새가 줄더니 20여년전부터는 아예 한 마리도 오지 않는다는 얘기였다.

사람들의 무지를 꾸짖는 것일까. 더 이상 자유롭게 훨훨 날아다닐수 없고 새끼들을 기를수 없는 마을이라고 생각해서 일까.

이제 백로들은 고향을 기억하고 싶지 않은 것일까?

백로가 돌아오지 않는 고향마을은 살던 사람이 도시로 떠나버려 잡초만 무성해진 빈 집만큼이나 적요하고 쓸쓸했다.

봄이 되면 하얀 날갯짓으로, 햇살을 튕겨내며 아득한 창공으로 날아오르던 눈부신 백로 무리와, 징집영장 통지를 알리러온 우체부 아저씨가 쉬어갔던 그 팽나무 아래서, 나는 幼年의 꿈을 꾸던 소년으로 돌아가 동네 사람들을 불러 모아 놓고 "팽나무는 느릅나무과에 속하고 잎은 어긋나며 열매는 가을에 등황색으로 익고 먹을 수 있다. 그리고 백로는 우리 마을 앞에 있는 팽나무처럼, 아니 많은 느티나무나, 소나무에 집짓기를 좋아하고 성정이 정갈하고, 제 새끼를 잘 돌보는 것이, 우리 마을 사람들을 많이 닮았다"라고 마을 위를 유유히 날던 백로를 그리워하며, 팽나무와 백로를 해설하는 나를 꿈꿔본다.

필자소개 : 채홍섭
사)숲해설가협회 광주전남협회 이사

2010. (가을) 30호.

28. 숲해설가는 정말 만물박사가 되어야 할까

　내가 숲해설 공부를 시작할 때의 일이다. 나무이름 풀이름이 도저히 안 외워져서 절망감에 몸부림치던 때가 있었다. 지금도 그 딱 척보고 탁 알아맞힐 정도의 실력이 되는 건 아니지만.

　그래서 내 머리를 의심스러워하며 이 일은 내 적성에 안 맞는가 보다며 잠시 숲 공부를 접었었다. 그때만 해도 나는 숲해설이라 하면 나무이름, 풀이름, 꽃이름을 줄줄 알아야하고 어디선가 새소리가 들리면 보이지 않는 새도 알아 맞혀야 되는 거 아닌가 했다. 물론 그게 아니라는 건 내가 욕심을 내려놓고, 남과 비교하지 않고, 내가 잘 할 수 있는 것이 무엇인가를 찾기 시작하면서 알 수 있었다.

　모든 일에는 시간과 열정과 이해가 필요했다. 숲해설 공부를 한다고 온 동네 떠들어 놨더니 사람들이 나무, 풀만 보면 이게 뭐냐 한다. 그 뒤로는 한동안 누가 물어 볼까 겁이 나서 내가 숲해설 공부를 한다는 건 비밀이 되었다. 하지만 지금 나는 숲해설을 하고 있으며 강의도 하고 있다. 이 모든 게 내가 어떤 숲해설가가 될 것인가를 고민하고 내가 남들보다 잘하는 게 무엇일까를 고민하고, 어떻게 봉사할 것인가를 고민하면서 생긴 변화다.

　나는 사람이 좋다. 아이들이 너무 예쁘다. 4남매맏이고 맏며느리다. 줄 때 행복하고 줄 게 없으면 불행하다. 위로받기보다 등 쓸어주면서 위로할 때 자존감이 회복되고 수다 떨면서 차 마실 때 에너지가 충전된다. 나는 주는 사람이길 원한다. 내가 잘 할 수 있는 퍼주는 일을 나는 숲에서 하고 있다. 그것도 숲의 든든한 후원받아서.

　나는 나무이름 풀이름을 질문에 답할 정도로 깊이 있게 잘 모르다보니 아이들과 숲해설 할 때면 최대한 많이 느끼도록 프로그램을 짠다. 숲을 느끼는 법, 호흡하는 법, 숲이 주는 이로움 다시 숲을 찾아야 하는 이유 등 또한 어울려 노는 것을 좋아하다보니 숲 놀이를 많이 하는 편이다.

　혼자 놀기에 익숙했던 아이들은 처음엔 쭈뼛거리다가 신발 던지고, 의자 만들고, 다리세기를 하다보면 서로 폭력수준의 벌칙을 가하면서도 웃고 즐기게 된다. 그런 놀이를 하면서 처음엔 빨리 좀 끝났으면 좋겠다던 아이들의 얼굴은 어디가고 없다.

　한여름 고등학교 남학생들을 대상으로 숲해설을 할 때는 날이 너무 더워서 계획된 모든 프로그램을 수정하고 계곡에서 발 담그고 수다 떨면서 자연물 만들기만 했더니 아이들의 반응이 폭발적이었다. 생기 있는 아이들의 모습과 쏟아지는 질문에 행복한 오후를 보냈었다.

　나는 누구든 나를 통해 처음 만나는 숲해설이 행복하고 즐겁고 남에게 자랑하고픈 경험이길 원한다. 아이들이 처음 만나는 숲해설이 완전 신나는 경험이길 원한다. 숲에 와서 까지도 "이 나무로 말씀드릴 것 같으면... 무슨 나무라구요?" 하기엔 지친 아이들에게 너무 미안하다.

　나는 모든 사람들이 숲에서 치유되고 자연스럽게 숲을 가까이하고 즐기면서 미래의 숲 해설가들이 되어주길 바란다. 우리 모두 자연의 일부이니까 말이다.

필자소개 : 성정미. 사)숲해설가협회 부경협회 숲해설가　　　　　　　2010. (가을) 30호.

29. 백두대간 약수숲길

강원도에 제주도 올레길보다 더 좋은 길이 있다. 바로 백두대간 약수 숲길이다. 산림청에서 금년에 25km를 공사했지만 내년에는 별다른 계획이 없어 예산이 얼마나 투입될 지 의문이다. 제주도 올레길은 제주도 관광객들에게 많은 볼거리를 제공하고 있으며 지리산 둘레길은 시골의 정취를 마음껏 느낄 수 있는 길로 인기를 얻고 있다. 하지만 백두대간 약수숲길은 '치유의 숲길'로 보다 더 큰 효과가 있다. 동서고속도로의 건설로 서울에서 한시간 20분의 거리로서 우리나라 최고의 오지이며 몸약한 사람들이 치유받을 수 있는 곳이다. 미천골에서 구룡령 옛길을 잇는 길은 피톤치드와 음이온이 가장 많이 나오는 천혜의 절경이고 산림문화 체험숲길의 최적지이며 홍천 쪽에서 삼둔 사거리는 때묻지 않은 곳이자 세조때 사육신 후손들이 숨어살던 곳이다.

필례약수에서 점봉산을 넘어가는 곳은 삼림유전자원 보전지역으로 우리나라 산나물의 보고이며 약초의 본산지이다. 또 오색으로 연결되는 흘림골, 주전골은 설악산 가을 단풍의 최고지역이며 북암리를 넘어가는 트레일은 숲으로 터널을 이룬 천혜의 코스이다. 이 숲길은 우리나라 최고의 트레일이 될 수 있으므로 우리 강원도민이 힘을 모아 산림청에 숲길조성을 요구해야 한다. 전체 270km의 숲길이 조성되면 독일처럼 대형 종합병원들의 제2의 병동을 이곳에 유치해 도시민들이 며칠이고 쉴 수 있는 공간으로 만들 수 있다. 더구나 이 일대 8곳의 약수는 성분이 다 달라서 우리 몸에 따라 이용할 수 있으며 하루에 4시간 내지 8시간만 걸으면 일주일이면 모두 만날 수 있다. 특히 이 트레일은 백두대간 구간에서 38선이 걸려있는 지역으로 식물이 약효가 있고 자연환경이 뛰어나다.

구룡령에서 점봉산을 잇는 지역은 900여종이 넘는 식물이 많이 서식하고 있으며 곰배령, 조침령, 단목령 구간이 이곳에 존재한다. 약수가 있는 곳에 기점마을을 지정해 친환경적으로 먹거리, 볼거리를 만들면 지역의 관광객 위치에도 큰 도움이 될 것이다.

이제 강원도에도 지리산 둘레길 이상의 숲길을 만들어야 한다.

숲 하면 강원도가 최고인데 아직까지 강원도에는 대표 숲길이 없다.

산림청과 지방자치단체가 나선다면 큰 예산 없이도 얼마든지 좋은 숲길을 만들 수 있다.

우리 모든 도민들이 가을에 한번씩 가슴을 펴고 걸어볼 수 있도록 우리지역에 숨은 보배를 빨리 손질하고 연결해서 온 국민이 최고로 사랑받는 숲길을 만들자.

필자소개 : 정선지
사)숲해설가협회 강원영동협회장

2010. (가을) 30호.

30. 숲해설가의 웰빙(Well-being)

잘 먹고(육체적 건강) 잘 살기(정신적 건강) 위해 시작된 웰빙 열풍, 하지만 단순한 개념의 잘 먹고 잘 사는 것을 넘어 이제는 어떤 것이 잘먹고 잘사는 것인가에 대한 실천적인 물음의 시기에 들어선 것 같다.

처음 웰빙이란 단어가 생겨난 초기에는 건강한 삶을 영위하기 위해 좋은 먹거리, 좋은 생활습관을 기르자는 단순한 운동에 불과했다. 하지만 몇 년이 흐른 지금 그 웰빙 열풍이 만들어낸 다양한 파생 상품들이 우리에게 쏟아져 나오고 있는 지금 진정한 의미의 웰빙에 대한 한번쯤 고민해봐야 하지 않을까 하는 생각이 들었다.

산업혁명이후 사람들은 가내수공업 형태의 작은 공장에서 일일이 수작업으로 만들어낸 상품보다 대량으로 쏟아져 나오는 상품에 열광하는 시기가 한 세기에 걸쳐 이어져오는 동안 대량생산된 인공적인 상품과 구조물 들은 우리의 삶의 질과 건강을 지켜줄 것이라는 믿음을 심어주었다. 하지만 이것이 잘못된 선택이었음은 수많은 시행착오를 겪고 난 이후에야 알게 되었고 이를 되돌리기 위해 다양한 방법들이 시행되고는 있지만 한번 망가진 몸과 자연이 원래의 모습을 찾는 것이 얼마나 어려운 것인지는 점점 늘어만 가는 질병과 인공재해, 그리고 점점 그 정도를 더해가는 자연재해를 통해 알 수 있다. 이런 상황에서 본래의 몸과 자연 상태로 돌아가기 위한 수많은 방법중 한가지 해결책이자 사회운동으로 나온 개념이 바로 웰빙(Well-being)인 것이다.

그렇다면 웰빙을 추구하는 이 시대에 우리가 실행하고 있는 것들에는 무엇이 있을까? 채식, 자전거타기, 요가, 명상 등… 아마도 대부분 개인적인 건강의 유익을 위한 활동이 주가 되고 있을 것이다. 물론 이것이 잘못됐다고 이야기 하고 싶은 것은 아니다. 다만 개인의 범주를 넘어서는 또 다른 폭넓은 개념의 웰빙에 대해 한번쯤 함께 생각해 보고 싶을 뿐이다.

지구상의 동물 중 오직 사람만이 의. 식. 주 모두를 스스로 해결하지 못한다. 결국 스스로 그렇게 존재하는 자연 가운데 사람만이 다른 누군가의 또는 무엇인가의 도움을 받지 못하면 스스로 존재하지 못하는 상황에 이른 것이다. 물론 자연환경을 극복하기 위한, 인간의 입장에서 볼 때 어쩌면 그것은 자연스러운 선택이었고 진화라고 말할 수 있겠지만 자연의 순리를 따르는 인간을 제외한 대부분의 동, 식물들의 입장에서 본다면 자연의 순리를 역행하고 있는 인간의 행동양식은 자연에 대항하는 치기이며 이기적이고 오만한 행동일 뿐이다.

그렇다면 인간이 다시 본래 자연의 일부로 돌아가기 위한 진정한 웰빙이란 어떤 것일까. 그 첫 단추는 자연이 인간을 위해 존재하는 것이 아닌 자연의 일부로 인간이 존재하는 것이라는 자연의 순리를 이해하는 것이고 그것을 바탕으로 인간의 오만함과 이기심을 버리는 것이 아닐까.

다시 현재로 돌아와 지금 우리모습을 살펴보자. 물론 근본원리의 첫 번째(자연에 대한 이해와 교육)를 하지 않고 있는 것은 아니지만 대부분의 웰빙 열풍은 그에 따른 작은 결과물인 건강상품(자연의 순리를 이용한 많은 치유법들 - 숲치유, 음악치료, 놀이치료 등)만을 만들어내는 것에 더 열중하는 또 다른 이기적인 행동을 반복하고 있지 않은지. 그렇다고 그 결과물들을 굳이 폄하할 의도는 없다. 오히려 그 결과물들을 모두 모아 활용할 수 만 있다면 진정한 웰빙의 근원에 더 가까이 다가갈 수 있지는 않을까 생각해 본다.

그렇기에 숲해설(자연에 대한 이해)에는 자연의 결과물로 만들어진 모든 문화가 포함되어야 하고 그에 대한 이해와 교육이 수반되어져야 한다. 단지 숲에 대한 지식만을 전달하기 위해 숲해설가가 있다면 그 역시 웰빙 열풍에 따른 한가지 결과물만을, 즉 유행에 따른 상품을 만드는 것일 뿐이기 때문이다. 열풍은 결국 식는 시기가 올 수 밖에 없다.

숲해설이라는 새로운 문화가 단지 지나가는 열풍에 지나지 않기 위해서는 앞에서 이야기한 것처럼 많은 것을 품고 가야한다. 그런 바탕위에 (사)한국숲해설가협회에서는 다양한 분야에서 활동하고 있는 분야별 전문위원을 두고 교육을 하는 것이리라. 물론 짧은 교육을 통해 각 분야에 모두 통달하는 전문가가 되기는 어쩌면 요원한 일일 것이다.

하지만 숲해설가에게 요구되는 것은 각 분야의 고도의 전문지식이 아니라 다양한 분야의 지식을 묶어 시너지를 일으킬 수 있는 능력이 아닐까 한다. 현대의학은 갈수록 세분화되어 (예를 들면 내과 - 소화기내과 - 내분비내과 로 세분화) 전문적인 세밀한 치료는 가능할지 몰라도 때로는 사람을 하나의 유기체로 보지 못해 발생하는 문제에 대해서는 취약한 구조를 갖고 있다. 그렇기에 앞으로의 의학은 점점 각 전문분야별 협진의 중요성이 대두되고 있고 더 나아가 이를 통합하고 조율 할 수 있는 능력을 갖춘 새로운 의학 분야의 전문가가 나올 것이라 예상하고 있다.

동물, 곤충, 식물, 문화, 예술… 이런 세분화된 전문지식과 연구는 각 분야별 전문가에게 맡기면 된다. 하지만 이를 통합해 조율하고 교육할 수 있는 새로운 분야는 당연히 숲해설가의 영역이 될 것이라 믿는다. 가까운 미래의 숲해설가는 동물전문가, 곤충전문가가 아닌 진정한 숲전문가 더 나아가 자연전문가가 될 것이다. 그것이 진정한 의미의 웰빙을 향해 나아가기 위한 첫 단추이며 숲해설가의 웰빙이 아닐까 한다.

필자소개 : 지석용
(사)한국숲해설가협회 전문위원. 오카리나 연주가

2011. (여름) 31호.

31. 숲과 함께 삶을 가꾸는 자,
숲해설가의 길

　나는 공직에서 정년퇴직 후 '대전·충남 숲해설가협회' 인증교육을 수료하고 동기생들과 일주일에 1회 숲해설 기법을 배우기 위하여 대전과 충남지역의 수목원, 자연휴양림, 공원 등에서 현장을 중심으로 한 숲공부를 하고 있다. 숲은 우리 삶의 터전이며, 삶을 함께 나누어야 할 친구이자 우리에게 한없이 베풂을 주는 존재이다. 또한, 숲은 항상 우리 가까이에 있으며 쉽게 접근할 수 있고, 최근엔 숲에 대한 중요성이 강조되면서 숲을 찾는 사람들이 늘고 있다. 내가 숲해설가의 길로 들어선 것도 이런 숲에서 방문객들에게 숲을 설명하고 교육하는 숲해설가의 매력에 빠졌기 때문이다.

　숲탐방을 하면서 자연스럽게 이 시대의 숲교육이 나아가야 할 방향에 대해 생각하게 된다. 자연의 아름다움을 느끼게 해주고, 이런 아름다운 자연을 알리고 지킴을 강조하는 것이 환경문제가 심각한 이 시대의 진정한 환경교육이 아닐까. 이런 의미에서 우리나라 국토의 70%를 차지하는 숲이야말로 현장을 중심으로 한 살아있는 환경교육의 장이라 할 수 있다. 숲해설가는 숲에 대한 지식과 소양을 갖추고 숲을 찾는 사람들이 숲에 대한 올바른 이해를 통해 숲을 사랑하는 마음을 키울 수 있도록 이끌어주는 산림탐방 도우미인 동시에 산림환경 교육가라고 할 수 있다.
　그렇다면 숲해설가는 어떤 소양을 지녀야 하는가? 이 시대의 숲해설가는 어떤 역할을 해야 하는가?

　숲해설가는 숲에 대한 풍부한 지식은 물론이고 프로그램을 기획하고 운영할 수 있는 소양을 갖추고 흥미로운 해설을 통해 숲을 찾아오는 사람들에게 숲과 자연을 친근하게 느끼게 하고 자연의 소중함과 함께 자연에 대한 책임의식도 일깨워 주어야 한다. 숲해설가에게 가장 중요한 것은 많은 경험과 갑작스런 상황에 대처할 수 있는 준비된 자세일 것이다. 숲탐방을 통해 다른 해설가의 해설을 듣고 배우며, 상황발생시 대처방안을 살펴보는 것도 좋은 경험이라 생각하며 숲교육 참관의 감상과 숲교육에 대한 소견을 몇가지 적어보고자 한다.

　감명 깊은 숲해설을 위하여 숲해설가는 숲에 대한 지식과 정보를 프로그램과 효과적으로 연계하여야 하며, 탐방자와의 충분한 교감을 통해 정보와 지식의 제공만이 아니라 흥미와 감동까지 주어야 한다. 이를 위하여 숲해설은 해설가의 부단한 자기연찬과 함께 탐방자의 여가 활동에 대한 관심에 심리적인 초점을 맞출 필요가 있다.
　또한 숲해설 대상물에 대한 위상과 가치를 일깨워 늘 탐방자와 함께 어우러질 수 있도록 하여야 한다. 효과적인 숲해설을 위하여 다양한 연령층의 특성에 맞는 프로그램을 개발하고, 숲해설을 진행함에 있어서는 대화식으로 말을 끌어나가며 탐방자의 관심과 흥미를 지속적으로 유도하는 진행능력이 있어야 한다. 해설의 내용이 아무리 좋아도 탐방자 개인의 이해와 관련이 없는 것으로 인식이 되었을 경우 해설의 효과는 감소하므로 탐방자와 관련성이 있는 해설이어야 함은 물론이다.

　탐방자에게 깊은 인상을 남기기 위하여 내용의 체계적인 구성이 선행될 필요성이 있으며 명확하게 주제를 제시하여야 한다. 좋은 대화를 위해 해설가가 알아두어야 할 사항으로는 해설내용은 암기보다는 내용의 이해를 통한 자연스런 이야기의 전개 훈련이 필요하며 내용의 대본은 작성하되 암기보다는 이해를 하여야 한다.

　무대에 대한 공포는 모두에게 존재하는 심리적인 현상이므로 약간의 공포는 즐기면서 적당한 긴장감은 대화 집중과 실수를 예방할 수 있기에 무대와 사람들에 대한 공포를 갖지 말아야 한다. 해설시 망각에 대한 두려움은 갖지 말고 해설 노트나 시각 보조자료를 이용하거나 바로 다음 단계로 대화를 풀어나가 대화가 끊기지 않도록 하여야 하며 대화 도중 전 단계의 내용이 생각이 나면 추가 설명을 하여도 되며 대상자들을 친구처럼 편안하게 생각을 하는 것이 최상의 방법이니 무엇보다도 망각에 대한 두려움을 갖지 말아야 한다.

　모든 일이 그러하듯이 누군가를 이끈다는 것은 부단한 자기 노력과 열정이 바탕이 되어야 한다. 나 역시 탐방자들이 숲을 느끼고, 숲과 함께하는 삶을 꾸려나갈 수 있도록 돕는 자가 되기 위하여 끊임없이 숲을 찾고 다른 숲해설가의 숲교육을 참관하며 보고 듣고 느끼며 배우는 것을 통해 숲해설가의 모습을 갖추어 가고 있다. 숲과 함께, 숲을 터전으로 한 아름다운 삶을 가꾸는 자 숲해설가! 훌륭한 숲해설가로 성장하기 위하여 오늘도 나는 숲에 대한 사랑과 열정을 배낭에 담아 짊어지고 숲을 찾는다.

필자소개 : 이창욱
대전충남숲해설가협회

2011. (여름) 31호.

32. 성호기심을 이용해 볼까요?

숲해설은 하면 할수록 생각이 많아집니다.

몇 년 전에 숲해설을 처음으로 시작할 때는 아는 것 하나 가르쳐주는 것만으로도 재미나고 스스로 만족이 되었는데 이제는 , 이걸 저 사람들이 듣고 싶어할까 하는 의문이 많이 생깁니다. 고객이 만족하냐는 거죠.

휴대폰도 처음에는 전화를 걸고 받는 것으로 만족했지만 지금은 전화기능에 인터넷, 이메일, 음악, 동영상, 쇼핑, 카메라, 네비게이션, 위치찾기, 캠코더, 녹음기, 금융 등등 상상 그 이상의 상상으로 변화에 변화를 거듭해 나갑니다. 숲해설도 휴대폰처럼 통합적으로 접근해야 공감을 얻어낼 수 있지 않을까 합니다. 그래서 참 어렵습니다.

며칠 전 숲해설가들이 제일로 힘들어한다는 중2~3학년 여학생들과 수업을 했습니다.

움직이는 것도 듣는 것도 관심도 없고 수다에 집중하는 애들한테 뭔가를 넣어주고 보여주고 들려준다는 게 쉽진 않았습니다. 차라리 해설을 하지 않고 미션을 줘서 해결하게 한다든지 아니면 그냥 숲속에서 가재나 잡고 푹 쉬게 하는 게 더 낫지 않을까 하는 맘이 들었습니다. 그 친구들이 비정상적인 게 아니라 그 시기 때 친구들에게 맞는 숲해설 방법이 뭘까 절실했습니다.

이제는 학년별 나이별 성별 심리 상태에 따라 섬세한 숲해설 방법을 연구하지 않으면 긍정적인 교육효과를 얻기 힘든 것 같습니다.

한 예로 청소년 시기의 친구들과 수업을 하다보면 초등 고학년부터 고등학생들까지 정말 이 시기 때 친구들은 성적 호기심이 남부럽지 않습니다. 다음은 숲해설을 하면서 종종 겪는 일입니다.

예1) 고등학교 과학심화반 동아리 친구들한테 곤충을 잡아오라고 했습니다. 그랬더니 교미 중인 무당개구리를 잡아옵니다. 곤충은 아니지만 그래도 교미를 어떤 식으로 하는지 체외수정이란 어떤건지를 섬명해주면서 허리를 힘껏 조르듯 잡고 있는 무당개구리의 앞다리를 보라고 했습니다. 그랬더니 저 구석에서 "저렇게 하면 무슨 재미가 있노?" 합니다.

예2) 고등학교 1학년 한반을 데리고 에코트레킹 수업 중 싸리나무 어사 박문수 회초리에 대해 설명하면서 여러분들은 무엇으로 맞은 경험이 있는지 물었더니 또 저 구석에서 "배속에 있을 때 아버지한테서 많이 맞았는데요" 합니다.

예3) 초등학생과 공원에서 수업을 하면서 배롱나무의 간지럼 타는 것에 대해 설명하면서 한번 간지럼 태워 보라고 하니 한 남학생이 가지와 가지 연결 사이를 간지럼 태우면서 이런 데를 간지럼 태워야 간지럼을 많이 탄다고 하면서 간지럼 태우고 있습니다.

현장은 생각보다 리얼합니다. 그 친구들이 굳이 나쁜 애들도 아니고 색안경을 쓰고 뭐하고 할 일도 아닙니다. 그 나이 때 자연스러울 수 있습니다. 단, 어떻게 풀어주어야 하는지 매끄러운 해설이란 무엇인지 그리고 그 친구가 가진 그 성적 호기심을 어떻게 생태적으로 자연스럽게 풀어줄 수 있는지는 해설가의 몫입니다.

여러분은 이때 어떻게 하시겠습니까?

저는 이렇게 말합니다.

예1,2) 대부분의 동물의 생식만을 위한 성행위와 즐기는 성을 가진 인간에 대해 말해주고, 생물의 다양한 종족번식에 대해 관심을 가져보면 재미난 게 많을 거라고 얘기해 줍니다. 그리고 바로 인간의 정자와 난자 생산량을 말하면서 인간이 태어날 확률을 숫자로 말해주며 더불어 풀과 나무의 번식확률을 말해주고, 모든 생명은 계산할 수 없는 확률에 의해 태어난다는 것을 설명해 줍니다. 그러면 처음에 능글거리던 친구들이 많이도 진지해집니다. 자연스럽게 생태수업이 됩니다.

예3)은 배롱나무의 생식기는 어디에 달렸을까?" 하고 다시 물어봅니다. 어디일까요? 꽃이에요. 생식기인 꽃을 루페로 관찰하고, 풀과 나무와 인간이 태어날 확률을 계산해 봅니다. 그리고 모든 생물들의 소중함과 녹녹치 않은 현실과 그래서 살아남기 위한 능력에 대해 말해봅니다.

그러면 그냥 재미로 했던 행위에서 아주 진지한 모습을 볼 수 있습니다. 성 호기심을 이용한 생태해설이지요.

현장에서는 돌출 반응이 많이 나옵니다. 숲해설은 결국 숲도 공부해야하지만 해설대상자인 사람에 대해서도 공부해야 하는 것 같습니다. 숲해설을 들으러 오는 사람들이 뭘 궁금해 할지 뭘 즐기고 싶은지 눈을 맞춰 설명하지 않으면 수업을 잘 진행해내기가 어렵습니다. 하면 할수록 상태방에게 맞춰줘야겠다는 생각에 머리가 더 복잡해집니다.

그래서 다양한 시각을 위해 다방면의 공부를 계속해 나가려고 합니다.

소통할 줄 아는 숲해설가가 되기 위해서 말입니다.

필자소개 : 임미아
부경숲해설가협회

33. 알면 진정 사랑하게 되고
- 송홍선 박사의 풀꽃동정 수업에 참여하며 -

알면 진정 사랑하게 되고,
사랑하게 되면 진정 보게 되고,
볼 줄 알게 되면 소장하게 된다.
이런 사람은 그저 모으는 사람과는 다르다.

이조 정조 때 문필가 유한준 선생이 석농 김광국의 수장품 화첩 '석농화원'에 발문으로 쓴 글이다. 이 문장은 내가 풀꽃동정 수업에 참여하기로 마음을 다지게 된 결정적 동기이기도 하다. 숲을, 자연을 진정으로 보고 사랑하여 그 사랑을 다른 모두와 나누고 넓혀나가기 위한 첫걸음, 알기위한 작업의 시작인 것이다.

송홍선 박사님의 수업을 그 동안 몇 차례 참여하며 알지 못했던 작은 풀꽃들의 구조나 속 사정에 대해, 나무들의 생존을 위한 치열한 경쟁과 상호 교류에 대해 조금이나마 짚어보게 되었다. 하나하나 알아갈수록 그네들의 세계에 대한 경이로움이 터져 나오고 그 세계에 한발을 들여놓는 기분이 든다.

'아~ 꽃이 예쁘다' 했을 때는 그저 나의 느낌만 존재할 뿐 그네들의 소리는 들리지 않는 것이다. 이제 그 소리에 귀 기울이기 위해, 서로 교감해 보기 위해 겸허히 한 걸음을 떼어보는 것이다. 그러나 어쩌면 그네들은 내가 교감이라는 허울 좋은 명분으로 다가가는 행위를 그리 달가워하지 않을지도 모르겠다. 그들의 이름을 정확히 잘 불러주기 위하여, 아름다운 모습을 좋은 사진으로 담아 나누기 위하여 알게 모르게 행하여지는 짓밟음, 훼손들에 오히려 더 상처 받지는 않을까 조심스레 되돌아보며 의기소침해지기도 하는 것이다.

그러나 나는 분명 지식이 가득한 생물학자가 되려는 것이 아니라 마음의 귀가 열려있는, 자신이 자연의 한 부분임을 진솔하게 인식하는 하나의 소박한 자연인이 되어보고자 하는 것이다. 그 과정이 더디고, 때론 미숙하고 소홀해질지언정 그 끈을 끝까지 놓지 않고 천천히 가리라 다짐해보는 것이다. 그러다 보면 언젠가는 작은 풀꽃들의 소리가, 숲의 소리가 살며시 스며들 듯 들려오는 순간이 오리라 믿어보는 것이겠다. 그때에야 진정 숲을, 자연을 잘 보고 사랑하는 것이리라, 교감하는 것이리라... 그때에는 비로소 인간만이 지구의 주인인 것처럼 행세하는 오만한 사고의 틀에서 놓여나지 않을까 기대를 가져보는 것이겠다.
이 작은 한 걸음, 송홍선 박사의 풀꽃동정 수업에 참여하는 이 행위가 온 우주의 흐름, 조화를 이루어가는 큰 흐름에 동참해 가는 것이라 믿어 의심치 않으며 글을 맺는다.

필자소개 : 정덕현. (사)숲해설가협회 회원

2011. (가을) 32호.

34. 숲해설가 양성 교육을 마치며

금년 2월은 봄을 시기하는 추위가 별스럽다고 느꼈습니다.

제가 이 공부를 과연 할 수가 있을까? 라는 걱정이 추위에 더 보태져서 그럴 것이라는 생각도 해보았습니다.

숲해설가, 아직도 저는 숲해설가가 무엇인지 모릅니다.

이런 제가 울산에서 이곳 경주까지 매주 교육을 받으려고 오고간 것이 벌써 4개월여가 지났습니다.

제 고향은 팔공산, 보현산, 금호강과 연을 맺고 있는 경북 영천입니다.

말 그대로 '영천 댁' 이지요. 친정 옆 도시 경주에 있는 산림환경연구원도 제게는 친정이나 다름없다는 생각을 늘 하고 있습니다.

친정동네와의 인연, 그리고 숲과의 아름다운 인연, 숲을 떠나 살기 시작한 이후 잊어버린 숲을 향한 향수가 내 가슴 어딘가에 숨겨져 있었던 모양입니다. 공부와는 거리가 있는 제게 어느 선생님이 지나가듯 이야기를 해 주었습니다.

오늘 우리 경북협회가 있기까지 자신이 가진 모든 것을 주시고 먼저 숲으로 돌아가신 어느 선생님의 이야기라고 하면서....

"숲공부는 콩나물을 키우는 것과 같다"고 하셨다 합니다.

"시루에 앉혀 놓은 콩나물에 물을 아무리 줘도 그 콩나물이 크는 것 같지 않지만 어느 사이 우리가 보지 못하는 사이에 콩나물은 훌쩍 자라있지 않으냐"고 말씀을 하셨답니다.

저 또한 어제 하루 공부하고 돌아서면 잊어버리고 오늘 또 하루 공부하고 내일이 되면 잊어버리는 물주기를 자꾸 하다보니 오늘의 아주 작지만 숲을 사랑할 수 있는 마음가짐을 배운 저 자신을 발견할 수 있었습니다.

저는 숲에 대한 공부를 하면서 겸손함과 사물을 긍정으로 보는 것을 배웠습니다. 모든 것을 포용하는 큰 그릇을 가지고 있음에도 스스로를 나타내지 않는 숲의 겸손함을, 제가 이 공부를 하였다는 것은 너무나도 큰 행운이었습니다. 후일, 혹 현장에서 저의 숲해설을 들으시는 분들에게 스스로를 낮추어 모든 것을 포용하는 숲의 가르침을 올바로 전달을 할 수 있을까 두려움이 앞서기도 합니다.

저는 또 하나 사물을 긍정으로 해석하는 것을 숲공부를 통해 배웠습니다.

"꽃이 시든다"

처음에는 부정으로 들었습니다.

"꽃에 씨가 든다"고 이야기를 들었습니다. 꽃이 시든다는 것은 꽃에 씨가 들어가서 새 생명을 탄생시키는 위대한 자연의 섭리라는 깨우침을 받았습니다.

그렇게 아름다운 꽃도 자기를 희생하여야 씨를 잉태한다는 사랑도 배웠습니다.

여러 선배 선생님들이 아름답게 만들어 놓은 길에 누를 끼치지 않으면서 그 길을 따라 가야한다는 바람도 있습니다.

"고맙습니다" 협회 관계자님들

"감사합니다" 연구원 관계자와 많은 지혜를 깨우쳐 주신 여러 선생님들.

"사랑합니다" 함께 웃으며 열심히 공부를 한 우리 11기 선생님들
이제껏 숲의 가치를 모르고 지내온 제 자신에게도
"미안합니다" 라고 용서를 구해봅니다.

필자소개 : 정영예
경북숲해설가협회 회원

2011. (가을) 32호.

35. 뻔뻔스러운 나무

속새 군락지를 지나 키 큰 나무 앞에 섰다.
"저 나무를 만지면 느낌이 어떨까?"
민혁이가 대답했다.
"음… 뻔뻔스러울 거 같아요."
순간 나도 모르게 웃음이 터졌다.
"왜 그런 생각이 들었을까?"
머뭇거리는 민혁에게 큰 소리로 웃었던 게 조금은 미안했다.
"그럼, 우리 나무껍질 만져 보자."
수피를 만지는 민혁의 표정이 묘하다.

초등학생 단체가 떠난 후 차 한 잔 마시려는데 들어온 가족이 민혁이네다.
옷차림을 보니 걱정이 앞선다. 다른 곳보다 추위가 일찍 찾아든 평창 알펜시아 생태학습원이기에.
어린동생이랑 엄마는 춥다고 안에 있고 나랑 둘이 오랜 시간 생태원 숲을 돌던 아이는 올해 여덟 살 된 남자아이 민혁이다.
엄마를 찾지도, 춥다고 하지도 않던 아이. 나이답지 않게 뒷짐을 지고 이런저런 질문을 한다. 하나를 들려주면 셋을 아는 아이. 책을 많이 읽었는지 언어구사력도 뛰어났다. 만화책을 좋아하고 '커서 대통령이 되는 게 꿈'이라던 아이는 부산에서 왔다고 했다.
이것저것 만져보고, 들여다보고, 냄새 맡고, 느낌도 나눴다.
여러 형태의 벌레집에 대해 이야기하며 둘이 손을 잡고 걷기도 했다.
잠시나마 나를 여덟 살 동심으로 되돌린 시간이다.
숲해설가라면 경험할 수 있는 행복이 아닌가 싶다.
"날씨만 춥지 않았더라면"하는 아쉬움을 뒤로하고 안으로 들어서자 엄마가 아이를 끌어안고 볼을 비빈다. 민혁이 역시 의젓했던 숲에서와는 달리 아기처럼 응석을 부린다. 역시 어린아이다.

민혁이네를 배웅하고 숲을 내려다 본다.
뻔뻔스럽게 보인다는 나무가 그 자리에 서 있다.
생각보다 느낌이 부드러운 수피.
때론 너덜너덜해 보여서 한 번 보면 기억되는 나무.
어른들하고 그 나무 앞에 서면 많은 이야기가 오고가는 나무, 물박달나무다.
종이를 겹겹이 붙여 놓은 것 같은 수피는 한켜한켜 무슨 비밀을 간직한 걸까?
여덟 살 민혁이의 꿈까지 비밀스럽게 기억하고 있겠지.
물박달나무의 꿈이 수피 속에서 여물 듯 민혁이 꿈도 알알이 영글어 가길 기원해 본다.

집에 와서 남편한테 민혁이 이야기를 하면서 한참 웃었다.

남편이 그랬다.

'혹시 뻣뻣해 보인다는 표현을 뻔뻐스럽다고 한 거 아닌가?' 하고.

생각해 보니 그럴 듯하다.

이랬든 저랬든 민혁으로 인해 기분이 좋았던 하루다.

낼은 물박달나무한테 말해줘야겠다.

"아마도 뻔뻔스럽단 말은 뻣뻣하단 말일거야, 물박달나무야, 너무 서운해 하지마."

필자소개 : 한윤희
강원영동숲해설가협회 회원

2011. (가을) 32호

36. 식물들이 전하는 기상정보

우리 조상들은 삶의 주변에서 식물들이 전하는 정보를 해독할 줄 아는 지혜가 있었다. 봄에 피는 나무들의 꽃 상태로 농사의 풍흉과 다가올 계절을 점치기도 했다. 봄의 막바지, 입하 절기 무렵 이팝나무가 하얀 꽃을 뭉게구름같이 피우면 그해 벼농사는 풍년을 예고했다. 겨울철 눈이 많이 내렸거나 올 봄 같이 봄비가 잦은 해는 물 걱정 없이 모내기를 순조롭게 할 수 있었기 때문이다. 토양 수분이 많은 환경에서 잘 자라는 이팝나무 꽃으로 벼농사를 미리 예측한 것이다. 그 옛날 딸이 태어나면 한 그루씩 심었다는 오동나무가 지금도 마을 입구나 주변 공터 곳곳에 자라고 있다. 예부터 오동나무 꽃 색깔로는 다가올 여름 날씨를 미리 가늠하기도 했다. 마치 종 모양을 닮은 오동나무 꽃이 진한 자주색으로 피면 비가 적고 엷은 색이면 비가 많은 여름을 전망했다.

6월 중순, 접종화의 쑥쑥 자란 줄기에서 접시꽃이 피기 시작하면 한반도에는 장마가 찾아온다. 7월 중순쯤이면 1m가 넘는 꽃대 끝자락에서 마지막 꽃송이가 얼굴을 내밀 때로 한반도를 오르내리던 장마전선이 물러나는 시기와 일치한다. 또 곳곳에 심어진 원추리는 개화기간이 한 달 정도로 장마 시즌과 비슷하다. 아까시아꽃 향기가 사라지고 피어나는 것이 밤나무 꽃이다. 밤꽃은 개화시기가 평균적으로 장마 시작과 같은 무렵으로 중부지방에서는 6월 20일경 비릿한 향기의 꽃을 피운다. 따라서 장마가 늦은 해는 벌들의 활동기간이 늘어나는 만큼 밤 꿀이 풍년이다. 떨어진 밤나무 수꽃은 한 여름 밤 모깃불 지피기에 좋은 재료이기도 하다. 장마시작 무렵에 한창 꽃을 피우는 나무가 또 있다. 봄의 한가운데 늦게 서야 잎이 돋아나는 대추나무는 장마전선이 남해안에 다가 올 무렵부터 꽃을 피운다. 그러다 보니 장맛비에 벌들이 찾아오지 못해 대추나무는 열매 맺기가 어렵다. 때문에 옛날부터 대추 생산지로 유명한 충북 보은에서는 이런 속담이 있다. '삼복에 장마지면 보은 처녀들 눈물 흘린다' 라고.

우리나라 국화인 무궁화는 첫 꽃송이가 피기 시작해 100일쯤 이면 그 지역에서는 첫 서리가 내리는 시기로 여겼다. 또 나무 백일홍인 배롱나무의 마지막 개화도 첫서리일과 관련이 있는 수종이다. 화무십일홍이라고 물론 이 같은 꽃들이 개화 후 오랜 기간 버티고 있는 것은 아니다. 무궁화의 경우 100여일 동안 하루하루 새로운 꽃봉오리가 선을 보이는 것이다.

이 같은 식물의 계절예측은 외국에서도 오래전부터 있었다. 영국에서는 개암나무의 수꽃이 피면 봄의 시작으로 산사나무 꽃을 보면 여름이 왔다고 했다. 우리와 같은 제5의 계절인 장마철이 있는 일본에서는 수국이 탐스런 꽃을 피우면 장마가 시작된다고 한다. 또 남쪽 오키나와에서는 병꽃이 피면 장마 전선이 찾아온다고 했다. 2012년 여름문턱, 기후변화로 집중호우와 태풍의 위력이 갈수록 강해지고 있다. 줄기 속은 비었지만 강풍이 불면 몸을 눕히는 갈대의 지혜를 생각하며 다가오는 여름을 대비하자.

〈인간은 생각하는 갈대다〉

필자소개 : 김철수.

숲해설가 / 한국기상협회 이사

2012. (여름) 33호.

37. 에코 트레킹이 주는 행복함

우리 부경숲해설가협회에는 사랑에 빠진 사람이 여럿 있다. 바로 '에코 트레킹'에 빠져있는 사람들이다. 직장인이 가장 싫어한다는 월요일을 손꼽아 기다리는 사람들이기도 하다. 비가 오나 눈이 오나 월요일만 되면 어김없이 데이트를 나서는 우리들을 보고 가족들은 너무 빠진 것 아니냐며 걱정 반 원망 반으로 말리기도 하지만 이젠 거의 포기 상태다.

요리보고, 조리보고, 오래보고, 너무 사랑스러워 환호성을 지르는 대원들을 보고 있노라면 저절로 행복해 진다. 요즘 다른 모임에 가면 힘들다, 짜증난다, 일이 너무 많다며 불평들을 토로 하는데 '에코'에선 아! 좋다, 예쁘다, 사랑스럽다, 행복하다, 신기하다를 연방 외치니 덩달아 행복해 질 수 밖에 없다. 게다가 숲속에서 5~6시간을 걷다보니 건강은 덤으로 온다.

지난 3월 초 정년을 앞둔 올해 회갑의 회원이 처음으로 복수초 탐사에 동행했는데, 찬 얼음을 뚫고 올라온 노란 복수초를 생전 처음으로 만나 감탄했다.

특히, 그 둔한 등산화로 처음 올라온 싹들을 밟을까봐 까치발 걸음을 하는 대원들을 보고 신선한 충격이었다고 한다.

우리 협회에서 지금 진행되고 있는 4기생들은 자연에서 무엇을 어떻게 관찰해야 하는지를 잘 몰랐는데, '에코'에 따라와 눈 맞춤하고, 손으로 만져보고, 맛을 보면서 때로는 해부도 하는 선배를 보고 저절로 배우게 된다며 아주 만족해 한다. 가끔은 선배들이 내민 수수꽃다리, 소태 잎을 맛보고 '에코'에서 첫사랑 쓴맛을 알게 되었다고 즐거워도 한다. 그렇게 관찰하며 본 것도 집에만 가면 깜깜해지는데 카페 '에코' 후기터에 정리해 올려주니 실력이 다져지는 복습의 장이 되고, 추억의 장이 되어 행복의 근원이 된다고 한다.

부경협회가 발족되면서 시작된 에코 트레킹이 5월21일로 131차가 진행되었다. 매주 월요일 부산 또는 인근을 당일치기로, 때로는 1박2일로 먼 곳을 다녀온다. 약3~4일전 카페에 공지를 하고 댓글로 신청을 받아 현장에서 만나거나 지하철역에 모여 같이 출발을 한다. 지난 130차 '에코 트레킹'때는 상당량의 비가 예보되었는데도 사전 문의 전화 한통없이 예정된 장소에 참석자 모두가 모였다. 이렇게 '에코'는 이제 날씨에 상관없이 저절로 굴러간다.

130차정도 진행되다 보니 부산 인근은 거의 샅샅이 훑은 셈이고, 당일치기가 가능한 경상도, 전라도 지역도 많이 다녀왔다. 특히 100차 때는 광릉수목원과 천리포수목원을 다녀왔는데 신청자가 너무 많아 선착순 마감을 해야 하는 아픔도 있었다.

이렇게 '에코'는 학습의 장으로, 친목의 장으로 부경협회의 훌륭한 버팀목이 되고 있고, 2~300 차후에는 철따라 시간대 별로 대상자에 맞는 코스들을 정리해서 협회 이름으로 생태 탐사를 위한 가이드북을 발간해 보겠다는 꿈을 가지고 있다.

매주, 월요일 동래지하철 3번 출구에서 행복한 동행을 기다리는 또 다른 나의 이름은 '에코 대장님'이다. 행복하지만 나를 꼼짝 못하게 하는 무서운 이름이다.

필자소개 : 김미연. 숲해설가

2012. (여름) 33호.

38. 아이들의 눈높이가 되어

"사람들도 곤충도 없던 먼 옛날 / 4억년전 지구에 태어난 생명 / 땅속 물속 깊은 숲 어디나 사는 / 곤충들의 이야기 궁금하구나."

숲유치원 원아들이 가장 즐겨 부르는 '100명의 위인들' 곡을 개사한 "곤충을 배우자!" 동요의 일부이다.

"선생님~ 오늘은 무슨 놀이 할 거예요?"

"글쎄, 무슨 놀이할까. 미리 알려주면 재미없으니 활동시간에 알려줄게."

"에잉, 미리 알려주면 안돼요?" 하면서 원아들은 만나자 마자 나에게 달려와 매달린다.

숲해설가로 활동한지 벌써 5년째다. 처음에는 봉사로 그 다음은 강사로, 3년 전부터는 기관에 소속되어 활동하고 있다. 금년 3월에는 수목원 소속 숲해설가로 숲유치원에 지원을 나가 활동을 하고 있다.

숲유치원은 월요일부터 금요일까지 숲에서 활동을 한다. 그날의 주제에 따라 크고 작은 집단 활동으로 이야기 나누기, 표현활동, 신체활동, 과학활동, 자유선택활동을 하며 동화를 들려주고 마무리로 그날의 느낌을 발표하는 시간을 갖는다. 숲유치원에서의 나의 활동은 신체활동(생태놀이) 표현활동(자연물로 만들기)이다. 가끔 함께 하는 선생님들이 생태에 대해 궁금한 것을 질문할 때 답변해 주기도 하지만 알려주는 것보다 더 많은 것을 배우기도 한다. 교구 준비하는 것, 프로젝트 구상 등등. 선생님들은 교구도 아이들 눈높이에 맞춰 정성들여 만든다. 때론 선생님들의 노련함에 감탄하기도 한다. 아이들끼리 다투거나 짜증을 부릴때 선생님들은 급하게 서두르지 않는다. 무조건 감싸주지도, 화내지도 않고 거리를 두고 지켜본다. 아이들 스스로 해결하도록 기다리는 것이다. 그리고 모든 아이들끼리 토의하고 해결책을 찾아보도록 이끌기도 한다. 이런 점들은 숲해설가들이 배워야 할 점이라고 생각한다.

숲유치원에서의 나는 아이들처럼 매일이 신나고 즐겁다. 아이들과 나무와 나무를 밧줄로 이어 만든 거미줄에 올라 거미도 되어 보고, 외줄그네를 타며 타잔도 되어보고, 통나무를 옮겨, 통나무집도 만든다. 그뿐만 아니라 계곡의 물속으로 풍덩 들어가 낚시놀이도 하고 돛단배도 띄우며 자연과 하나가 된다.

아이들은 간식을 먹으면서도 즐거워한다. 한 아이가 흥얼거리면 금세 전염되듯 모두 따라 부른다.

"기도하는 사마귀 머릴 잘 돌려 / 상하좌우 다 보고 / 날아가는 고추는 고추잠자리 뛰어난 조종사 / 나비 더듬이 곤봉 / 빗살 더듬이 나방 / 등에 날개 한 쌍, 두 쌍 날개 나방 / 곤충을 배우자"

숲 속에는 태풍이나 세찬 바람에 쓰러진 나무들이 곳곳에 누워있다. 아이들이 그것을 그냥 지나칠 리 없다.

"선생님! 우리 우주선 타고 달나라 가요!"

"그래, 토끼처럼 방아 찧으며 가자."

쓰러진 나무에 올라가 아이들과 한 마음되어 쿵더쿵 방아를 찧으며 달나라 여행을 떠난다.

숲유치원에서의 활동은 숲해설가 활동기간인 10개월이다. 이제 1개월 반 정도밖에 남지 않았다.

처음 만났을 때 어려 보여 내심 걱정되었던 5세 아이들은 얼마전 산에 오를 때 7세들보다 힘들어하지 않고 앞장서 갈 만큼 씩씩하고 건강해졌다. 7세 아이들은 선생님이 말하지 않아도 동생들을 다독이며 미리 활동할 준비를 척척 해낸다. 이렇게 대견하고 사랑스러운 아이들과 함께 하는 시간이 줄어들수록 나는 이 아이들과 오래도록 함께 하고 싶어지는 것은 왜일까!

필자소개 : 유명순. 10기 숲해설가

2012. (가을,겨울) 34호.

39. 함께가자! 숲으로!

나는 산골소년이었다.

걸어서 1시간을 걷고 개울가를 건너고 들길을 지나야만 학교가 있었다. 오고가는 그 길은 겨울이 지날 때쯤이면 갯가에 어름을 뚫고 제일 먼저 나를 보란 듯이 졸졸졸 흐르는 물가에 털보아저씨처럼 제 몸을 살짝 감싸고 살포시 인사를 하는 버들강아지. 나는 그 길을 걸어가다가 발이 시리면 바윗돌에 앉아 쉬어가곤 했다. 그러다 물고기를 보면 "참 빠르네." 그래도 심심하면 조약돌을 주워 물방개를 친다. 그 소리는 육십이 지난 시간의 흐름에도 여전히 내 가슴에 물결이 되어 일렁인다.

산골소년은 그렇게 산과 숲과 계곡과 친구가 되어 장년이 되었다. 저마다 선호하는 것들은 다르지만 욕망으로 찌든 도시의 찌꺼기를 자연의 품에 안겨 시원스레 토해내고 가벼운 걸음으로 도시 문명을 빠름으로부터 자유를 회복하려는 심리를 방랑벽이라 불러도 될듯하다.

나의 어린 시절은 방랑의 자유를 비교적 많이 누릴 수 있었다. 시골 농촌의 씨족중심 마을에서 십여 리 거리의 초등학교를 대부분 걸어 다녔고 중고등학교는 자전거로 버스로 고삐 풀린 망아지 마냥 헤매고 다니던 시기였다. 그 기억과 추억 속으로 들어가 보면 그곳은 비포장된 차도, 농로, 논밭두렁, 하천뚝 길, 숲 속의 오솔길 그리고 길 없는 들판과 숲속을 종횡무진 휩쓸고 다녔던 기억들이 사물사물하게 피어난다.

요즘 산이 좋아 산야초, 숲이 좋아 다니게 된 기본 밑받침이 된 것 같은 생각이 든다. 16기 숲해설가 교육을 받으면서도 방랑벽이 도져서 어머님 품속같이 포근한 산속의 숲길을 걷는 것이 취미가 되어버렸다. 내가 세대를 같이 숨쉬고 살고 있는 동호인께 보여드리고 싶은 메시지를 몇 자 적어본다.

"어렵고 힘들 땐 숲으로 오십시오. 어깨에 힘을 빼시고 코끝의 숨소리에 집중하면서 '마음의 숲'으로 들어가 보세요. 그 곳엔 소담한 꽃들이 피어 있어요. 냇가의 물소리가 들리는 오솔길로 들어가 보세요. 그리고 아름다운 잎들과 이름 모를 꽃들에게도 말을 걸어 보세요. 자연은 세상과 달리 여러분들을 엄마의 품속같이 포근하게 맞이해 줄 것입니다. 피나무 그늘 아래에서 개울가의 물소리를 들으며, 마음을 씻고 숲 틈으로 흘러나오는 솔바람에 생각을 맡기기도 하고 향기에 취해도 보며, 각종 매미소리와 새 울음소리를 들으며 구별해 보기도 해 보세요."

도시인의 가슴에는 저마다의 정도의 차이는 있겠지만 광활한 숲을 배회하며 자유로운 방랑의 꿈을 꾸는 아련한 향수를 품고 있는 것 같다. 그래서인지 여가 시작이면 팍팍한 도시를 떠나 자유로운 여유가 있는 강과 산으로 자연스레 발길을 돌린다.

우리 국민이 강산을 유랑하는 선호도를 보면, 국토의 대표적인 장거리 산줄기는 백두대간 종주 등산로, 정맥, 지맥 등산로는 호연지기를 다듬는 진취적 기상의 등산객이 선호한다.

산속의 숲을 통하여 이야기를 편안하게 나누고 서로의 기쁨을 두 배로 늘리고 고민과 슬픔을 반으로 줄여 줄 수 있는 기회가 될 수 있으면 좋겠다. 울창한 숲, 맑은 공기, 풍부한 산소, 면역력을 높여주는 피톤치드, 물가 계곡의 많은 음이온, 무공해 청정지역에서의 숲해설 활동은 이러한 자연속을 오르내리며 때로는 평지와 같은 산길을 걸으면서 먼저 건강을 얻게 되고 다음은 산야초, 수목에 취미를 갖게 되며, 그 다음은 산과 친구가 된다.

　우리나라 사람들은 처음 만나면 일단 나이를 확인해서 누가 서열이 위인지를 따지는 경향이 있다. 반면 서양인들은 20대 젊은 녀석이 70대의 어른신을 가리키며 '내 친구'라고 하지 않는가. 우리도 남녀노수 불문하고 모두 친구가 되는 곳이 있다. 바로 숲이다. 숲에가면 나이나 지위 여러 가지를 따지지 않고 모두가 친구가 된다.

　우리 모두 친구가 되는 곳, 싱그러움이 숨쉬는 숲으로 가자. 숲에는 우리의 건강을 샘 솟게 할 각종 물질을 발산시키는 싱그러움이 많이 있다. 레닌그라드 대학의 토킨박사는 그 물질을 피톤치드라 명명했다.

　그에 따르면 식물체로부터 세균을 죽이는 피톤치드라는 물질이 발산되어 식물은 자신을 방어한다. '피톤'은 식물을 뜻하고 '치드'는 죽인다는 뜻이다. 숲에서 발산되는 정유의 성분은 사람의 정서를 안정시키고 그 사람에게는 유해한 미생물을 죽이는 것으로 알려져 있고 삼림욕은 초여름이나 여름에 발산하는 양은 겨울철보다 5~10배 가량 많다. 발생조건을 살펴보면 새벽인 오전6시와 낮12시 전후에 발생량은 절정을 이룬다. 침엽수림이 효과가 좋으며 3시간 이상 가볍게 산책하는 것이 효과가 크다고 한다.

　오늘도 숲 속을 걸어보자
　나도 모르게 입가에 미소가 절로 절로 나올 것이다.

필자소개 : 구반회
숲해설가

2012. (가을,겨울) 34호.

40. 가을 숲 그리고 아름다움

햇살이 비춰지는 가을 숲의 모습을 가만히 누워 느껴본다.
나뭇잎에 비추어진 햇살은 잎의 색을 더 없이 화려하게 만들어 낸다.
가을은 이 아름다움을 한껏 뽐내며 색의 화려함을 자랑하는 계절이다.

가을빛을 찾아 산을 찾는 이가 많아지는 계절인 요즘
아이들과 아름다움을 가지고 이야기 한 것이 생각이 난다.
숲의 아름다움이란 무엇일까?
내가 찾은 아름다움은 어떤 것이 있을까?
조화로움, 어울림 그리고 숲에 내리는 빛이란 생각이 든다.

그럼 아이들이 찾은 숲의 아름다움은 어떤 것이 있었을까?
먼저 마음을 차분히 내려놓기 위해 가만히 누워보게 한다.
기쁠 때나 행복한 때를 생각하며 마음이 열린 후
감사함을 느끼며 아름다움을 찾아 숲으로 들어간다.

메마른 땅에서 피어나는 작은 꽃,
작은 풀들 사이에서 솟아올라 하늘거리는 꽃,
소나무에 기대어 올라가는 담쟁이 덩굴,
숲에서 들려오는 소리, 소리, 소리....
곱게 물들어 가는 단풍잎들과 나무, 나무와 나무가 어울린 모습, 아름다운 풍경 등 각각의
눈으로 마음으로 숲의 아름다움을 찾아내었다.

작은 나뭇가지를 모아 동그라미, 네모, 세모 등 여러 가지 모양으로 연결하여 자기만의 액
자를 만들고, 그 액자에 아름다운 숲의 모습과 내 마음을 담아 친구들에게 보여주며 나를 표
현해 보았다.

서로 다른 시선으로 바라본 숲의 모습은 각각 다르지만 아름다움을 찾아내겠다는 친구들의
마음은 모두 같았고 서로 간에 전달된 이 마음이 미소 짓게 한다.

서로 다른 시선으로 본 숲의 가을!
나의 생각 너의 생각 모두 합쳐져 모둠시가 탄생된다.

〔 아름다운 숲 〕

나무들과 함께
풀들이 한들거리는
자연이 공존하는
조화로운 숲.
새와 곤충의 소리가
바람소리 물소리와
함께 어울리는 숲

깜깜한 밤이 되면
아름다운 숲도
꿈을 꾸며 잠을 자겠지

모두가 함께
더불어 살아가는
아름다운 숲

이 가을!
숲에서 여유로운 마음으로 아름다움을 찾아보며 예쁜 감성을 키워내는 가을이 되었으면 합니다.

필자소개 : 이희자
대전충남숲해설가협회

2012. (가을,겨울) 34호.

41. '수료' 1년차의 숲

작년 12월 (사)한국숲해설가협회에서 숲해설가 전문과정을 수료한 이후 틈틈이 수목원도 다니고 현장수업도 하고 스터디 모임에 들어가 공부도 했다. 가는 곳마다 식물의 전략을 배웠다. 처음엔 모든 것이 신기했다. 3월에는 복수초의 전략, 4월에는 제비꽃의 전략, 5월에는 소나무의 전략, 누구나 전략을 이야기 했고 수목원이건 휴양림이건 한번 갔다만 오면 '전략' 보따리를 한 아름 안고 왔다. 전략의 정확한 뜻이 궁금해 인터넷을 뒤졌다. 전쟁을 전반적으로 이끌어가는 방법이나 책략, 이란다. 쿨!

6월이 되었다. 6월에도 어김없이 전략을 배웠다. 전장은 광릉수목원, 아군은 개다래, 적군은 벌과 나비. 다른 식물보다 꽃이 작은 개다래는 수분 기간동안 곤충을 유혹하기 위해 녹색 이파리를 흰 색으로 변화시켜 눈길을 끈 후 수분이 끝나면 다시 녹색으로 돌아간단다. 대단하다. 그런데 이 대단한 광릉의 전략가는 박물관 진열창 안에 전시된 네안데르탈인처럼 다소 굳고 겁먹은 모습을 하고서 다른 무수한 잎들 사이에 조용히 파묻혀 있었다. 배우고 익혀야 할 전략들이 널렸으므로 나는 얼른 메모를 하고 다시 수목원 여기저기를 바쁘게 돌아다녔다.

6월이 끝나갈 무렵 숲이 지루해지기 시작했다. 전략도 귀찮고 숲도 귀찮았다. 이른 더위 때문이라고 생각했다. 나뭇잎에 기대 더위를 식히고자 서울 외곽의 한 산으로 향했다. 높고 큰 산은 아니지만 임도 양쪽으로 아름드리 나무들이 죽죽 뻗고 사이사이 관목이며 덩굴이며 풀, 이끼들이 빼곡한 것이 제법 울창했다. 대낮의 환한 햇살 때문에 숲의 내부는 더욱 검고 서늘하고 어두워 보였다. 열린 차창에 두 팔을 포개 턱을 얹고 바람에 한껏 눈을 가늘게 찢고서 눈앞의 숲을 바라보다가 나는 탄성을 질렀다. 검은 숲에 등불이, 무수한 등불이 켜져 있었다. 등불은 수직의 웅장한 잣나무 줄기를 나선형으로 타고 올라가기도 하고 저희끼리 얽히고 설켜 커다란 실타래를 만들기도 하고 음계처럼 위로 혹은 아래로 내달리기도 했다. 어쩌면 바람을 타고 서로 가볍게 부딪혀 챠르륵 챠르륵 고운 주렴 흔들리는 소리를 내는 것도 같았다. 도시의 삐까번쩍하고 시끌벅적한 송년 축제와는 달리 무언(無言)과 백색(白色)의 맹목으로 빚은 개다래 흰 잎들의 잔치가 숲에서 벌어지고 있었다.

홀렸다. 숲의 마법에 홀려서는 눈물 같은 등불에 하염없이 흔들렸다. 그곳에 전략은 없었다. 적군도 아군도 없었다. 피아가 없으니 메모하고 기억할 것도 없었다. 그저 무수한 등불을 따라 홀리듯 숲으로 들어가서 누군가 들려주는 이야기를 들으면 그만이었다. 그 '누군가'의 치맛자락 아래 여우 꼬리 하나쯤 드러나도 좋았다. 깊은 산 속 초가에 당도하자 그가 갑자기 구미호로 변해도 좋았다. '간을 내어 놓아라' 한들 어찌하랴. 지난 6개월간 너무 많은 전략을 배우고 너무 자주 참전을 했다. 나는 경이로움을 느끼고자 하는 숲해설가가 아니라 참전 용사였다.

그날 밤 숲에서 만난 친구에게 메일을 썼다. 개다래 흰 잎들의 감동에 대하여 그리고 감동을 느낄 준비가 되어 있을 때에만 비로소 자신을 열어 보이는 자연에 대하여, '보내기'만 누르면 되는데 나는 망설였다. 깜박거리는 커서를 보며 올 봄 숲해설가 교육을 수료하고 나서 새롭게 내 앞에 나타난 아름다운 것들을 떠올렸다. 생애 처음으로 내귀에 들어온 아름다운 딱새 수컷의 구애노래, 봄바람에 나른하게 흔들리던 귀룽나무 여린 가지, 작디작은 푸른 꽃마리. 그런데 나는 내년에도 감동할 수 있을까. 내년에도 천상의 소리 같은 딱새 울음에 감동하고 저 혼자 푸른 귀룽나무에 감동하고 천지의 개다래 등불에 감동할 수 있을까. 혹시 아름다운 것들에 익숙해져서 다시 무덤덤하고 지루해 지지는 않을까.

열린 밤의 베란다 창문으로 간간이 사람의 소리가 들렸다. 누군가의 아버지일 어느 취객의 주정, 누군가의 아들일 열여섯 무렵 사내아이의 고함, 누군가의 딸일 역시 그 또래의 다소 날카롭고 불안한 웃음, 검은 창을 힐긋 바라보고 나서 나는 메일 마지막에 덧붙였다. '진정한 경이는 사람들인 것 같습니다. 숲에서 만난 좋은 사람들.

호모 사피엔스인 나는 사실은 전략 너머, 개다래 너머 그 속에 깃든 사람을 찾고 있는게 아닐까. '공생'이 본질인 호모 심비우스를 찾고 있는 게 아닐까. 결국 다른 종을 통해 같은 종인 서로를, 서로의 온기를 그리워하고 확인하고 싶어 숲에 들고 나는 건 아닐까.

숲해설가라고 하기도 민망한 수료 1년차 완전 초보 숲해설가인 나, 아직도 숲에서 무슨 말을 해야 할 지, 할 말이 있기나 한 건지 솔직히 모르겠다. 다만 숲이 가장 빛날때는 서로의 감동과 경이를 서로에게 전할 수 있을 때 뿐이라는 것, 그것만 알 뿐이다.

필자소개 : 장수정
숲해설가

2012. (가을,겨울) 34호.

42. 숲해설가로 한단계 Up-Grade!

"합격~~~"

드디어 기다리고 기다리던 결과가 나왔다. 오래전부터 꿈꿔왔던 숲해설가 교육!

집에 가만히 틀어박혀 있는 성격이 아닌 나에게 언제부턴가 또 하나의 도전이 된 숲해설가! 천직이라 생각했던 직장을 그만두면서 한동안은 좋아하는 여행이나 하며 여유를 즐기는 시간을 보내려 했지만, 그건 나와는 맞지 않았다.

아이들과 함께 생활하면서 언제나 자연에 대한, 숲에 대한 부족함에 목말라왔기에 또 한번의 성장의 계기가 될 수 있다는 생각에 합격 통보를 받고나서 부터는 그 어느 때보다도 열심히 뒤쫓아 다녔다. 어려서부터 산으로, 들로, 냇가로 고삐 풀린 망아지처럼 자연에서 뛰어놀았기에 지금의 내가 이 자리에 있는 것이 아닌가 싶은 생각이 들었다.

후에 알게 된 사실이지만, 숲해설가 교육을 받기위해 수많은 사람들이 지원했고, 엄청난 (?) 경쟁률을 뚫고 합격했다는 것이다. 그렇게 많은 사람들 중에 내가 선택받았다는 것이 한편으로 뿌듯했다.

하지만, 교육을 받게 된 첫 시간부터 주눅이 들기 시작했다. 그동안 나름대로 주변의 나무와 풀들에 대해 많이 안다고 자부했는데... 대선배님들과 현직에서 활동하고 계시는 선생님들을 보면서 나 자신이 너무나도 자만심에 차 있었다는 것을 깨닫게 되었다. 창피한 일이지만 기본적인 나무와 풀에 대한 용어조차도 모르고 있었다는 것이다. 처음에는 생소한 단어들로 인해 수업에 집중하지 못하고 잡생각에 사로잡혔다. 솔직히 잘못 선택한 것이 아닌가 싶은 생각이 들 정도였다.

그럼에도 불구하고 교육을 받는 4개월 동안 좋아하는 산을 마음껏 누비고 다니면서 새로운 신세계로 발을 들여놓은 사람처럼 행복해 할 수 있었다. 숲을 사랑하는 사람들과 함께였기에 그 시간이 주는 행복은 더욱 더 컸다. 머리에 들어오는 지식보다는 눈과 마음을 즐겁게 할 수 있어서 좋았던 시간들... 이것이 바로 숲이, 그리고 자연이 우리게게 주는 크나큰 선물이 아닐까?

처음에는 당진에서 서울로 일주일에 세네번씩 움직여야 한다는 것이 여간 고단한 일이 아니었다. 자가용이 아닌 대중교통을 이용하면서 무사히 교육을 끝마칠 수 있었던 것은 "내가 좋아하는 일"이었기 때문이라는 생각이 든다. 마음이 울적할 때, 몸이 지칠 때, 머리가 아플 때, 한마디로 심신이 괴로울 때마다 시간이 허락하는 범위 내에서 언제나 산을 찾았던 나였다. 산은 나에게 있어 휴식처였고, 낙원과도 같은 곳이었다. 누가 억지로 시킨 일이라면 과연 가능했을까?

수업과는 별도로 트레이닝 보고서 작성을 위한 숲해설을 듣기위해 이곳 저곳을 찾아다녀야만 했다. 경기도에서 서울, 아산, 서산까지...

발품 판 덕분에 숲해설가로서의 자세를 배우는데 있어 많은 도움이 되었다. 숲해설가 고수님들을 뵐 때마다 언제쯤 나도 저런 모습으로 당당하게 남들 앞에 설 수 있을까? 하는 생각을 하면서 미래의 내 모습도 그려볼 수 있었다. 숲해설이 주는 지식도 물론 중요하겠지만, 자연의 소중함과 고마움을 느끼면서 많은 사람들에게 자연과 더불어 살아가는 삶을 전해주는 감동과 즐거움을 줄 수 있는 숲해설을 하고 싶다는 생각이 들었다.

아직은 인생에 대해 이야기하기에는 어린(?) 나이지만, 지금까지 살아오면서 느낀 것은 살아가면서 행복과 보람을 느끼며 자신이 좋아하는 일을 할 수 있다는 것... 그것이 바로 인생의 참다움이 아닌가 싶다. 너무 거창하게 들리겠지만, 누가 뭐래도 이제 난 '숲해설가'다.

그 어디에서도, 그 누구에게도 부끄럽지 않은 숲해설가로 우뚝 서기 위해서는 앞으로도 끊임없는 노력과 공부를 해야 하겠지만 현실이 나에게 가능함을 줄 것인지는 아직 알 수 없다. 건강과 행복, 두 마리의 토끼를 한꺼번에 잡을 수 있게 된 숲해설가라는 또 하나의 명함에 파이팅을 외쳐보련다. 아리아리 18기! 화이팅팅팅!!!

필자소개 : 구경숙
숲해설가

43. 숲해설 보조교사의 단상

"선생님, 이게 뭐에요?"

깜짝 놀란 나는 학생이 가리키는 나무를 한번 더 본다. 앞에서 해설가 선생님이 회양목 열매를 가리키며 여름내 들키지 않고 잘 있으려고 이렇게 잎 색깔로 숨어 있다고 방금 말씀하신 거였다. 나도 선생님 흉내를 내본다.

"여름내 잘 있으려고 부엉이 모양의 열매가 잎 색깔로 숨어 있는 거야."

해설가 선생님이 회양목 잎을 학생들에게 하나씩 나눠 주며 돛단배 만드는 법을 가르쳐 주신다. 초등학교 3학년 여학생이 7명, 남학생 8명. 나는 작년 12월에 숲해설가 전문과정을 수료하였고, 그 해 7월에 개정된 산림교육 활성화에 관한 법률에 따라 30시간의 교육실습 중에 있다. 숲해설에 자신이 없었는데 보조교사로 실습할 수 있는 기회가 생겨 오히려 잘 된 터였다. 그런데 학생들의 호기심은 감당하기가 만만치 않다.

선생님의 가르침은 아랑곳없이 맘껏 놀고 있는 남학생들의 돌발 질문은 식은 땀나게 한다. 돛단배를 만들 수 있게 도와주며 이렇게 잎 사이에 공간이 있는 것은 추운 겨울을 잘 견뎌내려고 공기층이 있었던 것이라고 설명을 해주지만 학생은 설명은 듣는 둥 마는 둥 돛단배 만들기에 여념이 없다.

"선생님, 이 꽃은 먹을 수 있어요?" 하얀 철쭉을 가리키며 질문하는 한 아이.

"아니~ 철쭉꽃은 먹을 수 없어."

"진달래꽃은 먹을 수 있지요?" 내가 어떻게 대답하는지 확인하려는 말투.

"그래, 철쭉꽃은 사람에게 해로운 독성이 있어서 먹으면 안되는데 진달래꽃은 그렇지 않아서 먹을 수 있어."

"울 엄마는 어렸을 때 진달래꽃 많이 먹었대요."……

내가 참꽃과 개꽃 이야기를 이어서 하지만 학생들은 더 이상 듣지 않는다.

요즘의 초등학생들은 학교 수업의 일환으로, 혹은 부모님과 함께 숲체험을 여러번 한 경우가 많다. 그래서 숲에 오면 뭘 하는지 이미 알고 있는 아이들이 많다. 숲해설 선생님이 무슨 대답을 기대하는지도 잘 알고 영리한 아이들은 여기에 맞춰 대답을 해준다. 그러면서 선생님을 은근히 시험하기도 한다. 유치원생은 돌발질문을 하지는 않지만 안전사고에 신경이 제일 많이 쓰인다.

그런데 놀이를 하면 유치원생이든 초등학생이든 모둠이면 모둠으로, 개인이면 개인으로 이기려고 애를 쓴다. 그럴 때 놀이를 열심히 하게 하면서 정해진 규칙을 지키고 안전사고가 나지 않도록 잘 살펴야 한다.

중학생은 어떨까? 아직 경험은 안했지만 생각만 해도 진땀이 난다. 자유분방하게 행동반경을 넓힐 텐데 그 체력을 따라갈 수도 없겠고 난처한 질문도 많을 것이다. 차라리 가족 단위 학생들이 낫다. 보통 가족단위는 탐구 숙제를 해야 하는 초등학생과 교육열에 불타는 부모들로 이루어지니까 부모의 경험과 더불어 부모에게 인정받으려는 자녀로 인해 숲체험이 진지하고 적극적이다.

사실 직장생활 30년을 하면서 상호 교류에 신경 쓰며 점점 복잡해져가는 인간사에 지쳐 직장생활을 청산하고 숲을 공부한 터였다. 거대 소비자인 인간을 존재할 수 있게 만드는 우리들의 영원한 생산자, 조용하고 스스로 존재하는 인간의 완벽한 수호천사인 숲과 친구가 되고 싶었다. 인간을 도와주는 선한 존재와 친해지고 힘을 보태주고 싶어서 숲을 공부하려는데 이왕이면 적극적으로 하자 해서 숲해설가 전문과정을 들은 것이다. 그런데 쉽게 생각했던 숲 공부는 내가 대학에서 배운 인문 공부보다 더 어렵고 방대하였다. 이것은 도시에서만 나고 자라 숲을 전혀 몰랐던 처지를 망각한 나의 무지에서 비롯된 것이기도 하다.

어느 날, 아파트 주변의 이름 모르는 나무들이 회양목, 주목, 영산홍, 회화나무, 산수유(처음에는 생강나무인 줄 알고 우리 아파트에 생강나무가 있다고 떠들었었다.),수수꽃다리 ,화살나무, 명자나무, 단풍나무, 매실나무, 벚나무, 느티나무, 은행나무들이 이름을 달고 나에게 다가왔다! 김춘수의 꽃처럼.

겨우내 단아하고 의연한 모습을 보여줘 사랑스럽던 단풍나무가 초봄에는 꽃이라 말할 수밖에 없는 아름다운 새순들이 가지가지마다 점점이 솟아나 경이로웠는데 어느새 잎 아래 수줍게 핀 작은 꽃들이 벌써 열매를 맺어 날개를 달고 있었다.

그동안 단순하게 가을에 익는다고 생각했던 열매들이 사실은 봄부터 준비된 것들이었다. 아파트 진입로에 늘어선 회화나무는 은아인지 모르고 겨울눈조차 보이지 않는다고 걱정했었는데 어느새 겹잎이 주렁주렁이다. 생강나무의 노란꽃으로 착각했던 산수유의 노란꽃 속에서 이제 나는 빨간 산수유 열매를 떠올릴 수 있다. 달콤하고 여린 새싹을 감추려고 코르크 조각으로 위협하고 있는 화살나무의 애교를 나는 알아보고 웃음 짓는다. 이 감격들은 이루 말 할 수가 없다.

내가 이름을 불러 주니 그들도 나에게 빛깔과 향기를 입혀 주고 있었다. 그래서 자칫 지루함과 나태한 삶으로 끌려들어갈 수 있는 나에게 지혜롭고 오묘한 모습을 보여주며 자신들을 닮으라고 손짓하고 있다.

구분이 안 되어 한참 헷갈렸던 느티나무와 벚나무, 알고 보니 이 두 나무 종은 완전히 다른 방법으로 살고 있었다. 봄날에 거의 일제히 피는 찬란한 꽃으로 그 위용과 아름다움을 뽐내는 벚나무, 그리하여 얼마 살지 못한다는 벚나무, 이에 비해 느티나무는 꽃이 언제 폈는지 모르는데 벌써 작은 열매를 달고 있다. 봄날을 조촐하게 맞아서인지 몇백년 이상을 산다니 화려한 꽃 대신에 장수를 선택한 것처럼 보인다.

상반된 선택이 둘 다 공존하며 조화를 이루는 자연의 모습에서 다양한 생태가 주는 편안함을 느낀다. 우리의 삶도 이와 같아 다양한 모습들이 공존하며 잘 지낼 것이다.

도식화되버린 지루하고 권태로운 나의 삶이 정말 다행스럽게도 숲공부를 하는 동안 오묘하고 신비로운 자연의 지혜를 체험하면서 풍요롭게 살 만한 것으로 바뀌어 가고 있다.

숲에 다가가면 갈수록, 친해지면 친해질수록 나는 더 행복해질 것이라는 예감. 우선 이 체험으로 삭막해진 나의 삶을 치유하련다. 그리고 시간이 더 흐르면 언젠가는 숲에서 얻은 교감을 다른 이들과도 나누고 있을 것이다. 아직은 배워야 할 것도 많고 서툴러서 해설가로 나선다는 것이 두렵지만 시간이 지나면 서서히 편안해질 것으로 믿는다. 그리하여 김춘수가 염원했던 이상향을 구현하고 싶다.

'우리들은 모두

무엇이 되고 싶다.
나는 너에게 너는 나에게
잊혀지지 않는 하나의 의미가 되고 싶다.'

필자소개 : 정명희. 숲해설가

2013. (봄.여름) 35호.

1. storytelling 측면에서의 숲해설 (숲해설 기본)

(1) 기본 도형

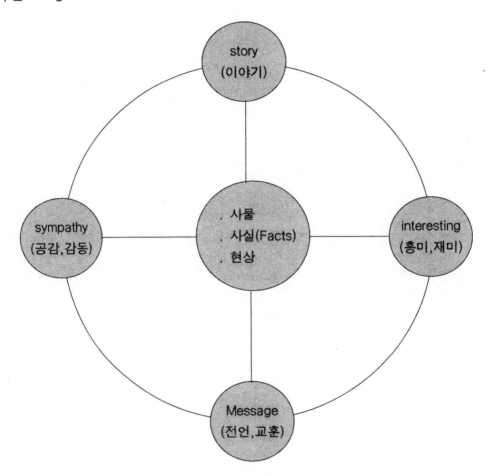

숲해설은 숲에 있는 사물이나 사실, 어떠한 현상에 대하여 이야기를 가지고 진행하는 활동이다. 이는 곧 숲에서 이루어지는 모든 활동의 근간이며 근본적인 활동이라고 할 수 있을 것이다. 그런데 이러한 이야기는 재미와 흥미가 있어야 한다. 그래야만 방문객들이 참여할 수 있다. 재미없는 이야기는 들으려고 하지 않는다.

여러 사람들이 해설 활동에 우루루 참여하였다가 조금씩 조금씩 참여자들이 줄어드는 이유는 해설 내용이 재미나 흥미를 자극하는 것이 없기 때문이다. 재미만 있어서도 안된다. 참여자들에게 공감을 줄 수 있고 감동을 줄 수 있는 내용이어야 한다.

이것이 이야기든지 아니면 또 다른 체험 활동일 경우에도 마찬가지다. 해설가의 가장 중요

288

한 임무중의 하나는 전달하고자 하는 메시지가 분명히 해설내용에 포함되어야 한다.

자연은 소중한 것이며 풀한포기, 나무 한 그루 어느 것 하나 소중하지 않은 것이 없으며, 우리는 이것을 지키고 보존하기 위해서 무엇을 해야하고 어떤 것을 실천해야 하는지를 분명하게 전달 할 수 있어야 한다. 이에는 기술이 필요하고 노하우가 필요하다. 그래서 해설경험이 중요한 것이다.

(2) 요 약

- 흥미나 놀이가 중심되는 해설의 방법이나 대상으로는 숲유치원을 들수 있을 것이다. 유아들에게는 이야기보다는 놀이 자체가 학습의 방법이다. 흥미중심의 놀이프로그램의 활성화가 숲유치원이다.

- 휴양림 방문객에게 공감과 감동을 충분히 줄 수 있는 프로그램이 활성화 될 때, 건강을 증진하고 각종 질병을 예방할 수 있게 될 것이다. 숲에서 산책을 하는 것만으로 Healing이 된다. 숲이라는 공간에 들어오는 것 자체가 치유의 시작이다.

- 숲의 소중함이나 더불어 살아가는 방법, 일상적으로 실천할 수 있는 자연보호(예. 쓰레기 줍기)등의 교육프로그램을 마련하고 숲에서의 체험 프로그램을 통해 교육이 이루어질 때 이것이야말로 진정한 산림 교육이 될 수 있을 것이다.

유아숲지도사, 숲치유지도사, 숲길안내인 활동의 가장 근본적이고 기본적인 바탕은 숲해설이라는 사실을 다시 한번 강조하고 싶다.

또한, 이러한 숲해설 활동의 기본 바탕이 확립된 연후라야 유아숲지도사나 숲치유지도사가 제대로 활동할 수 있을 것이다. 숲해설 활동이야말로 숲에서 이루어지는 모든 활동의 근본이라는 사실을 알았으면 좋겠다.

그런데도 정작 숲해설 활동이나, 숲해설가에 대한 근무여건이나 대우는 점차 열악해지고 있는 모습이다. 전문 자격증제도에 걸맞게 숲해설가에 대한 대우도 변화를 가져와야 하지 않을까 싶다. 숲해설가들의 근무 연수나 경력에 따라 능력별 등급제 도입도 검토하였으면 싶다.

숲해설 경력 1년차나 10년차의 해설가가 동일한 대우를 받고 있는 현실은 바람직한 방향으로 개선되었으면 좋겠다.

2. 자격증 제도의 빛과 그림자

2005년도에 뒤늦게 제정된 산림문화 휴양에 관한 법(2005.8.4 법률 7676호)은 법적 제도적 조치가 전혀 마련되지 못한 상태에서 활동한 기존 숲해설가(1999년부터 산림청 위촉)

들의 지위. 활용에 관한 내용을 충분히 배려했어야 함에도 불구하고 그에 대한 조치가 조금도 없었다.

초기의 숲해설가들은 주머니는 텅텅 비어 있어도 전혀 개의치 않고 오로지 자연과 숲에 대한 순수한 열정과 넘치는 애정으로 시작한 일이었기에 대단한 자부심과 긍지를 갖고 있었다. 더구나 기존 산림문화휴양에 관한 법을 개정하면서 산림교육활성화에 관한 법(2011.7.25 법률 10940호)에서는 기존 숲해설가, 특히 초기부터(1999년부터 2005년) 활동해온 숲해설가들의 자부심과 긍지를 송두리째 앗아버리고 짓뭉개 버렸다.

산림청의 최고 책임자로부터 위촉장을 받고서 10년이상을 현장에서 숲해설한 경력을 인정할 수 없고, 숲해설이라는 자체가 없는 불모지에서 숲해설이라는 새로운 영역을 개척하고 초석을 다지는데 이바지한 사람들에게 자격증을 줄 수 없다는 상식이하의 행정처리에 다시한번 실망감과 허탈감을 갖게 된다. 상식이 통하는 행정, 일반 국민을 배려하는 행정, 소통하는 행정이 어떤것인지 물어보고 싶은 심정이다. 현장에서 묵묵히 숲해설을 하는 동안(1999년부터 2005년 법제정까지) 산림청이란 기관은 도대체 어디에 있었는지 물어보고 싶다.

법제정 이전 숲해설 활동에 대한 산림청의 업무는 숲해설가 모집공고와 위촉장 수여로서 끝이었다. 지극히 형식적일 수밖에 없었다 할지라도 1999년도부터 2005년까지 산림청에서 위촉한 숲해설가에 대한 자격증 관련 책임은 져야 하지 않을까 싶다.

〈 산림청 숲해설가 운영 현황 〉

구분	'99	'00	'01	'02	'03	'04	'05
활동인원	119	88	112	120	122	117	125
참여인원	7,305	29,405	47,756	41,868	51,787	63,338	92,240

(2006. 이규태 팀장. 산림청 산림휴양정책팀)

법제정 이전부터 활동하고 있던 숲해설가들의 자부심과 자긍심을 송두리째 짓뭉게 버리고 앗아간 행정처리에 대하여 도저히 납득할 수 없어서 산림청에 두 차례의 민원을 제기하여, 재 검토하고 구제할 수 있는 방법을 강구해 줄 것을 요청하였으나 법률상의 조건을 이유로 조금의 배려나 재검토의 의지가 없음을 통보 받았다. 최종 판단을 국가인권위원회에 의뢰하였으나 법률에 관한 사항이므로 "인권 침해는 아니다"라는 답변을 받았다.

이 땅에 숲해설이라는 용어조차 없던 시절부터 산림청장의 위촉장을 받고서 10년이상을 숲해설 활동을 해온 기존 숲해설가들은 과연 숲해설가 자격증을 받을 수 있는 사람이 아닌가요?

차려놓은 (밥)상위에 놓인 그릇 수를 정리하면서 정작 상을 차리고 준비한 사람들의 공적은 생각지도 않고 배려하지 않은 공직자의 행정처리에 대해서 다시 한번 씁쓸한 생각이 드는 것은 나 혼자만의 생각일까?

오늘날 국민들로부터 사랑받고 필요성을 공감하는 산림청이 언제부터인지 알고 있는지도 묻고 싶다. 법제정 이전부터 활동한 숲해설가들의 활동이 없었다면 휴양림이라는 공간은 숲 속모텔의 수준을 벗어나지 못했을 것이다.

주무 부처의 장(長)으로부터 위촉장을 받고서 활동한 경력을 인정할 수 없고, 법령에 의한 교육이수만을 강요하는 행태는 고쳐지고 시정되어야 마땅하리라 생각한다. 최소한 산림문화 휴양에 관한 법 제정(2005년) 이전 산림청장의 위촉장에 의한 활동경력은 인정하고 자격증 을 수여하는 것이 타당하리라 생각된다. 잘못된 부분이라고 인정하면서도 고치지 못하는 구 태에서 벗어나 발상의 전환을 가져올 수 있게 되길 기대해 본다.

부디 잘못된 부분은 인정하고 시정하여 진정으로 국민들로부터 사랑받는 산림청이 되었으 면 좋겠다.

3. 숲해설가는 왜 선생님인가

숲해설가는 현장에서 대부분 선생님으로 호칭되고 있다.
그런데, 왜 선생님으로 불리어지는지에 대해서 정확히 알고 있는 사람은 거의 없었다.
숲해설가들이 함께 모여서 이야기를 나눌 기회가 있을 때마다 왜 선생님으로 불리어 지는 지를 물어보곤 했었다. 그런데 대부분의 해설가 선생님들은 정확한 내용을 알고 있지 못했다. "그야 뭐, 현장에서 남을 가르치고 지도하는 일을 하니까 그렇죠." 정도로 생각하고 있는 분 들이 거의 대부분이었다.

또 어떤 지방청 소속의 숲해설가 선생님 자신은 현장에서 숲해설가 선생님으로 호칭되지 않고 아저씨, 또는 ○○○ 씨 하고 불리어 지고 있다고 했다. 사무실에서 근무하는 청원직이 나 무기직 신분의 다른 직원이 부르는 호칭이란다.

실제로 내가 근무했던 휴양림에서도 이와 비슷한 일이 있었다. 휴양림에서는 봄만되면 봄 맞이 대청소를 연례 행사로 하고 있다.
이러한 작업을 한 번에 효율적으로 하기 위해서는 많은 사람이 필요하다.
휴양림 현장에서 근무하는 인원이 항상 모자라기 때문에 이러한 일에는 전 직원이 동원되 게 된다. 숲해설가라고 예외는 아니다. 당연히 청소구역을 지정받아서 현장에 투입하게 된다.

그런데 개인별 지정받은 청소구역을 전달하는 과정에, 담당 청원직 직원이 해설가 선생님 이라고 호칭하지 않고 "○○○ 아저씨는 숲속의 집에 있는 거미줄 제거하시고 창문의 유리창 을 닦으셔야 합니다."라고 했다.

순간 이게 무슨 일인가 하는 묘한 흥분과 감정이 격해 올랐다. 이건 아닌데 하는 생각이 머리를 스쳤다. 망치로 한 방 맞은 기분이었다. 회의 시간이고 여러 사람이 모여 있는 장소라서 자신을 진정시키고 격한 감정을 억눌렀다.

해설가 선생님도 휴양림 현장에서 근무하는 직원들도 왜 숲해설가 선생님으로 불러야 하는지를 알고 있지 못했기에 생긴 일이었다.

숲해설가 직무분석(2004. 한국산업인력공단) 자료에 의하면 숲해설가의 현장에서 불려지는 현장명은 "숲해설가 선생님"이라고 명시가 되어 있다. 그래서 숲해설가는 현장에서 숲해설가 선생님으로 통칭되고, 불리어 지는 것이다.

지방청 소속의 숲해설가 선생님에게는 자료를 복사하여 부쳐드렸더니 고맙다는 인사를 받았고 내가 근무하는 휴양림에서도 자료를 복사하여 직원들 각자 책상위에 올려놓고, 숲해설가는 ○○○ 아저씨라고 부르면 안되고 "○○○ 숲해설가 선생님"이라고 해야 하는 이유를 정확하게 알려주었다.

4. 숲해설가는 휴양림의 일일 잡부가 아니다.

산림청에서 운용한 숲해설가 제도를 돌이켜 보면 초기 정책 숲해설가 제도(1999년 ~ 2006년)에서는 산림청장이나 지방청장의 위촉장을 받고서 해설가 본연의 전문성과 자부심으로 현장에서 활동한 반면, 사회적 일자리 창출 숲해설가(2008년~2013년)로 전환된 이후 숲해설가는 전문성, 자긍심, 자부심은 땅에 떨어지고 일일 잡부로 전락한 느낌이다.
너무도 초라한 모습으로 추락한 모습이다.

숲해설에 관한 전문적인 영역의 자부심과 자신이 하는 일에 대한 당당함은 어디로 가고 남이 하는 것을 벤치마킹해서 적당히 하려는 태도에서 한심함을 보게 된다.
또한, 일에 대한 자신감과 당당함이 없다보니 담당직원들의 눈치나 살피고 비굴한 태도로 일관하게 된다. 자신의 목소리는 어디에도 없다.
일에 대한 전문적인 영역을 갖고 있지 못하다 보니 시키는 대로 하게 되고 이래도 그만, 저래도 그만 식으로 의식(意識)이 없는 생활을 하고 있는 것 같다.

숲해설가의 기본 업무는 숲해설이다. 대부분의 휴양림에서는 오전10시부터~12시, 오후2시부터~4시 사이에는 현장에서 기본 업무를 수행하는 것으로 알려져 있다.
그런데 숲해설 활동이 요청하는 방문객이 있을때는 정상적으로 이루어지고 있지만, 방문객이 없을 때는 편의에 의해서 운용되고 있다. 이를 주관하는 숲해설가 선생님들의 근무 형태도 마찬가지다. 휴양림의 부족한 인원구조상 할 일은 많은데 숲해설 요청자가 없을 때 숲해설가 선생님을 자연스럽게 나무자르기, 풀깎기 등의 업무에 투입될 수 밖에 없는 현실이다.

숲해설가 직종으로 사람을 선발해놓고 왜 다른 일에 활용하는지 이해할 수 없는 부분이다. 숲해설의 전문성을 강조하면서, 전문성을 가지려면 끊임없는 연구와 현장 조사 및 준비가 필연적인데 그러한 시간을 주지는 않으면서… 정말 슬프고 안타까운 일이 아닐수 없다.

숲해설가 전문자격증 시대라면 그에 걸맞는 대우도 해주어야 하지 않을까요? 이제 숲해설가를 일자리 창출 숲해설가로 취급하지 말고 명실공히 전문성을 갖춘 전문인으로 대우할 방법을 찾아야 하지 않을까요? 숲해설가 개인 각자도, 숲해설가 협회에서도 산림청에서도 진지하게 고민하고 풀어야 할 과제가 아닌가 싶다.

숲해설가는 일일 잡부가 아닙니다!

5. 출·퇴근 관리용 타임 체크기(Time checker)

휴양림 사무실에는 언제부터인가 타임 체크용 기계가 등장했다. 출근과 퇴근을 정확하게 관리하기 위하여 도입된 것이란다.

내 기억으로는, 옛날 젊은 시절(30대 초반) 근무했던 회사의 공장 현장에서 보았던 기계가 아닌가 싶다. 공장에서 생산직 현장 직원들의 근태사항을 정확하게 관리하기 위해서 정문옆에 놓여진 것을 본 적이 있다.

수백 명의 생산직 현장 직원들의 3교대 근무사항을 일목요연하게 관리하기 위한 방법이었던 것으로 기억된다. 출근시간이 지나고 나면 총무과의 여자직원이 카드를 수거하여 근태 관련 사항을 일일이 확인하고, 그에 따른 수당이나 초과 근무 수당 지급을 위한 근거 자료로 사용한 것으로 기억된다. 수백명의 현장 직원들의 3교대 근태 사항을 파악하기 위한 불가피한 조치였을 것이다. 지금은 대부분의 현장에서 이 기계는 사라지고 사용되지 않는 것으로 알고 있다.

근무하는 전체 직원이 20명 내외이고 그나마 타임 체크기를 사용하는 직원이 10명내외인 휴양림에서 굳이 이러한 기계를 사용하는 이유가 무엇인지 궁금해진다.
그리고 누구의 아이디어로 이러한 기계를 설치,운용하게 되었는지도 알고 싶다.

전문성과 유연성, 창의적 활동을 필요로 하는 숲해설가와 산림치유지도사들이 근무하는 곳에서 타임 체크기는 과연 필요한 것일까요?
관리 편의주의가 가져온 잘못된 생각은 아닌지 다시 한번 검토해 봤으면 좋겠다.

휴양림에 근무하는 내부 고객의 만족이 있을때만이 방문하는 외부 고객에 대한 서비스도 잘 될 수 있을 것이다. 다시 한번 타임 체크기 계속 사용 여부를 신중하게 검토했으면 하는 바람이다.

개인적인 생각으로는 없애는 게 맞다는 생각이다.

6. 엄마 뱃속에서 숲해설을 들은 아이

여름철 휴양림은 휴가를 보내려고 찾아온 가족들로 붐빈다. 개울가에 앉아서 계곡물에 발을 담그고 탁족을 즐기는 가족에서부터 아예 계곡물에 텀벙 들어 앉아서 더위를 잊으려고 물놀이를 즐기는 가족도 있다.

휴양림에서 진행되는 프로그램에 참여하기 보다 가족단위로 물놀이를 즐기는 숫자가 더 많은 것 같다. 그런데도 숲해설 체험 프로그램에 자녀들과 함께 열심히 참여하는 가족도 점점 늘어나고 있는 추세이다.

며칠 전, 숲해설 체험 프로그램에 참여한 가족중에는 아빠가 어린 아기를 안고서 참여한 가족이 있었다. 겉으로 보기에도 젖을 먹고 있는 어린아이 같았다.

해설을 시작하기 전에 참석한 가족간의 서먹서먹함을 없애기 위해서 서로 인사를 하는 과정에, "나에게 숲해설을 듣는 사람중에서 나이가 제일 어린 고객인 것 같습니다." 라고 했더니 함께 참여한 가족중의 또 다른 한 어머니가 "선생님, 애기보다 더 일찍 숲해설에 참여한 아이가 있는데요" 라고 했다. "누구입니까" 하고 물어보았더니 그 어머니는 함께 참여한 자녀를 가리키면서, "애는요~ 선생님, 제 뱃속에서 4개월이었을때 선생님 숲해설을 들었어요." 라고 했다.

순간 함께 참여한 다른 가족들은 너나 할 것 없이 힘찬 박수를 쳐 주었다. 엄마의 열성에 대한 격려의 박수였으리라 생각된다. 엄마 뱃속에서 숲해설을 듣고서 이 세상에 태어난 아이는 이제 초등학생이 되어 건강하고 똑똑한 아이가 되었다고 자랑해 주었다.

앞으로도 숲을 사랑하고 이웃과 더불어 살아가는 멋진 심성을 가진 사람으로 성장하리라 기대해 본다.

7. 천남성은 첫남성이 아니랍니다

자연휴양림의 숲속에는 갖가지 멋지고, 아름답고, 화려한 꽃과 열매가 사철내내 자신을 뽐내고 있다. 그중에서 가을의 열매가 잉걸불 같다고 표현한 어느 시인의 글처럼, 마치 옥수수 열매 자루가 알알이 빨갛게 익은 모습으로 자신을 자랑하고 있는 천남성이라는 풀이 있다.

열매를 보는 순간 나도 모르게 꺾고 싶은 충동이 느껴지는 그러한 모습의 열매이다.

그런데 그렇게 화려한 모습으로 우리의 눈을 현혹하는 열매에는 독성이 있다는 사실을 알아야 한다. 숲해설 활동중에는 항상 독초라는 사실을 힘주어 설명하고, 함부로 채취하거나 입에 넣어서는 절대로 안된다고 강조하는 풀 중의 하나이다.

독초가 무엇인지 모르는 3살 남아와 5살 여아가 산책로 주변에 있는 열매의 모습에 현혹되어, 맛있는 과자인 줄 알고 먹는 사고가 발생했다. 부모의 무지와 부주의로 인해서 생긴 일이긴 했으나 휴양림내에서 발생된 사건으로 아이를 데리고 지역에 있는 병원 응급실로 갔으나 적절한 조치를 받지 못하고 서울에 있는 종합병원까지 가서 필요한 검사와 치료를 하는 소동이 있었다. 다행이, 어린이에게는 별다른 이상이 없음을 확인하고 종결된 사건이라면 사건이었다.

그런데 납득하기 어려운 점은 사건이후의 휴양림에서의 대처 방법이었다.
휴양림 체험로 및 산책로 주변에 있는 모든 천남성 열매는 전부 잘라서 땅에다 묻어 버리겠다는 것이었다. 너무나 황당하고 안이한 대처 방법에 어안이 벙벙하였다.

휴양림 방문고객에게 홍보와 안내를 통해서 사전에 대비할 수 있게 하는 방법을 강구하고, 독초이긴 하지만 소중한 약초이며 휴양림의 소중한 자산인 천남성을 지킬 수 있는 방안을 생각하게 되었다. 모든 천남성 열매를 없애기 전에, 나는 경고문이 새겨진 글을 코팅처리하여 천남성 열매 옆에다 일일이 부착했다.

독초입니다. 접근하지 마세요.

오늘도 나는 천남성 열매가 있는 곳에서, 반기룡 시인의 시(詩) 천남성을 낭독하면서 숲해설을 즐기고 있다. 천남성은 첫 남성이 아니랍니다.
천남성은 첫 남성이 아니랍니다.

마무리 하면서

숲해설이 어떠한 일인지 전혀 모르면서도 막연한 기대와 조그만 희망을 갖고서 시작한 일이었기에 잘 할 수 있을까 하는 일말의 불안감을 지울 수 없는 상태에서 시작한 일이 숲해설이었다.

자연휴양림 현장에 도착하여 체험코스를 답사하고 방문객을 대상으로 숲해설 활동을 진행하면서 어느 듯 일에 대한 자부심과 자긍심을 갖게 되어, 마음속으로부터의 감동과 기쁨을 찾게 된 자신을 발견할 수 있었다.

도전하고 최선을 다 해봐도 후회 없는 일일 것 같다는 생각이 들었다.
자신이 좋아하는 일을 하고 그 일을 통해서 보람과 즐거움을 찾을 수 있다면 더 이상 바랄게 없을 것이다.

숲해설이라는 활동은 시행 초기에는 직업으로서의 성격보다는 자원봉사의 성격이 강하게 부각되고 또 그래야만 한다는 의견이 지배적이었다.
그러나 일의 특성은 자원봉사의 성격을 가질 지라도 직업으로서의 충분한 가치를 가지고 또 그렇게 되어야만 한다는 생각을 강하게 가지고 있었다.

숲해설은 순수한 민간조직으로 시작된 특별한 형태의 일이며 그 이면에는 오로지 정열과 열성만으로 이 일에 매진한 사람들이 있었기에 가능한 것이었다.

숲해설가에 대한 공식적인 대우의 필요성과 사회적 욕구를 충족하기 위해 늦게나마 제정된 법이 산림 문화 휴양에 관한 법이었다.
그런데 이 법은 초기부터 활동한 숲해설가들에게는 아무래도 배려의 부분이 부족하지 않았나 생각된다.

산림청장의 위촉장을 받고서 숲해설 원년(1999년)부터 법 제정(2005년)까지 활동한 숲해설가에 대한 경과규정이 없었다는 것이다. 이래서는 무언가 부족하지 않았는가 하는 생각으로 이 글을 쓰게 되었다.
초기에는 서운하고 속상한 심정으로 시작한 일이었지만 자료 하나 하나를 찾고 정리하면서 이상할 정도로 내 마음이 차분하고 홀가분해 짐을 느끼게 되었다. 어느 순간인가 힐난과 질책의 감정은 사라지고 새로운 의욕이 싹트기 시작했다. 제대로 된 자료집을 사실(事實)대로 정리하고 기록하는 것으로 마음을 추스르기로 했다.

나는 숲해설 활동을 하면서 즐겁고 행복했다. 그리고 방문객들에게 자연의 소중함을 이야기할 수 있어서 너무나 즐겁고 보람된 나날이었다.

이 땅에 숲해설이라는 일이 어떠한 배경으로 출현했는지, 숲해설가라는 직업이 어떻게 태어났는지에 대한 자료로 소중하게 활용될 수 있었으면 하는 바람을 가져 본다.

또한 숲해설 20년사(史)를 편찬할 때, 도움을 줄 수 있는 소중한 자료가 되었으면 좋겠다.

참고 및 인용한 서적

1. 숲체험 프로그램, 전영우 외, 1999, 수문출판사
2. 숲과 녹색문화, 전영우, 2002, 수문출판사
3. 자연환경안내자 강의록, 1998, 국민대 사회교육원
4. 숲과 시민사회, 전영우, 2002, 수문출판사
5. 제1회 숲해설가 교육자료집, 2000, (사)숲해설가협회
6. 제2회 숲해설가 교육자료집, 2001, (사)숲해설가협회
7. 제3회 숲해설가 교육자료집, 2002, (사)숲해설가협회
8. 제4회 숲해설가 교육자료집, 2003, (사)숲해설가협회
9. 2004년 1차 숲 아카데미 교육자료집, 2004, (사)숲해설가협회
10. 제7차 숲해설가 전문가 과정 자료집, 2004, (사)숲해설가협회
11. 2004년도 2차 숲 아카데미 교육자료집, 2004, (사)숲해설가협회
12. 숲해설가협회 22기 전문교육과정 자료집, 2014, (사)한국숲해설가협회
13. 자연휴양림 20년사, 2009, 국립자연휴양림관리소
14. 숲이 사람에게 사람이 숲에게(창간호부터 4호), 2000, (사)숲해설가협회
15. 숲이 사람에게 사람이 숲에게(5호부터 10호), 2001, (사)숲해설가협회
16. 숲이 사람에게 사람이 숲에게(통권 11호부터 14호), 2002, (사)숲해설가협회
17. 숲이 사람에게 사람이 숲에게(15호부터 18호), 2003, (사)숲해설가협회
18. 숲이 사람에게 사람이 숲에게(19호부터 21호), 2004, (사)숲해설가협회
19. 숲이 사람에게 사람이 숲에게(22호부터 23호), 2005, (사)숲해설가협회
20. 숲이 사람에게 사람이 숲에게(24호), 2006, (사)숲해설가협회
21. 숲이 사람에게 사람이 숲에게(25호, 26호), 2007, (사)숲해설가협회
22. 숲이 사람에게 사람이 숲에게(27호), 2008, (사)숲해설가협회
23. 숲이 사람에게 사람이 숲에게(28호), 2009, (사)숲해설가협회
24. 숲이 사람에게 사람이 숲에게(29호, 30호), 2010, (사)한국숲해설가협회
25. 숲이 사람에게 사람이 숲에게(31호, 32호), 2011, (사)한국숲해설가협회
26. 숲이 사람에게 사람이 숲에게(33호, 34호), 2012, (사)한국숲해설가협회
27. 숲이 사람에게 사람이 숲에게(35호, 36호), 2013, (사)한국숲해설가협회
28. 2004년 청소년 그린스쿨 운영보고서, 2004, 북부지방산림관리청
29. 2005년 청소년 그린스쿨 사업실적보고서, 2005, 국립자연휴양림 관리소

-부 록-

·

직종명 : 숲해설가
(영문명 : Forest Interpreter)

·   ·

분석자 :

한국산업인력공단

1. 직 종 명 : 숲해설가

2. 직종공 직무개요

가. 직종의 정의

숲의 복잡한 생태적 기능을 이해하여 알기 쉽도록 설명함으로써 숲탐방객들의 숲에 대한 인식을 상향시켜 주는 일이다.

나. 작업공정

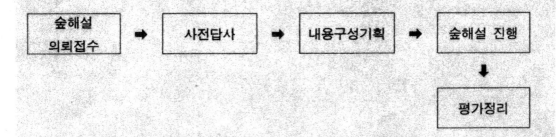

다. 주요 발견점

숲해설은 100% 야외현장에서 이루어지며 현장은 원격지이거나 대중교통 수단으로 접근하기 어려운 경우가 많아 자가운전 또는 동료 숲해설가와 동반한 출장이 빈번하게 발생하는 특징이 있다. 그리고 외부에 나타나는 작업시간은 2-3시간에 불과하지만 그 작업을 위해 준비하는 시간은 2-3배 더 필요로 하는 때가 많다. 그 이유는 숲은 길게는 계절따라 짧게는 매 시각 변하고 있으며 의뢰자 또한 단체가 학생일 경우는 초등학생부터 대학생까지, 가족단위, 사회인일 경우는 전공과 직업에 따라, 지적수준에 따라, 요구수준에 따라 다르게 되며, 해설장소도 고정되어 있지 않은 경우가 많으며, 장소가 같더라도 작업의 발생빈도가 간헐적으로 일어나기 때문에 사전준비 시간이 많이 소요된다.

'숲해설가'라는 명칭이 사용되기 시작한 것은 산림청 인가로 숲해설가협회가 발족되면서부터 공식적으로 불리어졌고 단시일 내에 사회적으로 낯설지 않은 단계까지 이르게 된 것은 경제발전에 따른 질 높은 휴양문화의 추구 추세와 경제발전의 부작용에 따른 삶의 환경에 대한 위기감, 세계적 관심사의 하나로 떠오른 지구환경에 대한 위기의식, 자녀의 심성교육 대안으로서 학부모들의 적극적 관심 그리고 환경교육에서 현장체험 교육의 중요성 인식 등으로 국가적, 사회적 관심이 고조된 결과일 것이다. 이러한 추세를 감안할 때, 지금까지는 실비 보상 수준의 숲해설 활동이 주류를 이루어왔으나 가까운 시일 내에 많은 전문직업 활동가를 필요로 하는 분위기가 될 것으로 예상된다.

라. 종전의 분석결과와의 비교

항 목	직종명	직종명	비 고
직무기술			
작업일람표	작 업 명	작 업 명	

3. 직업명세서

<table>
<tr><td colspan="4">1. 직업분류</td></tr>
<tr><td>①직　업　명</td><td>숲해설가</td><td>②K.S.C.O.　(No)</td><td></td></tr>
<tr><td>③현장직업명</td><td>숲해설가 선생님</td><td>④직　무　수　준</td><td>준다능공</td></tr>
<tr><td>⑤훈련직종명</td><td>숲해설가</td><td>⑥자격종목명</td><td>-</td></tr>
<tr><td colspan="4">2. 직무 수행 조건</td></tr>
<tr><td>⑦성　　　　별</td><td>남·여</td><td>⑧적　정　연　령</td><td>만 18세 이상</td></tr>
<tr><td>⑨적　정　학　력</td><td>대졸</td><td>⑩소요자격수준</td><td></td></tr>
<tr><td>⑪적정훈련기관</td><td colspan="3">대학 · 전문양성기관</td></tr>
<tr><td>⑫훈　련　기　간</td><td>1년</td><td>⑬견습기간(OJT)</td><td>6개월</td></tr>
<tr><td>⑭신체제약조건</td><td colspan="3">색맹, 청각, 시각, 언어장애, 중증지체부자유자</td></tr>
<tr><td>⑮직 업 활 동 영 역</td><td colspan="3">○ 자연휴양림　　　　　○ 수목원
○ 식물원　　　　　　　○ 국립·도립·군립공원
○ 자연생태공원　　　　○ 프리랜서
○ 자연학교　　　　　　○ 생태체험관광회사
○ 자연학교 자영　　　　○ 생태체험관광업 자영</td></tr>
<tr><td rowspan="2">⑯
승진
및
전직</td><td>승진</td><td colspan="2">○ 특별한 승진체계는 없다.</td></tr>
<tr><td>전직</td><td colspan="2">○ 인접분야인 해양생태, 갯벌생태, 탐조기행, 역사기행 등의 교육을 받아 겸직하거나 전직할 수 있다.</td></tr>
<tr><td rowspan="2">⑰
소요
특질</td><td>정신적</td><td colspan="2">○ 야외 현장에서 활동하는 작업이며 상대하는 사람들도 지적수준이 다양하므로 윤리·도덕·사명감 등 우선 갖추어야 하며 편협심이 없어야 한다. 또한 숲은 정서적·심미적으로 받아들일 수 있는 심적 안정을 갖추어야 한다. 사물에 대한 이해력, 판단력, 기억력을 살린 표현력, 교육자적 지도력, 기획력, 겸허한 자세의 협조성, 현상관찰과 대인관계에서의 인내심이 요구된다.</td></tr>
<tr><td>신체적</td><td colspan="2">○ 숲해설 과정을 걷거나 서서 무리없이 진행할 수 있는 정상인의 팔, 다리의 힘이 요구되며 미각, 청각, 시각, 후각, 촉각 즉 5감의 정상적 기능과 언어구사 능력이 요구된다. 용모와 자태는 많은 사람을 대하므로 불쾌감이나 혐오감을 주지 않아야 하며 단정한 몸가짐이 요구된다.</td></tr>
</table>

3. 직무수행에 있어서의 책임의 한계⑱

숲탐방객들은 모처럼의 귀중한 휴일을 시간 내어 장거리 이동과 비용을 할애하여 숲을 찾았거나 학생들은 수업시간을 대체하고 현장 자연탐구를 위하여 방문한 점을 간과해서는 안 되며, 숲탐방객들이 지적만족과 심적 풍요를 맛볼 수 있도록 해설의 내용을 신중하게 선택하고 구성하여야 할 책임이 있다.

4. 작업 환경 조건

⑲집 무 자 세	걷거나 서기(90%), 손쓰기(10%)
⑳작 업 장 소	실외(100%), 숙박 포함 또는 폭우시 실내작업 발생한다.
작업장 조건	○ 작업장이 숲속이므로 기후에 많은 영향을 받는다.
안전 및 위생 사항	○ 나뭇가지나 풀에 찔리거나 베이지 않도록 긴바지와 긴팔 상의 착용한다. ○ 쓰러진 나무에 걸려 넘어지지 않도록 주의한다 ○ 물가의 돌을 밟을 때 미끄러지지 않도록 주의한다 ○ 해충, 땅벌, 뱀에 대비하여 숲길을 벗어나 깊게 들어가지 않는다. ○ 가시 있는 나무와 풀을 함부로 대하지 않는다. ○ 독성 있는 식물이나 버섯을 맛 체험할 때 선별하여 피한다. ○ 확실치 않은 것은 맛 체험 이용을 금지한다. ○ 자연재해가 예상될 때에는 무리한 진행을 피하고 즉시 철수한다. ○ 급경사지를 낀 숲길에서는 균형 잡힌 보행에 주력한다.

5. 관련 직업과의 관계

직업행렬	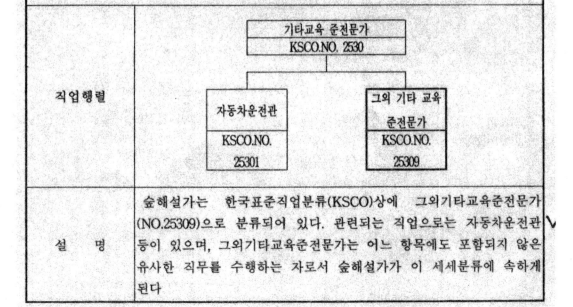
설 명	숲해설가는 한국표준직업분류(KSCO)상에 그외기타교육준전문가(NO.25309)으로 분류되어 있다. 관련되는 직업으로는 자동차운전관 등이 있으며, 그외기타교육준전문가는 어느 항목에도 포함되지 않은 유사한 직무를 수행하는 자로서 숲해설가가 이 세세분류에 속하게 된다

4. 직무명세서

1. 직 무 기 술①

　숲의 복잡한 생태적 기능을 이해하여 알기 쉽도록 설명함으로써 숲탐방객의 숲에 대한 인식을 상향시켜 주는 자

2. 작업일람표

No.	②작　업　명	③작 업 빈 도		
		많음	중간	적음
1)	숲해설 의뢰접수하기	○		
2)	숲현장 출장 이동하기		○	
3)	현장 조사하기		○	
4)	해설코스 선정하기		○	
5)	포인트별 주제를 포함해서 해설 포인트 선정하기		○	
6)	출장 복귀하기		○	
7)	내용구성 기획하기	○		
8)	출장 이동하기	○		
9)	당일 사전답사 하기	○		
10)	숲해설 진행하기	○		
11)	자연 놀이하기		○	
12)	feedback하기	○		
13)	출장 복귀하기	○		

3. 특기 사항 ④	위의 작업일람표는 활동 시작 초기의 숲해설가 또는 경력있는 숲해설가의 경우는 간헐적으로 이루어지는 숲해설 현장을 기준으로 작성된 것이며, 일정 기간 경력이 누적된 경우이거나 주기적으로 빈번하게 방문한 숲의 경우에는 일부 과정을 생략할 수 있다 또한 의뢰자의 특성, 보상수준, 숲과의 거리 등에 따라 일부과정을 가감할 수도 있다

4. 장비 및 공구(사무용 기계) 일람표

⑤품　　　명	⑥소 요 장 비		⑦소 요 공 구	
	주장비	보조장비	비소모성	소모성
○ 전문가용 식물도감	○			
○ 핸드북 수목도감		○		
○ 핸드북 야생화 도감(계절별)		○		
○ 핸드북 나비도감	○			
○ 핸드북 기타곤충도감	○			
○ 핸드북 버섯도감	○			
○ 핸드북 조류도감	○			
○ 핸드북 민물고기도감	○			
○ 돋보기 및 확대경(루뻬)			○	
○ 청진기			○	
○ 소형거울			○	
○ 연필(4B)				○
○ 12색연필				○
○ 끈과 집게			○	
○ 주머니칼			○	
○ 전정가위			○	
○ 패트리디쉬(샤레)			○	
○ A4 용지				○
○ 책받침			○	
○ 붓			○	
○ 뜰망			○	
○ 핀세트			○	
○ 사포				○
○ 소형망치			○	
○ 드릴	○			
○ 톱(소형)			○	
○ 나무커터기	○			

4. 장비 및 공구(사무용 기계) 일람표

⑤품 명	⑥소 요 장 비		⑦소 요 공 구	
	주장비	보조장비	비소모성	소모성
○ 눈가리개 수건			○	
○ 망원경	○			
○ 카메라	○			
○ 응급약품과 붕대·반창고				○
○ 배낭	○			
○ 등산용신발	○			
○ 관련학문서적	○			
○ 자동차	○			
○ 수첩				○
○ 줄자			○	
○ 팩스		○		
○ 운전면허증	○			
○ 우의		○		
○ 모자		○		
○ 조끼		○		
○ 신발		○		

5. 관련지식 일람표⑧

- 숲에 대한 전반적 이해
- 생태학 기초와 육상 생태기
- 숲과 문화
- 지구과학 기초
- 숲의 생태적 구성과 기능
- 목본류 구별, 이름, 특징, 생태적지위
- 외래식물과 귀화식물
- 우리나라 숲의 역사
- 종교와 자연관
- 풍수지리학 개요
- 환경철학
- 산림과 육림방법
- 우리나라 산림정책
- 야생동물 흔적구분과 생태계 위치
- 곤충구분과 생태계 역할
- 파충류 구분과 생태계 역할
- 자연경관학 개요
- 한방 빛 민방 약초 지식
- 숲과 미술적 감상 기법
- 숲해설에 대한 이해
- 산림욕 기법
- 야외활동지도 기법
- 민속문화와 전통놀이
- 자연체험놀이

- 담수생태계중 계공생태계
- 물환경과 물질 순환
- 대기환경과 산림기상
- 토양환경과 산림토양
- 식물분류학 개용
- 초분류구별과 이름, 특징, 생태적지위
- 식생분포 조사기법
- 외국 숲의 관리사례
- 서양과 동양의 자연관
- 옛이야기 설화(숲관련)
- 환경관련 국제협약 추이와 쟁점
- 산림의 생산과 이용
- 산불방지와 그 피해사례
- 조류구분과 생태계 역할
- 버섯구분과 생태계 역할
- 계곡생물 구분과 생태계 역할
- 환경 교육론 개요
- 산나물과 독성식물
- 숲과 음악적 정서
- 숲과 치료의학 관계
- 기체조와 명상수련
- 네이쳐게임 이론과 실제(외국)
- 응급조치요령
- 산림욕 제조

5. 관련지식 일람표⑧

- ○ 자연보호 역사와 현황
- ○ 자연주의자들의 자연관과 업적
- ○ 숲과 자연교육

- ○ 산림휴양
- ○ 자연해설기법
- ○ 미생물학 중 균류

5. 작업명세서

1. 작 업 명①				
1) 숲해설 의뢰접수하기				
2. 성취수준 **(작업표준)②**	해설 장소의 적합성과 의뢰인 특성이 자신의 조건에 부합되는지 의 여부와 다른 스케줄이 중복되는지 여부를 검토할 수 있다.			

3. 작 업 요 소③		④난 이 도		
		상	중	하
(1)	의뢰인이 선정한 해설 장소와 대상이 자신에게 적합한지 검 토한다.	○		○
(2)	이미 예약된 일정 유무를 확인한다.		○	
(3)	원격지이거나 숙박을 포함한 경우 처우에 대해 협의한다.			○
(4)	우천시 진행여부를 확인한다.		○	
(5)	숲탐방단의 특징과 별도 요구사항 여부를 협의한다.	○		
(6)	자연놀이 프로그램이 포함될 경우 놀이 선정을 협의한다.		○	
(7)	자연놀이에 필요한 재료와 도구 준비자 측을 결정한다.			

4. 제한사항⑤	공휴일 및 하계휴가철에 집중되어 발생하기 때문에 스케줄 확인 이 필수적이다.

5. 관련지식⑥	o 해설 대상 숲에 대한 개략지식 o 숲탐방단 특성별로 분류한 경험적 지식 o 현장 접근 도로와 교통수단 이용지식 o 자연놀이 프로그램에 대한 지식
6. 소요재료⑦	o 스케줄 관리대장 o 메모장 o 필기도구
7. 소요장비 및 　공　　구⑧	o 전화 o 핸드폰 o 컴퓨터 o 팩스

1. 작 업 명①				
2) 숲현장 출장 이동하기				

2. 성취수준 (작업표준)②	사전방문을 통해 소요시간, 도로정체상황, 긴급시 우회도로를 숙지하여 직업당일 출발시간을 결정할 수 있다.

3. 작 업 요 소③		④난 이 도		
		상	중	하
(1)	접근도로망 숙지 또는 대중교통 이용방법을 파악한다.	○		
(2)	교통체증 여부를 조사한다.			○
(3)	긴급시 우회도로를 파악한다.			○
(4)	안전운행으로의 소요시간을 파악한다.			○
(5)	숙박을 포함할 경우 숙박시설을 파악한다.			○
(6)	출발시간대를 결정한다.			○

4. 제한사항⑤	대부분 현장이 교외 또는 원격지에 위치해 자가운전이 빈번히 발생하므로 안전운전과 도로 숙지가 중요하다. 또한 다중을 상대하기 때문에 시간 약속은 반드시 지켜야 한다.

5. 관련지식⑥	○ 안전운전지식 ○ 도로망 지식
6. 소요재료⑦	○ 차량 연료
7. 소요장비 및 　공　　구⑧	○ 자동차 ○ 교통안내지도 ○ 필기도구 ○ 수첩 ○ 운전면허증

1. 작 업 명①				
3) 사전답사하기				

2. 성취수준 (작업표준)②	현장 숲 전반의 특징과 이해를 통해 해설내용을 충실화하고 최상의 해설코스 선정을 위해 필요하다.			

3. 작 업 요 소③		④난 이 도		
		상	중	하
(1)	적합한 복장과 신발을 착용한다.			○
(2)	필요한 도구를 지참한다.			○
(3)	숲 전반을 둘러보아 숲의 특징을 파악한다.	○		
(4)	숲 전반의 식생분포를 조사한다.	○		
(5)	문화유적지 유무확인과 그 내력을 파악한다.		○	
(6)	계곡물 유무와 그 생태계와 수질을 조사한다.	○		
(7)	새둥지, 야생짐승 흔적, 특이한 자연현상이 있는 곳이 있는지 살펴본다.		○	
(8)	이름 모르는 식물은 그 현장에서 확인한다.	○		
(9)	지참한 도감으로 불충분할 경우 채집한다.		○	
(10)	조사 자료를 기록한다.		○	

4. 제한사항⑤	사전답사는 숲해설가의 활동 경력에 따라 포함되거나 생략될 수 있으나 초기에는 대부분 포함시켜야 하는 작업이다. 또한 경력자일 경우에도 간헐적으로 방문한 숲은 필히 포함시키며 주기적으로 반복하여 방문하는 숲의 경우에도 계절별로, 숲탐방단의 수준이 높을 경우 포함시켜야 하는 작업으로 많은 숲을 방문한 경험이 축적되면 작업발생 빈도는 감소하게 된다

5. 관련지식⑥	○ 숲의 생태적 구성 ○ 야생동물 흔적 구분과 이름 ○ 경관의 이해 ○ 조류구분과 이름 ○ 풍수지리 ○ 곤충구분과 이름 ○ 식물분류학 ○ 버섯구분과 이름 ○ 식생조사기법 ○ 파충류구분과 이름 ○ 목분류 구별과 이름 ○ 계곡생물과 이름 ○ 초분류 구별과 이름 ○ 계곡생물과 수질
6. 소요재료⑦	○ 필름
7. 소요장비 및 공 구⑧	○ 필기도구와 수첩 ○ 카메라 ○ 배낭 ○ 채집용 신문지 ○ 주머니 많은 조끼 ○ 비닐봉지(채집용) ○ 모자, 조끼, 등산용 신발 ○ 각종 도감류(핸드북) ○ 주머니칼 ○ 전정가위 ○ 망원경 ○ 돋보기 또는 확대경(루뻬)

1. 작 업 명①			
4) 해설코스 선정하기			

2. 성취수준 (작업표준)②	숲해설 코스가 좋아야 숲해설의 질 또한 높아지는 밀접한 관계가 있기 때문에 충분한 사전답사 자료를 기초로 하여 최상의 코스를 만들 수 있다.		

3. 작 업 요 소③		④난 이 도		
		상	중	하
(1)	식생분포 조사 자료를 확인한다.		○	
(2)	가장 다양한 식생이 분포한 숲을 선택한다.	○		
(3)	선택한 숲을 평상시 보행으로 적당한 시간 내로 조정한다.		○	
(4)	인위적 소음, 냄새 등 숲 체험에 방해되는 요소여부를 조사한다.		○	
(5)	코스에 계곡물 접근 가능 여부를 확인한다.		○	
(6)	코스 내에 자연체험 놀이 장소가 있는지 확인한다.			○
(7)	최종 선정한 코스의 식생과 자연현상을 정밀 조사한다.	○		
(8)	코스 지도를 그려 식생분포와 자연현상의 특징을 기록한다.	○		

4. 제한사항⑤	다수의 숲해설가가 진행할 경우 복수의 코스를 선정하여 할애하게 되므로 여러 개의 코스에 익숙해져 있어야 한다 또한 해설 진행 도중에 코스 변경이 발생되기도 한다. 숲해설가는 숲속에서 길을 잃어버리는 사태가 발생되지 않도록 숲길 전체를 숙지하고 있어야 한다.

5. 관련지식⑥	○ 현장 숲길에 대한 숙지 ○ 식물분류학 ○ 식생조사기법 ○ 목분류 구별과 이름 ○ 초분류 구별과 이름 ○ 야생동물 흔적 구분과 이름 ○ 조류구분과 이름 ○ 곤충구분과 이름 ○ 버섯구분과 이름　　○ 파충류 구분과 이름 　　○ 계곡생물과 이름 　　○ 계곡생물과 수질 　　○ 산림토양 　　○ 유독성 식물 　　○ 산림욕 　　○ 자연놀이
6. 소요재료⑦	○ 필름
7. 소요장비 및 　　공　　구⑧	○ 필기도구와 수첩　　○ 돋보기 또는 확대경(루뻬) ○ 배낭　　○ 카메라 ○ 주머니 많은 조끼　　○ 채집용 신문지 ○ 모자, 조끼, 등산용 신발　　○ 비닐봉지(채집용) ○ 각종 도감류(핸드북) ○ 주머니칼 ○ 전정가위 ○ 망원경

1. 작 업 명①				
5) 해설포인트 선정하기				

2. 성취수준 (작업표준)②	해설포인트는 숲해설가의 취향, 사회경력, 전공, 질적 수준과 탐방단의 특성에 따라 숲해설가 임의로 선정하므로 탐방단이 지루하지 않도록 배려하여 선정할 수 있다.

3. 작 업 요 소③		④난 이 도		
		상	중	하
(1)	코스 내에서 식생을 대표하는 나무와 풀이 있는 장소를 선정한다.	○		
(2)	특이한 자연현상을 나타내는 장소를 선정한다.	○		
(3)	경관을 조망할 수 있는 장소를 선정한다.		○	
(4)	계곡물을 관찰, 체험할 수 있는 장소를 선정한다.		○	
(5)	애벌레를 관찰할 수 있는 곳을 선정한다.		○	
(6)	새들이 많은 장소를 선정한다.		○	
(7)	감성 체험 할 수 있는 곳을 선정한다.		○	
(8)	자연놀이 체험할 곳을 선정한다.		○	
(9)	포인트를 해설시간에 맞게 적당하게 조정한다.	○		
(10)	코스 지도상에 해설포인트를 표시하고 주제를 기록한다.	○		
(11)	코스를 재답사하여 실제 해설 소요시간을 추산한다.	○		
(12)	다수의 해설가가 참여할 경우 현장 회의를 한다.		○	

4. 제한사항⑤	해설포인트는 숲해설 내용 구성에 중요한 영향을 미치며 숲체험 만족도에 가장 영향을 줄 수 있는 작업요소이다. 코스는 동일하더라도 숲탐방단의 특징에 따라 달라져야 하는 특성이 있다. 또한 진행 중에 갑자기 나타난 동물들에 의해 변동될 수 있어 신축적, 유동적으로 선정하여야 한다.

5. 관련지식⑥	○ 현장 숲길에 대한 숙지 ○ 파충류 구분과 이름 ○ 식물분류학 ○ 계곡생물과 이름 ○ 식생조사기법 ○ 계곡생물과 수질 ○ 목분류 구별과 이름 ○ 산림토양 ○ 초분류 구별과 이름 ○ 유독성 식물 ○ 야생동물 흔적 구분과 이름 ○ 산림욕 ○ 조류구분과 이름 ○ 자연놀이 ○ 곤충구분과 이름 ○ 버섯구분과 이름
6. 소요재료⑦	○ 필름
7. 소요장비 및 공 구⑧	○ 필기도구와 수첩 ○ 돋보기 또는 확대경(루뻬) ○ 배낭 ○ 카메라 ○ 주머니 많은 조끼 ○ 채집용 신문지 ○ 모자, 조끼, 등산용 신발 ○ 비닐봉지(채집용) ○ 각종 도감류(핸드북) ○ 주머니칼 ○ 전정가위 ○ 망원경

1. 작 업 명①				
6) 출장 복귀하기				
2. 성취수준 (작업표준)②	갔던 길을 되돌아오며 도로사정을 숙지하거나 다른 길을 선택하여 돌아오므로 도로망에 대한 지식을 축적하여 향후 방문에 대비할 수 있다.			

3. 작 업 요 소③		④난 이 도		
		상	중	하
(1)	도로망 숙지 또는 대중교통 시간을 숙지한다.			○
(2)	교통체증 여부를 조사한다.			○
(3)	긴급시 우회도로를 파악한다.			○
(4)	안전운행으로 소요시간을 파악한다.			○
(5)	오후 일정이 있을 경우 오전 현장에서 출발시간을 추산한다		○	
4. 제한사항⑤	숲해설가는 도로사정 숙지가 중요하며 같은 날 일어날 수 있는 오후 일정을 조정하는 것이 중요한다. 따라서 돌아오는 교통사정 숙지와 소요시간에 대한 경험적 지식을 축적해 두어야 한다			

5. 관련지식⑥	○ 안전운전 지식 ○ 도로망 지식
6. 소요재료⑦	○ 차량연료
7. 소요장비 및 공　　구⑧	○ 자동차 ○ 교통안내지도 ○ 필기도구 ○ 수첩 ○ 운전면허증

1. 작 업 명①				
7) 주제별 내용 구성 정리하기				
2. 성취수준 (작업표준)②	축적한 지식, 정보, 경험을 총동원하고 다양하고 충실한 해설 내용을 구성하여 숲탐방단의 요구 수준에 맞는 숲해설이 진행 될 수 있도록 준비할 수 있다.			

3. 작 업 요 소③		④난 이 도		
		상	중	하
(1)	포인트 주제별로 해설내용을 구성한다.	○		
(2)	참고서적을 찾아 확인 보완한다.	○		
(3)	포인트별 해설 시간이 적정한지 계산한다.	○		
(4)	보행시간과 포인트별 해설시간 합계가 적정한지 확인한다.	○		
(5)	오감체험에 중점을 둘 포인트를 검토한다.	○		
(6)	오감체험에 필요한 도구를 준비한다.		○	
(7)	자연체험 놀이를 포함시킬 경우 그 종류를 결정한다.	○		
(8)	결정된 놀이에 필요한 도구를 준비한다.		○	

4. 제한사항⑤	숲해설 내용의 질적 수준과 철학적, 종교적 가치체계에 따라 숲해설가별로 다양한 내용이 구성될 수 있으나 독선적 경향을 배제하고 보편타당성 있는 지식을 기초로 하여 과학적으로 입증된 현상과 심미적 접근으로 내용을 구성할 필요가 있다.

5. 관련지식⑥	○ 현장 숲길에 대한 숙지 ○ 파충류 구분과 이름 ○ 식물분류학 ○ 계곡생물과 이름 ○ 식생조사기법 ○ 계곡생물과 수질 ○ 목분류 구별과 이름 ○ 산림토양 ○ 초분류 구별과 이름 ○ 유독성 식물 ○ 야생동물 흔적 구분과 이름 ○ 산림욕 ○ 조류구분과 이름 ○ 자연놀이 ○ 곤충구분과 이름 ○ 버섯구분과 이름
6. 소요재료⑦	
7. 소요장비 및 공 구⑧	○ 필기도구 ○ 숲해설 내용 기록 장부

1. 작 업 명①				
8) 출장 이동하기				

2. 성 취 수 준 (작업표준)②	숲해설 시각 1시간 전까지 도착할 수 있도록 출발시간을 맞출 수 있다.			

3. 작 업 요 소③		④난 이 도		
		상	중	하
(1)	필요한 복장을 착용한다(모자, 조끼, 신발, 배낭 등).			○
(2)	필요한 도감과 도구를 준비한다.			○
(3)	숲해설 시작 1시간 전 도착을 목표로 잡고 출발한다.		○	
(4)	돌발상황 발생시 도착지연이 예상되면 의뢰인에게 통보한다.			○
(5)	교통 정체시에는 우회도로를 이용한다.		○	
(6)	현장에 도착한다.			○
(7)	의뢰인의 현재 위치와 도착예정 시간을 통화 확인한다.			○

4. 제한사항⑤	현장 도착시간이 교통체증이나 기타 예기치 않은 일로 발생되었다 하더라도 숲해설가에 대한 신뢰에 지대한 나쁜 영향을 미친다. 숲탐방단은 다수의 단체이며 특별히 시간을 할애한 것이기 때문에 항상 의뢰인들 보다 먼저 현장에 도착하여 기다리고 있다가 맞아주어야 한다.

5. 관련지식⑥	○ 안전운전지식 ○ 도로망 지식
6. 소요재료⑦	○ 차량연료
7. 소요장비 및 공 구⑧	○ 도로안내지도 ○ 핸드폰 ○ 자동차 ○ 여분의 복장 ○ 우의 ○ 모자, 조끼, 신발, 배낭 등

1. 작 업 명①				
9) 당일 사전답사하기				

2. 성 취 수 준 (작업표준)②	예상치 못한 자연현상 발생으로 실제 진행시 당황하지 않도록 사전에 간략한 재답사를 실시할 수 있다.			

3. 작 업 요 소③		④난 이 도		
		상	중	하
(1)	해설 포인트를 따라 관찰하며 진행한다.	○		
(2)	코스 주변에 새로이 꽃핀식물, 새로운 자연현상 발생 여부를 조사한다.	○		
(3)	해설 포인트와 주제, 내용에 반영하여 가감조정한다.	○		
(4)	선정된 코스를 다른 단체가 이용할 예정인지 파악한다.			○
(5)	다른 탐방단체가 이용할 경우 대안코스를 선정한다.	○		
(6)	코스 주변에 인위적 소음, 냄새 발생 가능성을 검토한다.			○
(7)	오감 체험에 이용할 자연물을 수집한다.		○	
(8)	자연놀이에 사용할 자연물 재료를 채집한다.		○	
(9)	폭우가 있었을 경우 계곡물 수량을 조사한다.			○

4. 제한사항⑤	숲해설 시작 1시간 전에는 현장에 도착하도록 한다. 사전답사에 할애하는 시간이 많을수록 코스에 대한 익숙도가 높아져 몸 전체로 받아들일 수 있으며 그것이 숲해설 내용과 질에 영향을 미치므로 부담이 되더라도 경험 축적을 위해서 인내심을 갖고 실행하여야 한다.

5. 관련지식⑥	○ 현장 숲길에 대한 숙지 ○ 식물분류학 ○ 식생조사기법 ○ 목분류 구별과 이름 ○ 초분류 구별과 이름 ○ 야생동물 흔적 구분과 이름 ○ 조류구분과 이름 ○ 곤충구분과 이름 ○ 버섯구분과 이름 ○ 파충류 구분과 이름 ○ 계곡생물과 이름 ○ 계곡생물과 수질 ○ 산림토양 ○ 유독성 식물 ○ 산림욕 ○ 자연놀이
6. 소요재료⑦	
7. 소요장비 및 공 구⑧	○ 복장(조끼, 모자, 등산신발) ○ 배낭 또는 소형가방 ○ 핸드북 식물도감 ○ 전정가위 ○ 비닐봉투 ○ 열매 등 수집상자 ○ 돋보기, 확대경(루페) ○ 면장갑 ○ 주머니칼 ○ 망원경 ○ 필기도구와 수첩

1. 작 업 명①				
10) 숲해설 진행하기				
2. 성취수준 (작업표준)②	장시간에 걸쳐 준비한 모든 결과가 숲해설 진행의 짧은 시간 사이에 나타나게 된다. 사전준비가 충실할수록 숲해설 내용의 질을 높일 수 있다.			

3. 작 업 요 소③		④난 이 도		
		상	중	하
(1)	숲탐방객을 맞이하고 자기소개를 한다.			○
(2)	숲전체에 대하여 개략적인 설명을 한다.		○	
(3)	포인트로 선정된 나무들의 특징과 이름, 얽힌 이야기 등을 설명한다.	○		
(4)	개화중이거나 특징있는 풀들의 이름, 얽힌 이야기 등을 설명한다.	○		
(5)	특징있는 나무와 풀을 이용하여 오감으로 느껴보게 한다.		○	
(6)	애벌레, 곤충, 새를 만난 경우 포인트와 상관없이 우선 설명한다.	○		
(7)	계곡물에서는 물에 대한 설명과 계곡생물 관찰을 체험시킨다.	○		
(8)	물을 이용한 탁족, 물흐름을 손과 발로 느껴 보게 한다.		○	
(9)	큰바위에서는 그 바위와 주변 생물들이 살아가는 과정을 설명한다.	○		
(10)	조용한 곳에서 명상, 숲소리듣기, 시낭송 등 정서적 체험을 유도한다.	○		
(11)	낙엽 쌓인 곳에서는 낙엽과 흙내음 맡기와 흙에 대해 설명한다.	○		
(12)	썩은 나무토막에서는 버섯과 숲이 살아가는 과정을 설명한다.	○		
(13)	참나무와 소나무에서는 숲과 문화, 숲의 천이과정을 설명한다.	○		
(14)	적당한 장소에서 맨발로 걷기, 거울보고 걷기 등 색다른 경험을 하게 한다.			○
(15)	작은 폭포와 잣나무 등 침엽수 숲에서는 산림욕을 하고 설명해준다.		○	
(16)	돋보기나 확대경(루뻬), 청진기 등을 이용하여 자연현상을 체험시킨다.		○	
(17)	탐방객 수준에 맞는 자연놀이, 풀놀이 등을 실시한다.		○	
(18)	문화유적이 있을 경우 그 유래에 대해 설명한다.	○		

| 4. 제한사항⑤ | 숲해설 내용의 다양성과 질적 수준은 해설가 자신의 경력과 지속적인 자기 계발 노력 여하에 따라 달라진다. 또한 해설시에 전문용어나 외래어 사용은 피하는 것이 원칙이고 가급적 내용을 쉽게 풀이하고 정서적으로 공감할 수 있는 분위기를 조성한다. 시간이나 경우에 따라 자연놀이와 체험과정의 일부를 생략할 수 있다. 소요 도구는 최소화, 경량화하여 행동에 부담을 갖지 않게 한다. 야간 숲체험일 경우는 별도로 구성하여야 한다. | | | |

5. 관련지식⑥	o 현장 숲길에 대한 숙지 o 파충류 구분과 이름 o 식물분류학 o 계곡생물과 이름 o 식생조사기법 o 계곡생물과 수질 o 목분류 구별과 이름 o 산림토양 o 초분류 구별과 이름 o 유독성 식물 o 야생동물 흔적 구분과 이름 o 산림욕 o 조류구분과 이름 o 자연놀이 o 곤충구분과 이름 o 버섯구분과 이름
6. 소요재료⑦	o 현장에서 채집한 자연물 이용 o 사전 준비한 자연물 이용
7. 소요장비 및 공 구⑧	o 복장과 배낭 o 핸드북 식물도감 o 돋보기와 확대경(루뻬) o 주머니칼 o 전정가위 o 소형거울 o 청진기 o 기타 교육보조 소도구

1. 작 업 명①				
11) 자연놀이하기				
2. 성취수준 (작업표준)②	의뢰인이 별도 요구할 때 진행하며 숲해설의 통상적 시간 외에 별도로 추가하여 놀이와 체험을 통해 숲을 이해할 수 있는 내용으로 구성하여 흥미와 감흥을 일으켜줄 수 있다.			

3. 작 업 요 소③		④난 이 도		
		상	중	하
(1)	숲탐방객의 구성과 연령대를 파악한다.			○
(2)	자연놀이 프로그램 중 숲탐방객에게 맞는 프로그램을 추출한다.	○		
(3)	사전답사 때에 프로그램 진행에 적당한 장소를 물색 선정한다.		○	
(4)	숲해설을 마친 후 선정한 공간으로 이동한다.			○
(5)	다수의 숲해설가가 참가한 경우는 진행방법을 협의한다.		○	
(6)	탐방객에게 프로그램의 목적과 진행방법 등 설명한다.	○		
(7)	안전에 대한 주의를 환기시킨다.		○	
(8)	준비한 재료와 도구를 배부한다.			○
(9)	도움을 요하는 대상이 있을 경우 도와주고 설명이 더 필요한 부분이 있을시 보충 설명을 해 준다.		○	
(10)	결과물을 각자 발표할 필요성이 있는 경우 전시 및 발표시간을 갖는다.	○		
(11)	1차 프로그램이 완료되면 같은 절차로 2차 프로그램으로 전환한다.		○	
(12)	준비한 모든 프로그램을 마친 후 주변 청소와 정리를 한다.			○

4. 제한사항⑤	자연놀이는 초등학생과 초등생 자녀가족을 주대상으로 놀이를 통해 숲의 생태적 구조와 숲과 인간관계를 이해하고 느끼도록 도와주는 작업이다. 숲해설가가 여럿이 진행할 경우에는 각 해설가가 주관하는 자연놀이를 숲탐방객이 순회하면서 놀이를 체험하기도 하며 또는 숲해설가 별로 준비한 프로그램을 단독 진행하기도 한다. 소요시간은 시간 내에서 실시한다. 야간 체험놀이는 별도로 개발 진행하여야 한다.

5. 관련지식⑥	o 야외활동 지도기법 o 민속문화와 전통놀이 o 네이처게임 이론과 실제(외국) o 자연체험놀이 o 응급처치요령 o 숲과 예술(미술, 음악, 공예) o 환경교육 개요 o 숲과 자연교육
6. 소요재료⑦	o A4용지 o 나뭇결이 깨끗한 나뭇가지 토막(목걸이용) o 목걸이용 끈 o 면손수건(염색하기) o 접착제 o 풀 o 스카치테이프 o 열매류(씨앗)
7. 소요장비 및 공 구⑧	o 돋보기 및 확대경(루뻬) o A4 크기 합판 o 청진기 o 붓 o 소형거울 o 뜰망 o 연필(4B) o 핀세트 o 12색연필 o 소형망치 o 끈과 집게 o 드릴 o 주머니칼 o 소형톱 o 전정가위 o 눈가리개 수건 o 페트릭디쉬(샤레) o 줄자 o 책받침 o 후레쉬 o 나무 절단기

1. 작 업 명①				
12) Feedback하기				

2. 성 취 수 준 (작업표준)②	숲탐방객의 만족도, 부족했던 점을 구두 또는 설문지로 조사하여 자기진단 자료 또는 보고자료로 이용하여 향후 자기계발에 참고자료로 삼는다.

3. 작 업 요 소③		④난 이 도		
		상	중	하
(1)	숲해설 내용의 주제 흐름에서 기승전결로 끝맺음을 한다.	○		
(2)	구두 또는 설문지 형식으로 탐방객의 소감을 수렴한다.		○	
(3)	질문에 답변 못한 경우 질문자의 전화번호를 기록해둔다.			○
(4)	숲에 대한 지속적 관심을 부탁하며 인사 마무리한다.		○	
(5)	사용했던 도구와 남은 재료를 정리한다.			○
(6)	질문에 답하지 못한 곳을 찾아가 다시 확인한다.		○	

4. 제한사항⑤	숲해설가 활동이 시작된 이후 탐방객들의 수준이 현저히 높아졌으며 기족 취미로 활동하는 가정도 증가 추세에 있다. 또한 관련 서적출판도 대폭 증가되고 있어 지속적인 자기계발을 위해서는 feedback 절차가 필요하며 이를 토대로 숲해설 내용의 미흡한 점을 보완해 나아가야 한다.

5. 관련지식⑥	○ 축적된 경험지식 ○ 보고서 작성법 ○ 컴퓨터 사용법
6. 소요재료⑦	○ 설문지 양식
7. 소요장비 및 공 구⑧	○ 필기도구 ○ 기록대장 ○ 보고일지 양식

1. 작 업 명①				
13) 출장 복귀하기				

2. 성취수준 (작업표준)②	도로 사정에 대한 지식은 일정 수준 갖추고 있어야 긴급한 의뢰 요청시 스케줄을 조정하여 맞추어줄 수 있다.

3. 작 업 요 소③	④난 이 도		
	상	중	하
(1) 도로망을 숙지한다.		○	
(2) 교통 체증 여부를 조사한다.			○
(3) 교통정체시 도로를 파악한다.			○
(4) 다음 일정이 연속해서 있을시 이에 대비한 소요시간을 측 정한다.		○	
(5) 도착 후 사용했던 도구 및 남은 재료를 정리한다.			○

4. 제한사항⑤	이동시간은 숲해설 작업시간에서 차지하는 비중이 크다. 항상 안 전운전에 의한 소요시간 예측이 필요하다.

5. 관련지식⑥	○ 안전운전지식 ○ 도로망지식
6. 소요재료⑦	○ 차량연료
7. 소요장비 및 　공　　구⑧	○ 도로안내지도 ○ 자동차 ○ 운전면허

1. 작 업 명①				
14) 평가 정리하기				
2. 성취수준 (작업표준)②	기록과 평가를 통해 숲해설에 대한 보다 다양한 경험과 지식을 쌓을 수 있다.			

3. 작 업 요 소③		④난 이 도		
		상	중	하
(1)	보고처가 있을 경우 보고서 또는 일지를 작성한다.		○	
(2)	자신의 기록대장에 기록을 정리한다.		○	
(3)	질문에 답변 못한 사항을 참고서적 조사 후 질문자에세 설 명해준다.	○		
(4)	평가서를 작성한다.		○	
(5)	숲해설을 의뢰한 의뢰처를 관리한다.		○	

4. 제한사항⑤	지속적인 자기계발과 발전을 위해서라도 그날 수업에 대한 기록 을 꼭 하도록 하며 각각의 의뢰인의 특성에 대해서도 기록해 두도 록 한다.

5. 관련지식⑥	○ 보고서 작성법 ○ 컴퓨터 사용법
6. 소요재료⑦	○ 설문지 양식
7. 소요장비 및 　공　　구⑧	○ 필기도구 ○ 기록대장 ○ 보고일지 양식

6. 분석대상 기업체 및 분석협조자

가. 분석협조자

<table>
<tr><td rowspan="12">직
업
분
석</td><td rowspan="4">A
기
업
체</td><td>기 업 체 명</td><td colspan="2">숲해설가협회</td><td>전 화</td><td>02)747-6518</td></tr>
<tr><td>주 소</td><td colspan="2">서울특별시 종로구 원남동 43번지
한신빌딩 2층</td><td>종업원수</td><td>100여명</td></tr>
<tr><td>주요생산품 및 업무</td><td colspan="4">숲해설</td></tr>
<tr><td>분 석 협 조 자 명</td><td>이재승</td><td>부 서 명</td><td>교육</td><td>직 책</td><td>감사</td></tr>
<tr><td rowspan="4">B
기
업
체</td><td>기 업 체 명</td><td colspan="2">숲연구소</td><td>전 화</td><td>02)742-4526</td></tr>
<tr><td>주 소</td><td colspan="2">서울특별시 종로구 계동 86번지
동일스페이스타운 3층</td><td>종업원수</td><td>30여명</td></tr>
<tr><td>주요생산품 및 업무</td><td colspan="4">체험현장교육</td></tr>
<tr><td>분 석 협 조 자 명</td><td>이현숙</td><td>부 서 명</td><td>교육</td><td>직 책</td><td>팀장</td></tr>
<tr><td rowspan="4">C
기
업
체</td><td>기 업 체 명</td><td colspan="2">서울시 숲속여행</td><td>전 화</td><td>02)753-2563</td></tr>
<tr><td>주 소</td><td colspan="2">서울특별시 중구 을지로 1가</td><td>종업원수</td><td>70여명</td></tr>
<tr><td>주요생산품 및 업무</td><td colspan="4">숲해설</td></tr>
<tr><td>분 석 협 조 자 명</td><td>정헌철</td><td>부 서 명</td><td>교육</td><td>직 책</td><td>강사</td></tr>
<tr><td rowspan="12">작
업
분
석</td><td rowspan="4">D
기
업
체</td><td>기 업 체 명</td><td colspan="2">국립수목원</td><td>전 화</td><td>031)540-1030</td></tr>
<tr><td>주 소</td><td colspan="2">경기도 포천시 소흘읍 직동리 51-7번지</td><td>종업원수</td><td>20여명</td></tr>
<tr><td>주요생산품 및 업무</td><td colspan="4">숲해설</td></tr>
<tr><td>분 석 협 조 자 명</td><td>박효섭</td><td>부 서 명</td><td>교육</td><td>직 책</td><td>강사</td></tr>
<tr><td rowspan="4">E
기
업
체</td><td>기 업 체 명</td><td colspan="2"></td><td>전 화</td><td></td></tr>
<tr><td>주 소</td><td colspan="2"></td><td>종업원수</td><td></td></tr>
<tr><td>주요생산품 및 업무</td><td colspan="4"></td></tr>
<tr><td>분 석 협 조 자 명</td><td></td><td>부 서 명</td><td></td><td>직 책</td><td></td></tr>
<tr><td rowspan="4">F
기
업
체</td><td>기 업 체 명</td><td colspan="2"></td><td>전 화</td><td></td></tr>
<tr><td>주 소</td><td colspan="2"></td><td>종업원수</td><td></td></tr>
<tr><td>주요생산품 및 업무</td><td colspan="4"></td></tr>
<tr><td>분 석 협 조 자 명</td><td></td><td>부 서 명</td><td></td><td>직 책</td><td></td></tr>
</table>

나. 2004 보완 분석협조자

A 기업체	기 업 체 명		전 화	
	주 소		종업원수	
	주요생산품 및 업무			
	분석협조자명	부서명	직 책	
B 기업체	기 업 체 명		전 화	
	주 소		종업원수	
	주요생산품 및 업무			
	분석협조자명	부서명	직 책	
C 기업체	기 업 체 명		전 화	
	주 소		종업원수	
	주요생산품 및 업무			
	분석협조자명	부서명	직 책	
D 기업체	기 업 체 명		전 화	
	주 소		종업원수	
	주요생산품 및 업무			
	분석협조자명	부서명	직 책	
E 기업체	기 업 체 명		전 화	
	주 소		종업원수	
	주요생산품 및 업무			
	분석협조자명	부서명	직 책	
F 기업체	기 업 체 명		전 화	
	주 소		종업원수	
	주요생산품 및 업무			
	분석협조자명	부서명	직 책	

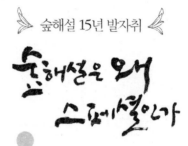

숲해설 15년 발자취

숲해설은 왜 스페셜인가

초판인쇄	2014년 10월 28일
재판발행	2021년 05월 31일

지은이	장이기 · (사)한국숲해설가협회
발행인	조현수
펴낸곳	도서출판 프로방스
마케팅	최관호
IT 마케팅	조용재
디자인 디렉터	오종국 Design CREO

ADD	경기도 고양시 일산동구 백석2동 1301-2 넥스빌오피스텔 704호
전화	031-925-5366~7
팩스	031-925-5368
이메일	provence70@naver.com
등록번호	제2016-000126호
등록	2016년 06월 23일

정가 35,000원
ISBN 979-89-89239-91-8 03370